Roslavlev, or Russians in 1812

Mikhail Zagoskin

Рославлев, или русские в 1812 году

Михаил Н. Загоскин

Roslavlev, or Russians in 1812

ISNB: 978-1-61895-250-9

ISNB: 978-1-61895-250-9

РОСЛАВЛЕВ, ИЛИ РУССКИЕ В 1812 ГОДУ

ОТ АВТОРА

Печатая мой второй исторический роман, я считаю долгом принести чувствительнейшую благодарность моим соотечественникам за лестный прием, сделанный ими "Юрию Милославскому". Предполагая сочинить эти два романа, я имел в виду описать русских в две достопамятные исторические эпохи, сходные меж собою, но разделенные двумя столетиями; я желал доказать, что хотя наружные формы и физиономия русской нации совершенно изменились, но не изменились вместе с ними: наша непоколебимая верность к престолу, привязанность к вере предков и любовь к родимой стороне. Не знаю, достиг ли я этой цели, но, во всяком случае, полагаю необходимым просить моих читателей о нижеследующем:

1. Не досадовать на меня, что я в этом современном романе не упоминаю о всех достопа-мятных случаях, ознаменовавших незабвенный для русских 1812 год.

2. Не забывать, что исторический роман – не история, а выдумка, основанная на истинном происшествии.

3. Не требовать от меня отчета, почему я описываю именно то, а не то происшествие; или для чего, упоминая об одном историческом лице, я не говорю ни слова о другом. И на-конец:

4. Предоставляя полное право читателям обвинять меня, если мои русские не походят на современных с нами русских 1812 года, я прошу, однако же, не гневаться на меня за то, что они не все добры, умны и любезны, или наоборот: не смеяться над моим патриотиз-мом, если между моих русских найдется много умных, любезных и даже истинно про-свещенных людей.Тем, которые в русском молчаливом офицере узнают историческое лицо тогдашнего времени – я признаюсь заранее в небольшом анахронизме: этот офицер действительно был, под именем флорентийского купца, в Данциге, но не в конце осады, а при начале оной.

Интрига моего романа основана на истинном происшествии – теперь оно забыто; но я помню еще время, когда оно было предметом общих разговоров и когда проклятия оскорбленных россиян гремели над главою несчастной, которую я назвал Полиною в моем романе.

ЧАСТЬ ПЕРВАЯ

ГЛАВА I

"Природа в полном цвете; зеленеющие поля обещают богатую жатву. Все наслаждается жизнию. Не знаю, отчего сердце мое отказывается участвовать в общей радости творения. Оно не смеет развернуться, подобно листьям и цветам. Непонятное чувство, похожее на то, которое смущает нас пред сильною летнею грозою, сжимает его. Предчувствие какого-то отдаленного несчастия меня пугает!.. Недаром, говорят простолюдины, недаром прошлого года так долго ходила в небесах невиданная звезда; недаром горели города, селы, леса и во многих местах земля выгорала. Не к добру это все! Быть великой войне!"

Так говорит красноречивый сочинитель "Писем русского офицера", приступая к описанию отечественной войны 1812 года. Привыкший считать себя видимой судьбою народов, представителем всех сил, всего могущества Европы, император французов должен был ненавидеть Россию. Казалось, она одна еще, не отделенная ни морем, ни безлюдными пустынями от земель, ему подвластных, не трепетала его имени. Сильный любовию подданных, твердый в вере своих державных предков, царь русской отвергал все честолюбивые предложения Наполеона; переговоры длились, и ничто, по-видимому, не нарушало еще общего спокойствия и тишины. Одни, не сомневаясь в могуществе России, смотрели на эту отдаленную грозу с равнодушием людей, уверенных, что буря промчится мимо. Другие – и, к сожалению, также русские, – трепеща пред сей воплощенной судьбою народов, желали мира, не думая о гибельных его последствиях. Кипящие мужеством юноши ожидали с нетерпением войны. Старики покачивали сомнительно головами и шепотом поговаривали о бессмертном Суворове. Но будущее скрывалось для всех под каким-то таинственным покровом. Народ не толпился еще вокруг храмов господних; еще не раздавались вопли несчастных вдов и сирот и, несмотря на турецкую войну, которая кипела в Молдавии, ничто не изменилось в шумной столице севера. Как всегда, богатые веселились, бедные работали, по Неве гремели народные русские песни, в театрах пели французские водевиля, парижские модистки продолжали обирать русских барынь; словом, все шло по-прежнему. На западе России сбирались грозные тучи; но гром еще молчал.

В один прекрасный летний день, в конце мая 1812 года, часу в третьем пополудни, длинный бульвар Невского проспекта, начиная от Полицейского моста до самой Фонтанки, был усыпан народом. Как яркой цветник, пестрелись толпы прекрасных женщин, одетых по последней парижской моде. Зашитые в галуны лакеи, неся за ними их зонтики и турецкие шали, посматривали спесиво на проходящих простолюдинов, которые, пробираясь бочком по краям бульвара, смиренно уступали им дорогу. В промежутках этих разноцветных групп мелькали от времени до времени беленькие щеголеватые платьица русских швей, образовавших свой вкус во французских магазинах, и тафтяные капотцы красавиц среднего состояния, которые, пообедав у себя дома на Петербургской стороне или в Измайловском полку, пришли погулять по Невскому бульвару и полюбоваться большим светом. Молодые и старые щеголи, в уродливых шляпах а la cendrillon[1], с сучковатыми палками, обгоняли толпы гуляющих дам, заглядывали им в лицо, любезничали и отпускали поминутно ловкие фразы на французском языке; но лучшее украшение гуляний петербургских, блестящая гвардия царя русского была в походе, и только кой-где среди круглых шляп мелькали белые и черные султаны гвардейских офицеров; но лица их были пасмурны; они завидовали участи своих товарищей и тосковали о полках своих, которые, может быть, готовились уже драться и умереть за отечество. В одной из боковых аллей Невского бульвара сидел на лавочке молодой человек лет двадцати пяти; он чертил задумчиво своей палочкой по песку, не обращал никакого внимания на гуляющих и не подымал головы даже и тогда, когда проходили мимо его первостепенные красавицы петербургские, влеча за собою взоры и сердца ветреной молодежи и вынуждая невольные восклицания пожилых обожателей прекрасного пола. Но зато почти ни одна дама не проходила мимо без того, чтоб явно или украдкою не бросить любопытного взгляда на этого задумчивого молодого человека. Благородная наружность, черные как смоль волосы, длинные, опущенные книзу ресницы, унылый, задумчивый вид – все придавало какую-то неизъяснимую прелесть его смуглому, но прекрасному и выразительному лицу. Известный роман "Матильда, или Крестовые походы" сводил тогда с ума всех русских дам. Они бредили Малек-Аделем, искали его везде и, находя что-то сходное с своим идеалом в лице задумчивого незнакомца, глядели на него с приметным участием. По его узкому, туго застегнутому фраку, черному галстуку и небольшим усам нетрудно было догадаться, что он служил в кавалерии недавно скинул эполеты и не совсем еще отстал от некоторых военных привычек.

– Здравствуй, Рославлев! – сказал, подойдя к нему, видной молодой человек в однобортном гороховом сюртуке, с румяным лицом и голубыми, исполненными веселости глазами, – Что ты так задумался?

– А, это ты, Александр! – отвечал задумчивый незнакомец, протянув к нему ласково свою руку.

– Слава богу, что я встретил тебя на бульваре, – продолжал молодой человек. – Пойдем ходить вместе.

– Нет, Зарецкой, не хочу. Я прошел раза два, и мне так надоела эта пестрота, эта куча незнакомых лиц, эти беспрерывные французские фразы, эти...

– Ну, ну!.. захандрил! Полно, братец, пойдем!.. Вон, кажется, опять она... Точно так!.. видишь ли вот этот лиловый капотец?.. Ах, mon cher[2], как хороша!.. прелесть!.. Что за глаза!.. Какая-то приезжая из Москвы... А ножка, ножка!.. Да пойдем скорее.

– Повеса! когда ты остепенишься?.. Подумай, ведь тебе скоро тридцать.

– Так что ж, сударь?.. Не прикажете ли мне, потому что я несколькими годами вас старее, не сметь любоваться ничем прекрасным?

– Да ты только что любуешься; а тебе бы пора перестать любоваться всеми женщинами, а полюбить одну.

– И смотреть таким же сентябрем, как ты? Нет, душенька, спасибо!.. У меня

---

[1] в стиле золушки (фр.).
[2] мой дорогой (фр.).

вовсе нет охоты сидеть повесив нос, когда я чувствую, что могу еще быть веселым и счастливым...

— Но кто тебе сказал, что я несчастлив? – перервал с улыбкою Рославлев.

— Кто?.. да на что ты походишь с тех пор, как съездил в деревню, влюбился, помолвил и собрался жениться? И, братец! черт ли в этом счастии, которое сделало тебя из веселого малого каким-то сентиментальным меланхоликом.

— Так ты находишь, что я в самом деле переменился?

— Удивительно!.. Помнишь ли, как мы воспитывались с тобою в Московском университетском пансионе?..

— Как не помнить! Ты почти всегда был последним в классах.

— А ты первым в шалостях. Никогда не забуду, как однажды ты вздумал передразнить одного из наших учителей, вскарабкался на кафедру и начал: "Мы говорили до сего о вавилонском столпотворении, государи мои; теперь, с позволения сказать, обратимся к основанию Ассирийской империи".

— Ах, мой друг! – перервал Рославлев, – тогда нас все забавляло!

— Да меня и теперь забавляет, – продолжал Зарецкой. – Вольно ж тебе видеть все под каким-то черным крепом.

— Ты, верно, бы этого не сказал, Александр, если б увидел меня вместе с моею Полиною. А впрочем, нет, что толку! ты и тогда не понял бы моего счастия, – чувство, которое делает меня блаженнейшим человеком в мире, быть может, показалось бы тебе смешным. Да, мой друг! не прогневайся! оно недоступно для людей с твоим характером.

— Покорно благодарю!.. То есть: я не способен любить, я человек бездушной... Не правда ли?.. Но дело не о том. Ты тоскуешь о своей Полине. Кто ж тебе мешает лететь в ее страстные объятия?.. Уж выпускают ли тебя из Петербурга? Не задолжал литы, степенный человек?.. Меня этак однажды продержали недельки две лишних в Москве... Послушай! если тебе надобно тысячи две, три...

— Нет, мой друг! мне деньги не нужны.

— Так о чем же ты грустишь?

— Но разве ты полагаешь, что влюбленный человек не думает ни о чем другом, кроме любви своей? Нет, Зарецкой! Прежде, чем я влюбился, я был уже русским...

— Так что ж?

— Как, мой друг? А буря, которая сбирается над нашим отечеством!

— И, милой! это дождевая туча: проглянет солнышко – и ее как не бывало.

— Чтоб угодить будущей моей теще, я вышел в отставку; а может быть, скоро вспыхнет ужасная война, может быть, вся Европа...

— Пожалует к нам в гости? Пустое, mon cher! Поговорят, поговорят между собою, постращают друг друга, да тем и дело кончится.

— Ты думаешь?

— Россия не Италия, мой друг! И далеко и холодно; да и народ-то постоит за себя. Не беспокойся, Наполеон умен; поверь, он знает, что мы народ непросвещенный, северные варвары и терпеть не можем незваных гостей. А признаюсь, мне почти досадно, что дело обойдется без ссоры. L'homme du Destin[3] и его великая нация так заznались, что способа нет. Вот, посмотри! Видишь ли

---

[3] Избранник судьбы (фр.).

4

этих двух господчиков? Это лавочники из одного французского магазина. Посмотри, как важно они поглядывают на всех с высоты своего величия... Тьфу, черт возьми! Ни дать ни взять французские маршалы!.. А! вот опять лиловый капотец... Послушай: если ты не хочешь гулять, так я... Ах, боже мой! она сходит с бульвара.... села в карету... Эх, mon cher! как досадно, что я с тобой заболтался... Ну, делать нечего... Да, кстати!.. где ты сегодня обедаешь?

– Я хотел ехать к Радугиной.

– И полно, не езди; обедай со мною.

– Нельзя: мне надобно с ней проститься.

– А когда ты едешь отсюда

– Завтра непременно.

– Ну, вот изволишь видеть! Когда мы с тобой увидимся? Пожалуйста топ cher, обедаем вместе. Ты можешь ехать к Радугиной вечером.

– Эх, Александр! Если б ты знал, как мне неприятно бывать по вечерам у Радугиной! Вечером, почти всякой раз, я встречаю у нее кого-нибудь из чиновников французского посольства, а это для меня нож вострый! Уж это не лавочники из французского магазина; послушал бы ты, как они поговаривают о России!.. Несколько раз я ошибался и думал, что дело идет не об отечестве нашем, а о какой-нибудь французской провинции. Ну, поверишь ли? Вот так кровь и кипит в жилах – терпенья нет! А хозяйка... Боже мой!.. Только что не крестится при имени Наполеона. Клянусь честию, если б не родственные связи, то нога бы моя не была в ее доме.

– И ты сердишься? Да от этого надобно умереть со смеху. Вот то-то и беда, тыне умеешь ничем заявляться. Если б я был на твоем месте, то подсел бы к какому-нибудь советнику посольства, стал бы ему подличать и преуниженно попросил бы наконец поместить меня при первой вакансии супрефектом в Тобольск или Иркутск. Он бы стал ломаться, и я сделал бы из него настоящего Жокриса!.. А, кстати!.. Вчера Талон[4] был как ангел в этой роле... Ты видел когда-нибудь французской водевиль "Отчаянье Жокриса"?

– Нет! я езжу только в русский театр.

– Да бишь виноват! Ты любишь чувствительные драмы. Ну, что ж? обедаем ли мы вместе?

– Если ты непременно хочешь...

– Послушай, мой милой, я не приглашаю тебя к себе: ты знаешь, у меня нет и повара. Мы отобедаем в ресторации.

– У Жискара?

– И нет, mon cher! Надобно разнообразить свои удовольствия. У Жискара и Тардифа мы увидим всё знакомые лица. Одно да одно – это скучно. Знаешь ли что? Обедаем сегодня у Френзеля?

– По мне всё равно, где хочешь. А что это за Френзель?

– Это ресторация, в которой платят за обед по рублю с человека. Там увидим мы презабавные физиономии: прегордых писцов из министерских департаментов, глубокомысленных политиков в изорванных сюртуках, художников без работы, учителей без мест, а иногда и журналистов без подписчиков. Что за разговоры мы

---

[4] Комической актер тогдашней французской труппы в С.-Петербурге. – (Прим. автора).

услышим! Все обедают за общим столом; должность официантов отправляют две толстые служанки и, когда гости откушают суп, у всех, без исключения, отбирают серебряные ложки. Умора, да и только!

– Что же тут смешного? Это обидно.

– И полно, mon cher! Представь себе, что и у нас так же отберут ложки – для того, чтоб мы ошибкою не положили их в карман. Разве это не забавно? Ну право, я иногда очень люблю эту милую простоту. Однажды в Москве мне вздумалось, из шалости, пообедать с Ленским в одном русском трактире, и когда я спросил, что возьмут с нас двоих за обед, то трактирщик отвечал мне преважно: "По тридцати копеек с рыла!" С рыла!! Мы оба с Ленским чуть не умерли со смеху. Пойдем к Френзелю, мой милый. Не вечно же быть в хорошем обществе; надобно иногда потолкаться и в народе.

– Что с тобою делать, повеса! – сказал Рославлев, вставая с скамьи. – Пойдем в твою рублевую ресторацию.

ГЛАВА II

Не доходя до Казанского моста, Зарецкой сошел с бульвара и, пройдя несколько шагов вдоль левой стороны улицы, повел за собою Рославлева, по крутой лестнице, во второй этаж довольно опрятного дома. В передней сидел за дубовым прилавком толстый немец. Они отдали ему свои шляпы.

– Видишь ли, – сказал Зарецкой, входя с приятелем своим в первую комнату, – как здесь все обдуманно? Ну как уйдешь, не заплатя за обед? Ведь шляпа-то стоит дороже рубля.

В первой комнате человек пожилых лет, в синем поношенном фраке, разговаривал с двумя молодыми людьми, которые слушали его с большим вниманием.

– Да, милостивые государи! – говорил важным голосом синий фрак, – поверьте мне, старику; я делал по сему предмету различные опыты и долгом считаю сообщить вам, что принятой способ натирать по скобленому месту сандараком – есть самый удобнейший: никогда не расплывется. Я сегодня в настольном регистре целую строку выскоблил, и смею вас уверить, что самой зоркой столоначальник не заметит никак этой поскобки. Все другие способы, как-то: насаленная бумажка, натирание сукном, лощение ногтем и прочие мелкие средства никуда не годятся. – Это канцелярские чиновники! – сказал Зарецкой. – Их разговоры вообще очень поучительны, но совсем не забавны. Пойдем в залу; там что-то громко разговаривают.

В зале, во всю длину которой был накрыт узкой стол, человек двадцать, разделясь на разные группы, разговаривали между собою. В одном углу с полдюжины студентов Педагогического института толковали о последней лекции профессора словесных наук; в другом – учитель-француз рассуждал с дядькою немцем о трудностях их звания; у окна стоял, оборотясь ко всем спиною, офицер в мундирном сюртуке с черным воротником. С первого взгляда можно было подумать, что он смотрел на гуляющих по бульвару; но стоило только заглянуть ему в лицо, чтоб увериться в противном. Глаза его, устремленные на противоположную сторону улицы, выражали глубокую задумчивость; он постукивал машинально по стеклам пальцами, выбивал тревогу, сбор, разные марши и как будто бы не видел и не слышал ничего. Этот молчаливый офицер был среднего роста, белокур, круглолиц и вообще приятной наружности; но что-то дикое, бесчувственное и даже нечеловеческое изображалось в серых глазах его. Казалось, ни радость, ни горе не могли одушевить этот неподвижный, равнодушный взор; и только изредка улыбка, выражающая какое-то холодное презрение, появлялась на устах его.

В двух шагах от него краснощекой с багровым носом толстяк разговаривал с худощавым стариком. Зарецкой и Рославлев сели подле них.

– Нет, почтеннейший! – говорил старик, покачивая головою, – воля ваша, я не согласен с вами. Ну рассудите милостиво: здесь берут по рублю с персоны и подают только по четыре блюда; а в ресторации "Мыс Доброй Надежды"...

– Так, батюшка! – перервал толстый господин, – что правда, то правда! Там подают пять блюд, а берут только по семидесяти пяти копеек с человека. Так-с! Но позвольте доложить: блюда блюдам розь. Конечно, пять блюд – больше четырех; да не в счете дело: блюдца-то, сударь, там больно незатейливые. – Кто и говорит, батюшка! Конечно, стол не ахти мне; но не погневайтесь: я и в здешнем обеде большого деликатеса не вижу. Нет, воля ваша! Френзель зазнался. Разве не замечаете, что у него с каждым днем становится меньше посетителей? Вот, например, Степан Кондратьевич: я уж его недели две не вижу.

– В самом деле, – подхватил толстяк, – он давно здесь не обедал. А знаете ли, что без него скучно? Что за краснобай!.. как начнет рассказывать, так есть что послушать: гусли, да и только! А новостей-то всегда принесет новостей - господи боже мой!.. Ну что твои газеты... Э! да как легок на помине!.. вот и он! Здравствуйте, батюшка Степан Кондратьевич! – продолжал толстой господин, обращаясь находящему человеку средних лет, в кофейном фраке и зеленых очках, который выступал, прихрамывая и опираясь на лакированную трость с костяным набалдашником.

Появление этого нового гостя, казалось, произвело на "многих сильное впечатление, которое удвоилось при первом взгляде на его таинственную и нахмуренную физиономию. Поклонясь с рассеянным видом на все четыре стороны, он сел молча на стул, нахмурился еще более, наморщил лоб и, посвистывая себе под нос, начал преважно протирать свои зеленые очки. В одну минуту прекратились почти все отдельные разговоры. Учитель француз, дядька немец, студенты и большая часть других гостей столпились вокруг Степана Кондратьевича, который, устремив глаза в потолок, продолжал протирать очки и посвистывать весьма значительным образом. Один только молчаливой офицер, казалось, не заметил этого общего движения и продолжал по-прежнему смотреть в окно.

– Ну что, почтеннейший! – сказал толстый господин, – что скажете нам новенького?

– Что новенького?.. – повторил Степан Кондратьевич, надевая свои очки, – Гм, гм!.. что новенького?.. И старенького довольно, государь мой!

– Так-с!.. да старое-то мы знаем; не слышно ли чего-нибудь поновее?

– Поновее?.. Гм, гм! Мало ли что болтают, всего не переслушаешь; да и не наше дело, батюшка!.. Вот, изволите видеть, рассказывают, будто бы турки... куда бойко стали драться.

– Право! – Говорят так, а впрочем, не наше дело. Слух также идет, что будто б нас... то есть их побили под Бухарестом. Тысяч тридцать наших легло.

– Как? – вскричал Рославлев, – большая часть молдавской армии?

– Видно что так. Ведь нашего войска и сорока тысяч там не было.

– Извините1 Молдавской армии пятьдесят тысяч под ружьем.

Степан Кондратьевич взглянул с насмешливый улыбкою на Рославлева и повторил сквозь зубы:

– Под ружьем!.. гм, гм!.. Может быть; вы, верно, лучше моего это знаете; да не о том дело. Я вам передаю то, что слышал: наших легло тридцать тысяч, а много ли осталось, об этом мне не сказывали.

– Однако мы все-таки выиграли сражение? – спросил худощавый старик.

– Разумеется. Когда ж мы проигрываем, батюшка? Мы, изволите видеть, государь мой, всегда побиваем других; а нас – боже сохрани! – нас никто не бьет!

– Тридцать тысяч! – повторил краснощекой толстяк, – Проклятые турки! А не известно ли вам, как происходило сражение?

– Да, смею доложить, – сказал важным тоном Степан Кондратьевич, – я вам могу сообщить все подробности. Позвольте: видите ли на половице этот сучок?.. Представьте себе, что это Бухарест. – Так-с!

– Ну вот, изволите видеть, – продолжал Степан Кондратьевич, проводя по полу черту своей тростию, - вот тут стояло наше войско.

– Так-с, батюшка, то есть здесь, по левую сторону сучка?

– Именно; а на этой стороне расположен был турецкой лагерь. Вот, сударь, в сумерки или перед рассветом – не могу вам сказать наверное – только втихомолку турки двинулись вперед.

– Так-с!

– Выстроили против нашего центра маскированную батарею в двести пушек.

– В двести пушек?.. Так-с, батюшка, так-с...

– Надобно вам сказать, что у них теперь артиллерия отличная: Тяжелая действует скорее нашей конной, а конная не по-нашему, государь мой! вся на верблюдах. Изволите видеть, как умно придумано?..

– Так-с, так-с!

– Ну вот, сударь, наши и думать не думают, как вдруг, батюшка, они грянут изо всех пушек! Пошла потеха. И пехота, и конница, и артиллерия, и господи боже мой!.. Вот янычары заехали с флангу: алла! – да со всех четырех ног на нашу кавалерию.

– Позвольте! – перервал один из студентов. – Янычары не конное, а пехотное войско.

– Эх, сударь! То прежние янычары, а это нынешние.

– Конечно, конечно! – подхватил толстяк, – у них все по-новому. Ну, сударь! Янычары ударили на нашу кавалерию?..

– Да, батюшка; что делать? Пехота не подоспела, а уж известное дело: против их конницы – наша пас...

– Так-с, так-с!

– Главнокомандующий генерал Кутузов, видя, что дело идет худо, выехал сам на коне и закричал: "Ребята, не выдавай!" Наши солдаты ободрились, в штыки, началась резня – и турок попятили назад.

– Слава богу!.. – вскричал худощавый старик.

– Постойте, постойте! – продолжал Степан Кондратьевич. – Этим дело не кончилось. Все наше войско двинулось вперед, конница бросилась на неприятельскую пехоту, и что ж?.. Как бы вы думали?.. Турки построились в каре!.. Слышите ли, батюшка? в каре!.. Что, сударь, когда это бывало?

– Так-с, так-с! Умны стали, проклятые!

– Вот, наши туда, сюда, и справа, и слева – нет, сударь! Турки стоят и дерутся, как на маневрах!.. Подошли наши резервы, к ним также подоспел секурс[5], и, как слышно, сражение продолжалось беспрерывно четверо суток; на пятые...

– Верно, всем захотелось поесть? – перервал Зарецкой.

– Поесть? Нет, сударь, не пойдет еда на ум, когда с нашей стороны, – как я уже имел честь вам докладывать, – легло тридцать тысяч и не осталось ни одного генерала: кто без руки, кто без ноги. А главнокомандующего, – прибавил Степан Кондратьевич вполголоса, – перешибло пополам ядром, вместе с лошадью.

– Гер Езус![6].. – вскричал немец дядька, – вместе с лошадью!

– Diable! C'est un fier coup de canon![7] – примолвил учитель француз.

– Господи боже мой! – сказал худощавой старик, – какие потери! Легко вымолвить – все генералы! тридцать тысяч рядовых! Да ведь это целая армия!

– Конечно, целая армия, – повторил Степан Кондратьевич. – В старину Суворов и с двадцатью тысячами бивал по сту тысяч турок. Да то был Суворов! Когда под Кагулом он разбил визиря...

– Не он, а Румянцев, – перервал Рославлев.

– И, сударь! Румянцев, Суворов – все едино: не тот, так другой; дело в том, что тогда умели бить и турок, и поляков. Конечно, мы и теперь пожаловаться не можем, – у нас есть и генералы и генерал-аншефы... гм, гм!.. Впрочем, и то сказать, нынешние турки не прежние – что грех таить! Учители-то у них хороши! – примолвил рассказчик, взглянув значительно на французского учителя, который улыбнулся и гордо поправил свой галстук.

– Говорят, – продолжал Степан Кондратьевич, – что у турецкого султана вся гвардия набрана из французов, так дивиться нечему, если нас... то есть если мы теряем много людей. Слышно также, что будто бы султан не больно подается на мировую и требует от нас Одессы... Конечно, не наше дело... а жаль... город торговой... портовой... и чего нам стоила эта скороспелка Одесса! Сколько посажено в нее денег!.. Да делать нечего! Как не под силу придет барахтаться, так вспомнишь поневоле русскую пословицу: худой мир лучше доброй брани.

Тут молчаливый офицер медленно повернулся и, взглянув пристально на рассказчика, сказал:

– Под Бухарестом не было сражения; не мы, а турки просят мира. Французы

---

[5] подмога (фр.).

[6] Господи Исусе!.. (нем.)

[7] Черт! Вот славный пушечный выстрел! (фр.)

служат своему императору, а не турецкому султану, и одни подлецы предпочитают постыдный мир необходимой войне.

Все взоры обратились на незнакомого офицера. Степан Кондратьевич хотел что-то сказать, заикнулся, выронил из руки трость, нагнулся ее поднимать и сронил с носа свои зеленые очки. Студенты засмеялись, и почти в то же время одна из служанок, внеся. в залу огромную миску с супом, объявила, что кушанье готово. Все сели за стол. Против Зарецкого и Рославлева, между худощавым стариком и толстым господином, поместился присмиревший Степан Кондратьевич; прочие гости расселись также рядом, один подле другого, выключая офицера: он сел поодаль от других на конце стола, за которым оставалось еще много порожних мест. Проворные служанки в одну минуту разнесли тарелки с супом. Наступила глубокая тишина, и только изредка восклицания: бутылку пива!.. кислых щей?.. белого хлеба!.. – прерывали общее молчание.

– Душенька! – сказал Зарецкой одной из служанок, – бутылку шампанского.

При сем необычайном требовании все головы, опущенные книзу, приподнялись; у многих ложки выпали из рук от удивления, а служанка остолбенела и, перебирая одной рукой свой фартук, повторила почти с ужасом: – Бутылку шампанского!

– Да, душенька.

– Настоящего шампанского?

– Да, душенька.

– То есть французского, сударь?

– Да, душенька.

Служанка вышла вон и через минуту, воротясь назад, сказала, что вино сейчас подадут.

– Ведь оно стоит восемь рублей, сударь! – прибавила она, поглядывая недоверчиво на Зарецкого.

– Знаю, миленькая.

Если б Зарецкой был хорошим физиономистом, то без труда бы заметил, что, выключая офицера, все гости смотрели на него с каким-то невольным почтением. Толстый господин, который только что успел прегордо и громогласно прокричать: "Бутылку сантуринского!" – вдруг притих и почти шепотом повторил свое требование. В ту минуту, как Зарецкой, дождавшись наконец шампанского, за которым хозяин бегал в ближайший погреб, наливал первый бокал, чтоб выпить за здоровье невесты своего приятеля, – вошел в залу мужчина высокого роста, с огромными черными бакенбардами, в щеголеватом однобортном сюртуке, в одной петлице которого была продета ленточка яркого пунцового цвета. Лицо его было бы довольно приятно, если б не выражало какую-то дерзкую самонадеянность, какое-то бесстыдное наянство, которые при первом взгляде возбуждали в каждом невольное негодование. Вопреки принятому в сей ресторации обычаю, он вошел в столовую, не снимая шляпы, бросил ее на окно и, не удостоивая никого взглядом, сел за стол подле Рославлева. Подозвав одну из служанок, он сказал, что не хочет ничего есть, кроме жаркого, и велел себе подать бутылку шатолафиту. По иностранному его выговору и по самой физиономии не трудно было отгадать, что он француз.

10

При появлении этого, нового лица легкой румянец заиграл на щеках молчаливого офицера; он устремил на француза свой бесчувственный, леденелый взор, и едва заметная, но исполненная неприязни и глубокого презрения улыбка одушевила на минуту его равнодушную и неподвижную физиономию.

– Жареные рябчики! – вскричал толстый господин, провожая жадным взором служанку, которая на большом блюде начала разносить жаркое. – Ну вот, почтеннейший, – продолжал он, обращаясь к худощавому старику, – не говорил ли я вам, что блюда блюдам розь. В "Мысе Доброй Надежды" и пять блюд, но подают ли там за общим столом вот это? – примолвил он, подхватя на вилку жареного рябчика.

– Что правда, то правда, – отвечал старик, принимаясь за свою порцию. – Там из жареной телятины шагу не выступят.

Чрез несколько минут обед кончился. Офицер закурил сигарку и сел опять возле окна; Степан Кондратьевич, поглядывая на него исподлобья, вышел в другую комнату; студенты остались в столовой; а Зарецкой, предложив бокал шампанского французу, который, в свою очередь, потчевал его лафитом, завел с ним разговор о политике.

– Я слышал, – сказал Зарецкой, – что ваши дела не так-то хорошо идут в Испании? Француз улыбнулся.

– Не потому ли вы это думаете, – -отвечал он, – что Веллингтону удалось взять обманом Бадаиос? Не беспокойтесь, он дорого за это заплатит.

– Однако ж, верно, не дороже того, что заплатили французы, когда брали Сарагоссу, – возразил Рославлев.

– Я советую вам спросить об этом у сарагосских жителей, – отвечал француз, бросив гордый взгляд на Рославлева. – Впрочем, – продолжал он, – я не знаю, почему называют войною простую экзекуцию, посланную в Испанию для усмирения бунтовщиков, которых, к стыду всех просвещенных народов, английское правительство поддерживает единственно из своих торговых видов?

– Бунтовщиков! – сказал Рославлев. – Но мне кажется, что законный их государь...

– Иосиф, брат императора французов, – по крайней мере до тех пор, пока Испания не названа еще французской провинцею.

– Я не думаю, – возразил Зарецкой, – чтобы Европа согласилась признать это древнее государство французской провинцею.

– Европа! – повторил с презрительной улыбкою француз. – А знаете ли, в каком тесном кругу заключается теперь ваша Европа?.. Это небольшое местечко недалеко от Парижа; его называют Сен-Клу.

– Как, сударь! и вы думаете, что все европейские государи...

– Да, мы, французы, привыкли звать их всех одним общим именем: Наполеон. Это гораздо короче.

Лицо Рославлева покрылось ярким румянцем; он хотел что-то сказать, но Зарецкой предупредил его.

– Итак, вы полагаете, – сказал он французу, – что воля Наполеона должна быть законом для всей Европы?

– Этот вопрос давно уже решен, - отвечал француз.

– Однако ж если вы считаете Англию в числе европейских государств, то

11

кажется... но, впрочем, может быть, и англичане также бунтуют? Только, я думаю, вам трудно будет послать к ним экзекуцию: для этого нужен флот; а по милости бунтовщиков англичан у вас не осталось ни одной лодки.

– Англия! – вскричал француз. – Да что такое Англия? И можно ли назвать европейским государством этот ничтожный остров, населенный торгашами? Этот христианской Алжир, который скоро не будет иметь никакого сообщения с Европою. Нет, милостивый государь! Англия не в Европе: она в Азии; но и там владычество ее скоро прекратится. Индия ждет своего освободителя, и при первом появлении французских орлов на берегах Гангеса раздастся крик свободы на всем Индийском полуострове.

– Но Россия, – сказал Рославлев, – Россия, сударь?

– О! Россия, верно, не захочет ссориться с Наполеоном. Не трогая нимало вашей национальной гордости, можно сказать утвердительно, что всякая борьба России с Францией была бы совершенным безумием.

– В самом деле? – перервал Зарецкой. – Ну, а если мы, на беду, сойдем с ума и вздумаем с вами поссориться?

– От всей души желаю, – сказал француз, – чтоб этого не было; но если, к несчастию, ваше правительство, ослепленное минутным фанатизмом некоторых беспокойных людей или обманутое происками британского кабинета, решится восстать против колосса Франции, то...

– Ну, сударь! Что ж тогда с нами будет? – спросил, улыбаясь, Зарецкой.

– Что будет? Забавный вопрос! Кажется, не нужно быть пророком, чтобы отгадать последствия этого необдуманного поступка. Я спрашиваю вас самих: что останется от России, если Польша, Швеция, Турция и Персия возьмут назад свои области, если все портовые города займутся нашими войсками, если...

– Вы забыли, – вскричал Рославлев, вскочив со своего места, – что в России останутся русские; что

тридцать миллионов русского народа, говорящих одним языком, исповедающих одну веру, могут легко истребить многочисленные войска вашего Наполеона, составленные из всех народов Европы!

– Помилуйте! да что такое народ? Глупая толпа, беззащитное стадо, которое, несмотря на свою многочисленность, не значит ничего в военном отношении; и боже вас сохрани от народной войны! Наполеон умеет быть великодушным победителем; но горе той земле, где народ мешается не в свое дело! Половина Испании покрыта пеплом; та же участь может постигнуть и ваше отечество. Солдат выполняет свою обязанность, когда дерется с неприятелем, но мирной гражданин должен оставаться дома. В противном случае он разбойник, бунтовщик и не заслуживает никакой пощады.

– Разбойник! – повторил Рославлев прерывающимся от нетерпения и досады голосом. – И вы смеете называть разбойником того, кто защищает своего государя, отечество, свою семью...

– Что ж вы горячитесь? – перервал француз. – Я не мешаю вам хвалить образ войны, приличный одним варварам и отвратительный для каждого просвещенного человека; но позвольте и мне также остаться при моем мнении. Я повторяю вам, что народная война не спасла б России, а ускорила б ее погибель. Мы, французы, любим пожить весело, сыплем деньгами, мы щедры, великодушны, и там, где нас принимают с ласкою, никто не пожалуется на бедность, но если мы вынуждены употреблять меры строгости, то целые государства исчезают при нашем появлении. Впрочем, все то, что мы говорили, одно только предположение, и хотя мнение мое основано на здравом смысле...

– И еще на кой-чем другом, – прибавил молчаливый офицер, подойдя к французу. – Позвольте спросить, – продолжал он спокойным голосом, – дорого ли вам платят за то, чтоб проповедовать везде безусловную покорность к вашему великому Наполеону?

– Что это значит? – спросил француз, вставая с своего стула. – И надобно вам отдать справедливость, – продолжал офицер, – вы исполняете вашу не слишком завидную должность во всех рублевых трактирах с таким же похвальным усердием, с каким исполняют ее другие в гостиных комнатах хорошего общества.

– Государь мой! я вас не понимаю.

– А кажется, очень понятно. Я вас давно уже знаю, вы мне надоели. Скажите, зачем у вас в петлице эта ленточка? Орден Почетного легиона прилично носить храбрым французским воинам, а вы... Тут офицер сказал что-то на ухо французу.

– Как вы смеете? – вскричал он, отступив два шага назад.

– Извините! На нашем варварском языке этому ремеслу нет другого названия. Впрочем, господин... как бы сказать повежливее, господин агент, если вам это не нравится, то... не угодно ли сюда к сторонке: нам этак ловчее будет познакомиться.

– Да, сударь, я хочу, я требую!..

– Тише, не шумите, а не то я подумаю, что вы трус и хотите отделаться одним криком. Послушайте!..

Он взял за руку француза и, отойдя к окну, сказал ему вполголоса несколько слов. На лице офицера не заметно было ни малейшей перемены; можно было подумать, что он разговаривает с знакомым человеком о хорошей погоде или дожде. Но пылающие щеки защитника европейского образа войны, его беспокойный, хотя гордый и решительный вид – все доказывало, что дело идет о назначении места и времени для объяснения, в котором красноречивые фразы и логика ни к чему не служат.

– Вот как трудно быть уверену в будущем, – сказал Рославлев, выходя с своим приятелем из трактира. – Думал ли этот офицер, что он встретит в рублевой ресторации человека, с которым, может быть, завтра должен резаться.

– И полно, mon cher! дело обойдется без кровопролития. Если бы каждая трактирная ссора кончалась поединком, то давно бы все рестораторы померли с голода. И кто дерется за политические мнения?

– Но если это мнение обижает целую нацию?

– Да разве нация человек? Разве ее можно обидеть? Французы и до сих пор не признают нас за европейцев и за нашу хлеб-соль величают варварами; а отечество наше, в котором соединены климаты всей Европы, называют землею белых медведей и, что всего досаднее, говорят и печатают, что наши дамы пьют водку и любят, чтобы мужья их били. Так что ж, сударь! не прикажете ли за это вызывать на дуэль каждого парижского лоскутника, который из насущного хлеба пишет и печатает свои бредни? Да бог с ними, на здоровье! Пускай себе врут, что им угодно. Мы от их слов татарами не сделаемся; в Крыму не будет холодно; мужья

13

не станут бить своих жен, и, верно, наши дамы, в угодность французским вояжерам[8], не разрешат на водку, которую, впрочем, мы могли бы называть ликером, точно так же, как называется ресторациею харчевня, в которой мы обедали.

Походя несколько времени по опустевшему бульвару, наши молодые друзья расстались. Зарецкой обещал чем свет приехать проститься с Рославьевым, который спешил домой, чтоб отдохнуть и, переодевшись, отправиться на вечер к княгине Радугиной.

ГЛАВА III

В девятом часу вечера карета Рославлева остановилась в Большой Миллионной у подъезда дома, принадлежащего княгине Радугиной. Входя в переднюю, Рославлев, с приметным неудовольствием, заметил в числе слуг богато одетого егеря, который, развалясь на стуле, играл своей треугольной шляпою с зеленым султаном и поглядывал свысока на других лакеев, сидевших от него в почтенной дистанции и вполголоса разговаривавших меж собою. Пройдя приемную и две гостиные комнаты, он встречен был официантом, который, растворя дверь в роскошную диванную, доложил о нем громогласно хозяйке дома.

Родственница Рославлева, богатая вдова, княгиня Радугина, могла служить образцом хорошего тона (к счастию) тогдашнего времени. Она говорила по-русски дурно, по-французски прекрасно, умирала с тоски, живя в Петербурге, презирала все русское, жила два года в Париже, два месяца в Лозанне и третий уже год сбиралась ехать в Италию. Окруженная иностранцами, она привыкла слышать, что Россия и Лапландия почти одно и то же; что отечество наше должно рабски подражать всему чужеземному и быть сколком с других наций, а особливо с французской, для того чтоб быть чем-нибудь; что нам не должно и нельзя мыслить своей головою, говорить своим языком, носить изделье своих фабрик, иметь свою словесность и жить по-своему. Бедная Радугина в простоте души своей была уверена, что высочайшая степень просвещения, до которой Россия могла достигнуть, состояла в совершенном отсутствии оригинальности, собственного характера и национальной физиономии; одним словом: заслужить название обезьян Европы – была, по мнению ее, одна возможная и достижимая цель для нас, несчастных северных варваров. Ее всегдашнее общество составлялось предпочтительно из чиновников французского посольства и из нескольких русских молодых литераторов, которые вслух называли ее Коринною, потому что она писала иногда французские стишки, а потихоньку смеялись над ней вместе с французами, которые, в свою очередь, насмехались и над ней, и над ними, и над веем, что казалось им забавным и смешным в этом доме, в котором, по словам их, каждый день разыгрывались презабавные пародии европейского просвещения.

Княгиня Радугина была некогда хороша собою; но беспрестанные праздники,

---

[8] путешественникам (фр.)

балы, ночи, проверенные без сна, – словом, все, что сокращает век наших модных дам, не оставило на лице ее и признаков прежней красоты, несмотря на то, что некогда кричали о ней даже и в Москве:

...которая и в древни времена Прелестными была обильна и славна.

Одни исполненные томности черные глаза ее напоминали еще об этом давно прошедшем времени и дозволяли иногда молодым поэтам в миленьких французских стишках, по большой части выкраденных из конфектной лавки Молинари, сравнивать ее по уму с одною из муз, а по красоте – со всеми тремя грациями.

Комната, в которой Рославлев нашел хозяйку дома, освещалась несколькими восковыми свечами, поставленными в прозрачных фарфоровых вазах, и ярким огнем, пылающим в прекрасном мраморном камине. На круглом столе из карельской березы стоял серебряный чайный прибор; перед ним на диване, покрытом богатой турецкой материею, сидела княгиня Радугина, облокотясь на вышитую по канве подушку, украшенную изображением Азора, любимой ее моськи, которая, по своему отвратительному безобразию, могла назваться совершенством в своем роде. Возле окна, закинув назад голову, сидел на модной козетке[9] один из домашних ее поэтов; глаза его, устремленные кверху, искали на расписном плафоне[10] комнаты вдохновения и четвертой рифмы к экспромту, заготовляемому на всякой случай. У камина какой-то худощавый французской путешественник поил с блюдечка простывшим чаем толстого Азора, а подле дивана один из главных чиновников французского дипломатического корпуса, развалясь в огромных волтеровских креслах, разговаривал с хозяйкою.

– А, здравствуйте, mon cousin![11]– сказала Радугина, разумеется по-французски, кивнув приветливо головою входящему Рославлеву. – Не хотите ли чаю?

– Нет, княгиня, я не пью чаю после обеда, – отвечал Рославлев, садясь на один из порожних стульев.

– Я вас целый век не видала. Уж не прощаться ли вы приехали со мною?

– Вы отгадали. Я завтра еду.

– За границу?

– Извините! в Москву, а потом в деревню.

– В деревню! Ах, как вы мне жалки!.. Asopt vieris ici, mon ami![12].. Он вас беспокоит, monsieur le cornte?[13]

– О, нет! напротив, княгиня! – отвечал путешественник. – Il est charrnant![14] Пей, мой друг, пей!

– Итак, вы едете завтра, mon cousin? Когда же вы воротитесь?

– Не знаю; но, верно, не прежде моей свадьбы.

– Ах, боже мой! представьте себе, какая дистракция![15] Я совсем забыла, что вы

---

[9] небольшом диване для двух собеседников (фр.)

[10] потолке от (фр.) plafond.

[11] мой кузен! (фр.)

[12] иди сюда, мой дружок!.. (фр.)

[13] господин граф? (фр.)

[14] Он очарователен! (фр.)

[15] рассеянность! от (фр.) distraction

помолвлены. Теперь понимаю: вы едете к вашей невесте. О, это другое дело! Вам будет весело и в Москве, и в деревне, и на краю света. L'amour embelit tout[16].

– Жаль только, – перервал путешественник, – что любовь не греет у вас в России: это было бы очень кстати. Скажите, княгиня, бывает ли у вас когда-нибудь тепло? Боже мой! – прибавил он, подвигаясь к камину, – в мае месяце! Quel pays![17]

– Что ж делать, граф! – сказала с глубоким вздохом хозяйка. – Никто не выбирает себе отечества!

– Да, сударыня! – подхватил дипломат. – Если б этот выбор зависел от нас, то, верно, в России было б еще просторнее; а. во Франции так тесно, как в Большой парижской опере, когда давали в первый раз "Торжество Траяна"!

– И когда сам Траян присутствовал при своем торжестве, – прибавил путешественник.

– Скажите, mon cousin, – сказала Радугина, – ведь вы женитесь на Лидиной?

– Да, княгиня.

– На той самой, которая прошлого года была в Париже?

– То есть на ее дочери.

– Надеюсь, на старшей?

– Да, княгиня, на старшей.

– Ее, кажется, зовут Полиною? Charmante personne![18] О чем мы с вами говорили, барон? – продолжала Радугина. – Ах, да!.. Знаете ли, mon cousin! что вы очень кстати приехали? Мне нужна ваша помощь. Представьте себе! Monsier le baron[19] уверяет меня, что мы должны желать, чтоб Наполеон пришел к нам в Россию. Боже мой! как это страшно! Скажите, неужели мы в самом деле должны желать этого? Рославлев едва усидел на стуле.

– Как, сударыня! – вскричал он...

– Да, да! Он мне это почти доказал.

– Pardon, princesse![20]– сказал хладнокровно дипломат, – вы не совсем меня поняли. Я не говорю, что русские должны положительно желать прихода наших войск в их отечество; я объяснял только вам, что если силою обстоятельств Россия сделается поприщем новых побед нашего императора и русские будут иметь благоразумие удержаться от народной войны, то последствия этой кампании могут быть очень полезны и выгодны для вашей нации.

– Извините, барон, мое невежество, – сказал Рославлев, – я, право, не понимаю...

– Не понимаете? Так спросите об этом у голландцев, у всего Рейнского союза; поезжайте в Швейцарию, в Италию; взгляните на утесистые, непроходимые горы, некогда отчаяние несчастных путешественников, а теперь прорезанные широкими дорогами, по которым вы можете, княгиня, прогуливаться в своем ландо[21] спокойнее, чем по Невскому проспекту; спросите в Террачине и Неаполе: куда

---

[16] Любовь все украшает! (фр.).

[17] Что за страна! (фр.).

[18] Прелестное создание!.. (фр.).

[19] Господин барон (фр.).

[20] Извините, княгиня! (фр.).

[21] четырехместной карете (фр.)

девались бесчисленные шайки бандитов, от которых не было проезда в Южной Италии; сравните нынешнее просвещение Европы с прежними предрассудками и невежеством, и после этого не понимайте, если хотите, какие бесчисленные выгоды влечет за собою присутствие этого гения, колоссального, как мир, и неизбежного, как судьба.

– Прекрасное сравнение! – воскликнул молодой поэт. – Какое у вас цветущее воображение, барон!

– Неизбежный, как судьба!.. – повторила почти набожным голосом хозяйка дома, подняв к небесам свои томные глаза. – Ах, как должен быть величествен вид вашего Наполеона!.. Мне кажется, я его вижу перед собою!.. Какой грандиозо[22] должен быть в этом орлином взгляде, в этом...

– Не глядите так высоко, княгиня! – перервал с принужденною улыбкою Рославлев. – Наполеон невысокого роста.

– Да, ростом он меньше вашего великого Петра, – сказал насмешливо путешественник.

– И ростом и душою! – возразил Рославлев, устремив пылающий взор на француза, который почти до половины уже влез в камин. – Если вы, граф, читали когда-нибудь историю...

– Fi, fi! mon cousin![23] – вскричала Радугина, – вы горячитесь. Разве нельзя спорить и рассуждать хладнокровно?

– Вы правы, княгиня, – сказал Рославлев, стараясь удержаться. – Граф не может понимать всю великость гения, преобразователя России – он не русской; так же как я, не будучи французом, никак не могу постигнуть, каким образом просвещение преподается помощию штыков и пушек. Нет, господин барон! если мы и нуждаемся в профессорах, то, вероятно, не в тех, которых все достоинства состоят в личной храбрости, а познания – в уменье скоро заряжать ружье и метко попадать в цель. Позвольте вам напомнить, что в этом отношении Россия не имеет причины никому завидовать и легко может доказать это на самом деле – даже и победителям полувселенной.

Дипломат улыбнулся и, не говоря ни слова, вынул из кармана брауншвейгскую бумажную табакерку с прекрасным пейзажем. Попотчевав табаком Рославлева, он сказал:

– Посмотрите, как хорошо делают нынче эти безделки. Какой правильный рисунок!.. Это вид Аустерлица.

– Да, – отвечал спокойно Рославлев, – я видел почти такую же табакерку; не помню хорошенько, кажется, с видом Прейсиш-Ейлау или Нови. Она еще лучше этой.

Господин барон смутился и, помолчав несколько времени, сказал:

– Как жаль, что под Нови ваш Суворов дрался не с Наполеоном. Это был бы один из лучших листков в лавровом венке нашего императора.

– Да, если б французы не были разбиты.

– Но неужели вы думаете, что это могло случиться, когда бы нашим войском командовал сам Наполеон?

---

[22] величие (ит.)

[23] Фи, фи, кузен! (фр.)

– Извините! Я не думаю, а уверен в этом.

– Bienheureux ceux qui croient[24], – пробормотал путешественник, подкладывая дров в потухающий камин.

Поэт улыбнулся, а хозяйка с сожалением посмотрела на Рославлева.

– Но мы отбились от нашей материи, – продолжал дипломат. – Вам кажется странным просвещение, распространяемое помощию оружия; согласитесь, по крайней мере, что порядок, устройство и общеполезные работы, которые гигантским своим объемом напоминают почти баснословные дела древних римлян, должны быть необходимым следствием твердой воли, неразлучной с силою. Для приведения в действие высоких предначертаний, коих польза постигается только впоследствии, нужно всемогущество, которым обладает Наполеон; необходимы его бесчисленные войска... И если Россия желает подвинуться вперед...

– И, господин барон! – перервал с улыбкою Рославлев, – что вам за радость просвещать насильно нацию, которая одна, по своей силе и самобытности может сделаться со временем счастливой соперницею Франции. Предоставьте это времени и собственному ее желанию – сравниться в просвещении с остальной частию Европы. Россия и без вашей насильственной помощи идет скорыми шагами к этой высокой цели. всех народов. Поглядите вокруг себя! Скажите, произвели ли ваши предки в течение многих веков то, что создано у нас в одно столетие? Не походит ли на быструю перемену декораций вашей парижской оперы это появление великолепного Петербурга среди непроходимых болот и безлюдных пустынь севера?

– Да неужели вы думаете, сударь, что ваш Петербург может назваться европейские городом? И, полноте!.. В нем все начато и ничто, не кончено. Ваши широкие улицы походят на площади; ваши площади – на какие-то незастроенные пустопорожние места; ваши длинные, невысокие дома – на фабрики... Набережные у вас недурны; но чем можно назвать эти расписные деревянные мостики? Есть ли в Петербурге хоть одна порядочная церковь? Что такое ваша Казанская? Огромная куча материалов, под которою зарыты некоторые опрятно отделанные части, не выкупающие нимало всю нестройность и безобразие целого. О, будьте спокойны, господа русские! Если французы придут в Петербург, то, верно, не позавидуют вашему Казанскому собору, а увезут, может быть, с собой его гранитные колонны.

– Бога ради, барон! – сказала хозяйка, – не говорите этого при родственнике моем князе Радугине. Он без памяти от этой церкви, и знаете ли почему? Потому что в построении ее участвовали одни русские художники.

– О, это очень заметно! – подхватил путешественник.

– Князь Радугин! – повторил с приметной досадою дипломат. – Как жаль, княгиня, что вы родня этому фанатику, этому необразованному камчадалу, этому...

– Ах! что вы, monsieur ie baron! Конечно, я не спорю – он моряк, его формы несколько странны, тон очень дурен, а бешеной патриотизм отменно смешон; но, несмотря на это, он, право, добрый и честной человек.

---

[24] блаженны верующие (фр.).

– Согласен, княгиня! Я не понимаю только, чего смотрит ваше правительство? Человек, который может заразить многих своим безумным и вредным фанатизмом, который не скрывает даже своей ненависти к французам, может ли быть терпим в русской столице?

– А в какой же, сударь? – спросил насмешливо Рославлев. – Уж не в французской ли?

– Нигде, сударь! нигде! Такие опасные люди не должны быть терпимы во всей Европе. Пусти они едут в Англию или Восточную Индию; пусть проповедывают там возмутительные свои правила; по крайней мере, до тех пор, пока на берегах Темзы не развеваются еще знамена Франции.

– Не скоро же они уймутся говорить, – сказал Рославлев.

– Вы думаете? Нет, сударь, скоро наступит последний час владычеству этих морских разбойников; принятая всей Европою континентальная система не выполнялась до сих пор в России с той непреклонной настойчивостию, какую требуют пользы Франции и ваши собственные. Но теперь, когда вашему двору известна решительная воля императора, когда никакие дипломатические увертки не могут иметь места, когда нет средины и русские должны вступить в бой столь неравный или повиноваться...

– Повиноваться? – повторил Рославлев. – Вы забыли, сударь, что мы повинуемся только законному государю нашему, а русской царь – одному богу и своей совести! Послушайте, барон! Вы, кажется, довольно и даже слишком откровенно говорили с русским дворянином; позвольте же и мне в мою очередь быть также откровенным. Скажите, для чего эти беспрестанные угрозы? этот невыносимый, повелительный тон? эта уверенность, с которой вы говорите о будущих победах ваших? Или вы не чувствуете, что, унижая все прочие нации, вы делаете вашу ненавистною для всех? Торжествуйте дома ваши победы, наслаждайтесь плодами их, будьте сильнейшей нациею в Европе, но бога ради! не душите всех вашей славою. Оскорбляя беспрестанно самолюбие других народов, вы заставите наконец их очнуться от их непонятного и позорного сна. К чему все то, что вы говорили о России? Если вы думаете застращать нас, то очень ошибаетесь, господин барон! Чувство, которое с некоторого времени сделалось общим в России, – нет, сударь!.. это чувство не походит на страх. Мы некогда любили вас, как друзей; теперь начинаем ненавидеть, как злейших неприятелей. Поверьте, на обширных полях наших, усеянных костями литовцев и татар, найдется еще довольно места и для новых незваных гостей!.. Извините, барон! так думаю я, – так думают все русские!

– Вы очень красноречиво защищаете вашу национальную славу, – сказал с улыбкою дипломат. – Жаль только, что вы ошибаетесь в одном: выключая некоторых заносчивых патриотов, все русские любят нас точно так же, как любили прежде. Не спорю, может быть, правительство ваше... но народ, а особливо дворяне... О! в них мы совершенно уверены. Не правда ли? Вы по-прежнему предпочитаете наш язык вашему собственному, перенимаете все наши обычаи, одеваетесь по-нашему; словом, стараетесь во всем походить на нас. Признайтесь, что это презабавные доказательства национальной ненависти. Нет, сударь! добрые русские, несмотря ни на какие политические отношения, останутся всегда друзьями французов. Почтение, которое они показывают к нашему дипломатическому корпусу, их уважение даже к одному имени Франции, любовь к писателям нашим – все доказывает эту неоспоримую истину...

– Князь Димитрий Павлович Радугин! – сказал вошедший слуга.

– Мой зять! – вскричала хозяйка.

– Не принимайте этого готтентота, – шепнул дипломат. – Ах, боже мой! – продолжал он, отодвигая свои кресла от дивана, – какая тоска! вот он!

Двери настежь растворились, и мужчина высокого роста, лет пятидесяти, в морском вицмундире и с Георгиевским крестом в петлице, вошел в комнату.

– Здравствуй, сестра! – сказал он. – Здорово, Рославлев! Bonjour, messieurs![25]

– Здравствуйте, князь! – проговорила тихим голосом и по-русски хозяйка дома. – Я сегодня очень нездорова, ужасно болит голова; и если вы, по вашему обыкновению станете кричать...

– Не беспокойся! – перервал князь Радугин, садясь на диван. – Я заехал к тебе на минуту, рассказать одну презабавную историю и очень рад, что застал у тебя этих господ. Так и быть!.. Дурно ли, хорошо ли, а расскажу этот анекдот по-французски: пускай и они посмеются вместе со мною... Ecoutez, messieurs![26]– примолвил Радугин по-французски. – Хотите ли, я вам расскажу презабавную новость?

– Мы вас слушаем, князь! – отвечал с вежливой улыбкою дипломат.

Вояжер перестал также раздувать огонь в камине и придвинулся к дивану.

– Вот, господа! с час тому назад, – продолжал князь Радугин, – в Большой Морской повстречались две кареты, в одной из них сидел ваш посланник, а в другой какой-то гвардейской прапорщик, разумеется малой молодой. По неосторожности кучеров колесо одной кареты зацепилось за колесо другой, к счастию, оба кучера успели остановить лошадей. Вот его превосходительство обиделся, зашумел, закричал, офицер стал извиняться, но посланник не хотел слышать никаких извинений и поднял такой штурм, как будто б дело шло о чести всей Франции. Между тем кругом карет столпилось сотни две зевак. Лакеи суетились вокруг экипажей; но, несмотря на помощь проходящих, не могли никак их расцепить. Офицер высунулся в окно и, продолжая извиняться, сказал его превосходительству, что должно непременно подвинуть назад его карету. "Французы никогда не двигаются назад!" – отвечал гордо посланник. "И русские также! – возразил офицер. – Пошел!" Кучер ударил по лошадям, они рванулись....крак! – у посланника одного колеса как не бывало. Офицерская карета помчалась вдоль улицы, и весь народ закричал: "Славно! ай да молодец!"

– Qielle horreur![27]– вскричала Радугина.

– Qielle audace![28]– воскликнул дипломат.

– Ca n'a pas de nom![29] – прибавил путешественник.

Глаза Рославлева заблистали удовольствием, а бедной поэт испугался, побледнел и, казалось, готов был закричать: "Ей-богу! я незнаком с этим офицером!"

---

[25] Здравствуйте, господа! (фр.)

[26] Послушайте, господа! (фр.)

[27] Какой ужас! (фр.)

[28] Какая дерзость! (фр.)

[29] Этому нет названия! (фр.)

— А что всего любопытнее, — продолжал Радугин, — так это то, что, по рассказам, громче всех кричали: "Ай да молодец! спасибо ему!" – как вы думаете, кто? Мужики? Нет, сударь! порядочные и очень порядочные люди!

— Быть не может! – сказал дипломат. – Такая дерзость!..

— Дерзость или нет, этого мы не знаем; дело только в том, что карета, я думаю, лежит и теперь еще на боку!

— Но не ушибся ли господин посланник? — спросил торопливо путешественник.

— Нет, граф! Говорят, что он поизмял только свою прическу a la Titus[30] и разбил себе нос.

— Поедемте скорей узнать, справедливо ли это? – сказал путешественнику испуганный дипломат. – О, если это правда, то должно примерно наказать, надобно потребовать une reparation eclatante![31] Честь Франции... честь нашего императора!.. Едемте, граф! едемте!

— Как вы думаете, — спросила хозяйка на русском языке князя Радугина, — не послать ли и мне? не ехать ли и самой?..

— А что ты думаешь, сестра? Конечно! ты молодая вдова, русская барыня, он француз, любезен, человек не старый; в самом деле, это очень будет прилично. Ступай, матушка, ступай!..

— Но точно ли это правда?

— Дай-то, господи! молебен бы отслужил.

— От кого вы слышали?

— Вот то-то и беда! мне рассказывал об этом один всесветный лгун. Да бог милостив, быть может, на этот раз он сказал и правду.

Французы, спеша узнать о здоровье своего посла, откланялись хозяйке. Рославлев воспользовался этим случаем, чтоб распрощаться также с своей кузиною; обнял дружески князя Радугина и отправился домой.

ГЛАВА IV

Вдали, сквозь утренний туман, сверкали верхи позлащенных спицов адмиралтейства и высокой колокольни Петропавловского собора; но солнце еще не показалось из-за частой сосновой рощи, и густая тень лежала на кровле двухэтажного дома старинной архитектуры, в котором помещался трактир, известный под названием "Руки" или "Средней рогатки". Все было тихо на большой Московской дороге, скучной и единообразной в сравнении с другими окрестностями Петербурга. Вдруг послышался вдали звонкой валдайской колокольчик; он умолкал на минуту и раздавался опять: то тише, то громче; частил, перебивал, заливался и снова переставал звенеть. Вдоль дороги от Петербурга, расстилая направо и налево густые облака пыли, неслась на лихой

---

[30] в стиле Титуса (фр.).
[31] примерного удовлетворения! (фр.)

шестерне почтовых открытая коляска, за которою едва успевали скакать дрожки, запряженные щегольской парою разношерстных лошадей. Коляска остановилась у дверей трактира; из нее выпрыгнул, Рославлев в дорожном платье и фуражке, а вслед за ним стал вылезать, зевая и потягиваясь, Зарецкой, закутанный в гороховую шинель с пятью или шестью воротниками. Слуга побежал будить трактирщика, а наши приятели сели на скамью, подле дверей.

– Ну, mon cher! – сказал Зарецкой, – теперь, надеюсь, ты не можешь усомниться в моей дружбе. Я лег спать во втором часу и встал в четвертом для того, чтоб проводить тебя до "Средней рогатки", до которой мы, я думаю, часа два ехали. С чего взяли, что этот скверный трактир на восьмой версте от Петербурга? Уж я дремал, дремал! Ну, право, мы верст двадцать отъехали. Ах, батюшки! как я исковеркан!

– Скажи, пожалуйста, Александр, – спросил Рославлев, – давно ли ты сделался такой неженкой? Когда мы служили с тобой вместе, ты не знал устали и готов был по целым суткам не сходить с коня.

– Тогда я носил мундир, mon cher! А теперь во фраке хочу посибаритничать. Однако ж знаешь ли, мой друг? Хоть я не очень скучаю теперешним моим положением, а все-таки мне было веселее, когда я служил. Почему знать? Может быть, скоро понадобятся офицеры; стоит нам поссориться с французами... Признаюсь, люблю я этот милый веселый народ; что и говорить, славная нация! А как подумаешь, так надобно с ними порезаться: зазнались разбойники! Послушай, Вольдемар: если у нас будет война, я пойду опять в гусары.

– И я также, – сказал Рославлев.

– Давай руку! Что в самом деле! служить, так служить вместе; а когда кампания кончится и мы опять поладим с французами, так знаешь ли что?.. Качнем в Париж! То-то бы пожили и повеселились! Эх, милый! что ни говори, а ведь у нас, право, скучно!

– Я этого не вижу.

– Да полно, mon cher! что за патриотизм, когда дело идет о веселье? Я не менее твоего люблю наше отечество и готов за него драться до последней капли крови, а если заберет зевота, так прошу не погневаться, не останусь ни в Москве, ни в Петербурге, а махну прямехонько в Париж, и даже с условием: не просыпаться ни раза дорогою, а особливо проезжая через ученую Германию.

– Нет, мой друг! Если ты узнаешь скуку, то не расстанешься с нею и в Париже. Когда мы кружимся в вечном чаду, живем без всякой цели; когда чувствуем в душе нашей какую-то несносную пустоту...

– Ах, виноват, мой друг! Я ведь и забыл, что душа твоя полна любви; а в той стране, где живет наша любезная, разумеется, круглый год цветут розы и воздух дышит ароматом. Но, кстати, я и не подумал, как же ты сдержишь свое слово и пойдешь опять в гусары? Если ты успеешь обвенчаться, так жена за тебя уцепится; если будешь женихом, то сам не захочешь покинуть своей невесты. Вот я – так вольный казак: что хочу, то и делаю. У меня точно так же, как у тебя, нет ни отца, ни матери; старая моя тетушка, верно, не будет меня удерживать. Правда, у меня есть и кузины, в пятом или шестом колене; но клянусь тебе честью, я люблю их всех, как родных сестер, – так они больно плакать обо мне не станут. Однако ж послушай, Вольдемар: если уж мы об этом заговорили, так расскажи-ка мне: как ты влюбился и что такое эта проклятая любовь, от которой умные люди сходят с ума, а дураки иногда становятся умнее?

– Ты знаешь, Александр, что я все прошлое лето жил в деревне, верстах в пятидесяти от Москвы. Около средины лета приехала в мое соседство богатая вдова Лидина, с двумя дочерьми; она только что воротилась из Парижа и должна была, для приведения в порядок дел своих, прожить несколько лет в деревне. Я был уже давно знаком с городничим нашего уездного города, майором Ильменевым. Как образчик некоторых закоренелых невежд прошедшего поколения, этот Ильменев мог бы занять не последнее место в комедии "Недоросль", если б в числе первых комических лиц этой пиесы были люди добрые, честные и забавные только своим невежеством. Он познакомил меня с родным братом Лидиной, Николаем Степановичем Ижорским, также изрядным чудаком, который на Другой же день отрекомендовал меня своей сестре. Ты можешь себе представить, как я обрадовался, найдя в моих соседках милых, любезных и просвещенных женщин.

– Да, мой друг, в провинции ты мог себя поздравить с этой находкою.

– Маменька имеет свою смешную сторону, но дочери...

– Что и говорить – прелесть, совершенство!.. А которое из этих двух совершенств свело тебя с ума?

– Оленька, меньшая сестра, понравилась мне с первого раза более старшей сестры своей, Полины.

– С первого раза? Следовательно, ты влюблен в старшую? Да что ж тебе сначала в ней понравилось? Что, она блондинка или брюнетка?

– У обеих сестер голубые глаза; они обе прекрасны и даже очень походят друг на друга; но, несмотря на это... право, не знаю, как тебе объяснить различие, перед которым исчезает совершенно это наружное сходство. Оленька добра, простодушна, приветлива, почти всегда весела; стыдлива и скромна, как застенчивое дитя; а рассудительна и благоразумна, как опытная женщина; но при всех этих достоинствах никакой поэт не назвал бы ее существом небесным; она просто – прелестный земной цветок, украшение здешнего мира. Но сестра ее... ах! какое неземное чувство горит в ее вечно томных, унылых взорах; все, что сближает землю с небесами, все высокое, прекрасное доступно до этой чистой, пламенной души! Оленька, с согласия своей матери, выйдет замуж, сделается доброй, нежной матерью; но никогда не будет уметь любить, как Полина! В несколько дней нашего знакомства я стал почти домашним человеком у Ли-диной. Оленька перестала меня дичиться; не прошло двух недель, и она бегала уже со мной по саду, гуляла по полям, по роще; одним словом, обращалась, как с родным братом. С детской откровенностию милого ребенка она высказывала мне все, что приходило ей в голову, и часто удивляла меня своим незатейливым, но ясным и верным понятием о свете. С Полиною я не скоро познакомился. Сначала мне казалось даже, что она убегает всех случаев быть вместе со мною; наконец мало-помалу мы сблизились, и только тогда, когда я узнал всю красоту души этого воплощенного ангела, я понял причину ее задумчивости н всегдашнего уныния. Да, мой друг! Полина слишком совершенна для здешнего мира! Ее живое, цветущее воображение облекает все в какую-то неземную одежду. Однажды я читал обеим сестрам только что вышедший роман: "Матильда, или Крестовые

23

походы". Когда мы дошли до того места, где враг всех христиан, враг отечества Матильды, неверный мусульманин Малек-Адель умирает на руках ее, – добрая Оленька, обливаясь слезами, сказала: "Бедняжка! зачем она полюбила этого турка! Ведь он не мог быть ее мужем!" Но Полина не пла-кала, – нет, на лице ее сияла радость! Казалось, она завидовала жребию Матильды и разделяла вместе с ней эту злосчастную, бескорыстную любовь, в которой небыло ничего земного.

– Воля твоя, Вольдемар! – перервал Зарецкой, покачивая головою, – это что-то уж больно хитро! Как же ты, не будучи ни врагом ее, ни татарином, успел ей понравиться л решился изъясниться в любви?

– Я долго колебался, и хотя замечал, что частые мои посещения были вовсе не противны Лидиной, но, не смея сам предложить мою руку ее дочери, решился одним утром открыться во всем Оленьке; я сказал ей, что все мое счастие зависит от нее. Как теперь гляжу: она испугалась, побледнела; но когда услышала, что я влюблен в Полину, то лицо ее покрылось живым румянцем, глаза заблистали радостию. "Боже мой! Боже мой! – вскричала она, – вы хотите жениться на Полине? Как я рада!.. Вы будете моим братом!.. Не правда ли Вы станете называть меня сестрою? О! теперь я никогда не выйду замуж! Нет, я вечно буду жить вместе с вами! Ах, боже мой, как я рада!" Добрая Оленька и плакала и улыбалась в одно время. Слезы градом катились из глаз ее; но, казалось, в эту минуту она была так счастлива!.. Весь этот день я провел в ужасной неизвестности. Полина не выходила из своей комнаты, а Оленька приметным образом старалась не оставаться со мною наедине. Другой день прошел точно так же; наконец, на третий...

– Слава богу! – вскричал Зарецкой. – Ну, мой друг! терпелив ты!

– На третий день, поутру, – продолжал Рославлев, – Оленька сказала мне, что я не противен ее сестре, но что она не отдаст мне своей руки до тех пор, пока не уверится, что может составить мое счастие, и требует в доказательство любви моей, чтоб я целый год не говорил ни слова об этом ее матери и ей самой.

– Целый год! И ты, рыцарь Амадис, на это согласился?

– Ах, мой друг! я согласился бы на все! Одна надежда назвать ее когда-нибудь моею – была уже для меня неизъяснимым счастием. В первые три месяца моего испытания соседство наше умножилось приездом отставного полковника Сурского, которого небольшая деревенька была в двух верстах от моего села. Я скоро подружился с этим почтенным человеком, умевшим соединить в себе откровенность прямодушного воина с умом истинно просвещенным и обширными познаниями. Дружба его была для меня одной отрадою; я говорил с ним о Полине, и хотя он часто покачивал головою и называл ее мечтательницею, но, несмотря на это, полюбил всей душою, однако же гораздо менее, чем Оленьку, которая меж тем употребляла все, чтоб сократить время моего испытания. Наконец просьбы ее и красноречие друга моего Сурского победили упорство Полины. Три недели тому назад я назвал ее моей невестою, и когда через несколько дней после этого, отправляясь для окончания необходимых дел в Петербург, я стал прощаться с нею, когда в первый раз она позволила мне прижать ее к моему сердцу и кротким, очаровательным своим голосом шепнула мне: "Приезжай скорей назад, мой друг!" – тогда, о! тогда все мои трехмесячные страдания, все ночи, проведенные без сна, в тоске, в мучительной неизвестности, – все изгладилось в одно мгновение из моей памяти!.. Ах, Александр! Если б ты любил когда-нибудь, если б ты знал, что такое

24

мой друг! в устах обожаемой женщины, если б ты мог понять, какой мир блаженства заключают в себе эти два простые слова...

– Тьфу, черт возьми! – перервал Зарецкой, – так этот-то бред называется любовью? Ну! подлинно есть от чего сойти с ума! Мой друг! Да как же прикажешь ей тебя называть? Мусью Рославлев, что ль?

– Перестань, братец! Твоя душа настоящий ледник.

– Но только не для дружбы, Вольдемар! Я от всей души радуюсь твоему благополучию; надеюсь, Ты будешь счастлив с Полиною; но мне кажется, я больше бы порадовался, если б ты женился на Оленьке.

– Почему же, мой друг?

– Вот изволишь видеть: твоя Полина слишком... как бы тебе сказать?.. слишком... небесна, а я слыхал, что эти неземные девушки редко делают своих мужей счастливыми. Мы все люди как люди, а им подавай идеал. Пока ты еще жених и страстный любовник...

– Я буду им вечно!

– Так, mon cher! так! Но теперь ты у ног ее; теперь, нет сомнения, и твой образ облекают в одежду неземную; а как потом ты облечешься сам в халат да закуришь трубку... Ох, милый! что ни говори, а муж-плохой идеал!

– Полно, Зарецкой! Ты судишь обо всем по собственным своим чувствам.

– Конечно, мой друг! тебе все-таки приличнее быть ее мужем, чем всякому другому; ты бледен, задумчив, в глазах твоих есть также что-то туманное, неземное. Вот я, с моей румяной и веселой рожей, вовсе бы для нее не годился. Но, кажется, за нами пришли? Что? Завтрак готов?

– Готов, сударь! – отвечал трактирный слуга, протирая свои заспанные глаза.

– Пойдем, Рославлев. Мы досыта наговорились о небесном, займемся-ка теперь земным.

Позавтракав и выпив бутылку шампанского, наши друзья простились.

– Ну! – сказал Зарецкой, садясь на свои дрожки, – то-то дам тебе высыпку! Прощай, mon cher! Ванька! до самой заставы во всю рысь! Adieu, cher ami![32] Дай бог тебе счастья, а, право, жаль, что ты женишься не на Оленьке!.. Пошел!

Когда Рославлев стал садиться в коляску, мимо ею, по дороге к Царскому Селу, промчались двое дрожек, запряженных парами. Ему показалось, что на одних сидел француз, с которым накануне он обедал в ресторации. Извозчик, оправив сбрую, взлез на козлы, присвистнул, махнул кнутом, колокольчик зазвенел, и по обеим сторонам дороги замелькали высокие сосны и зеленые поля; изредка показывались среди деревьев скромные дачи, выстроенные в довольном расстоянии одна от другой, по этой дороге, нимало не похожей на Петергофскую, которая представляет почти беспрерывный и великолепный ряд загородных домов, пленяющих своей красотой и разнообразием. Чрез несколько минут коляска поднялась на Пулковскую гору, и вскоре за обширным зверинцем закраснелся вдали колоссальный дворец Царского Села, некогда удивлявший путешественников своей позлащенной кровлею и азиатским великолепием. Подъезжая к зверинцу, одна из лошадей переступила постромку, начала бить; другие лошади также испугались и понесли вдоль дороги. После многих

---

[32] Прощай, дорогой друг! (фр.)

25

бесполезных усилий извозчику удалось наконец при помощи Рославлева остановить лошадей. Коляска уцелела, но большая часть веревочной сбруи изорвалась, и надобно было, по крайней мере, с полчаса времени для приведения в порядок упряжи. Рославлев, оставя при коляске своего слугу, пошел пешком по дорожке, пробитой вдоль стены зверинца. Он заметил в одном месте небольшой пролом, от которого узенькая тропинка, извиваясь, вела в глубину леса. Желая погулять несколько времени в тени деревьев, Рославлев пустился по тропинке. Не прошло пяти минут, как вдруг ему послышались близкие голоса; он сделал еще несколько шагов, и подле него за кустом погремел отрывистый вопрос: "Ну, что?.. Хорошо ли?" – "Нет, братец!" – отвечал кто-то голосом не вовсе ему не знакомым. "Что это за барьер? Еще на три шага ближе!" Рославлев поразодвинул сучья густого куста, который скрывал от него говорящих, и увидел на небольшой поляне четырех человек. Двое были ему совершенно незнакомы; а в остальных он тотчас узнал молчаливого офицера и француза, с которым обедая накануне в рублевом трактире. Не трудно было отгадать, для чего эти господа приехали так рано в зверинец. Повинуясь первому движению, Рославлев сделал шаг назад: но какое-то непреодолимое любопытство победило это человеческое чувство. С сильно бьющимся сердцем, едва переводя дух, он притаился за кустом и остался невидимым свидетелем кровавой сцены, которая должна была оправдать слова, сказанные им накануне, – о ненависти русских к французам.

– Ну, кончил ли ты? – закричал молчаливый офицер своему товарищу, который вколачивал в землю две палки, в двух шагах одна от другой.

– Кончил! – отвечал молодой человек высокого роста, в военном сюртуке и кавалерийской фуражке. – Только, воля твоя, по-моему, лучше стреляться на плаще. Два шага!.. по крайней мере, надобно четыре.

– Эх, полно, братец! что за ребячество. На, возьми, подсыпь на полку.

– Позвольте спросить, – сказал секундант француза, человек средних лет, который, судя по выговору, был также иностранец. – Я желал бы знать, по крайней мере, причину вашей дуэли.

– А на что вам это? – спросил офицер, подавая своему товарищу другой пистолет. – Приколоти покрепче пулю, братец! Да обей кремень: я осечек не люблю;

– Мне кажется, – возразил иностранец, – что я, будучи секундантом, имею полное право знать...

– За что мы деремся?.. – перервал офицер.

– Да так, мне надоела физиономия вашего приятеля. Отмеривай пять шагов, – продолжал он, обращаясь к кавалеристу, – Не угодно ли и вам потрудиться?

– Но, милостивый государь! мне кажется, что если вы не имеете другой причины...

– Имею, сударь! Ваш приятель – француз. Прошу отмеривать пять шагов.

– Еще одно слово, господин офицер. Мне кажется...

– А долго ли, сударь, вам будет казаться? Я вижу, вы любите болтать; а я не люблю, и мне некогда. Извольте становиться! – прибавил он громовым голосом, обращаясь к французу, который молчал в продолжение всего разговора.

– В самом деле! – вскричал кавалерист, – что за болтовня! Драться так драться. Вот твое место, братец. Смотри целься хорошенько; да не торопись стрелять.

26

Оба противника отошли по пяти шагов от барьера и, повернясь в одно время, стали медленно подходить друг к другу. На втором шагу француз спустил курок – пуля свистнула, и пробитая навылет фуражка слетела с головы офицера.

– Черт возьми! этот француз метит хорошо! – сказал сквозь зубы кавалерист. – Смотри, брат, не промахнись!

Раздался второй выстрел, и вмиг вся левая рука француза облилась кровью.

– Эх, братец! – сказал кавалерист, – немножко бы полевее. Я говорил тебе взять мои пистолеты. Какая, черт, стрельба без шнелера![33]

Прошло еще несколько секунд; сердце Рославлева почти перестало биться. Расстояние между поединщиками становилось все менее; вот уже оставалось не более шести или семи шагов... вдруг раздался третий выстрел.

– Ты ранен? – вскричал кавалерист.

– Нет, – отвечал офицер, взглянув хладнокровно на правое плечо свое, с которого пулею сорвало эполет. – Теперь милости прошу сюда к барьеру! – продолжал он, устремив свой неподвижный взор на француза.

– Je suis mort![34] – промолвил вполголоса раненый.

– Боже мой! он истекает кровью! – сказал его секундант, вынимая белый платок из кармана.

– Не трудитесь! – перервал офицер, – он доживет еще до последнего моего выстрела. Ну, что ж, сударь? Да подходите смелее! ведь я не стану стрелять, пока вы не будете у самого барьера.

– Господин офицер! – вскричал иностранец. – Подумайте! в двух шагах! Это все равно...

– Если б я приставил ему мой пистолет ко лбу? Разумеется. Еще один шаг, господин кавалер Почетного легиона! Прошу покорно!

– Eh bien! soit![35] – сказал француз, бросив в сторону свой пистолет. Он подошел, шатаясь, к барьеру и, сложив крест-накрест руки, стал прямо грудью против своего соперника. Кровь ручьем текла из его раны; смертная бледность покрывала лицо; но он смело смотрел в глаза офицеру, и только едва заметная судорожная дрожь пробегала от времени до времени по всем его членам. Офицер прицелился, – конец его пистолета почти упирался в лоб француза. Вся кровь застыла в жилах Рославлева. Он хотел закричать; но ужас оковал язык его. Меж тем офицер спустил курок, на полке вспыхнуло, но пистолет не выстрелил.

– Ты жив еще, мой друг! – вскричал секундант француза.

– Ненадолго! – примолвил хладнокровно офицер. – Подсыпь на полку, братец!

– Ради самого бога! – сказал отчаянным голосом иностранец, – пощадите этого несчастного!.. У него жена и шестеро детей!

Вместо ответа офицер улыбнулся и, взглянув спокойно на бледное лицо своей жертвы, устремил глаза свои в другую сторону. Ах! если б они пылали бешенством, то несчастный мог бы еще надеяться, – и тигр имеет минуты милосердия; но этот бесчувственный, неумолимый взор, выражающий одно мертвое равнодушие, не обещал никакой пощады.

---

[33] Приспособление к спусковому механизму (нем.)

[34] я погиб! (фр.)

[35] Хорошо! пусть будет так! (фр.)

– Господин офицер! – продолжал иностранец, – если жалость, вам неизвестна, то подумайте, по крайней мере, что вы хотите отправлять в эту минуту должность палача.

– Да, я желал бы быть палачом, чтоб отсечь одним ударом голову всей вашей нации. Посторонитесь!

– Одно слово, сударь, – прошептал едва слышным голосом раненый. – Прощай, мой друг! – продолжал он, обращаясь к своему секунданту. – Не забудь рассказать всем, что я умер как храбрый и благородный француз, скажи ей... – Он не мог докончить и упал без чувств в объятия своего друга.

– Жаль! – сказал кавалерист, – он не трус! И признаюсь, если б я был на твоем месте...

– И полно, братец! Все-таки одним меньше. Теперь, кажется, осечки не будет, – прибавил офицер, взглянув на полку пистолета. Он взвел курок...

– Остановитесь! – вскричал Рославлев, выбежав из-за куста и заслонив собою француза. – Это ужасно! Это не поединок, а смертоубийство!

– Кто вы? – спросил офицер, опустив свой пистолет.

– Такой же русской, как вы.

– В самом деле? Что ж вам здесь надобно?

– Спасти этого несчастного отца семейства!

– Право? То есть вам угодно стать на его место?

– Да! – вскричал Рославлев. – И если вы хотите быть чьим-нибудь убийцею...

– Хочу, сударь! Но прежде мне надобно кончить с этим кавалером Почетного легиона!

– Стыдитесь, господин офицер! Разве вы не видите? он без чувств!

– Но жив еще. Позвольте!..

– Нет! – сказал Рославлев, взглянув с ужасом на офицера, – вы не человек, а демон! Возьмите отсюда вашего приятеля, – продолжал он, относясь к иностранцу, – и оставьте мне его пистолеты. А вы, сударь! вы бесчеловечием вашим срамите наше отечество – и я, от имени всех русских, требую от вас удовлетворения.

– О, если вы непременно хотите... Помоги ему, братец, дотащить до дрожек этого храбреца. А с вами, сударь, мы сейчас разделаемся. Русской, который заступается за француза, ничем его не лучше. Вот порох и пули. Потрудитесь зарядить ваши пистолеты.

Иностранец перевязал наскоро руку своего товарища и при помощи кавалериста понес его вон из леса. Меж тем, пока Рославлев заряжал оставленные французом пистолеты, офицер не спускал с него глаз.

– Не обедали ли вы вчера в ресторации у Френзеля? – спросил он наконец.

– Да, сударь! Но к чему это?..

– Не трудитесь заряжать ваши пистолеты – я не дерусь с вами.

– Не деретесь?..

– Да. Это было бы слишком нерасчетисто: оставить живым француза, а убить, может быть, русского. Вчера я слышал ваш разговор с этим самохвалом: вы не полуфранцуз, а русской в душе. Вы только чересчур чувствительны; да это пройдет.

– Нет, сударь, права человечества будут для меня всегда священны!

– Даже и тогда, когда эта нация хвастунов и нахалов зальет кровью наше

28

отечество? Не думаете ли вы заслужить их уважение, поступая с ними, как с людьми? Не беспокойтесь! они покроют пеплом всю Россию и станут хвастаться своим великодушием; а если мы придем во Францию и будем вести себя смирнее, чем собственные их войска, то они и тогда не перестанут называть нас варварами. Неблагодарные! чем платили они до сих пор за нашу ласку и хлебосольство? – продолжал офицер, и глаза его в первый раз еще заблистали каким-то нечеловеческим огнем. – Прочтите, что пишут и печатают у них о России; как насмехаются они над нашим простодушием: доброту называют невежеством, гостеприимство – чванством. С каким адским искусством превращают все добродетели наши в пороки. Прочтите все это, подслушайте их разговоры – и если вы не поймете и тогда моей ненависти к этим европейским разбойникам, то вы не русской! Но что я говорю? Вы так же их ненавидите, как я, и, может быть, скоро придет время, что и для вас будет наслажденьем зарезать из своих рук хотя одного француза. Прощайте! Офицер приподнял свою фуражку и пошел скорыми шагами по тропинке, которая шла к противуположной стороне зверинца.

С невольным трепетом смотрел Рославлев вслед за уходящим офицером. Все, что ненависть имеет в себе ужасного, показалось бы добротою в сравнении с той адской злобою, которая пылала в глазах его, одушевляла все Черты лица, выражалась в самом голосе в то время, как он говорил о французах. Рославлев вышел из леса и догнал свою коляску, которая ехала шагом вдоль зверинца. "Боже мой! – думал он в то время, как отдохнувшие лошади мчали его по большой Московской дороге, – до какой степени может ожесточиться сердце человеческое! И как виновен тот, чье властолюбие сделало предметом всеобщей ненависти нацию, столь благородную и некогда столь любимую всеми просвещенными народами Европы". Не скоро прояснилось в душе его, потрясенной ужасной сценою, которой он был свидетелем; но наконец образ Полины, надежда скорого свидания и усладительная мысль, что с каждым шагом уменьшается пространство, их разделяющее, рассеяли грусть его, и будущее предстало пред ним во всем очаровательном своем блеске – обманчивом и ложном, но необходимом для нас, жалких детей земли, почти всегда обманутых надеждою и всегда готовых снова надеяться.

ГЛАВА V

На дворе было пасмурно. Крупные дождевые капли стучали в окна почтового двора села Завидова, в котором Рославлев уже более двух часов дожидался перемены лошадей. Все проезжающие вообще не любят сидеть долго на станциях; но для влюбленного жениха, который спешит увидеться с своей невестою, всякая остановка есть истинно наказание небесное. Ничто не может сравниться с этой пыткою: он нигде не найдет места, горит как на огне; ему везде тесно, везде душно: ему кажется, что каждая пролетевшая минута уносит с собою целый век блаженства, что он состареется в два часа, не доживет до конца своего путешествия. Одним словом, несмотря ни на какую погоду, он пустился бы пешком, если бы рассудок не говорил ему, что этим он не поможет своему горю, а только отдалит минуту свидания. Пересмотрев давным-давно прибитые по стенам почтового двора – и Шемякин суд, и Илью Муромца, и взятие Очакова, прочитав в десятый раз на знаменитой картине "Погребение Кота" красноречивую надпись: "Кот Казанской, породы Астраханской, имел разум Сибирской", – Рославлев в сотый раз спросил у смотрителя в изорванном мундирном сюртуке и запачканном галстуке, скоро ли дадут ему лошадей, и хладнокровный смотритель повторил также в сотый раз свое невыносимое: "Все, сударь, в разгоне; извольте подождать!"

– Да нельзя ли найти вольных?

– Я уж вам докладывал, что нельзя; пора рабочая.

– Я заплачу вдвое, если надобно, – только бога ради...

– И рад бы радостью, сударь! Да что ж делать? На нет и суда нет! Не прикажете ли чаю?

– Далеко ли отсюда до Москвы?

– Сто три версты с половиною. А чай знатный, сударь! цветочный, самый лучший.

– Сто три версты! А там еще семьдесят! Какая досада! Я мог бы завтра поутру...

– У меня, сударь, есть и московские калачи, а если угодно, так и крендели.

– Что за станция! В этом Завидове вечно нет лошадей!

– Что ж делать, ваше благородие! Ведь здесь не ям, а разгон большой. Прикажете поставить самовар?

– Ну, хорошо, братец! Говорят, что у нас почта хороша. Боже мой! Да не приведи господи никакому христианину ездить на почтовых! Что это?.. едешь, едешь...

– А давно ли вы, сударь, из Питера?.. – спросил смотритель, приказав своей жене готовить чай.

– Стыдно сказать – третий день! И это называют почтою!

– То есть – с лишком по двести верст в сутки? – сказал смотритель, рассчитав по пальцам. – Что ж, сударь? Это езда не плохая. Зимою можно ехать и скорее, а теперь дело весеннее... Чу! колокольчик! и кажется, от Москвы!.. четверкою бричка...

– Ах, сделай милость, любезный! я дам тебе, что хочешь, на водку...

– Постойте, сударь!.. никак на вольных!.. Нет! с той станции! Ну, вот вам, сударь, и попутчики! Счастлив этот проезжий! ваши лошади, чай, уж отдохнули, так ему задержки не будет.

– Вели же скорей закладывать мою коляску.

– Нельзя, сударь! надобно выкормить лошадей, надобно их напоить; надобно, чтоб они выстоялись, надобно...

– Надобно, чтоб я ехал! Послушай, я заплачу двойные прогоны!

– Нет, сударь, ямщик ни за что не поедет. Вот этак часика через полтора... Эх, сударь! кони знатные – мигом доставят на станцию; а вы меж тем чайку накушайтесь.

Проезжий не вышел из своей брички и через несколько минут отправился на лошадях, которые привезли Рославлева. С полчаса еще наш влюбленный путешественник ходил молча взад и вперед по избе; потом от нечего делать напился чаю; и наконец, отворив окно, сел возле него, чтобы видеть, когда станут

30

закладывать его коляску. На завалине перед избою сидел старик лет шестидесяти; он чертил по земле своим подожком и слушал разговоры ямщиков, которые, собравшись в кружок, болтали всякую всячину, не замечая, что проезжий барин может слышать все их слова.

– Что ты, брат Андрюха, так насупился? – спросил один ямщик, в сером армяке, молодого детину в синем кафтане и красном кушаке, – аль жена побила?

– Добро бы жена, – отвечал детина, – а то черт знает кто – нелегкая бы его взяла, проклятого!

– Ой ли! так тебя, брат, поколотили! Уж не почтальон ли, что ты вчера возил?

– Эх, Ваня! кабы почтальон, так куда б ни шло; а то какой-то проезжий барин – пострел бы его побрал!

– Чай, стал погонять, а ты не слушался?

– Вестимо. Вот нынче ночью я повез на тройке, в Подсолнечное, какого-то барина; не успел еще за околицу выехать, а он и ну понукать; так, знашь ты, кричма и кричит, как за язык повешенный. Пошел, да пошел! "Как-ста не так, – подумал я про себя, – вишь, какой прыткой! Нет, барин, погоди! Животы-та не твои, как их поморишь, так и почты не на чем справлять будет". Он ну кричать громче, а я ну ехать тише!

– Вот то-то же! Вишь ты, сам какой задорный, Андрюха!

– Да, слышь ты, глупая голова! Ведь за морем извозчики и все так делают; мне уж третьего дня об этом порассказали. Ну, вот мы отъехали этак верст пяток с небольшим, как вдруг – батюшки светы! мой седок как подымется да учнет ругаться: я, дискать, на тебя, разбойника, смотрителю пожалуюсь. "Эк-ста чем угрозил! – сказал я. – Нет, барин, смотрителем нас не испугаешь". Я ему, ребята, на прошлой неделе снес гуся да полсотни яиц.

– Умен ты, брат Андрюха! Ну что ж твой седок?

– Осерчал пуще прежнего. Ну меня позорить, а я себе и в ус не дую – еду себе шажком да посвистываю. Вот он приподнялся, да и толк меня в загорбок; я обернулся, поглядел: мужичонок небольшой, и слуги с ним нет, – как не дать отпора? "Слушай, барин, – сказал я, – драться не велено; у меня смотри, я и сам кнутом перепояшу". Лишь только я это вымолвил, как он одной рукой хвать меня за ворот, прыгнул к себе, да и ну лудить по становой жиле. Я было побарахтаться – куды-те! Ах ты, господи боже мой! взглянуть не на что, а какой здоровенный! Уж он меня возил, возил! Черт бы его побрал! Инда и теперь вздохнуть тяжело!

– Вот то-то, Андрюша! – сказал старый крестьянин, – зачем озорничать! Ведь наше дело таковское – за всяким тычком не угоняешься. А уж если пришла охота подраться, так дрался бы с своим братом: скулы-то равные, – а то еще схватился с барином!..

– Да, с барином! Недолго этим барам-то над нами ломаться.

– А что так? – спросил извозчик в армяке.

– Да так-ста. Мы знам, что знам.

– А что ты знашь, Андрюха? Расскажи, брат.

– Да, расскажи! А как дойдет до исправника...

– И полно! кому вынести? Небось, рассказывай!..

– Ну то-то же! смотрите, ребята! – сказал детина, обращаясь к другим извозчикам, – чур, держать про себя. Вот, третьего дня, повез я под вечер проезжего – знашь ты, какой-то не русской, не то француз, не то немец – леший его знает, а по нашему-то бает; и такой добрый, двугривенный дал на водку. Вот дорогой мы с ним поразговорились. "Что, дискать, брат! – спросил он, – чай, житье ваше плохое?" Ну, вестимо, не сказать же, что хорошо. "Да, барин, – молвил я, – под иной час тяжко бывает; кони дороги, кормы также, разгон большой, а на прогонах далеко не уедешь; там, глядишь, смотритель придерется, к исправнику попадешь в лапы – какое житье? Вот кабы еще проезжие-та, как ваша милость, не понукали; а то наши бары, провал бы их взял! ступай им по десяти верст в час; а поехал вволю рысцой или шагом, так норовят в зубы". – "И впрямь, – сказал проезжий, – что ваше за житье! То ли дело у нас за морем; вот уж подлинно мужички-та живут припеваючи. Во всем воля: что хочешь, то и делай. У нас ямщик прогоны-то берет не по-вашему – по полтине на версту; едет как душе угодно: дадут на водку – пошел рысцой; нет – так и шагом; а проезжий, хоть генерал будь какой, не смей до него и дотронуться. По нашим дорогам – что верста, то кабак; а ямщик волен у каждого кабака останавливаться".

– Ну, Андрюха! – вскричал ямщик в армяке, – житье же там нашему брату!

– Нишни, Ваня! – сказал старый крестьянин, – не мешай ему, пусть он доскажет.

– "А что, батюшка? – молвил я, – продолжал Андрей, – есть ли у вас исправники?"- – "Какие исправники! У нас мужик и шапки ни перед кем не ломает; знай себе одного Бонапарта, да и все тут!" – "А кто этот Бонапарт, батюшка?" – спросил я. "Вестимо, кто: наш хранцузской царь. Слушай-ка, детина, – примолвил проезжий, – я тебе скажу всю правду-истину, а ты своим товарищам рассказывай: наш царь Бонапарт завоевал всю землю, да и к вам скоро в гости будет". – "Ой ли? – сказал я, – да к нам-та зачем?" – "Затем, брат, что он хочет, чтоб и у вас мужичкам было такое же льготное и привольное житье, как у нас. Варам-то вашим это вовсе не по сердцу; да вы на них не смотрите; они, пожалуй, наговорят вам турусы на колесах: и то и се, и басурманы-та мы... – не верьте! а встречайте-ка нас, как мы придем, с хлебом да с солью".

– А о поборах-та баял, что ль, он? – спросил один пожилой извозчик.

– Как же; слышь ты, никакой тяги не будет: что хошь, то и давай. У нашего, дискать, царя и без вас всего довольно.

– Ну, Андрюша! – сказал старый крестьянин, – слушал я, брат, тебя: не в батюшку ты пошел! Тот был мужик умный; а ты, глупая голова, всякой нехристи веришь! Счастлив этот краснобай, что не я его возил: побывал бы он у меня в городском остроге. Эк он подъехал с каким подвохом, проклятый! Да нет, ребята! старого воробья на мякине не обманешь: ведь этот проезжий – шпион.

– Неужто, дядя Савельич? – сказал ямщик в армяке.

– Ну да! А ты, Андрей, с дуру-та уши и развесил. Бонапарт! Да знаете ли, православные, кто такой этот Бонапарт! Иль никто из вас не помнит, что о нем по всем церквам читали? Ведь он антихрист!

– Ой ли? Так это он? – вскричал пожилой ямщик.

– Он и есть. Ведь он-та все и подсылает подбивать нашу братью; так, слышь ты, лисой и лисит; да не на тех напал. Нет, ребята! чтоб мы поддались иноверцам?.. Ба,ба, ба! да за что так! Что бога гневить, братцы! разве у нас нет батюшки православного русского царя? Разве мы хуже живем других прочих? Что

32

нам, перекусить, что ль, нечего? Слава тебе господи! По праздникам пустых щей не хлебаем, одежонка есть, браги не покупать стать! А если б и худо-то было? Так что ж? Знай про то царь-государь: ему челом; а Бонапарту-та какое до нас дело? Разве мы его?

— Ведь дядя-то Савельич правду говорит, ребята! — сказал один из ямщиков, обращаясь к своим товарищам.

— Да, детушки! Я подолее вас живу на белом свете; в пугачевщину я был уж парень матерой. Тяжко, ребята, и тогда было — такой был по всей святой Руси погром, что и боже упаси! И Пугач также прельщал народ, да умней был этого Бонапарта: назвался государем Петром Федоровичем — так не диво, что перемутил всех православных; а этот что за выскочка? Смотри, пожалуй! вишь, ему жаль нас стало! Экой милостивец выискался! Нет, ребята! Если уж господь бог нашлет на нас каку невзгоду, так пускай же свои собаки грызутся, а чужие не мешайся.

— Так, вестимо так, Савельич! Правда, Савельич! — заговорили все извозчики, кроме Андрея.

— Что ж ты, брат Андрюха, язычок-та прикусил, а? — спросил пожилой ямщик.

— Что, брат, — отвечал Андрей, почесывая в голове, — оно бы и так, да, слышь ты, он баил, что исправников не будет и бары-то не станут над нами ломаться.

— Ах ты, дурачина, дурачина! — перервал старик, — да разве без старших жить можно? Мы покорны судьям да господам; они — губернатору, губернатор — царю, так испокон веку ведется. Глупая голова! как некого будет слушаться, так и дело-то делать никто не станет.

— Что правда, то правда, — сказал один из ямщиков, — нашему брату нельзя жить без грозы; кабы только прогоны-то были у нас также по полтине на версту...

— А овес по два рубля четверть? Вот то-то и есть, ребята, вы заритесь на большие прогоны, а поспрошайте-ка, чего стоят за морем кормы? Как рублей по тридцати четверть, так и прогоны не взмилятся! Нет, Федотушка! где дорого берут, там дорого и платят!

— Вестимо, так, — сказал извозчик в армяке. — Да вот что, дядя Савельич, кабы поборов-та с нас не было?

— Эх, Ваня, Ваня! Да есть ли земля, где б поборов не было? Что вы верите этим нехристям; теперь-то они так говорят, а дай Бонапарту до нас добраться, так последнюю рубаху стащит; да еще заберет всех молодых парней и ушлет их за тридевять земель в тридесятое государство.

— Что ты, дядя Савельич, нас морочишь!.. — перервал с приметной досадою Андрей. — На что ему забирать чужой народ; у него и своего довольно.

— Довольно, да не совсем. Вот что, ребятушки, мне рассказывал один проезжий: этот Бонапарт воюет со всеми народами; у него что год, то набор. Своих-то всех перехватал в некруты, так и набирает где попало.

— И я тоже слышал, — сказал один пожилой извозчик. — Вишь, какой неугомонный, все таскается с войском по чужим землям! Что это, Савельич, этим хранцузам дома не сидится?

— Видно, брат, земля голодная — есть нечего. Кабы не голод, так черт ли кого потащит на чужую сторону! а посмотри-ка, сколько их к нам наехало: чутьем знают, проклятые, где хлебец есть.

– Да, они на это куда сметливы, – сказал один извозчик в изорванном кафтане, – знают, где раки зимуют. Слышь ты, у нас все дурно, а все-таки к нам лезут!

– Да, да! толкуй себе! – перервал Андрей, – что, чай, у нас хорошо?.. От одной гонки свету божьего не взвидишь. Ну, пусть у них кормы дороже, да зато и езда-то какая? А у нас?.. скачи себе сломя голову.

– Кой прах! – вскричал старик, – наладил одно да одно! Разве деды наши не держали почты? Разве я сам не вожу подчас проезжих? Господи боже мой! – продолжал он, вскочив с завалины, – да что ты за ямщик, коли десяти верст в час не уедешь? Эх, не прежние мои годы!.. Бывало, в старину, как заложишь тройку ухарских, так только держись... пыль столбом!.. Куды понукать! Бывало, седок взмолится да учнет милости просить; так нет! сердце не терпит! Дал родным вздохнуть, да и пошел по всем по трем! с горки на горку!.. Эх вы, милые, закатывай, да и только!.. Вот это езда! А селом-то бывало – селом!.. попридержишь у околицы, а как въедешь в улицу – шапку набок, свистнул, гаркнул, да и след простыл... и самому весело, и красны девицы удалым парнем любуются; а вас, прости господи, за что и невестам любить? Какие вы ямщики? Волов бы вам гонять да по клюкву-ягоду!

– Что ты, дядя? – перервал ямщик в армяке, – не все в Андрея: и мы прокатим не хуже другого.

– Катай себе, катай! – проворчал сквозь зубы Андрей, – а я своих коней поморить не хочу.

– Мореного морить нечего, – сказал старик. – Корми их одной соломой, так они и без езды отощают. То-то, брат Андрюша! вишь, ты и по будням ходишь в синем кафтане да в красном кушаке. Мы держимся старины: взял прогоны, выпил на гривнягу, да и бу-дет; а ты так нет, как барин – норовишь все в трактир: давай чаю, заморской водки, того-сего, всякой лихой болести; а там хвать, хвать, ан и сенца не на что купить. А как в мошне пусто, да и дома-то не густо, так поневоле дурь полезет в голову: теперь ты слушаешь россказни иноземцев, а там, пожалуй, и на большую дорогу выдешь. Нет, брат Андрей, некому тебя бить: замотался ты.

– Да что ж ты, Савельич, взъелся в самом де-ле? – сказал с досадою Андрей. – Что ты, родной иль хрестной мне батька, что ль?

– Полно, Андрюха, ершиться-то, – перервал ямщик в армяке. – Савельич бает правду. Вестимо, ты мотыга; вот уж с месяц, как взял у меня три рубля, а и в помине о них нет... – Так что ж? – отдам.

– То-то отдам! Я и сам бы умел синий кафтан носить по будням. Знаем мы вас – отдам.

– А осьмину-то овса, что у меня занял, – примолвил пожилой извозчик, – отдашь ли хоть к Петрову дню?

– А за кушак-то когда заплатишь? – закричал ямщик в изорванном кафтане, – ведь ты его купил у меня уж третий месяц. Эй, осрамлю, Андрюшка! при всех в церкви сниму.

– Видно, брат Андрюха, – прибавил один молодой детина, – исправник-то мало тебя на прошлой неделе уму-разуму учил.

– Как так? – спросил старик.

– Да так! – продолжал молодой парень. – Он возил со мной проезжих в Подсолнечное, да и ну там буянить в трактире и с смотрителем-то схватился: вот

34

так к роже и лезет. На грех проезжал исправник, за-стал все как было, да и ну его жаловать из своих рук. Уж он его маил, маил...

– Э! э! – вскричал ямщик в худом кафтане. – Так вот что, ребята! Вот за что он на исправников-то осерчал. Эки пострелы в самом деле! и поозорничать не дадут. Нет, нет – да и плетью!

Все ямщики засмеялись, и пристыженный Андрей не знал уже куда деваться от насмешек, которые на него посыпались, как вдруг со стороны Петербурга зазвенел колокольчик.

– Еще бог дает проезжих! – сказал ямщик в армяке. – Экой разгон!

– Глядь-ка, – вскричал старик. – Ну молодец! как дерет!.. Знать, курьер или фельтегарь!.. Смотри-ка, смотри! Ай да коренная! Вот, брат, конь!.. Пристяжные насилу постромки уносят.

– Нет, дядя Савельич, – сказал один из ямщиков, – это не курьер, да и кони не почтовые... Ну – так и есть! Это Ерема на своей гнедой тройке. Что это так его черти несут?

Кибитка, запряженная тройкой лихих коней, покрытых пылью и потом, примчалась к почтовому двору. В ней сидели двое купцов: один лет семидесяти и седой как лунь; другой лет под сорок, с светло-русой окладистой бородою. Если нельзя было смотреть без уважения на патриархальную физиономию первого, то и наружность второго была не менее замечательна: она принадлежала к числу тех, которые соединяют в себе все отдельные черты национального характера. Радушие, природный ум, досужество, сметливость и русской толк отпечатаны были на его выразительном и открытом лице. Старик пошел в избу к смотрителю, а товарищ его остался у кибитки.

– Ну что, брат Ерема? – спросил приехавшего ямщику старый крестьянин, – подобру ли, поздорову?

– Бог грехам терпит, Савельич! Живем понемногу.

– Эх, как у тебя кони-то припотели! – сказал ямщик в армяке, – видно, брат, больно шибко ехал?

– Да, Ваня, – отвечал ямщик, принимаясь выпрягать лошадей, – взялся на часы, так не поедешь шагом. – А что! За двойные, что ль?

– Нет, брат! по двадцати копеек на версту да целковой на водку!

– Знатная работа! Да что они так торопятся?

– Знать, нужда пристигла: спешат в Москву. Седой-то больно тоскует! всю дорогу проохал. А кто у вас едет?

– Да никто, брат: кроме курьерской тройки, ни одной лошади нет.

Меж тем купец, взойдя на почтовый двор, подал смотрителю свою подорожную. Взглянув на нее и прочтя: "давать из почтовых", смотритель молча положил ее на стол.

– Что, батюшка? – сказал купец, – иль лошадей нет?

– Все в разгоне.

– Нет ли вольных?

– Нет.

– А попутчиков?

– Есть четверня, да вот его благородие уж часа три дожидается.

– Ах, боже мой, боже мой! что мне делать? – вскричал отчаянным голосом

35

купец. – Я готов дать все на свете, только бога ради, господин смотритель, отпустите меня скорее.

Смотритель пожал плечами и не отвечал ни слова.

– Вы, кажется, очень торопитесь? – спросил Рославлев, который не мог без сострадания видеть горя этого почтенного старика.

– Ах, сударь! – отвечал купец, – не под лета бы мне эта к скакать; и добро б я спешил на радость, а то... но делать нечего; не мне роптать, окаянному грешнику... его святая воля! – Старик закрыл глаза рукою, и крупные слезы закапали на его седую бороду.

– Извините мое любопытство. – сказал после короткого молчания Рославлев, – какой несчастный случай заставляет вас спешить в Москву?

– Да, сударь! – отвечал старик, утирая глаза, – подлинно несчастный! Господь посетил меня на старости. Я был по торговым делам в Твери; в Москве у меня оставались жена и сын, а меньшой был вместе со мною. Вчера он занемог горячкою, а сегодня поутру я получил письмо от приказчика, в котором он уведомляет, что старшего сына моего разбили лошади, что он чуть жив, а старуха моя со страстей так занемогла, что, того и гляди, отдаст богу душу. И докторов призывали, и Иверскую подымали, все нет легче. Третьего дня ее соборовали маслом; и если я сегодня не поспею в Москву, то, наверно, не застану ее в живых. Эх, сударь! вы молоды, так не знаете, каково расставаться с тем, с кем прожил сорок лет душа в душу. Не тот сирота, батюшка, у кого нет только отца и матери; а тот, кто пережил и родных и приятелей, кому словечка не с кем о старине перемолвить, кто, горемычный, и на своей родине, как на чужой стороне. Живой в могилу не ляжешь, батюшка! Кто знает? Может быть, я еще годов десять промаюсь. С моей старухой я невовсе еще был сиротою, а теперь... голубушка моя, родная!.. хоть бы еще разочек на тебя взглянуть, моя сердечная!..

Рыдания перервали слова несчастного старика. До души тронутый Рославлев колебался несколько времени. Он не знал, что ему делать. Решиться ждать новых лошадей и уступить ему своих, – скажет, может быть, хладнокровный читатель; но если он был когда-нибудь влюблен, то, верно, не обвинит Рославлева за минуту молчания, проведенную им в борьбе с самим собою. Наконец он готов уже был принести сию жертву, как вдруг ему пришло в голову, что он может предложить старику место в своей коляске.

– Скажите мне,– спросил он,– можете ли вы расстаться с своим товарищем?

– Могу, сударь! Он ехал на перекладных; а как на последней станции была также задержка, то я взял его с собою.

– Так чего же лучше? Пусть он дожидается лошадей и приедет завтра; а вы не хотите ли доехать до Москвы вместе со мною?

– Ах, мой благодетель!.. Я не смел вас просить об этом; но не стесню ли я вас? – Не беспокойтесь, нам обоим будет просторно.

– Иван Архипович! – сказал другой купец, войдя в избу.– Все лошади в разгоне; что будешь делать? ни за какие деньги нельзя найти. Пришлось поневоле дожидаться.

– Нет, Андрей Васьянович! Вот этот барин – награди его господь! – изволит везти меня, вплоть до самой Москвы, в своей коляске.

– Дай бог вам здоровье, батюшка! – сказал купец, поклонясь вежливо

36

Рославлеву. – Он спешит в Москву по самой экстренной надобности, и подлинно вы изволили ему сделать истинное благодеяние. Я подожду здесь лошадей; и если не нынче, так завтра доставлю вам, Иван Архипович, вашу повозку. Мне помнится, ваш дом за Серпуховскими воротами?

– Да, батюшка! в переулке, в приходе Вознесения господня. Теперь, сударь, – продолжал старик, обращаясь к Рославлеву, – я не смею вас просить остановиться у меня...

– Мне и самому было бы некогда к вам заехать, – перервал Рославлев. – Я только что переменю лошадей в Москве.

– Но неравно вам прилучится проезжать опять чрез нашу Белокаменную, то порадуйте старика, взъезжайте прямо ко мне, и если я буду еще жив... Да нет! коли не станет моей Мавры Андреевны, так господь бог милостив... услышит мои молитвы и приберет меня горемычного.

– Эх, Иван Архипович! – сказал купец, – на что заране так крушиться? Отчаяние – смертный грех, батюшка! Почему знать, может быть, и сожительницам сыновья ваши выздоровеют. А если господь пошлет горе, так он же даст силу и перенести его. А вы покамест все надежды не теряйте: никто как бог.

Старик тяжело вздохнул и, склонив на грудь свою седую голову, не отвечал ни слова.

– Осмелюсь спросить, сударь, – сказал купец после короткого молчания, – откуда изволите ехать?

– Из Петербурга.

– Из Петербурга? А что, сударь, там слышно о войне?

– Вероятно, турецкая война скоро будет кончена.

– Об этом у нас и в Москве давно говорят. Но есть также слухи, что будто бы французы... избави господи!

– Что ж тут страшного? Разве нам в первый раз драться с Наполеоном?

– Да то, сударь, бывало за границею, а теперь, если правда, что болтают, и Наполеон сбирается к нам... помилуй господи!.. Да это не легче будет татарского погрома. И за что бы, подумаешь, французам с нами ссориться? Их ли мы не чествуем? Им ли не житье, хоть, примером сказать у нас в Москве? Бояр наших, не погневайтесь сударь, учат они уму-разуму, а нашу братью, купцов, в грязь затоптали; вас, господа, – не осудите, батюшка! – кругом обирают, а нас, беззащитных, в разор разорили! Ну, как бы после этого им не жить с нами в ладу?

– Но разве вы думаете, что с нами желают драться французские модные торговки и учители? Поверьте, они не менее вашего боятся войны.

– Конечно, батюшка-с, конечно; только – не взыщите на мою простоту – мне сдается, что и Наполеон-та не затеял бы к нам идти, если б не думал, что его примут с хлебом да с солью. Ну, а как ему этого не подумать, когда первые люди в России, родовые дворяне, только что, прости господи! не молятся по-французски. Спору нет, батюшка, если дело до чего дойдет, то благородное русское дворянство себя покажет – постоит за матушку святую Русь и даже ради Кузнецкого моста французов не помилует; да они-то, проклятые, успеют у нас накутить в один месяц столько, что и годами не поправить... От мала до велика, батюшка! Если, например, в овчарне растворят ворота и дворовые собаки станут выть по-волчьи, таи дивиться нечему, когда волк забредет в овчарню. Конечно, собаки его задавят

37

и хозяин дубиною пришибет; а все-таки может статься, он успеет много овец перерезать. Так не лучше ли бы, сударь, и ворота держать на запоре, и собакам-та не прикидываться волками; волк бы жил да жил у себя в лесу, а овцы были бы целы! Не взыщите, батюшка! – примолвил купец с низким поклоном, – я ведь это так, спроста говорю.

– Я могу вас уверить, что много есть дворян, которые думают почти то же самое.

– Как не быть, батюшка! И все так станут думать, как тяжко придет; а впрочем, и теперь, что бога гневить, есть русские дворяне, которые не совсем еще обыноземились. Вот хоть и ваша милость: вы, не погнушались ехать вместе с моим товарищем, хоть он не француаской магазинщик, а русской купец, носит бороду и прозывается просто Иван Сезёмов, а не какой-нибудь мусье Чертополох. Да вот еще; вы, верно, изволили читать: "Мысли вслух на Красном крыльце Силы Андреевича Богатырева". Книжка не великонька, а куды в ней много дела, и, говорят, будто бы ее сложил какой-то знатный русский боярин, дай господи ему много лет здравствовать! Помните ль, батюшка, как Сила Андреевич Богатырев изволит говорить о наших модниках и модницах: их-де отечество на Кузнецком мосту, а царство небесное – Париж. И потом: "Ох, тяжело, – прибавляет он, – дай боже, сто лет царствовать государю нашему, а жаль дубинки Петра Великого – взять бы ее хоть на недельку из кунсткамеры да выбить дурь из дураков и дур..." Не погневайтесь, батюшка, ведь это не я; а ваш брат, дворянин, русских барынь и господ так честить изволит.

– Не беспокойтесь! – сказал Рославлев, – я за дур и дураков вступаться не стану. Впрочем, не надобно забывать, что в наш просвещенный век смешно и стыдно чуждаться иностранцев.

– Кто и говорит, батюшка! Чуждаться и носить на руках – два дела разные. Чтоб нам не держаться русской пословицы: как аукнется,так и откликнется. Как нас в чужих землях принимают, так и нам бы чужеземцев принимать!.. Ну, да что об этом говорить... Скажите-ка лучше, батюшка, точно ли правда, что Бонапартий сбирается на нас войною?

– Это еще не решено.

– А как решится, так что ж он – на Москву, что ли, пойдет?

– Может быть. Он избалован счастием и привык заключать мир в столицах своих неприятелей.

– Вот что! Да что ж он в них делает?

– Веселится, отдыхает, берет с обывателей контрибуции, то есть деньги.

– И ему платят?

– Поневоле: против силы делать нечего.

– Как нечего? Что вы, сударь! По-нашему вот как. Если дело пошло наперекор, так не доставайся мое добро ни другу, ни недругу. Господи боже мой! У меня два дома да три лавки в Панском ряду, а если божиим попущением враг придет в Москву, так я их своей рукой запалю. На вот тебе! Не хвались же, что моим владеешь! Нет, батюшка! Русской народ упрям; вели только наш царь-государь, так мы этому Наполеону такую хлеб-соль поднесем, что он хоть и семи пядей во лбу, а – вот те Христос! – подавится.

"Нет, это не хвастовство!" – подумал Рославлев, смотря на благородную и исполненную души физиономию купца.

– Дай мне свою руку, почтенный гражданин! – сказал он. – Ты истинно русской, и если б все так думали, как ты...

– И, сударь! придет беда, так все заговорят одним голосом, и дворяне и простой народ! То ли еще бывало в старину: и триста лет татары владели землею русскою, а разве мы стали от этого сами татарами? Ведь все, а чем нас упрекает Сила Андреевич Богатырев, прививное, батюшка; а корень-то все русской. Дремлем до поры до времени; а как очнемся да стряхнем с себя чужую пыль, так нас и не узнаешь!

– Угодно вам ехать, сударь? – сказал Егор, слуга Рославлева, войдя в избу. – Лошади готовы.

Рославлев пожал еще раз руку молодому купцу и сел с Иваном Архиповичем в коляску. Ямщик тронул лошадей, затянул песню, и когда услышал, что купец даст ему целковый на водку, присвистнул и помчался таким молодцом вдоль улицы, что старой ямщик не усидел на завалине, вскочил и закричал ему вслед: – Ай да Прошка! Вот это по-нашенски! Лихо! Эй ты, закатывай!..

ГЛАВА VI

– Егор!

– Чего изволите, сударь?

– Где ж поворот налево?

– А вон, сударь, за тем леском.

– Не может быть, мы, верно, проехали мимо.

– Никак нет, сударь! До поворота версты две еще осталось.

– Ты врешь! Вот уж с час, как мы выехали с последней станции.

– Помилуйте, Владимир Сергеевич! и полчаса не будет.

– Ты опять пьян, бездельник!

– Никак нет, сударь! В Москве старик купец, которого вы довезли до дому, на радостях, что его жене стало лучше, хотел было поднести мне чарку водки да вы так изволили спешить, что он вместо водки успел только сунуть мне полтинник в руку.

– А как ты смел взять? Ты знаешь, что я этого терпеть не могу.

– Воля ваша, сударь! некогда было спорить, вы так изволили торопиться.

– Эй, ямщик! да полно, знаешь ли ты дорогу в село Утешино?

– Как не знать, ваша милость. Я не раз важивал Прасковью Степановну Лидину в город. Ну ты, одер! посматривай по сторонам-то. – Мне помнится, что поворот с большой дороги был на восьмой версте от станции.

– Да, барин; да восьмая-то верста вон за этим лесом. Ей вы, милые!..

Рославлев замолчал. Минут через пять березовая роща осталась у них назади; коляска своротила с большой дороги на проселочную, которая шла посреди полей, засеянных хлебом; справа и слева мелькали небольшие лесочки и отдельные группы деревьев; вдали чернелась густая дубовая роща, из-за которой подымались высокие деревянные хоромы, построенные еще дедом Полины, храбрым секунд-майором Лидиным, убитым при штурме Измаила. Подъехав к крутому спуску, извозчик остановил лошадей и слез с козел, чтоб подтормозить колеса.

– Посмотрите-ка, сударь! – сказал Егор, – никак, это идет по дороге дурочка Федора?.. Ну так и есть – она!

Крестьянская девка, лет двадцати пяти, в изорванном сарафане, с распущенными волосами и босиком, шла к ним навстречу. Длинное, худощавое лицо ее до того загорело, что казалось почти черным; светло-серые глаза сверкали каким-то диким огнем; она озиралась и посматривало во все стороны с беспокойством; то шла скоро, то останавливалась, разговаривала потихоньку сама с собою и вдруг начала хохотать так громко и таким отвратительным образом, что Егор вздрогнул и сказал с приметным ужасом:

– Ну, встреча! черт бы ее побрал. Терпеть не могу этой дуры... Помните, сударь! у нас в селе жила-полоумная Аксинья? Та вовсе была нестрашна: все, бывало, поет песни да пляшет; а эта безумная по ночам бродит по кладбищу, а днем только и речей, что о похоронах да о покойниках... Да и сама-та ни дать ни взять мертвец: только что не в саване.

Меж тем полоумная, поравнявшись с коляской, остановилось, захохотала во все горло и сказала охриплым голосом:

– Здравствуй, барин!

– Здравствуй, Федорушка! Куда идешь?

– Вестимо куда – на похороны. А ты куда едешь?

– В Утешино.

– Ой ли? Да разве барышня-то уж умерла?

– Что ты врешь, дура? – закричал Егор.

– Смотри не дерись! – сказала полоумная, – а не то ведь я сама камнем хвачу.

– А давно ли ты видела барышню? – спросил Рославлев.

– Барышню?.. какую?.. невесту-та, что ль, твою?

– Да, Федорушка!

– Ономнясь на барском дворе она дала мне краюшку хлеба, да такой белой, словно просвира.

– Ну что?.. Она здорова?

– Нет, слава богу, худа: скоро умрет. То-то наемся кутьи на ее похоронах!

– Как?.. Она больна?..

– Эх, сударь! – перервал Егор, – что вы ее слушаете? Она весь свет хоронит.

– Погоди, голубчик! и ты протянешься.

– Типун бы тебе на язык, ведьма!.. Эко воронье пугало! Над тобой бы и треслось, проклятая! Ну что зеваешь? Пошел!

Коляска двинулась под гору, а сумасшедшая пошла по дороге и запела во все горло: "Со святыми упокой!"

Проехав версты две большой рысью, они поравнялись с мелким сосновым лесом. В близком расстоянии от большой дороги послышались охотничьи рога; вдруг из-за леса показался один охотник, одетый черкесом, за ним другой, и вскоре человек двадцать верховых, окруженных множеством борзых собак, выехали на опушку леса. Впереди всех, в провожании двух стремянных, ехал на сером горском коне толстый барин, в полевом кафтане из черного бархата, с огромными корольковыми пуговицами; на шелковом персидском кушаке, которым он был подпоясан, висел небольшой охотничий нож в дорогой турецкой оправе. Рядом с ним ехал высокий и худощавый человек в зеленом сюртуке, подпоясанный также кушаком, за которым заткнут был широкой черкесской кинжал. Вслед за охотниками выехали из леса, окруженные стаею гончих, человек десять ловчих, доезжачих и псарей. Когда коляска поравнялась с охотою, толстый барин приостановил свою лошадь и закричал:

– Что это? Ба, ба, ба! Рославлев! Стой, стой! Ямщик остановил лошадей.

– А! это вы, Николай Степанович? – сказал Рославлев.

– Милости просим, будущий племянник! Здорово, моя душа! Ну, мы сегодня тебя не ожидали! Да вылезай, брат, из коляски.

– Извините, я спешу!..

– В Утешино? Не, беспокойся: ты там не найдешь своей невесты.

– Ах, боже мой!.. где ж она?

– Христос с тобой!.. что ты испугался? Все, слава богу, здоровы. Они поехали в город с визитом – вот к его жене.

– Здравствуйте, Владимир Сергеевич! – сказал худощавый старик в зеленом сюртуке.

– Насилу мы вас дождались!

– Так я проеду прямо в город.

– Хуже, брат! как раз разъедетесь. Они часа через полтора сюда будут. Я угощаю их охотничьим обедом здесь в лесу, на чистом воздухе. Да вылезай же!

Рославлев выпрыгнул из коляски.

– Ну, здравствуй еще раз, любезный жених! – сказал Николай Степанович Ижорской, пожимая руку Рославлева. – Знаешь ли что? Пока еще наши барыни не приехали, мы успеем двух, трехрусаков затравить. Ей, Терешка! Долой с лошади! Один из стремянных слез с лошади и подвел ее Рославлеву.

– Садись-ка, брат! – продолжал Ижорской, – а вы с коляскою ступайте в Утешино.

Рославлеву вовсе не хотелось травить зайцев; но делать было нечего; он знал, что дядя его невесты человек упрямый и любит делать все по-своему.

– Ну, брат! – сказал Ижорской, когда Рославлев сел на лошадь, – смотри держись крепче; конь черкесской, настоящий Шалох. Прошлого года мне его привели прямо с Кавказа: зверь, а не лошадь! Да ты старый кавалерист, так со всяким чертом сладишь. Ей, Шурлов! кинь гончих вон в тот остров; а вы, дурачье, ступайте на все лазы; ты, Заливной, стань у той перемычки, что к песочному оврагу. Да чур не зевать! Поставьте прямо на нас милого дружка, чтобы было чем потешить приезжего гостя.

– Уж не извольте опасаться, батюшка! – сказал Шурлов, поседевший в отъезжих полях ловчий, который имел исключительное право говорить и даже иногда перебраниваться с своим барином. – У нас косой не отвертится – поставим прямехонько на вас; извольте только стать вон к этому отъемному острову.

– Ну то-то же, Шурлов, не ударь лицом в грязь.

– Помилуйте, сударь! да если я не потешу Владимира Сергеевича, так не прикажите меня целой месяц к корыту подпускать. Смотрите, молодцы! держать ухо востро! Сбирай стаю. Да все ли довалились?.. Где Гаркало и Будило? Ну что ж зеваешь, Андрей, – подай в рог Ванька! возьми своего полвапегова-то кобеля на свору; вишь, как он избаловался – все опушничает. Ну, ребята, с богом! – прибавил ловчий, сняв картуз и перекрестясь с набожным видом, – в добрый час! Забирай левее!

В одну минуту охотники разъехались по разным сторонам, а псари, с стаею гончих, отправились прямо к небольшому леску, поросшему низким кустарником.

– Терешка! – сказал Ижорской стремянному, который отдал свою лошадь Рославлеву, – ступай в липовую рощу, посмотри, раскинут ли шатер и пришла ли роговая музыка; да скажи, чтоб чрез час обед был готов. Ну, любезные! – продолжал он, обращаясь к Рославлеву, – не думал я сегодня заполевать такого зверя. Вчера Оленька раскладывала карты, и все выходило, что ты прежде недели не будешь. Как они обрадуются!

– Да точно ли они сюда приедут?

– Экой ты, братец! уж я сказал тебе, что они обедают здесь, вон в этой роще. Да не отставай, Ильменев! Что ты? иль в стремянные ко мне хочешь?

– Лошаденка-то устала, батюшка Николай Степанович! – отвечал господин в зеленом сюртуке.

– Молчи, брат! будешь с лошадью. Я велел для тебя выездить чалого донца, знаешь, что в карсте под рукой ходит?

– Ох, боек, отец мой! Не по мне: как раз слечу наземь!

– И полно, братец, вздор! Не кверху полетишь! Да тебе же не в диковинку, – прибавил Ижорской, толкнув локтем Рославлева. – Ты и с места слетел, да не ушибся!

– Как, Прохор Кондратьевич? – спросил Рославлев, – так не вы уж городничим в нашем городе?

– Да, сударь! злые люди обнесли меня перед начальством.

– Расспроси-ка, какую он терпит напраслину, – сказал Ижорской, мигнув потихоньку Рославлеву. – Поклепали малого, будто бы он грамоте не знает.

– Неужели?

– Не грамоты, батюшка, – имя-то свое мы подчеркнем не хуже других прочих, а вот в чем дело: с месяц тому назад наслали ко мне указ из губернского правления, чтоб я донес, сколько квадратных сажений в нашей площади. Я было хотел посоветоваться с уездным стряпчим: человек он ученой, из семинаристов; но на ту пору он уехал производить следствие. Вот я подумал, подумал, да и отрепортовал, что у меня в городе квадратной сажени не имеется и чтоб благоволили мне из губернии доставить образцовую. Что ж, сударь? Ждать-пождать, слышу, – наш губернатор и рвет и мечет! И неуч-то я, и безграмотной – и как, дискать, быть городничим такому невежде; а помилуйте! какое я сделал невежество?.. Вдруг на прошлой неделе бряк указ – я отставлен; а на мое место какой-то немецкой Фон. А так как он еще не прибыл, так сдать мне должность старшему приставу. Что делать, батюшка? Плетью обуха не перешибешь!

– И вас за одно это отставили? – спросил Рославлев.

– Да, сударь! Вот так-то всегда бывает: прикажут без толку, а там наш брат подчиненный и отвечай. Без вины виноват!

42

– Жаль, что наш губернатор поторопился вас отставить. Если вы не знали, что такое квадратная сажень, зато не знали также, как берут взятки с обывателей.

– Видит бог, нет, батюшка! И ко мне, случалось, забегали с кулечками: кто голову сахару, кто фунтик чаю; да я, бывало, так турну со двора, что насилу ноги уплетут.

– Впрочем, охота вам горевать, Прохор Кондратьевич! Вы жили не службою: у вас есть собственное состояние.

– Конечно, есть посильное место, сударь! С голоду не умрем. Да ведь я служил из чести, Владимир Сергеевич! Что ни говори, а городничий у себя в городе велико дело. Бывало, идешь гоголем по улице, побрякиваешь себе шпорами да постукиваешь саб-лею; кто ни попался – шапку долой да впояс! А в табельные-то дни, батюшка! приедешь в собор – у дверей встречает частный пристав, народ расступается; идёшь по церкви барин барином! Становишься впереди всех, у самого амвона, к кресту подходишь первый... а теперь?.. Ну, да делать нечего, – была и нам честь.

– А как приедет, бывало, в город губернатор? – спросил с улыбкою Рославлев.

– Ну, конечно, батюшка! подчас напляшешься. Не только губернатор, и слуги-то его начнут тебя пырять да гонять из угла в угол, как легавую собаку. Чего б ни потребовали к его превосходительству, хоть птичьего молока, чтоб тут же родилось и выросло. Бывало, с ног собьют, разбойники! А как еще, на беду, губернатор приедет с супругою... ну! совсем молодца замотают! хоть вовсе спать не ложись!

– Вот то-то же, братец! Я слышал, что губернатор объезжает губернию: теперь тебе и горюшка мало, а он, верно, в будущем месяце заедет в наш город и у меня будет в гостях, – примолвил с приметной важностию Ижорской.

– Он много наслышался о моей больнице, о моем конском заводе и о прочих других заведениях. Ну что ж? Праздников давать не станем, а запросто, милости просим!

В продолжение этого разговора они проехали с полверсты полем и остановились подле частого кустарника. С одной стороны он отделялся от леса узкой поляною, а с другой был окружен обширными лугами, которые спускались пологим скатом до небольшой, но отменно быстрой речки; по ту сторону оной начинались возвышенные места и по крутому косогору изгибалась большая дорога, ведущая в город. Прямо против них не было никакой переправы; но вниз по течению реки, версты полторы от того места, где они остановились, перекинут был чрез нее бревенчатый и узкой мостик без перил.

Прошло несколько минут в глубоком молчании. Ижорской не спускал глаз с мелкого леса, в который кинули гончих. Ильменев, боясь развлечь его внимание, едва смел переводить дух; стремянный стоял неподвижно, как истукан; один Рославлев повертывал часто свою лошадь, чтоб посмотреть на большую дорогу. Он решился наконец перервать молчание и спросил Ижорского: здоров ли их сосед, Федор Андреевич Сурской?

– Здоров, братец! – отвечал Ижорской, – что ему делается?.. Постой-ка?.. Слышишь?.. Никак тявкнула?.. Нет, нет!.. Он будет сюда с нашими барынями... Чудак!.. поверишь ли? не могу его уговорить поохотиться со мною!.. Бродит пешком да ездит верхом по своим полям, как будто бы некому, кроме его, присмотреть за работою; а уж читает, читает!..

– С утра до вечера, батюшка! – перервал Ильменев. – Как это ему не надоест, подумаешь? Третьего дня я заехал к нему... Господи боже мой! и на столе-то, и на окнах, и на стульях – всё книги! И охота же, подумаешь, жить чужим умом? Человек, кажется, неглупый, а – поверите ль? – зарылся по уши в эту дрянь!..

– Слышишь, Владимир? – сказал Ижорской. – Вот умной-то малый! Книги – дрянь! Ах ты, безграмотный!.. Посмотри-ка, сколько у меня этой дряни!

– Помилуйте, батюшка! да у вас дело другое – за стеклышком, книга к книге, так они и красу делают!

– Да, брат, на мою библиотеку полюбоваться можно.

– И вы, сударь, иногда от безделья книжку возьмете; да вы человек рассудительный: прочли страничку, другую, и будет; а ведь он меры не знает. Недели две тому назад...

– Молчи-ка, брат!.. Чу! никак добираются?.. так и есть!.. Натекли!.. Ого-го! как приняли!.. Ну! свалились!.. пошла писать!.. помчали!..

– Никак, по горячему следу, батюшка?

– Нет, братец! иль не слышишь? по зрячему... Владимир, смотри, смотри!.. Да не туда, куда ты смотришь. Рославлев! что ты, братец?

Но Рославлев не видел и не слышал ничего. Вдали за речкой показался на большой дороге ландо, заложенный шестью лошадьми.

– Вот он, вот он! – закричал вполголоса Ижорской.

– Да, это он! – повторил Рославлев, узнав экипаж Лидиной.

– О-о-ту его!.. – затянул протяжным голосом стремянный, показывая собакам русака, который отделился от леса.

– Береги, Рославлев, береги! – закричал Ижорской. – Вот он!.. О-ту его!.. Постой, братец! Куда ты, пострел? Постой!.. не туда, не туда!..

Но Рославлев был уже далеко. Он пустился, как из лука стрела, вниз по течению реки; собаки Ижорского бросились вслед за ним; другие охотники были далеко, и заяц начал преспокойно пробираться лугами к большому лесу, который был у них позади. Ижорской бесился, кричал; но вскоре крик его заглушили отчаянные вопли ловчего Шурлова, который, выскакав вслед за гончими из острова, увидел эту непростительную ошибку. Он рвал на себе волосы, выл, ревел, осыпал проклятиями Рославлева; как полоумный пустился скакать по полю за зайцем, наскакал на пенек, перекувырнулся вместе с своею лошадью и, лежа на земле, продолжал кричать: "О-ту его – о-ту! береги, береги!.."

Меж тем, Рославлев в несколько минут доскакал на своем черкесском коне до реки. Ах! как билось сердце влюбленного жениха! Казалось, оно готово было вырваться из груди его!.. Так; это они!.. они едут шибкой рысью по крутому противуположному берегу. Рославлев поравнялся с ними, его узнали, ему кричат; но он видит одну Полину... Вот она!.. Белый платок ее развевается по воздуху. О! если б лошадь его имела крылья, если б он мог перескочить чрез эту несносную реку, которая, как будто б радуясь, что разделяет двух любовников, крутилась, бушевала и, покрытая пеной, мчалась между крутых берегов своих. Рославлев хочет ехать берегом: по обширное болото перерезывает ему дорогу. Чтоб добраться до моста, ему надобно сделать большой объезд лесом. Он понукает свою лошадь, продирается сквозь частой кустарник, перепрыгивает через колоды и пеньки, летит и – вот он опять в поле, опять видит вдали карету, которая, спустясь с крутого берега, взъехала на узкой мост. Кто-то в белом платье высунулся до половины из окна и смотрит ему навстречу... Это, верно, Полина. Вдруг дверцы растворились, раздался громкой крик, белое платье мелькнуло по воздуху, вода расступилась, закипела – и все исчезло. "Боже мой!.." – Рославлев ахнул, сердце его перестало биться, в глазах потемнело; он не видел даже, что вслед за белым платьем какой-то мужчина бросился в воду. Почти без чувств примчался он к берегу реки, которая в этом месте, стесняемая двумя островами, текла с необычайной быстротою. Мужчина пожилых лет употреблял почти нечеловеческие усилия, чтоб отплыть от берега, к которому его прибило быстрым течением; шагах в двадцати от него то показывалось поверх воды, то исчезало белое платье. Рославлев на всем скаку бросился в воду. Черкесской конь, привыкший переплывать горные потоки, с первого размаха вынес его на средину реки; он повернул его по течению, но не успел бы спасти погибающую, если б, к счастию, ей не удалось схватиться за один куст, растущий на небольшом острове, вокруг которого вода кипела и крутилась ужасным образом. В ту самую минуту, как она, совершенно обессилев, переставала уже держаться за сучья, Рославлев успел обхватить ее рукою и выплыть вместе с нею на берег. Он соскочил с лошади, бережно опустил ее на траву и тут только увидел, что спас не свою невесту, а сестру ее Оленьку. "Это вы?.. – сказала она слабым голосом. – Это ты... избавитель мой?.." – повторяла она, обвив руками его шею; но вдруг глаза ее закрылись, и она без чувств упала на грудь Рославлева.

ГЛАВА VII

В начале июля месяца, спустя несколько недель после несчастного случая, описанного нами в предыдущей главе, часу в седьмом после обеда, Прасковья Степановна Лидина, брат ее Ижорской, Рославлев и Сурской сидели вокруг постели, на которой лежала больная Оленька; несколько поодаль сидел Ильменев, а у самого изголовья постели стояла Полина и домовой лекарь Ижорского, к которому Лидина не имела вовсе веры, потому что он был русской и учился не за морем, а в Московской академии. Он держал за руку больную и хотя не говорил еще ни слова, но нетрудно было отгадать по его веселому и довольному лицу, что опасность миновалась.

– Поздравляю вас, сударыня! – сказал он наконец, обращаясь к Лидиной, – жару вовсе нет, пульс спокойный, ровный. Ольга Николаевна совершенно здорова, и только одна слабость... но это в несколько дней совсем пройдет.

– Точно ли вы уверены в этом? – спросила недоверчиво Лидина.

– Да, сударыня, и так уверен, что прошу вас приказать убрать все эти лекарства; теперь Ольге Николаевне нужны только покой и умеренность в пище.

– Умеренность в пище!.. Да она ничего не ест, сударь!

– Не беспокойтесь! будет кушать. А вам, сударыня! – продолжал лекарь, относясь к Полине, – я советовал бы отдохнуть и подышать чистым воздухом. Вот уж месяц, как вы не выходите из комнаты вашей сестрицы. Вы ужасно похудели; посмотрите: вы бледнее нашей больной.

– Это правда, – перервала Лидина, – она так измучилась, chere enfanti![36] Представьте себе, бедняжка почти все ночи не спала!.. Да, да, mon ange![37] ты никогда не бережешь себя. Помнишь ли, когда мы были в Париже и я занемогла? Хотя опасности никакой не было... Да, братец! там не так, как у вас в России: там нет болезни, которой бы не вылечили...

– Видно, оттого-то в Париже так много и жителей, – сказал шутя Федор Андреевич Сурской.

– И полно, сестра! – подхватил Ижорской, – да разве в Париже никто не умирает?

– Конечно, умирают; но только тогда, когда уже нет никаких средств вылечить больного.

– Извините! – сказал лекарь, – мне надобно ехать в город; я ворочусь сегодня же домой.

Когда он вышел из комнаты, Лидина спросила Оленьку: точно ли она чувствует себя лучше?

– Да, маменька! – отвечала тихим голосом больная, – я чувствую только какую-то усталость.

– Вы еще слабы, – сказал Сурской, – и это очень натурально, после такого сильного потрясения...

– Да, любезный! – перервал Ижорской, – нас всех перетряхнуло порядком; и меня со страстей в лихорадку бросило. Боже мой! вспомнить не могу!.. Дурак Сенька прибежал ко мне как шальной и сказал, что Оленька упала с моста, что ты, Сурской, вытаскивая ее из воды, пошел ко дну и что Рославлев, стараясь вас спасти обоих, утонул с вами вместе. Не знаю, как я усидел на лошади!.. Ну вот, прошу загадывать вперед! Охота, обед, музыка, все мои затеи пошли к черту. А я так радовался, что задам вам сюрприз: вы лишь только бы в палатку, а жених и тут!.. Роговая музыка грянула бы: "желанья наши совершились"; а там новую увертюру из "Дианина древа"! И что ж? Вместо этого всего русак ушел, Шурлов вывихнул ногу, и Оленька чуть-чуть не утонула... Экой выдался денек!

– Я вам докладывал, Николай Степанович! – сказал Ильменев, – что поле будет незадачное. Извольте-ка припомнить: лишь только мы выехали из околицы, так нам и пырь в глаза батька Василий; а ведь, известное дело, как с попом повстречаешься, так не жди ни в чем удачи.

– Полно врать, братец! Все это глупые приметы. Ну что имеет общего поп с охотою? Конечно, и я не люблю, когда тринадцать сидят за столом, да это другое дело. Три раза в моей жизни случалось, что из этих тринадцати человек кто через год, кто через два, кто через три, а непременно умрет; так тут поневоле станешь верить.

– В самом деле, – сказал, улыбаясь, Сурской, – это странно! И все эти умирающие были люди молодые?

---

[36] дорогое дитя! (фр.)
[37] мой ангел! (фр.)

– Ну, нет! Один-то был уж лет семидесяти – такой старик здоровый! Вдруг свернуло, году не прожил после обеда, на котором он был тринадцатым.

– А я так думаю, – сказала Лидина, – что это несчастие случилось оттого, что у вас в России нет ничего порядочного: дороги скверные, а мосты!.. Dieu! quelle abomination![38] Если б вы были во Франции и посмотрели...

– Полно, сестра! Что, разве мост подломился под вашей каретою? Прошу не погневаться: мост славной и строен по моему рисунку; а вот если б в твоей парижской карете дверцы притворялись плотнее, так дело-то было бы лучше. Нет, матушка, я уверен, что наш губернатор полюбуется на этот мостик... Да, кстати! Меня уведомляют, что он завтра приедет в наш город; следовательно, послезавтра будет у меня обедать.

– Пелагея Николаевна! – сказал Сурской, – лекарь говорил правду: вы так давно живете затворницей, что можете легко и сами занемочь. Время прекрасное, что б вам не погулять?

– А он пойдет вместе с тобою, – шепнула Оленька. – Ведь вы еще не успели двух слов сказать друг другу.

– Поди, мой ангел! – сказала Лидина. – Владимир Сергеевич, ступайте с нею в сад.

– Ну что ж ты задумалась, племянница? – закричал Ижорской.

– Полно, матушка, ступай! Ведь смерть самой хочется погулять с женихом. Ох вы, барышни! А ты что смотришь Владимир? Под руку ее, да и марш!

– Возьми, мой друг, с собой зонтик, – сказала Лидина Полине, которая решилась наконец оставить на несколько времени больную. – Вот тот, что я купила тебе – помнишь, в Пале-Рояле? Он больше других и лучше закроет тебя от солнца.

– Знаешь ли, сестра! – примолвил вполголоса Ижорской, смотря вслед за Рославлевым, который вышел вместе с Полиною, – знаешь ли, кто больше всех пострадал от этого несчастного случая? Ведь это он! Свадьба была назначена на прошлой неделе, а бедняжка Владимир только сегодня в первый раз поговорит на свободе с своей невестою. Не в добрый час он выехал из Питера!

– Мне нельзя согласиться с вами, дядюшка! – сказала больная. – Если б он выехал одним часом позже из Петербурга, то, вероятно, меня не было бы на свете.

– Да, он подоспел в пору.

– Так в самом деле, – спросила Лидина – он один спас Оленьку?

– А с нею и меня, – отвечал Сурской, – судя по тому, как трудно мне было одному выбраться на берег. Нет сомнения, что я не спас бы Ольгу Николаевну, а утонул бы с нею вместе!

– Добрый Рославлев!.. Я, право, люблю его, как родного сына, – примолвила Лидина. – Одно мне только в нем не нравится этот несносный патриотизм, и не странно ли видеть, что человек образованный сходит с ума от всего русского?.. Comme c'est ridicule![39] Скажите мне, monsieur Сурской, d'ou vient cela? Он, кажется, хорошо воспитан?

---

[38] Как это смешно! (фр.)

[39] откуда это берется? (фр.)

– Да, сударыня! – отвечал с улыбкою Сурской, – он очень хорошо воспитан; а если имеет слабость любить Россию, так это, вероятно, потому, что он не француз.

– Да не вовсе и русской, братец! – подхватил Ижорской. – Вы оба с ним порядком обыноземились. Я сам, благодаря бога, не невежда и знаю кой-что, а не стану вопить, как вопите вы и ваша заморская челядь против нашей дворянской роскоши. Нет, братец! не походите вы оба на русских бояр. Ты, любезный, зарылся в книги, как профессор, живешь каким-то философом, да и Владимир не лучше тебя. Ну, поверишь ли, сестра, как я ему сказал, что у меня без малого четыреста душ дворовых, так он ахнул?.. "Ах, батюшки! четыреста душ!.. Помилуйте! ведь они ничего не делают, а только даром хлеб едят". – "Как ничего? а разве меня не тешут?" – "Да на что вам такая орава?" – "Вот забавно! Стану я считать, сколько у меня людей! Что я, немецкой барон, что ль, какой-нибудь? Нет, сударь! я русской столбовой дворянин и, прошу не погневаться, колокольчика к моим дверям привешивать не стану".

– Подлинно, сударь, вы столбовой русской боярин! – сказал Ильменев, взглянув с подобострастием на Ижорского. – Чего у вас нет! Гости ли наедут – на сто человек готовы постели; грунтовой сарай на целой десятине, оранжереям конца нет, персиков, абрикосов, дуль всякого фрукта... Господи боже мой!.. ешь – не хочется! Истинно куда ни обернись – все барское! В лакейскую, что ль, заглянешь? так, нечего сказать, глаза разбегутся – целая барщина; да что за народ?.. молодец к молодцу!

Ижорской гордо улыбнулся, призадумался, потом вынул огромную золотую табакерку, понюхал с расстановкою табаку и, взглянув ласково на Ильменева, сказал:

– Послушай, Прохор Кондратьевич! в самом деле, чалая донская не по тебе. Знаешь мою гнедую, с белой лысиной?

– Как не знать, батюшка! лошадь богатая: тысячи полторы стоит!

– Так по рукам, братец! Она твоя!

– Как, сударь?

– Ну да, твоя! Езди себе на здоровье да смотри похваливай наш заводец!

Ильменев онемел от восторга и удивления; а когда опомнился, то от избытка благодарности заговорил такую нескладицу, что Ижорской, захохотав во все горло, закричал:

– Полно, любезный, полно! заврался!.. Да будет, братец! доскажешь в другое время!

В продолжение этого разговора Рославлев, ведя под руку свою невесту, шел тихими шагами вдоль широкой аллеи, которая перерезывала на две равные половины обширный регулярный сад, разведенный еще отцом Лидиной. Есть минуты блаженства, в которые язык наш немеет от избытка сердечной радости. Рославлев не говорил ни слова, но он не сводил глаз с своей невесты; он был вместе с нею; рука его касалась ее руки; он чувствовал каждое биение ее сердца; и когда тихой вздох, вылетая из груди ее, сливался с воздухом, которым он дышал, когда взоры их встречались... о! в эту минуту он не желал, он не мог желать другого блаженства! То, что в свете называют страстию, это бурное, мятежное ощущение всегда болтливо; но чистая, самим небом благословляемая любовь, это чувство величайшего земного наслаждения, не изъясняется словами.

Пройдя во всю длину аллеи, которая оканчивалась густою рощею, Полина остановилась.

– Я что-то устала, – шепнула она тихим голосом.

– Сядемте, – сказал Рославлев.

– Только, бога ради! не здесь, подле этих грустных, обезображенных лип. Пойдемте в рощу. Я люблю отдыхать вот там, под этой густой черемухой. Не правда ли, – продолжала Полина, когда они, войдя в рощу, сели на дерновую скамью, – не правда ли, что здесь и дышишь свободнее? Посмотрите, как весело растут эти березы, как пушисты эти ракитовые кусты; с какою роскошью подымается этот высокий дуб! Он не боится, что придет садовник и сровняет его с другими деревьями.

– И я также не люблю этих подстриженных деревьев, – сказал Риславлев. – Они так единообразны, так живо напоминают нам стены домов, в которых мы должны поневоле запираться зимою. Какая разница!.. Здесь в самом деле и дышишь свободнее. Эта густая зелень, эта дикая, простая природа – все наполняет душу какой-то тихой радостью и спокойствием. Мне кажется... да, Полина! мне кажется, что здесь только, сокрытые от всех взоров, мы совершенно принадлежим друг другу; и только тогда, когда я могу мечтать, что мы одни в целом мире, тогда только я чувствую вполне все мое счастие!

– Так вы очень меня любите? – спросила Полина, чертя задумчиво по песку своим зонтиком. – Очень?..

– Более всего на свете!

– И стали б любить даже и тогда, если б я была несправедлива, если б заплатила за любовь вашу одной неблагодарностию?

– Да, Полина, и тогда! Не в моей власти не любить вас. Это чувство слилось с моей жизнию. Дышать и любить Полину – для меня одно и то же!

– А если бы, для счастия моего, было необходимо, чтоб вы навсегда от меня отказались?..

– Навсегда?..

– Да; если б я потребовала от вас этой жертвы?

– Какая ужасная шутка!

– Но что бы вы сделали, если б я говорила не шутя? Если б в самом деле от этого зависело все счастие моей жизни?

– Все ваше счастие?.. И вы можете меня спрашивать!

– Вы отказались бы добровольно от руки моей?

– Я сделал бы более, Полина! Чтоб совесть ваша была спокойна, я постарался бы пережить эту потерю.

– Добрый Волдемар! – сказала Полина, взглянув с нежностью на Рославлева. – Ах! какую тягость вы сняли с моего сердца! Итак, вы, верно, согласитесь...

– На что? – вскричал Рославлев, побледнев, как приговоренный к смерти.

– Отсрочить еще на два месяца нашу свадьбу.

– На два месяца!!

– Друг мой! – сказала Полина, прижав к своему сердцу руку Рославлева, – не откажи мне в этом! Я не сомневаюсь, не могу сомневаться, что буду счастлива, но дай мне увериться, что и я могу составить твое счастие; дай мне время привязаться к тебе всей моей душою, привыкнуть мыслить об одном тебе, жить для одного

49

тебя, и если можно, – прибавила она так тихо, что Рославлев не мог расслышать слов ее, – если можно забыть все, все прошедшее!

– Но два месяца, Полина!..

– Ах, мой друг, почему знать, может быть, ты спешишь сократить лучшее время в твоей жизни! Не правда ли? Ты согласен отсрочить нашу свадьбу?

– Я не стану обманывать тебя, Полина! – сказал Рославлев после короткого молчания. – Одна мысль, что я не прежде двух месяцев назову тебя моею, приводит меня в ужас. Чего не может случиться в два месяца?.. Но если ты желаешь этого, могу ли я не согласиться!

– Благодарю тебя, мой друг! О, будь уверен, любовь моя вознаградит тебя за эту жертву. Мы будем счастливы... да, мой друг! – повторила она сквозь слезы, – совершенно счастливы!

Вдруг позади их загремел громкой, отвратительный хохот. Полина вскрикнула; Рославлев также невольно вздрогнул и поглядел с беспокойством вокруг себя. Ему показалось, что в близком расстоянии продираются сквозь чащу деревьев; через несколько минут шорох стал отдаляться, раздался снова безумный хохот, и кто-то диким голосом запел: со святыми упокой.

– Это сумасшедшая Федора, – сказала Полина – Как чудно, – прибавила она, покачав печально головою, – что в ту самую минуту, как я говорила о будущем нашем счастии.

– Зачем эту сумасшедшую пускают к вам в сад? – перервал Рославлев.

– Роща не огорожена, впрочем, эта несчастная не делает никому вреда.

– Но она может испугать, ее сумасшествие так ужасно!..

– Ах, она очень жалка! Пять лет тому назад она сошла с ума от того, что жених ее умер накануне их свадьбы.

– Накануне свадьбы! – повторил вполголоса Рославлев.

– Один день – и вечная разлука!.. А два месяца, мой друг!..

– Вот дядюшка и маменька, – перервала Полина, – пойдемте к ним навстречу.

– Ну что, страстные голубки, наговорились, что ль? – закричал Ижорской, подойдя к ним вместе с своей сестрой и Ильменевым.

– Что, Прохор Кондратьевич, ухмыляешься? Небось, любуешься на жениха и невесту? То-то же! А что, чай, и ты в старину гулял этак по саду с твоей теперешней супругою?

– Что вы, батюшка! Ее родители были не нынешнего века – люди строгие, дай бог им царство небесное! Куда гулять по саду! Я до самой почти свадьбы и голоса-то ее не слышал. За день до венца она перемолвила со мной в окно два словечка... так что ж? Матушка ее подслушала да ну-ка ее с щеки на щеку – так разрумянила, что и боже упаси! Не тем помянута, куда крута была покойница!

– А где Федор Андреевич? – спросила Полина у своего дяди.

– Сурской? Уехал домой.

– Так Оленька одна? Я пойду к ней; а вы, – шепнула она Рославлеву, – останьтесь здесь и погуляйте с дядюшкой.

Больная не заметила, что Полина вошла к ней в комнату. Облокотясь одной рукой на подушки, она сидела задумавшись на кровати; перед ней на небольшом столике стояла зажженная свеча, лежал до половины исписанный почтовый лист бумаги, сургуч и все, что нужно для письма.

– Ну что, как ты себя чувствуешь? – спросила Полина.

– Ах, это ты? – сказала Оленька. – Как ты меня испугала! Я думала, что ты гуляешь по саду с твоим женихом.

– Он остался там с дядюшкой.

– Но ему, верно, было бы приятнее гулять с тобою. Зачем ты ушла?

– К кому ты пишешь? – спросила Полина, не отвечая на вопрос своей сестры.

– В Москву, к кузине Еме. Она, верно, думает, что ты уже замужем.

– Может быть.

– Я не знаю, что мне написать о твоей свадьбе? Ведь, кажется, на будущей неделе?..

– Нет, мой друг!

– А когда же?

– Ты станешь бранить меня. Я уговорила Рославлева отложить свадьбу еще на два месяца.

– Как! – вскричала больная, – еще на два месяца?

– Сначала это его огорчило...

– А потом он согласился?

– Да, мой друг! он так меня любит!

– Слишком, Полина! Слишком! Ты не стоишь этого.

– Ну вот! я знала, что ты рассердишься.

– Можно ли до такой степени употреблять во зло власть, которую ты имеешь над этим добрым, милым Рославлевым! над этим... Чему ж ты смеешься?

– Знаешь ли, Оленька? Мне иногда кажется, что ты его любишь больше, чем я. Ты всегда говоришь о нем с таким восторгом!..

– А ты всегда говоришь глупости, – сказала Оленька с приметной досадою.

– То-то глупости! – продолжала Полина, погрозив ей пальцем.

– Уж не влюблена ли ты в него? – смотри!

Оленька поглядела пристально на сестру свою; губы ее шевелились; казалось, она хотела улыбнуться, но вдруг вся бледность исчезла с лица ее, щеки запылали, и она, схватив с необыкновенною живостию руку Полины, сказала:

– Да, я люблю его как мужа сестры моей, как надежду, подпору всего нашего семейства, как родного моего брата! А тебя почти ненавижу за то, что ты забавляешься его отчаянием. Послушай, Полина! Если ты меня любишь, не откладывай свадьбы, прошу тебя, мой друг! Назначь ее на будущей неделе.

– Так скоро? Ах, нет! Я никак не решусь.

– Скажи мне откровенно: любишь ли ты его?

– Да! – отвечала вполголоса Полина.

– Так зачем же ты это делаешь? Для чего заставляешь жениха твоего думать, что ты своенравна, прихотлива, что ты забавляешься его досадою и огорчением? Подумай, мой друг! он не всегда останется женихом, и если муж не забудет о том, что сносил от тебя жених, если со временем он захочет так же, как ты, употреблять во зло власть свою...

– О, не беспокойся, мой друг! Ты не услышишь моих жалоб.

– Но разве тебе от этого будет легче? Нет, Полина! нет, мой друг! Ради бога не огорчай доброго Волдемара! Почему знать, может быть, будущее твое счастие... счастие всего нашего семейства зависит от этого.

51

Полина задумалась и после минутного молчания сказала тихим голосом:

– Но это уже решено, мой друг!

– Между тобой и женихом твоим. Не думаешь ли, что он будет досадовать, если ты переменишь твое решение? Я, право, не узнаю тебя, Полина; ты с некоторого времени стала так странна, так причудлива!.. Не упрямься, мой друг! Подумай, как ты огорчишь этим маменьку, как это неприятно будет Сурскому, как рассердится дядюшка...

– Боже мой, боже мой! – сказала Полина почти с отчаянием, – как я несчастлива! Вы все хотите...

– Твоего благополучия, Полина!

– Моего благополучия!.. Но почему вы знаете... и время ли теперь думать о свадьбе? Ты больна, мой друг...

– О, если ты желаешь, чтоб я выздоровела, то согласись на мою просьбу. Я не буду здорова до тех пор, пока не назову братом жениха твоего; я стану беспрестанно упрекать себя... да, мой друг! я причиною, что ты еще не замужем. Если б я была осторожнее, то ничего бы не случилось: вы были бы уже обвенчаны; а теперь... Боже мой, сколько перемен может быть в два месяца!.. и если почему-нибудь ваша свадьба разойдется, то я вечно не прощу себе. Полина! – продолжала Оленька, покрывая поцелуями ее руки, – согласись на мою просьбу! Подумай, что твое упрямство может стоить мне жизни! Я не буду спокойна днем, не стану спать ночью; я чувствую, что болезнь моя возвратится, что я не перенесу ее... согласись, мой друг! Полина молчала; все черты лица ее выражали нерешимость и сильную душевную борьбу. Трепеща, как преступница, которая должна произнести свой собственный приговор, она несколько раз готова была что-то сказать... и всякой раз слова замирали па устах ее.

– Так! я должна это сделать, – сказала она наконец решительным и твердым голосом, – рано или поздно – все равно! – С безумной живостью несчастливца, который спешит одним разом прекратить все свои страдания, она не сняла, а сорвала с шеи черную ленту, к которой привешен был небольшой золотой медальон. Хотела раскрыть его, но руки ее дрожали. Вдруг с судорожным движением она прижала его к груди своей, и слезы ручьем потекли из ее глаз.

– Что это значит?.. Что с тобой?.. – вскричала Оленька.

– Ничего, мой друг! ничего! – отвечала, всхлипывая, Полина, – успокойся, это последние слезы. Ах, мой друг! он исчез! этот очаровательный... нет, нет! этот тяжкой, мучительной сон! Теперь ты можешь сама назначить день моей свадьбы.

Полина раскрыла медальон и вынула из него нарисованное на бумаге грудное изображение молодого человека; но прежде, чем она успела сжечь на свече этот портрет, Оленька бросила на него быстрый взгляд и вскричала с ужасом:

– Возможно ли?..

– Да, мой друг!

– Как! ты любишь?..

– Молчи, ради бога не называй его!

– И я не знала этого!

– Прости меня! – сказала Полина, бросившись на шею к сестре своей. – Я не должна была скрывать от тебя... Безумная!.. я думала, что эта тайна умрет вместе со мною... что никто в целом мире... Ах, Оленька! я боялась даже тебя!..

52

– Но скажи мне?..

– После, мой друг! после. Дай мне привыкнуть к мысли, что это был бред, сумасшествие, что я видела его во сне. Ты узнаешь все, все, мой друг! Но если его образ никогда не изгладится из моей памяти, если он, как неумолимая судьба, станет между мной и моим мужем?.. о! тогда молись вместе со мною, молись, чтоб я скорей переселилась туда, где сердце умеет только любить и где любовь не может быть преступлением!

Полина склонила голову на грудь больной, и слезы ее смешались с слезами доброй Оленьки, которая, обнимая сестру свою, повторяла:

– Да, да, мой друг! это был один сон! Забудь о нем, и ты будешь счастлива!

ЧАСТЬ ВТОРАЯ

ГЛАВА I

Двухэтажный дом Николая Степановича Ижорского, построенный по его плану, стоял на возвышенном месте, в конце обширного села, которое отделялось от деревни сестры его, Лидиной, небольшим лугом и узенькой речкою. Испещренный всеми возможными цветами китайской мостик, перегибаясь чрез речку, упирался в круглую готическую башню, которая служила заставою. Широкая липовая аллея шла от ворот башни до самого дома. Трудно было бы решить, к какому ордену архитектуры принадлежало это чудное здание: все роды древние и новейшие были в нем перемешаны, как языки при вавилонском столпотворении, Низенькие и толстые колонны, похожие на египетские, поддерживали греческой фронтон; четырехугольные готические башни, прилепленные ко всем углам дома, прорезаны были широкими итальянскими окнами; а из средины кровли подымалась высокая каланча, которую Ижорской называл своим бельведером. С одной стороны примыкал к дому обширный сад с оранжереями, мостиками, прудами, сюрпризами и фонтанами, в которые накачивали воду из двух колодцев, замаскированных деревьями. Внутренность дома не уступала в разнообразии наружности; но всего любопытнее был кабинет хозяина и его собрание редкостей. Вместе с золотыми, вышедшими из моды табакерками лежали резные берестовые тавлинки; подле серебряных старинных кубков стояли глиняные размалеванные горшки – под именем этрурских ваз; образчики всех руд, малахиты, сердолики, топазы и простые камни лежали рядом; подле чучел белого медведя и пеликана стояли чучелы обыкновенного кота и легавой собаки; за стеклом хранились челюсть слона, мамонтовые кости и лошадиное ребро, которое Ижорской называл человеческим и доказывал им справедливость мнения, что земля была некогда населена великанами. Посреди комнаты стояла большая электрическая машина; все стены были завешаны панцирями, бердышами, копьями и ружьями; а по выдавшемуся вперед карнизу расставлены рядышком чучелы: куликов, петухов, куропаток, галок, грачей и прочих весьма обыкновенных птиц. Глядя на эту коллекцию безвинных жертв, хозяин часто восклицал с гордостию: "Кому другому, а мне Бюффон не надобен. Вот он в лицах!"

Спустя два дня после описанного нами разговора двух сестер, часу в десятом утра, в доме Ижорского шла большая суматоха. Дворецкой бегал из комнаты в комнату, шумел, бранился и щедрой рукой раздавал тузы лакеям и дворовым женщинам, которые подметали пыль, натирали полы и мыли стекла во всем доме. Сам барин, в пунцовом атласном шлафроке, смотрел из окна своего кабинета, как целая барщина занималась уборкой сада. Везде усыпали дорожки, подстригали деревья, фонтаны били колодезною водою; одним словом, все доказывало, что хозяин ожидает к себе необыкновенного гостя. Несколько уже минут он морщился, смотря на работающих.

– Ну так и есть! – сказал он наконец с досадою, – я не вижу и половины мужиков! Эй, Трошка! беги скорей в сад, посмотри: всю ли барщину выгнали на работу?

Слуга, спеша исполнить данное ему приказание, бросился опрометью вон из дверей и чуть не сшиб с ног Сурского и Рославлева, которые входили в кабинет.

– А, любезные! милости просим! – закричал Ижорской. – Кстати пожаловали: вы мне пособите! Ум хорошо, а два лучше!

– Да что у тебя такое сегодня? – спросил Сурской.

– Как что? Я получил записку из города: сегодня обедает у меня губернатор.

– Вот что! Да ведь ты хотел принять его запросто?

– Эх, милый! ну, конечно, запросто; а угостить все-таки надобно. Ведь я не кто другой – не Ильменев же в самом деле! Ну что, Трошка?! – спросил он входящего слугу.

– Староста, сударь, выгнал в сад только половину барщины.

– Ах он мерзавец! Да как он смел? Вот я его проучу! Давай его сюда!.. Эка бестия! все умничает! Уж и на прошлой неделе он мне насолил; да счастлив, разбойник!.. Погода была так сыра, что электрическая машина вовсе не действовала.

– Электрическая машина! – повторил с удивлением Сурской.

– Да, братец! Я бить не люблю, и в наш век какой порядочной человек станет драться? У меня вот как провинился кто-нибудь – на машину! Завалил ему ударов пять, шесть, так впредь и будет умнее; оно и памятно и здорово. Чему ж ты смеешься, Сурской? конечно, здорово. Когда еще у меня не было больных и домового лекаря, так я от всех болезней лечил машиною.

– Смотри пожалуй!.. И, верно, многих вылечивал?

– Случалось, братец! Да вот, например, года два тому назад привели ко мне однажды Антона-скотника; взглянуть было жалко! Ревматизм, что ль, подагра ли – право, не знаю; только вовсе обезножил. Вот я навертел, навертел!.. время было сухое – машина так и трещит! Велел ему взяться за цепочку, благословился, да как щелк!.. Гляжу, мужик мой закачался. Я еще... он и с ног долой, Глядь-поглядь – ахти худо! язык отнялся, глаза закатились; ну умер, да и только! Другой бы испугался, а я так нет. Благодарю моего создателя – не сробел! Ну-ка его лежачего удар за ударом. Что ж, сударь? Очнулся! Да как вскочит, батюшка!.. Господи боже мой! откуда ноги взялись.

– Как! побежал?

– Да так, сударь, что и догнать не могли.

– Подлинно диковинка! – сказал Сурской. – И он совсем выздоровел?

– Как же, братец! Как рукой сняло! И теперь еще здоровехонек... А, голубчик! – закричал Ижорской, увидя входящего старосту. – Поди-ка сюда! Так-то ты выполняешь мои приказания? Отчего не вся барщина в саду?

– Виноват, батюшка! – отвечал староста, отвесив низкой поклон. – Я другую половину барщины выслал на вашу же господскую работу.

– На какую работу?

– На сенокос, батюшка!

– На сенокос!.. Нашел время косить, скотина! Ну вот, братец! – продолжал хозяин, обращаясь к Сурскому, – толкуй с этим народом! Ты думаешь о деле, а он косить. Сейчас выслать всю барщину в сад. Слышишь?

– Слушаю, батюшка! Только, воля ваша, если мы едак день за день...

– Прошу покорно!.. Ах ты, дуралей! Что ты, учить, что ль, меня вздумал?..

– Да не сердись на него, – перервал Сурской, – ведь он заботится о твоей же пользе.

– Не его дело рассуждать, в чем моя польза. Ну, что стоишь? Пошел!

Староста, поклонясь в пояс, вышел из комнаты.

– Да что ж, я не дождусь лекаря? – продолжал Ижорской. – Трошка! ступай скажи ему, что я его два часа уж дожидаюсь... А вот и он... Помилуй, батюшка, Сергей Иванович! Тебя не дозовешься.

– Извините! – сказал лекарь, поклонясь Сурскому и Рославлеву, – я позамешкался: осматривал больницу.

– Я за этим-то тебя и спрашивал. Ну что, все ли в порядке?

– Кажется, все.

– Ну, то-то же! О моей больнице много толков было в губернии. Смотри, чтоб нам при его превосходительстве себя лицом в грязь не ударить. Все ли расставлено в порядок и пробрано в аптеке?

– Точно так же, как и всегда, Николай Степанович!

– Как и всегда! Ну, так и есть – я знал! Эх, братец! Ведь я тебе толком говорил: сегодня будет губернатор, так надобно... ну знаешь, любезный!.. товар лицом показать.

– Я вам докладываю, что все в порядке.

– А в больнице? – Окна и полы вымыты, белье чистое...

– А прибиты ли дощечки с надписями ко всем отделениям?

– Хоть это бы и не нужно: у нас больница всего на десять кроватей; но так как вам это угодно, то я прибил местах в трех надписи.

– На латинском языке?

– На латинском и русском.

– Хорошо, братец, хорошо! А сколько у нас больных?

– Теперь ни одного.

– Как ни одного? – вскричал с ужасом Ижорской.

– Да, сударь! Третьего дня я выписал последнего больного – Илюшку-кучера.

– Зачем?

– Он выздоровел.

55

– Да кто тебе сказал, что он выздоровел? с чего ты взял?.. Взможно ли – ни одного больного! Ну вот, господа, заводи больницы!.. ни одного больного!

– Так что ж, мой друг? – сказал Сурской.

– Как что ж? Да слышишь: ни одного больного! Что ж, я буду комнаты одни показывать? Ну, батюшка, Сергей Иванович! дай бог вам здоровья, потеши-ли меня... ни одного больного!

– Помилуйте! что ж мне делать?

– Что делать? А позвольте вас спросить: за что я плачу вам жалованье? Вы получаете тысячу рублей в год, квартиру, стол, экипаж – и ни одного больного! Что это за порядок? На что это походит? Эх! правду говорит сестра: вот вам и русской доктор – ни одного больного! Ах, боже мой! Боже мой! Ну, батюшка, спасибо вам – поднесли мне красное яичко, – ни одного больного! Да, кончено, господин русской доктор, кончено! Во что б ни стало заведу немца... да, сударь, немца! У него будут больные! Господи боже мой! ни одного больного!.. Смейтесь, господа, смейтесь. Вам что за горе! Не вы станете показывать больницу губернатору.

– А что, Рославлев, – сказал шутя Сурской, – не выкупить ли нам его из беды! Прикинемся-ка больными!

– Эх, братец, что за шутки!

– Какие шутки? Ведь губернатор не станет больных осматривать, только бы постели-то не были пусты.

– А что ты думаешь, любезный! Постой-ка... в самом деле!.. Эй, Трошка! Дворецкого, проворней!

– Что вы хотите делать? – спросил Рославлев.

– Постой, братец, постой!.. авось как-нибудь... Что в самом деле? Не велика фигура полежать денек.

– Как?.. вы хотите?..

– Эх, братец, не мешай! Добро, так и быть! ступай домой, Сергей Иванович; да смотри, чтоб вперед этого не было. Теперь у нас будут и без тебя больные. Слушай, Парфен! – продолжал Ижорской, идя навстречу к дворецкому, – у нас теперь в больнице нет никого больных...

– Да, сударь, слава богу!

– Врешь, дурак! осел! слава богу!.. Что, я губернатору-то пустые стены стану показывать? Мне надобно больных – слышишь?

– Слушаю, сударь! Да где ж я их возьму?

– И знать не хочу – чтоб были!

– Слушаю, сударь!

– Да постой-ка, Парфен! Ты что-то больно изменился в лице, – уж здоров ли ты?

– Слава богу-с!

– То-то, смотри, запускать не надобно; видишь, как у тебя глаза ввалились. Эх, Парфен! ты точно разнемогаешься. Не полечиться ли, брат?

– Нет уж, батюшка, Николай Степанович, помилуйте! Авось в дворне и без меня найдутся хворые.

– Да как не быть. Ступай же проворнее.

– А на всякий случай, что прикажете, если охотников не найдется?

– Ну, что тут спрашивать, дурачина! Вышел на улицу, да и хватай первого, кто попадется: в больницу, да и все тут! Что в самом деле, барин я или нет?

– Слушаю, сударь! Да не прикажете ли лучше нарядить с семьи по брату?

– И то дело! Смотри, отбери тех, которые поще-душнее: Правда, в отделение водяной болезни надобно кого-нибудь потолще да подюжее!..

– Позвольте! Я уговорю нашего пономаря: ведь он распретолстый-толстый; а рожа-то так и расплылась.

– В самом деле, уговори его, братец.

– Дать ему рубли полтора, так он целые сутки пролежит как убитый.

– Брось ему целковый. Да нет ли у тебя на примете кого-нибудь этак похуже, чтоб, знаешь, годился для чахотного отделения?

– Похуже?.. Постойте-ка, сударь! Да чего ж лучше? Сапожник Андрюшка. Сухарь! Уж худощавее его не найдешь во всем селе: одни кости да кожа.

– Точно, точно! Ай да Парфен! спасибо, брат! Ну, ступай же поскорей. Двое больных есть, а остальных подберешь. Да строго накажи им, как придут осматривать больницу, чтоб все лежали смирно.

– Слушаю, сударь!

– Не шевелились, колпаков не снимали и погромче охали.

– Слушаю, сударь!

– Ну, ступай! Ты смеешься, Сурской. Я и сам знаю, что смешно: да что ж делать? Ведь надобно ж чем-нибудь похвастаться. У соседа Буркина конный завод не хуже моего: у княгини Зориной оранжереи больше моих; а есть ли у кого больница? Ну-тка, приятель, скажи? К тому ж это и в моде... Нет, не в моде...

– Вы хотите сказать: в духе времени, – перервал Рославлев.

– Да, в духе времени. Это уж, братец, не экономическое заведение, а как бишь, постой...

– Человеколюбивое, – сказал Сурской.

– Да, да! человеколюбивое! а эти заведения нынче в ходу, любезный. Почему знать?.. От губернатора пойдет и выше, а там... Да что загадывать; что будет, то и будет... Ну, теперь рассуди милостиво! Если б я стал показывать пустую больницу, кого бы удивил? Ведь дом всякой выстроить может, а надпись сделать не фигура.

– Да у тебя, как я вижу, большие планы, любезный! – сказал с улыбкою Сурской. – Ты хочешь прослыть филантропом.

– Полно, брат! по-латыни-та говорить! Не об этом речь: я слыву хлебосолом, и надобно сегодня поддержать мою славу. Да что наши дамы не едут? Я разослал ко всем соседям приглашения: того и гляди, станут наезжать гости; одному мне не управиться, так сестра бы у меня похозяйничала. А уж на будущей неделе я стал бы у нее хозяйничать, – прибавил Ижорской, потрепав по плечу Рославлева. – Что, брат, дождался, наконец? Ведь свадьба твоя решительно в воскресенье?

– Да, Полина согласилась не откладывать далее моего счастия.

– Порядком же она тебя помаяла. Да и ты, брат! – не погневайся – зевака. Известное дело, невеста сама наскажет: пора-де под венец! Повернул бы покруче, так дело давно бы было в шляпе. Да вот, никак, они едут. Ну что стоишь, Владимир? Ступай, братец! вынимай из кареты свою невесту.

Хотя здоровье Оленьки не совсем еще поправилось, но она выходила уже из комнаты, и потому Лидина приехала к Ижорскому с обеими дочерьми. При первом взгляде на свою невесту Рославлев заметил, что она очень расстроена.

– Что с вами сделалось, Полина? – спросил он. – Здоровы ли вы?

– C'est une folle![40] – сказала Лидина. – Представьте себе, я сейчас получила письмо из Москвы от кузины; она пишет ко мне, что говорят о войне с французами. И как вы думаете? ей пришло в голову, что вы пойдёте опять в военную службу. Успокойте ее, бога ради!

– Я надеюсь, – отвечал Рославлев, – что Наполеон не решится идти в Россию; и в таком случае даю вам честное слово, что не надену опять мундира.

– А если он решится на это?

– Тогда эта война сделается народною, и каждый русской обязан будет защищать свое отечество. Ваша собственная безопасность...

– О, обо мне не беспокойтесь! Мы уедем в наши тамбовские деревни. Россия велика; а сверх того, разве Наполеон не был в Германии и Италии? Войска дерутся, а жителям какое до этого дело? Неужели мы будем перенимать у этих варваров – испанцев?

– Но наша национальная честь, сударыня... наша слава?

– И полноте! Вы и в каком случае не пойдете в военную службу.

– Даже и тогда, когда вся Россия вооружится?

– Даже и тогда. Послушайте! Если вы хотите жениться на будущей неделе, то и не думайте о службе; в противном случае оставайтесь женихом до окончания войны. Я не хочу, чтоб Полина рисковала сделаться вдовою или, что еще хуже, чтоб муж ее воротился без руки или ноги... Но вот брат; перестанемте говорить об этом. Вы знаете теперь, чего я требую, и будьте уверены, что ни за что не переменю моего решения. Quelle folie![41] Во Франции женятся для того, чтоб не попасть в конскрипты (рекруты.), а вы накануне вашей свадьбы хотите идти в военную службу.

– Насилу ты, сестра, приехала! – закричал Ижорской, идя навстречу к Лидиной. – Ступай, матушка, в гостиную хозяйничать, вон кто-то уж едет.

– Что за экипаж! – сказала Лидина. – Неужели это карета?

– Не погневайтесь, сударыня! домашней работы. Это едет Ладушкин. – Ах, боже мой!.. и в восемь лошадей!

– Разумеется, он человек расчетливый: ведь они будут целый день на чужом корму.

– А это кто? посмотрите справой стороны – как будто б в дилижансе?

– Это катит в своей восьмиместной линее княгиня Зорина со всем семейством.

– Какой ридикюльный[42] экипаж!

– Не щеголеват, да покоен, матушка. А вон, никак, летит на удалой тройке сосед Буркин. Экие кони!.. Ну, нечего сказать, славный завод! И откуда, разбойник, достал маток? Все чистой арабской породы! Вот еще кто-то... однако мне пора приодеться; а вы, барыни, ступайте-ка в гостиную да принимайте гостей.

---

[40] Это сумасшедшая! (фр.)

[41] Какое безумие! (фр.)

[42] смешной от (фр.) ridicule.

Рославлев взял под руку Сурского и, отведя его к стороне, рассказал ему свой разговор с Лидиной.

– Что ж ты намерен делать? – спросил Сурской, помолчав несколько времени.

– А что сделаете вы, если у нас будет народная война?

– Я не жених, мой друг! Мое положение совершенно не сходно с твоим.

– Однако ж что вы сделаете?

– Сниму со стены мою заржавленную саблю и пойду драться.

– И после этого вы можете меня спрашивать!.. Когда вы, прослужив сорок лет с честию, отдав вполне свой долг отечеству, готовы снова приняться за оружие, то может ли молодой человек, как я, оставаться простым зрителем этой отчаянной и, может быть, последней борьбы русских с целой Европою? Нет, Федор Андреевич, если б я навсегда должен был отказаться от Полины, то и тогда пошел бы служить; а постарался бы только, чтоб меня убили на первом сражении.

– Я не сомневался в этом, – сказал Сурской, пожав руку Рославлеву. – Да, мой друг! всякая частная любовь должна умолкнуть перед этой общей и священной любовью к отечеству!

– Но, может быть, это одни пустые слухи, и войны не будет.

– Нет, мой друг! – сказал Сурской, покачав сомнительно головою, – мы дошли до такого положения, что даже не должны желать мира. Наполеон не может иметь друзей: ему нужны одни рабы; а благодаря бога наш царь не захочет быть ничьим рабом; он чувствует собственное свое достоинство и не посрамит чести великой нации, которая при первом его слове двинется вся навстречу врагам. У нас нет крепостей, но русские груди стоят их. Я также получил письмо из Москвы, и хотя война еще не объявлена, а вряд ли уже мы не деремся с французами.

Широкоплечий, вершков десяти ростом, господин в коричневом длинном фраке, из кармана которого торчал чубук с янтарным мундштуком, войдя в комнату, перервал разговор наших приятелей.

– Здравствуйте, батюшка Федор Андреевич! – заревел он толстым басом. – Бог вам судья! Я неделю провалялся в постеле, а вы, нет чтоб проведать, жив ли, дискать, мой сосед Буркин.

– Я, право, не знал, чтобы вы были нездоровы, – сказал Сурской.

– Да, сударь, чуть было не прыгнул в Елисейские. Вы знаете моего персидского жеребца, Султана? Я стал показывать конюху, как его выводить, – черт знает что с ним сделалось! Заиграл, да как хлыст меня под самое дыханье! Поверите ль, света божьего невзвидел! Как меня подняли, как раздели, как Сенька-коновал пустил мне кровь, ничего не помню! Насилу на другой день очнулся.

– Напрасно вы так неосторожны.

– И, батюшка, на грех мастера нет! Как убережешься? Да вот спросите Владимира Сергеевича: он был кавалеристом, так знает, как обращаться с лошадьми, а верно, и его бивали – нельзя без этого. Да кстати, Владимир Сергеевич!.. взгляните-ка на мою тройку; ведь вы знаток.

– Позвольте мне после ею полюбоваться. Хозяин просил меня принимать гостей, а вот, кажется, приехал Ладушкин.

– И ее сиятельство княгиня Зорина. За версту узнаю ее шестерню. Охота же кормить овсом таких одров! Эки клячи – одна другой хуже!

Часа через два весь двор Николая Степановича Ижорского наполнился дормезами[43], откидными кибиточками, линеями, таратайками и каретами, из которых многие, по древности своей, могли бы служить украшением собранию редкостей хозяина. В ожидании обеда дамы чиннехонько сидели на канапе в гостиной, разговаривали меж собою вполголоса, бранили отсутствующих и, стараясь перенимать парижские манеры Лидиной, потихоньку насмехались над нею. Барышни прогуливались по саду; одни говорили о новых московских модах, другие расспрашивали Полину и Оленьку о Франции и, желая показать себя перед парижанками, коверкали без милосердия несчастный французской язык. В числе этих гостей первое место занимали две институтки, милые, образованные девицы, с которыми Лидины были очень дружны, и княжны Зорины, три взрослые невесты, страстные любительницы изящных художеств. Старшая не могла говорить без восторга о живописи, потому что сама копировала головки en pastel[44]; средняя, приходила почти в исступление при имени Моцарта, потому что разыгрывала на фортепианах его увертюры; а меньшая, которой удалось взять три урока у знаменитой певицы Мары, до того была чувствительна к собственному своему голосу, что не могла никогда промяукать до конца "ombra a dorata"[45] без того, чтоб с ней не сделалось дурно. Эти три сестры, кото-рых и в стихах нельзя было назвать тремя грациями, прогуливались вместе и поодаль от других. Сделав несколько замечаний насчет украшений сада, посмеясь над деревянным раскрашенным китайцем, который с огромным зонтиком стоял посреди одной куртины, и над алебастровой коровою, которая паслась на небольшом лугу, они сели на скамейку против террасы дома, уставленной померанцевыми деревьями. В эту самую минуту сошел с нее Рославлев.

– Как смешон этот жених! – сказала средняя сестра. – Он только и видит свою невесту. Неужели он в самом деле влюблен в нее? Какой странный вкус!

– Il est pourtant bel homme![46]– возразила старшая. – Посмотрите, какой греческий профиль, какая правильная фигура, как все позы его грациозны!..

– Да, он недурен собою, – прибавила меньшая княжна. – Заметили ль, какой у него густой и приятный орган? Я уверена, у него должен быть или бас, или баритон, и если он поет "ombra adorata"...

– Я слышала, что он играет хорошо на скрипке, – перервала средняя, – и признаюсь, желала бы испытать, может ли он аккомпанировать музыку Моцарта.

– У него тысяча душ, – сказала старшая.

– Et il est maitre de sa fortune![47]– прибавила средняя.

– Для чего маменька не пригласит его на наши музыкальные вечера? – примолвила меньшая. – Ему должно быть здесь очень скучно.

– Разумеется, – подхватила старшая. – Эта Лидина нагонит на всякого тоску своим Парижем; брат ее так глуп! Оленька хорошая хозяйка, и больше ничего; Полина...

– О, Полина должна быть для него божеством! – перервала меньшая.

---

[43] доряжными каретами (фр.)

[44] пастелью (фр.)

[45] "возлюбленная тень" (ит.)

[46] Он, однако, красивый мужчина! (фр.)

[47] И он хозяин своего состояния! (фр.)

– Не верю, – продолжала старшая, – его завели, и что тут удивительного? В деревне, каждый день вместе...

– Конечно, конечно, – подхватила меньшая. – Ах, как чудна маменька! Почему она не хочет знакомиться с своими соседями?

– Посмотрите, – шепнула старшая, – он на нас глядит. – Бедняжка! не смеет подойти. О! да эта сантиментальная Полина преревнивая!

– И пренесносная! Вечно грустит, а бог знает о чем?

– Хочет казаться интересною.

– Ах, боже мой, вот еще какие претензии!

Совсем другого рода шли разговоры в столовой, где мужчины толпились вокруг сытного завтрака. Буркин, выпив четвертую рюмку зорной водки, рассказывал со всеми подробностями, как персидской жеребец отшиб у него память. Ладушкин, Ильменев и несколько других второстепенных помещиков молча трудились кругом жирного окорока и доканчивали вторую бутылку мадеры. В одном углу Сурской говорил с дворянским предводителем о политике; в другом – несколько страстных псовых охотников разговаривали об отъезжих полях, хвастались друг перед другом подвигами своих борзых собак и лгали без всякого зазрения совести. Но хозяину было не до разговоров: он горел как на огне; давно уже пробило два часа, а губернатор не ехал; вот кукушка в лакейской прокуковала три раза; вот, наконец, в столовой часы с курантами проиграли "выду я на реченьку" и колокольчик прозвенел четыре раза, а об губернаторе и слуха не было.

– Что ж это в самом деле? – сказал хозяин, когда еще прошло полчаса, – его превосходительство шутит, что ль? Ведь я не навязывался к нему с моим обедом.

– Николай Степанович! – сказал дворецкой, войдя торопливо в столовую, – кто-то скачет по большой дороге.

– Слава тебе господи, насилу! Скорей кушать! Да готовы ли музыканты? Лишь только губернатор из кареты, тотчас и начинать "гром победы раздавайся!". Иль нет... лучше марш...

– Да это едет кто-то в тележке, сударь, а не в карете.

– Как в тележке? Э, дурак! что ж ты прибежал как шальной!.. Так это не губернатор... постой-ка... кажется... так и есть – наш исправник. Проси его скорей сюда: он, верно, прислан от его превосходительства.

Через минуту вошел небольшого роста мужчина с огромными рыжими бакенбардами, в губернском мундире военного покроя, подпоясанный широкой портупеею, к которой прицеплена была сабля с серебряным темляком. Не кланяясь никому, он подошел прямо к хозяину и сказал:

– Его превосходительство изволил прислать меня...

– Ну что, Иван Пахомыч, – перервал Ижорской, – скоро ли он будет?

– Его превосходительство изволил прислать меня...

– Да говори скорей, едет он или нет?

– Сейчас доложу. Его превосходительство изволил прислать меня уведомить вас, что он, по встретившимся обстоятельствам...

– Не может у меня обедать?

– Позвольте!.. Его превосходительство изволил прислать меня...

– Да тьфу, пропасть! говори без околичностей, будет он или нет?

– Сейчас... Изволил прислать меня, уведомить вас, что по встретившимся обстоятельствам он не может сегодня у вас кушать.

– Отчего?.. Почему?..

– Он получил сейчас важные депеши и отправился немедля в губернский город.

– Как! не пообедавши?

– Точно так-с.

– Ай, ай, ай! что такое?.. Видно, дело не шуточное?

Исправник пожал плечами, наморщил лоб и, погладив с важностию свои бакенбарды, сказал протяжно и значительным голосом: "Да-с". Все гости с приметным любопытством окружили исправника.

– Не знаете ли вы, что такое? – спросил Сурской.

– Формально доложить не могу, – отвечал исправник, – а кажется, большая экстра.

– Да когда он получил эти бумаги? – спросил предводитель.

– Аккурат в три часа.

– И вам неизвестно их содержание?

– Почему ж мне знать-с? – отвечал исправник с улыбкою, которая доказывала совершенно противное.

– Полно, любезный, секретничать!.. – заревел Буркин. – Как тебе не знать? Ты детина пролаз – все знаешь.

– Помилуйте-с! наше дело исполнять предписания вышняго начальства, а в государственные дела мы не мешаемся. Конечно, секретарь его превосходительства мне с руки; но, осмелюсь доложить, если б я что-нибудь и знал, то и в таком случае служба... долг присяги...

– Что вы с ним хлопочете, господа? – перервал Ижорской. – Я знаю этого молодца: натощак от него толку не добьешься. Пойдемте-ка обедать, авось за рюмкою шампанского он выболтает нам свою государственную тайну. Эй, малый! ступай в сад, проси барышень к столу. Водки! Господа, милости просим!

Хозяин повел княгиню Зорину; прочие мужчины повели также дам к столу, который был накрыт в длинной галерее, увешанной картинами знаменитых живописцев, – так, по крайней мере, уверял хозяин, и большая часть соседей верили ему на честное слово; а некоторые знатоки, в том числе княжны Зорины, не смели сомневаться в этом, потому что на всех рамах написаны были четкими буквами имена: Греза, Ван-дика, Рембрандта, Албана, Корреджия, Салватор Розы и других известных художников. Гости сели; оркестр грянул "гром победы раздавайся!" – и две огромные кулебяки развлекли на несколько минут внимание гостей, устремленное на великолепное зеркальное плато, края которого были уставлены фарфоровыми китайскими куклами, а средина занята горкою, слепленною из раковин и изрытою небольшими впадинами; в каждой из них поставлен был или фарфоровый пастушок в французском кафтане; с флейтою в руках, или пастушка в фижмах, с овечкою у ног. Многим из гостей чрезвычайно понравился этот образчик Швейцарии; но появление янтарной ухи из аршинной стерляди, а вслед за ней двухаршинного осетра под соусом сосредоточило на себе все удивление пирующих. Деревенские гастрономы ахнули. Отрывок альпийской горы, зеркальное море, саксонские куклы, китайские уродцы – все было забыто;

разговоры прекратились, и тихой ангел приосенил своими крыльями все общество.

Пользуясь правом жениха, Рославлев сидел за столом подле своей невесты; он мог говорить с нею свободно, не опасаясь нескромного любопытства соседей, потому что с одной стороны подле них сидел Сурской, а с другой Оленька. В то время как все, или почти все, заняты были едою, этим важным и едва ли ни главнейшим делом большей части деревенских помещиков, Рославлев спросил Полину: согласна ли она с мнением своей матери, что он не должен ни в каком случае вступать снова в военную службу?

– Вы знаете, чего от вас требует маменька, – отвечала Полина.

– Но я желал бы также знать, что думаете вы?

– Я обязана ей повиноваться.

– Но скажите, что должен я делать?

– Вам ли меня об этом спрашивать, Волдемар! Что могу сказать я, когда собственное сердце ваше молчит?

– Итак, я должен оставаться хладнокровным свидетелем ужасных бедствий, которые грозят нашему отечеству; должен жить спокойно в то время, когда кровь всех русских будет литься не за славу, не за величие, но за существование нашей родины; когда, может быть, отец станет сражаться рядом с своим сыном и дед умирать подле своего внука. Нет, Полина! или я совсем вас не знаю, или любовь ваша должна превратиться в презрение к человеку, который в эту решительную минуту будет думать только о собственном своем счастии и о личной своей безопасности.

– Но зачем тревожить себя заранее этой мыслию? – сказала Полина после короткого молчания. – Быть может, это одни пустые слухи.

– Может быть! Но по всему кажется, что эта война неизбежна.

– Война! – повторила Полина, покачав печально головою. – Ах! когда люди станут думать, что они все братья, что слава, честь, лавры, все эти пустые слова не стоят и одной капли человеческой крови. Война! Боже мой!.. И, верно, эта война будет самая бесчеловечная?..

– О! что касается до этого, – отвечал Рославлев, – то французы должны пенять на самих себя: они заставили себя ненавидеть, а ненависть не знает сострадания и жалости. Испанцы доказали это.

– Но неужели и русские так же, как испанцы, не станут щадить никого?.. Будут резать беззащитных пленных? – спросила с приметным беспокойством Полина.

– Кто может предузнать, – отвечал Рославлев, – до чего дойдет ожесточение русских, когда в глазах народа убийство и мщение превратятся в добродетели, и всякое сожаление к французам будет казаться предательством и изменою. Когда война становится национальною, то все права народные теряют свою силу. Стараться истреблять всеми способами неприятеля, убивать до тех пор, пока не убьют самого, – вот в чем состоит народная война и вот чего добиваются Наполеон и его французы. Переступив однажды за нашу границу, они не должны уже и думать о мире. Да, Полина, в этой войне средины быть не может; они должны или превратить всю Россию в обширное кладбище, или все погибнуть.

Полина побледнела.

– Это ужасно! – сказала она. – Несчастные! но виноваты ли они?.. Все погибнут!.. Боже мой!.. Если...

Оленька схватила за руку сестру свою; она замолчала, опустила глаза книзу, и бледные щеки ее запылали.

– Э, племянничек! – закричал Ижорской, – говорить-то с невестою можно, а есть все-таки надобно. Что ж ты, Поленька! ведь этак жених твой умрет голодной смертью. Да возьми, братец! ведь это дупельшнепы! Эй, шампанского! Здоровье его превосходительства, нашего гражданского губернатора. Туш! Трубачи протрубили, шампанское обнесли.

– Здоровье хозяина! – закричал Буркин, и снова затрещало в ушах у бедных дам.

Трубачи дули, мужчины пили; и как дело дошло до домашних наливок, то разговоры сделались до того шумны, что почти никто уже не понимал друг друга. Наконец, когда обнесли двенадцатую тарелку с сахарным вареньем, хозяин привстал и, совершенно уверенный, что говорит неправду, сказал:

– Не осудите, дорогие гости, если встаете голодные из-за стола, не прогневайтесь! Чем богаты, тем и рады!

Все поднялись в одно время. Мужчины отвели прежним порядком дам в гостиную; а сами, выпив по чашке кофе, отправились вместе с хозяином осматривать его оранжереи, конский завод, псарню и больницу.

ГЛАВА II

Сурской и Рославлев, обойдя с другими гостьми все оранжереи и не желая осматривать прочие заведения хозяина, остались в саду. Пройдя несколько времени молча по крытой липовой аллее, Сурской заметил наконец Рославлеву, что он вовсе не походит на жениха.

– Ты так грустен и задумчив, – сказал он, – что как будто бы в самом деле должен сегодня же, и навсегда, расстаться с твоей невестою.

– Почему знать? – отвечал со вздохом Рославлев, – По крайней мере, я почти уверен, что долго еще не буду ее мужем. Скажите, могу ли я обещать, что не пойду служить даже и тогда, когда французы внесут войну в сердце России?

– Нет, не можешь; но почему ты уверен, что Наполеон решится...

– На что не решится этот баловень фортуны, этот надменный завоеватель, ослепленный собственной своей славою? Куда ни пойдут за ним французы, привыкшие видеть в нем свое второе провидение? Французы!.. Я знаю человека, которого ненависть к французам казалась мне отвратительною: теперь я начинаю понимать его.

– Не верю, мой друг! ты это говоришь в минуту досады. Просвещенный человек и христианин не должен и не может ненавидеть никого. Как русской, ты станешь драться до последней капли крови с врагами нашего отечества, как верноподданный – умрешь, защищая своего государя; но если безоружный неприятель будет иметь нужду в твоей помощи, то кто бы он ни был, он, верно, найдет в тебе человека, для которого сострадание никогда не было чуждой добродетелью. Простой народ почти везде одинаков; но французы называют нас всех варварами. Постараемся же доказать им не фразами – на словах они нас загоняют, – а на самом деле, что они ошибаются.

– Но можно ли смотреть хладнокровно на эту нацию?..

– Можно, мой друг, тому, кто знает ее больше, чем ты. Во-первых, тот, кто не был сам во Франции, едва ли имеет право судить о французах. Никто не может быть милее, любезнее, вежливее француза, когда он дома; но лишь только он переступил за границу своего отечества, то становится совершенно другим человеком. Он смотрит на все с презрением; все то, что не походит на обычаи и нравы его родины, кажется ему варварством, невежеством и безвкусием. Но и в этом смешном желании уверять весь мир, что в одной только Франции могут жить порядочные люди, я вижу чувство благородное. Известное слово одного француза, который на вопрос, какой он нации, отвечал, что имеет честь быть французом, – не самохвальство, а самое истинное выражение чувств каждого из его соотечественников; и если это порок, то, признаюсь, от всей души желаю, чтоб многие из нас, рабски перенимая все иностранные моды и обычаи, заразились бы наконец и этим иноземным пороком.

– Но согласитесь, что чванство, самонадеянность и гордость французов невыносимы.

– Что ж делать, мой друг? Все народы имеют свои национальные слабости; и если говорить правду, то подчас наша скромность, право, не лучше французского самохвальства. Они потеряют сражение, и каждый из них будет стараться уверить и других и самого себя, что оно не проиграно; нам удастся разбить неприятеля, и тот же час найдутся охотники доказывать, что мы или не остались победителями, или, по крайней мере, победа наша весьма сомнительна. Да вот, например, если у нас будет война и бог поможет нам не только отразить, но истребить французскую армию, если из этого ополчения всей Европы уцелеют только несколько тысяч... Но что я говорю? если одна только рота французских солдат выйдет из России, то и тогда французы станут говорить и печатать, что эта горсть бесстрашных, этот священный легион не бежал, а спокойно отступил на зимние квартиры и что во время бессмертной своей ретирады[48] беспрестанно бил большую русскую армию; и нет сомнения, что в этом хвастовстве им помогут русские, которые станут повторять вслед за ними, что климат, недостаток, стечение различных обстоятельств, одним словом, все, выключая русских штыков, заставило отступить французскую армию.

– Перестаньте! Я не хочу верить, чтоб нашлись между русскими такие презрительные, низкие души...

– Но эти же самые русские, мой друг, станут драться, как львы, защищая свою родину. Все это в порядке вещей, и мы не должны сердиться ни на французов за их хвастовство, ни на русских за их несправедливость к самим себе. Беспрерывный ряд побед, двадцать пять лет колоссальной славы... о мой друг! от этого закружатся и не французские головы! А мы... нас также можно извинить. Вот изволишь видеть: по мнению моему, история просвещения всех народов разделяется на три

---

[48] отступления (фр.)

эпохи. В первую, то есть эпоху варварства, мы не только чуждаемся всех иностранцев, но даже презираем их. Иноземец, в глазах наших, почти не человек; он должен считать за милость, если мы дозволяем ему жить между нами и обогащать нас своими познаниями. Мало-помалу, привыкая думать, что эти пришлецы созданы так же, как и мы, по образу и по подобию божию, мы постепенно доходим до того, что начинаем перенимать не только их познания, но даже и обычаи; и тогда наступает для нас вторая эпоха. Презрение к иностранцам превращается в безусловное уважение; мы видим в каждом из них своего учителя и наставника; все чужеземное кажется нам прекрасным, все свое – дурным. Мы думаем, что только одно рабское подражание может нас сблизить с просвещенными народами, и если в это время между нас родится гений, то не мы, а разве иностранцы отдадут ему справедливость: это эпоха полупросвещения. Наконец, век скороспелок и обезьянства проходит. Плод многих годов, бесчисленных опытов – прекрасный плод не награжденных ни славою, ни почестьми бескорыстных трудов великих гениев – созревает; истинное просвещение разливается по всей стране; мы не презираем и не боготворим иностранцев; мы сравнялись с ними; не желаем уже знать кое-как все, а стараемся изучить хорошо то, что знаем; народный характер и физиономия образуются, мы начинаем любить свой язык, уважать отечественные таланты и дорожить своей национальной славою. Это третья и последняя эпоха народного просвещения. Для большей части русских первая, кажется, миновалась; но последняя, по крайней мере для многих, еще не наступила.

– Но разве это может служить оправданием для тех, которые злословят свое отечество?

– А как же, мой друг? Беспристрастие есть добродетель людей истинно просвещенных; и вот почему некоторые русские, желающие казаться просвещенными, стараются всячески унижать все отечественное, и чтоб доказать свое европейское беспристрастие, готовы спорить с иностранцем, если он вздумает похвалить что-нибудь русское. Конечно, для чести нашей нации не мешало бы этих господ, как запрещенный товар, не выпускать за границу; но сердиться на них не должно. Они срамят себя в глазах иностранцев и позорят свою родину не потому, что не любят ее, а для того только, чтоб казаться беспристрастными и, следовательно, просвещенными людьми. Вот, с месяц тому назад я был вместе с соседом нашим Ильменевым у Волгиных, которые на несколько недель приезжали в свою деревню из Москвы; с первого взгляда мне очень понравился их единственный сын, ребенок лет двенадцати, – и подлинно необыкновенный ум и доброта отпечатаны на его миловидном лице; но чрез несколько минут это первое впечатление уступило место чувству совершенно противному. Этот мальчишка умничал, мешался преважно в разговоры, находил, что в деревне все дурно, что мужики так глупы, и, желая казаться совершенным человеком, так часто кричал и шумел на людей без всякой причины, подражая своему папеньке, который иногда журил их за дело, что под конец мне стало гадко на него смотреть. Я сказал об этом Ильменеву, который отвечал мне весьма хладнокровно: "И, сударь, что еще на нем взыскивать: глупенек, батюшка, – дитя! как подрастет, так поумнеет". Как ты думаешь, Рославлев? не лучше ли и нам не сердиться на наших полупросвещенных умниц, а говорить про себя: "Что еще на них взыскивать –

дети! как подрастут, так поумнеют!" Но вот, кажется, идет хозяин. Что такое? Посмотри-ка, на нем лица нет. Что с тобой сделалось, мой друг? – продолжал Сурской, идя к нему навстречу.

– Что сделалось? – повторил глухим голосом Ижорской. – Ничего... Осрамили, зарезали, живого в гроб положили, вот и все!..

– Как?

– Да так... Ух, батюшки!.. Дайте дух перевести!.. Дурачье! животные! разбойники!..

– Ты пугаешь меня. Да что сделалось?

– Безделица!.. Все труды, заботы, расходы, все пошло к черту!.. Да уж я же его! И что он за доктор?.. Цирюльник!.. Нынче же с двора долой!

– Ага! так дело идет о твоей больнице.

– О больнице? О какой больнице? У меня нет больницы!.. Завтра же велю сломать эту проклятую больницу, чтоб и праху ее не осталось.

– Помилуйте! за что такой гнев?

– Что, братец, сняли голову с плеч, да и только. Представь себе: я повел гостей осматривать мои заведения; дело дошло и до больницы. Вот вошли сначала в аптеку; гости ахнули!.. что за порядок!.. банка к банке, склянка к склянке – ну любо-дорого смотреть! Предводитель так и рассыпался: и благодетель-то я нашего уезда, и просвещенный помещик, и какую честь делает всей губернии это заведение, и прочее. Я кланяюсь, благодарю и думаю про себя: "Погоди, приятель! как взглянешь на больницу, так не то еще заговоришь". Вот вошли; коридор чистый, светлый, нечего сказать – славно! "Отделение хронических болезней! – прокричал лекарь. – Камера нумер первый – водяная болезнь". Растворяю дверь – глядь на постелю: ахти!.. так меня и обдало морозом – тщедушный Андрюшка-сухарь! Я поскорей вон да в другие двери. Предводитель читает надпись: "Камера вторая – чахотка". Вхожу; все за мной. Ну!!! ноги подкосились! Боже мой!.. толстый пономарь!.. "Давно ли у тебя чахотка?" – спросил, улыбаясь, предводитель. "Около года, сударь!" – отвечал пономарь. "Оно и заметно – заревел дурачина Буркин. – Смотри-ка, сердечный, как ты зачах!" Зачах!.. а рожа-то у него, братец, с пивной котел! Предводитель прыснул, гости померли со смеху, а я уж и сам не помню, как бросился вон из дверей, как ударился лбом о притолку, как наткнулся теперь на вас – ничего не знаю!

– Помилуй, братец, что ж это за беда?

– Как что за беда? Да как мне теперь глаза показать?.. Ну если догадаются?..

– И, мой друг, кому придет в голову, что у тебя больные по наряду? Перемешали надписи, вот и все тут.

– Так ты думаешь, что я могу сказать?..

– Разумеется. Долго ли вместо одной дощечки прибить другую. Да вот, кстати, все гости идут сюда; ступай к ним навстречу, скажи, что это ошибка, и, чтоб они перестали смеяться, начни хохотать громче их.

Ижорской, успокоенный этими словами, пошел навстречу к гостям и, поговоря с ними, повел их в большую китайскую беседку, в которой приготовлены были трубки и пунш. Один только исправник отделился от толпы и, подойдя к Рославлеву, сказал:

– Извините, Владимир Сергеевич, совсем из ума вон. Ведь у меня есть к вам письмо.

– От кого? – спросил Рославлев.

– Не могу доложить. Оно пришло по почте. Я знал, что найду вас здесь, так захватил его с собою. Вот оно.

– От Зарецкого! – вскричал Рославлев, взглянув на адрес. – Как я рад!

Исправник отправился вслед за другими гостями в беседку, а Рославлев, распечатав письмо, начал читать следующее: "Ну, мой друг, отгадывай, что я? где я? и что делал сегодня поутру? Да что тебя мучить по-пустому: век не отгадаешь. Я гусарской ротмистр, стою теперь на биваках, недалеко от Белостока, и сегодня поутру дрался с французами. Не ахай, не удивляйся, а слушай: я расскажу тебе все по порядку. Прощаясь с тобой, я уже намекал тебе, что мне становится скучно жить в Петербурге. Когда ты уехал, мне стало еще скучнее. Ты знаешь, я долго размышлять не люблю; задумал, решился, надел мундир; тетушка благословила меня образом, а кузины... ведь я отгадал, mon cher! ни одна из них не заплакала, прощаясь со мною. Я прискакал в Вильну, нашел там почти всех наших сослуживцев. Нам давали балы, мы веселились; но и среди танцев горели нетерпением встретить скорее гостей, которые стояли за Неманом, церемонились и как будто бы дожидались приглашения. Наконец 12-го числа июня они переправились на нашу сторону, и пошла потеха – только не для нас, а для одних казаков. Я выпросился в авангард, который стал теперь ариергардом, потому что наши войска ретируются. Одни говорят, для того, чтоб соединиться с молдавской армиею, которая спешит нам навстречу; другие – чтоб заманить Наполеона поглубже в Россию и угостить его точно так же, как, блаженной памяти, шведского короля под Полтавою. Не знаю, чему верить, но не сомневаюсь в одном – nous reculons pour mieux sauter[49]. Кажется, неприятель втрое нас сильнее; только мы дома, а он на чужой стороне. Франция далеко, а немцам любить его не за что. Все это должно ободрять нас; однако же я думаю, что без народной войны дело не обойдется. Тебе кланяется твой бывший начальник, генерал Б. У него недостает одного адъютанта, но он не торопится заместить эту ваканцию и просил меня об этом тебя уведомить. Послушай, Рославлев! Я никогда не хвастался моим патриотизмом; всегда любил и даже теперь люблю французов, а уж успел с ними подраться. Ты зарекся говорить по-французски, бредишь всем русским – и ходишь еще во фраке. Женат ли ты или нет, все равно. Если ты только здоров, скачи к нам на курьерских; если болен, ступай на долгих; если умираешь, то вели, по крайней мере, похоронить себя в мундире. Да, мой друг, эта война не походит на прежние; дело идет о том, чтоб решить навсегда: есть ли в Европе русское царство или нет? Сегодня чем свет французская военная музыка играла так близко от наших биваков, что я подлаживал ей на моем флажолете[50]; а около двенадцатого часа у нас завязалось жаркое аванпостное дело. Мы потихоньку подвигались назад; французы лезли вперед, и надобно сказать правду – молодцы, славно дерутся! Один из них с эскадроном конных егерей врезался в самую средину наших казаков; но я подоспел с гусарами. Конным егерям отпели вечную память, а

---

[49] мы отступаем, чтобы лучше наступать (фр.)

[50] старинной флейте от (фр.) le flageolet.

начальника их мне удалось своими руками взять в плен, или, лучше сказать, спасти от смерти, потому что он не сдавался и дрался как отчаянной. Теперь он в моем шалаше спит прекрепким сном. Что за молодец, братец! Ему нет тридцати лет, а он уж полковник; а как любезен, какой хороший тон! Впрочем, это нимало не удивительно: ce n'est pas un officier de fortune[51]. Фамилия его одна из самых древних во Франции. Он граф Адольф Сеникур. Завтра чем свет его отправляют, вместе с другими пленными, в средину России, и поверишь ли? он так обворожил меня своею любезностью, что мне грустно будет с ним расстаться. Прощай, мой друг!.. или нет: до свиданья! Я уверен, что ты, прочитав мое письмо, велишь укладывать свой чемодан, пошлешь за курьерскими – и если какая-нибудь французская пуля не вычеркнет меня из списков, то я скоро угощу тебя на моем биваке и пуншем и музыкою. Да, мой друг! и музыкою. От нечего делать я так набил руку на моем флажолете, что и сам себе надивиться не могу. Итак, до свиданья!

Твой друг,

Александр Зарецкой.

Июня 19-го. Бивак близ Белостока".

– Итак, все кончено! – вскричал Рославлев. – Я должен расстаться с Полиною, и, может быть, – навсегда!

– Уж и навсегда, мой друг? – сказал Сурской. – Конечно, за жизнь военного человека ручаться нельзя; но почему же думать, что непременно ты?..

– Ах, я ничего не думаю! В голове моей нет ни одной мысли; а здесь, – продолжал Рославлев, положа руку на грудь, – здесь все замерло. Так! если верить предчувствиям, то в здешнем мире я никогда не назову Полину моею. Я должен расстаться и с вами...

– Ненадолго, мой друг! мы скоро увидимся. Но вот, кажется, Лидина с дочерьми. Они идут сюда. Ты скажешь им?..

– Да, я хочу, я должен!.. Я на этих днях отправлюсь в армию, Полина, – продолжал Рославлев, подойдя к своей невесте. – Вот письмо, которое я сейчас получил от приятеля моего Зарецкого. Прочтите его. Мы должны расстаться.

– Как, сударь! – вскричала Лидина. – Так вы решительно хотите вступить в военную службу?

– Читайте, Полина! – продолжал Рославлев, – и скажите вашей матушке, могу ли я поступить иначе.

Полина начала читать письмо. Грудь ее сильно волновалась, руки дрожали; но, несмотря на это, казалось, она готова была перенести с твердостию ужасное известие, которое должно было разлучить ее с женихом. Она дочитывала уже письмо, как вдруг вся помертвела; невольное восклицание замерло на посиневших устах ее, глаза сомкнулись, и она упала без чувств в объятия своей сестры.

С воплем отчаяния бросилась Лидина к своей дочери.

– Chere enfant!.. – вскричала она, – что с тобой сделалось?.. Ах, она ничего не чувствует!.. Полюбуйтесь, сударь!.. вот следствия вашего упрямства... Полина, друг мой!.. Боже мой! она не приходит в себя!.. Нет, вы не человек, а чудовище!.. Стоите

---

[51] он ведь офицер не по капризу судьбы (фр.)

ли вы любви ее!.. О, если б я была на ее месте!.. Ah, mon dieu![52] она не дышит... она умерла!.. Подите прочь, сударь, подите!.. Вы злодей, убийца моей дочери!..

– Успокойтесь, сударыня! – сказал Сурской. – Посмотрите, она приходит в себя. Это пройдет.

– Ах, если б прошла и любовь ее к этому человеку! – перервала Лидина, взглянув на убитого горестию Рославлева.

Полина открыла глаза, поглядела вокруг себя довольно спокойно; но когда взор ее остановился на письме, которое замерло в руке ее, то она вскрикнула и, подавая его торопливо Оленьке, сказала:

– Прочти, мой друг, прочти!

– Не печалься, мой ангел! – сказала Лидина, – он не поедет.

– Нет, маменька, – отвечала твердым голосом Полина, – он не должен и не может остаться с нами.

Оленька, читая письмо, не могла также удержаться от невольного восклицания.

– Поедемте скорей домой, маменька, – сказала она. – Вы видите, как Полина расстроена: ей нужен покой. А вы, Владимир Сергеевич, через час или через два приезжайте к нам. Поедемте!

Лидина, уезжая с своими дочерьми, сказала в гостиной несколько слов жене предводителя, та шепнула своей приятельнице Ильменевой, Ильменева побежала в беседку рассказать обо всем своему мужу, и чрез несколько минут все гости знали уже, что Рославлев едет в армию и что мы деремся с французами.

– Ну, господа! – сказал исправник, – теперь таиться нечего: ведь и его превосходительство за этим изволил ускакать в губернский город.

– Так вот что! – вскричал хозяин. – Верно, рекрутской набор?

– Какой рекрутской набор! Осмелюсь доложить, того и гляди, что поголовщина будет.

– Добрался-таки до нас этот проклятый Бонапартий! – сказал Буркин. – Чего доброго, он этак, пожалуй, сдуру-то в Москву полезет.

– А что ты думаешь? – примолвил Ижорской, – его на это станет.

– Избави господи! – воскликнул жалобным голосом Ладушкин. – Что с нами тогда будет?

– А что бог велит, – подхватил Буркин. – Живые в руки не дадимся. Поголовщина, так поголовщина!

– Да, – прибавил предводитель, – если французы не остановятся на границе, всеобщее ополчение необходимо.

– Помилуйте! – сказал Ладушкин, – что мы, с кулаками, что ль, пойдем?

– Да с чем попало, – отвечал Буркин. – У кого есть ружье – тот с ружьем; у кого нет – тот с рогатиной. Что в самом деле!.. Французы-то о двух, что ль, головах? Дай-ка я любого из них хвачу дубиною по лбу – небось не встанет.

– Я не думаю, однако ж, чтоб французы решились идти в средину России, – заметил предводитель. – Карл Двенадцатый испытал под Полтавою, как можно в одно сражение погубить всю свою военную славу.

---

[52] Ах, бог мой! (фр.)

– Да ведь Наполеон тащит за собой всю Европу, – подхватил Ижорской. – Нет, господа, он доберется и до Москвы.

– А мы его встретим, – примолвил Буркин, – да зададим такой банкет, что ему и домой не захочется.

– Воля ваша, – сказал со вздохом Ладушкин, – а тяжко нам будет! Я помню милицию: чего нам, дворянам, стоило одеть, обуть да прокормить этих ратников.

– Да, брат Ладушкин! – закричал Буркин, – починай свою кубышку-то. Ведь денег у тебя накоплено не по-нашему.

– Помилуйте! Да откудова?

– Чего тут миловать – распоясывайся, любезный.

– Конечно, как велят...

– Велят!.. плохой ты, брат, дворянин! Чего тут дожидаться приказу – сам давай! Господи боже мой! мы, что ль, русские дворяне, не живем припеваючи? А пришла беда, так и в куст?.. Сохрани владыко!.. Последнюю денежку ставь ребром.

– – Конечно! – сказал хозяин. – Если понадобятся ратники, так я и музыкантов моих не пожалею... А народ-то, братцы, какой!.. Наметанный, лихой – пострелы! Любой на пушку полезет!

– А я, – заревел Буркин, – всем моим конным заводом бью челом его царскому величеству. Изволь, батюшка государь, бери да припасай только людей, а уж эскадрон лихих гусар поставим на ноги.

– Как? – спросил Ижорской, – ты отдашь и персидского жеребца?

– Султана?.. и его отдам!.. Нет, Николай Степанович, нет! На нем сам пойду под француза. Умирать – так умирать обоим вместе!

– Я уверен, – сказал предводитель, – что все дворянство нашей губернии не пожалеет ни достояния своего, ни самих себя для общего дела. Стыд и срам тому, кто станет думать об одном себе, когда отечество будет в опасности.

– Да, да, стыд и срам! – повторили все, не исключая Ладушкина, который, увлеченный примером других, позабыл на минуту о своей шкатулке.

– Кто не может идти сам, – прибавил Буркин, – так пусть отдаст все, что у него есть.

– Аминь! – закричал Ижорской. – Ну-ка, господа, за здравие царя и на гибель французам! Гей, малый! Шампанского!

– Нет, братец, – перервал Буркин, – давай наливки: мы не хотим ничего французского.

– В том-то и дело, любезный! – возразил хозяин. – Выпьем сегодня все до капли, и чтоб к завтрему в моем доме духу не осталось французского.

– Нет, Николай Степанович, пей кто хочет, а я не стану – душа не примет. Веришь ли богу, мне все французское так опротивело, что и слышать-то о нем не хочется. Разбойники!..

Дворецкой вошел с подносом, уставленным бокалами.

– Налей ему, Парфен! – закричал хозяин. – Добро, выпей, братец, в последний раз...

– Эх, любезный!.. Ну, ну, так и быть; один бокал куда ни шел. Да здравствует русской царь! Ура!.. Проклятый напиток; хуже нашего кваса... За здравие русского войска!.. Подлей-ка, брат, еще... Ура!

71

— Да убирайся к черту с рюмками! — сказал хозяин. — Подавай стаканы: скорей все выпьем!

— И то правда! — подхватил Буркин, — пить, так пить разом, а то это скверное питье в горле засядет. Подавай стаканы!..

ГЛАВА III

Двести лет царство русское отдыхало от прежних своих бедствий; двести лет мирный поселянин не менял сохи своей на оружие. Россия, под самодержавным правлением потомков великого Петра, возрастала в силе и могуществе; южный ветер лелеял русских орлов на берегах Дуная; наши волжские песни раздавались в древней Скандинавии; среди цветущих полей Италии и на вершинах Сент-Готарда сверкали русские штыки: мы пожинали лавры в странах иноплеменных; но более столетия ни один вооруженный враг не смел переступить за границу нашего отечества. И вдруг раздался гром оружия на западе России, и прежде чем слух о сем долетел до отдаленных ее областей, древний Смоленск был уже во власти Наполеона. Случалось ли вам, проснувшись в полночь, прислушиваться недоверчиво к глухим раскатам отдаленного грома и, видя над собой светлое небо, усеянное звездами, засыпать снова с утешительною мыслию, что вам послышалось, что это не гроза, а воет ветер в соседней дубраве? Точно то же было с большею частию русских. "Французы в России!.. Нет, это невозможно! это пустые слухи!.." – говорили жители низовых городов и, на минуту встревоженные этим грозным известием, обращались спокойно к обыкновенным своим занятиям. Но слова того, кто один мог возбудить ото сна дремлющую Россию, пронеслись от берегов Вислы во все края обширной его империи. "Так! французы в России!.. Я не положу оружия, – сказал он, – доколе ни единого неприятеля не останется в царстве моем..." – и миллионы уст повторили слова царя русского! Он воззвал к верному своему народу. "Да встретит враг, – вещал Александр, – в каждом дворянине Пожарского, в каждом духовном – Палицына, в каждом гражданине – Минина..." – и все русские устремились к оружию. "Война!" – воскликнул весь народ, и потомки бесстрашных славян, как на брачное веселье, потекли на сей кровавый пир всей Европы.

О, как велик, как благороден был этот общий энтузиазм народа русского! В каком обширном объеме повторилось то, что два века тому назад извлекало слезы умиления и восторга из глаз всех жителей нижегородских. Не малочисленный враг был в сердце России, не граждане одного города поклялись умереть за свободу своей родины, – нет! первый полководец нашего времени, влеча за собой силы почти всей Европы, шел, по собственным словам его, раздавить Россию. Но двести лет назад отечество наше, раздираемое междоусобием, безмолвно преклоняло сиротствующую главу под ярем иноплеменных; а теперь бесчисленные голоса отозвались на мощный голос помазанника божия; все желания, все помышления слились с его волею. Русские восстали, и приговор всевышнего свершился над сей главой, обремененной лаврами и проклятиями вселенной. Могучий, непобедимый, он ступил на землю русскую – и уже могила его была назначена на уединенной скале безбрежного океана!

Кто опишет с должным беспристрастием эту ужасную борьбу России с колоссом, который желал весь мир иметь своим подножием, которому душно было в целой Европе? Мы слишком близки к происшествиям, а на все великое и необычайное должно смотреть издалека. Увлекаясь современной славой Наполеона, мы едва обращаем взоры на самих себя. Нет, для русских 1812-го года и для Наполеона – потомство еще не наступило!

После упорного и кровопролитного сражения под Смоленском, бывшего 5 числа августа, наши войска стали отступать к Доргобужу. Направление большой неприятельской армии доказывало решительное намерение Наполеона завладеть древней столицею России; и в то время как войска наши, под командою храброго графа Витгенштейна, громили Полоцк и истребляли корпус Удино, угрожавший Петербургу, Наполеон быстро подвигался вперед, 13-го числа августа он был уже в Доргобуже. Несколько часов сряду наш арьергард удерживал стремление неприятеля; наступающая ночь прекратила наконец военные действия; пушечные выстрелы стали реже, и стрелки обеих армий, протянув передовые цепи, присоединились к своим колоннам. Русской арьергард расположился биваками по большой Московской дороге, в двух верстах от Доргобужа. Запылал длинный ряд огней, и усталые воины уселись вокруг артельных котлов, в которых варилась сытная русская каша. Подле одного ярко пылающего костра, прислонив голову к высокому казачьему седлу, лежал на широком потнике молодой офицер в белой кавалерийской фуражке; небрежно накинутая на плеча черкесская бурка не закрывала груди его, украшенной Георгиевским крестом; он наигрывал на карманном флажолете французской романс: "Jeune Troubadour"[53], и, казалось, все внимание его было устремлено на то, чтоб брать чище и вернее ноты на этой музыкальной игрушке. Рядом с ним сидел другой офицер в сюртуке, с золотым аксельбантом; он смотрел пристально на медный чайник, который стоял на углях, но, вероятно, думал совершенно о другом, потому что вовсе не замечал, что чай давно кипел и несколько уже раз начинал выливаться из чайника.

– Рославлев! – сказал офицер в бурке, перестав играть на своем флажолете, – каково я кончил это колено? а?.. Ну, что ты молчишь, Владимир! Да проснись, душенька!

– Что ты, братец? – спросил Рославлев, не глядя на своего товарища, в котором читатели, вероятно, узнали уже приятеля его, Зарецкого.

– Я, mon cher? Ничего! да с тобой-то что делается? Неудивительно, что ты оглох; мне и самому ка-жется, что от сегодняшней проклятой канонады я стал крепок на ухо; но отчего ты ослеп?.. Гляди, гляди!.. Да что ж ты смотришь, братец? Ведь чай уйдет.

Рославлев, не отвечая ничего, отодвинул чайник от огня. Зарецкой вынул из вьюка сахар, два серебряных стакана, фляжку с ромом, и через минуту горячий пунш был готов. Подавая один стакан своему приятелю, Зарецкой сказал:

– Ну-ка, Владимир, запей свою кручину! Да полно, братец, думать о Полине. Что в самом деле? Убьют, так и дело с концом; а останешься жив, так самому будет

---

[53] "Юный трубадур" (фр.)

веселее явиться к невесте, быть может, с подвязанной рукой и Георгиевским крестом, к которому за сраженье под Смоленском ты, верно, представлен.

— Ах, Александр, вот уже более месяца, как я расстался с нею! Не знаю, получает ли она мои письма, но я не имею о ней никакого известия.

— Да, мой друг, это ужасно! Мы сами не знаем поутру, где будем вечером; а ты хочешь, чтоб она знала, куда адресовать свои письма, и чтоб они все до тебя доходили. Ах ты, чудак, чудак!

— Но если и мои письма пропадают? Если она думает, что я убит?

— А реляции-то на что, мой друг? Дерись почаще так, как ты дрался сегодня поутру, так невеста твоя из каждых газет узнает, что ты жив. Это, мой друг, одна переписка, которую теперь мы можем вести с нашими приятелями. А впрочем, если она будет думать, что тебя убили, так и это не беда; больше обрадуется и крепче обнимет, когда увидит тебя живого.

— Но почему ты думаешь, что одна эта мысль не убьет ее?

— Почему, почему... во-первых, потому, что с горя не умирают; во-вторых...

— Ты но знаешь моей Полины, Александр. Одно известие, что я снова иду в военную службу, едва не стоило ей жизни. Она прочла письмо твое...

— А, так она его читала? Не правда ли, что оно бойко написано? Я уверен был вперед, что при чтении этого красноречивого послания русское твое сердце забьет такую тревогу, что любовь и места не найдет. Только в одном ошибся: я думал, что ты прежде женишься, а там уж приедешь сюда пировать под картечными выстрелами свою свадьбу: по крайней мере я на твоем месте непременно бы женился.

— Что ж делать, мой друг! Мать Полины не хотела об этом и слышать. Я должен был или не вступать в службу, или решиться остаться женихом до окончания войны.

— Ну, mon cher, хороша же твоя будущая маменька! Я знал, что она самая бонтонная барыня, парижанка, что от нее требовать большого патриотизма не можно; но, право не полагал... Ах, знаешь ли что? ведь она живет в деревне?.. Ну, так и есть! Бедняжка и не подозревает, что в столицах тон совершенно переменился, Если б она знала, в какой теперь моде патриотизм, то верно бы не стала с тобой торговаться. Ты не можешь себе представить, как все переменилось в Петербурге: французской театр закрыли, и – ни одна русская барыня не охнула. Все наши дамы в таком порядке, что любо посмотреть: с утра до вечера готовят для нас корпию и перевязки; по-французски не говорят, и даже родственница твоя, княгиня Радушна, – поверишь ли, братец? – прескверным русским языком вот так французов и позорит.

— Слава богу! мы догадались наконец, что у нас есть отечество и свой собственный язык.

— О, что касается до нашего языка, то, конечно, теперь он в моде; а дай только войне кончиться, так мы заболтаем пуще прежнего по-французски. Язык-то хорош, мой милый! ври себе что хочешь, говори сущий вздор, а все кажется умно. Но я перервал тебя. Итак, твоя Полина, прочтя мое письмо...

— Слегла в постелю, мой друг; и хотя после ей стало легче, но когда я стал прощаться с нею, то она ужасно меня перепугала. Представь себе: горесть ее была так велика, что она не могла даже плакать; почти полумертвая она упала мне на

74

шею! Не помню, как я бросился в коляску и доехал до первой станции... А кстати, я тебе еще не сказывал. Ты писал ко мне, что взял в плен французского полковника, графа, графа... как бишь?

– Сеникура.

– Да; ведь я с ним повстречался верстах в тридцати от моей деревни. В то время как я переменял лошадей, привезли его и несколько других пленных офицеров на почтовый двор. Зная твое пристрастие к французам, я не очень тебе верил; но, признаюсь, на этот раз твои похвалы были даже слишком умеренны. Подлинно молодец!.. Разрубленная голова его была вся в перевязках, и, несмотря на это, я не мог налюбоваться на его прекрасную и благородную физиономию. Когда я узнал, что он тот самый полковник, которого ты угощал на своем биваке, то, разумеется, стал его расспрашивать о тебе, и хотя от боли и усталости он едва мог говорить, но отвечал весьма подробно на все мои вопросы. Положение его было ужасно: он чувствовал сильную лихорадку, которая могла превратиться в смертельную болезнь, если б его оставили без помощи. Я уговорил конвойного офицера сдать его на руки капитан-исправнику, который по моей просьбе взялся отвезти его в деревню к будущей моей теще. В нашем уездном городке было бы ему несравненно хуже.

– Разумеется. Да знаешь ли что? Я позабыл к тебе написать. Кажется, он знаком с семейством твоей Полины; по крайней мере он мне сказывал, что года два тому назад, в Париже, познакомился с какой-то русской барыней, также Лидиной, и ездил часто к ней в дом. Тогда он был еще женат.

– Так он вдовец? – Да, жена его умерла за несколько месяцев до этой кампании. Но кой черт?.. что это?

Над головою Зарецкого прожужжала пуля; вслед за нею свистнула в двух шагах другая.

– Что это? Французы с ума сошли! – сказал Рославлев. – Да в кого они стреляют?.. Ну, видно, у них много лишнего пороху.

– Это шалят на цепи, – перервал Зарецкой, – и, верно, задирают наши. Пойдем, братец! – продолжал он, вставая, – посмотрим, что там эти озорники делают.

Отойдя несколько шагов от своего бивака, они подошли к мелкому кустарнику, в котором протянута была наша передовая цепь; шагах в пятидесяти от нее стояли французские часовые; позади их пылали огни неприятельского авангарда, а вдали, вокруг Доргобужа, по всему пространству небосклона расстилалось широкое зарево. В неприятельском авангарде было все тихо; но там, где бесчисленные огни сливались в одну необозримую пламенную полосу, гремела музыка и от времени до времени раздавались веселые крики пирующего неприятеля.

Когда они подошли к передовой цепи, то все уже опять успокоилось. Почти все часовые, расставленные попарно в близком расстоянии друг от друга, наблюдали глубокое молчание. Ночь была пасмурна, и серые шинели солдат сливались совершенно с темной зеленью кустов, среди которых они стояли. Изредка только неприятельские огни отражались на блестящих штыках их ружей и вызывали французских часовых на перестрелку, почти всегда бесполезную, но которая не менее того тревожила иногда всю передовую линию нашего арьергарда. Несколько уже минут Зарецкой и Рославлев шли вдоль цепи, не говоря ни слова. Вдруг Зарецкой приложил к губам палец и сказал шепотом Рославлеву.

– Тс! тише, братец!

– Что ты? – спросил Рославлев также вполголоса.

– Постой!.. Так точно... вот, кажется, за этим кустом говорят меж собой наши солдаты... пойдем поближе. Ты не можешь себе представить, как иногда забавны их разговоры, а особливо когда они уверены, что никто их не слышит. Мы привыкли видеть их во фрунте и думаем, что они вовсе не рассуждают. Послушай-ка, какие есть между ними политики – умора, да и только! Но тише!.. Не шуми, братец!

Они подошли потихоньку к двум часовым, которые, опираясь на свои ружья, вполголоса разговаривали между собою.

– Смотри-ка, брат? – сказал один из них, – Ну что за народ эти французы, и огонька-то разложить порядком не умеют. Видишь – там, какой костер запалили?.. Эк они навалили бревен-то, проклятые!

– Да ведь лес-то не их, братец, – отвечал другой часовой, – так чего им жалеть?

– Как чего? Не все ж им идти вперед: пойдут назад; а как теперь все выжгут, так и самим после будет жутко.

– Да что это, Федотов, мы всё идем назад, а они вперед?..

– Видно, так надобно.

– Уж нет ли, брат, измены какой?..

– Нет, братец! ты этого дела не смыслишь: мы ратируемся.

– Вот что!

– Ну да! пусть себе идут вперед. Теперь они сгоряча так и лезут, а как пройдут сотенки три, четыре верст, так уходятся. Ну, знаешь, отсталых будет много, по сторонам разбредутся, а мы тут-то и нагрянем. Понимаешь?

– То есть врасплох?.. Разумею. А что, Федотов, ведь надо сказать правду: эти французы бравые ребята. Вот хоть сегодня, досталось нам на орехи: правда, и мы пощелкали их порядком, да они себе и в ус не дуют! Ах, черт побери! Что за диковинка! Люди мелкие, поджарые, ну взглянуть не на что, а как дерутся!..

– Да, братец, конечно; народ азартной, а несдобровать им.

– Право?

– Уж я тебе говорю. Да и чему быть?.. Порядку вовсе нет. Я бывал у них в полону, так насмотрелся. Ну уж вольница! В грош не ставят своих командиров, а перед фельдфебелем и фуражки не ломают. Наш брат не спрашивает зачем то, зачем другое? Идет, куда ведут, да и дело с концом; а они так нет: у всякого свой царь в голове; да добро бы кто-нибудь? а то иной барабанщик, и тот норовит своего генерала за пояс заткнуть. А уж скорохваты какие... батюшки светы! Алон, алон![54] вот так сначала и задорятся! И что говорить, конечно, накоротке хоть кого оборвут, а как дело пойдет в оттяжку, так нет, брат, не жди пути!..

– Правда ли, Федотов, – сегодня наши ребята болтали, что Англия с нами?

– Говорят, так. Вот это, братец, народ!

– А ты почему знаешь?

– Я еще, любезный, до солдатства был о моим барином в их главном городе.

---

[54] Вперед, вперед! (фр.)

Ну, городок! больше Москвы, народ крупный, здоровый; постоит за себя! А как, брат, дерутся в кулачки, так я тебе скажу!.. У барина был там другой слуга, из тамошних; он мараковал немного по-русски, так все мне показывал и толковал. Вот однажды повел он меня в их суд – уж нагляделся я! Все, знаешь, сидят так чинно, а судьи говорят. Товарищ мне все по-нашему пересказывал. Вот вдруг один судья – такой растрепанный – встал и сказал: "Быть войне". Как вскочит другой судья да закричит: "Так врешь, не быть войне". И пошли и пошли! то тот, то другой; уж они говорили, говорили, а другие-то все слушают да вдруг нет-нет и закричат: "Гир, гир, гир!"[55] Знатно, братец!

– Куда ты, брат Федотов, всего нагляделся, подумаешь!

– Да, любезный, дело бывалое; и там и сям, и в других прочих землях бывали; кому другому, а нам не в диковинку... ходили в поход и в Немецию. То-то сытная земля и народ ласковый! Поразговоришься с хозяином, так все даст. Бывало, войдешь в избу: "Ну здравствуй, камарад!"[56] Он заговорит по-своему; ты скажешь: "Добре, добре!" – а там и спросишь: бруту, биру[57], того, другого; станет отнекиваться, так закричишь: "Капут!" Вот он тотчас и заговорит: "Русишь гут!", а ты скажешь: "Немец гут!" – дело дойдет до шнапсу, и пошли пировать. Захотелось выпить по другой, так покажешь на рюмку да скажешь: "Нох!"[58]– ан глядишь: тебе и подают другую; ведь язык-то их не мудрен, братец!

– Так ты по-немецкому-то знаешь?

– Мало ли что мы знаем! Эх, Ваня! как бы не чарочка сгубила молодца, так я давно бы был уж унтером.

– Постой-ка, Федотов! – сказал другой часовой, поднимая свое ружье.

– Посмотри, что это там за французской цепью против огонька мелькнуло? Как будто б верховой... вон опять!.. видишь?

– Вижу, – отвечал Федотов. – Какой-нибудь французской офицер объезжает передовую цепь.

– Не спешить ли его? – шепнул второй часовой, взводя курок.

– Погоди, погоди!.. Его. опять не видно. Что даром-то патроны терять! Дай ему поравняться против огонька.

Чрез полминуты кавалерист в драгунской каске, заслонив собою огонь ближайшего неприятельского бивака, остановился позади французской цепи, и всадник вместе с лошадью явственно отпечатались на огненном поле пылающего костра.

– Ну вот, теперь! – сказал, прикладываясь, второй часовой.

– Постой, постой, братец! Спугнешь! – перервал Федотов. – Ты и в мишень плохо попадаешь; дай-ка мне!

– Ну, ну, стреляй! посмотрим твоей удали.

Федотов прицелился; вдруг смуглые лица обоих солдат осветились, раздался выстрел, и неприятельской офицер упал с лошади.

– Ай да молодец! – сказал Зарецкой, сделав шаг вперед; но в ту ж самую

---

[55] Слушайте, слушайте! от англ. heard.
[56] Товарищ! (нем.)
[57] хлеба, пива от (нем.) Brot, Bier.
[58] Еще от (нем.) noch.

минуту вдоль неприятельской линии раздались ружейные выстрелы, пули засвистали меж кустов и кто-то, схватив за руку Рославлева, сказал:

– Не стыдно ли тебе, Владимир Сергеевич, так дурачиться? Ну что за радость, если тебя убьют, как простого солдата? Офицер должен желать, чтоб его смерть была на что-нибудь полезна отечеству.

– Кто вы? – спросил с удивлением Рославлев. – Ваш голос мне знаком; но здесь так темно...

– Пойдем к твоему биваку.

Наши приятели, не говоря ни слова, пошли вслед за незнакомым. Когда они стали подходить к огням, то заметили, что он был в военном сюртуке с штаб-офицерскими эполетами. Подойдя к биваку Зарецкого, он повернулся и сказал веселым голосом:

– Ну, теперь узнаешь ли ты меня?

– Возможно ли! Это вы, Федор Андреевич? – вскричал с радостию Рославлев, узнав в незнакомом приятеля своего, Сурского.

– Ну, вот видишь ли, мой друг! – продолжал Сурской, обняв Рославлева, – я не обманул тебя, сказав, что мы скоро с тобой увидимся.

– Так вы опять в службе?

– Да, я служу при главном штабе. Я очень рад, мой друг, что могу первый тебя поздравить и порадовать твоих товарищей, – прибавил Сурской, взглянув на офицеров, которые толпились вокруг бивака, надеясь услышать что-нибудь новое от полковника, приехавшего из главной квартиры.

– Поздравить? с чем? – спросил Рославлев.

– С Георгиевским крестом. Я сегодня сам читал об этом в приказах. Но прощай, мой друг! Мне надобно еще поговорить с твоим генералом и потом ехать назад. До свиданья! надеюсь, мы скоро опять увидимся.

Казалось, эта новость обрадовала всех офицеров; один только молодой человек, закутанный в короткой плащ без воротника, не поздравил Рославлева; он поглаживал свои черные, с большим искусством закрученные кверху усы и не старался нимало скрывать насмешливой улыбки, с которою слушал поздравления других офицеров.

– Посмотри, братец, – шепнул Зарецкой своему приятелю, – как весело князю Блесткину, что тебе дали "Георгия"; у него от радости язык отнялся.

– И, Александр! – отвечал вполголоса Рославлев. – Какое мне до этого дело!

– Куда, подумаешь, как зависть безобразит человека: он недурен собою, а смотри, какая теперь у него рожа.

– Да что тебе за охота рассматривать физиономию этого фанфарона?

– Постой, братец, я пойду поговорю с ним вместе. Что ты так нахмурился, князь? – продолжал Зарецкой, подойдя к офицеру, закутанному в плаще.

– Кто? я? – сказал князь Блесткин. – Ничего, братец, так!..

– Уж не досадно ли тебе?

– Что такое?.. Вздор какой! Я думал только теперь, как выгодно быть в военное время адъютантом.

– Право?

– Как же, братец! Адъютант может дать при случае весьма полезный совет своему генералу; например: не стоять под картечными выстрелами; а как за полезный совет дают "Георгия"...

– То ты, верно, его получишь, – перервал Зарецкой. – Ступай скорее в адъютанты.

– Что ты хочешь этим сказать? – спросил гордо Блесткин.

– А то, что Роелавлев не советовал, а дрался и под Смоленском ходил в атаку с полком, в котором ты служишь.

– Я что-то этого не помню.

– Да как тебе помнить? Ты в начале сражения получил контузию и лежал замертво в обозе.

– Послушай, Зарецкой! этот насмешливый тон!.. Ты знаешь, я шуток не люблю.

– Как не знать? Ведь ты ужасный дуэлист.

– Я надеюсь, никто не осмелится сказать...

– Чтоб ты не был прехрабрый офицер? Боже сохрани! Я скажу еще больше: ты ужасный патриот и так сердит на французов, что видеть их не хочешь.

– Полноте, господа, остриться, – перервал бригадный адъютант Вельской, который уже несколько времени слушал их разговор. – А седлайте-ка лошадей: сейчас в поход.

– Вот тебе и раз! – вскричал Рославлев, – а мы не успели и поужинать.

– Ох, этот фанфаронишка! – сказал вполголоса Зарецкой. – Как бы я желал поговорить с ним в восьми шагах...

– Перестань, братец! Как тебе не стыдно? – перервал Роелавлев. – Разве в военное время можно думать о дуэлях?

Все офицеры, кроме Блесткина, разошлись по своим бивакам.

– Вы шутите очень забавно, – сказал он, – подойдя к Зарецкому, – но я не желал бы остаться у вас в долгу...

– А что угодно вашему сиятельству? – спросил с низким поклоном Зарецкой.

– Кажется, этого пояснять не нужно...

– А, понимаю! Вам угодно со мною драться? Извините, ваше сиятельство! теперь, право, некогда; после, если прикажете.

– Расчет недурен! – сказал с презрительной улыбкою Блесткин, – то есть: вы подождете, пока меня убьют?..

– Помилуйте! Да этого век не дождешься.

– Я презираю ваши глупые насмешки и повторяю еще раз, что если вы знаете, что такое честь, – в чем, однако ж, я очень сомневаюсь...

Лицо Зарецкого вспыхнуло; он схватил Блесткина за руку; но Рославлев не дал ему выговорить ни слова.

– Постойте, господа! – вскричал он. – Если уж непременно надобно кому-нибудь драться, так – извините, князь, – вы деретесь не с ним, а со мною. Ваши дерзкие замечания насчет полученной мною награды вызвали его на эту неприятность; но, так как я обижен прежде...

– Нет, Владимир, – перервал Зарецкой, – я не уступлю тебе удовольствия – проучить этого обозного героя...

– Фи, Александр! приличен ли этот тон между офицерами!

– Но я хочу непременно...

– После меня, Зарецкой; прошу тебя!

79

– Позвольте мне прекратить этот великодушный. спор, – сказал насмешливо Блесткин. – Я начну с вас, господин Рославлев... но когда же?

– При первом удобном случае.

– То есть не прежде окончания кампании?

– О, не беспокойтесь! это будет скорее, чем вы думаете.

– Посмотрим, – сказал, уходя, Блесткин. – Не забудьте, однако ж, что я не люблю дожидаться и найду, может быть, средство поторопить вас весьма неприятным образом.

– Наглец! – вскричал Зарецкой, схватившись за свою саблю.

– И, полно, Александр! Не горячись! Ты увидишь, как я проучу этого фанфарона; а меж тем вели-ка седлать наших лошадей.

Через несколько минут приказали снимать потихоньку передовую цепь; огни были оставлены на своих местах, и весь арьергард, наблюдая глубокую тишину, выступил в поход по большой Московской дороге.

ГЛАВА IV

14-го числа августа наши войска, преследуемые неприятелем, шли почти не останавливаясь, целые сутки. По всем предположениям, большая русская армия должна была, несмотря на искусные маневры Наполеона, соединиться при Вязьме с молдавской армиею, которая спешила к ней навстречу, 15-го числа наш арьергард, в виду неприятельского авангарда, остановился при деревне Семехах. Позади одной русской колонны, прикрывавшей нашу батарею из шести полевых орудий, стоял, прислонясь к небольшому леску, гусарской эскадрон, которым командовал Зарецкой. С правой стороны, шагов сто от леса, в низких и поросших кустарником берегах извивалась узенькая речка; с полверсты, вверх по ее течению, видны были: плотина, водяная мельница и несколько разбросанных без всякого порядка изб.

– Тьфу, пропасть, как я устал! – сказал Зарецкой, слезая с лошади. – Авось французы дадут нам перевести дух!

– Вряд ли! – возразил краснощекой и видной собою гусарской поручик, слезая также с коня. – Мне кажется, они берут позицию.

– Может быть, для того, чтоб отдохнуть; я думаю, они устали не меньше нашего. Да что ты так хмуришься, Пронской?

– Чего, братец! Я вовсе исковеркан, точно разбитая лошадь: насилу на ногах стою. И эти пехотинцы еще нам завидуют! Попробовал бы кто-нибудь из них не сходить с коня целые сутки.

– Кто это несется с правого фланга? – спросил Зарецкой, показывая на одного офицера, который проскакал мимо передовой линии на англезированной вороной лошади.

– Хорош же ты, брат! – сказал с улыбкою Пронской, – не узнал своего приятеля: это князь Блесткин.

– Ах, батюшки! Что он так суетится?

– Так ты не знаешь? Наш бригадный генерал взял его к себе за адъютанта.

– Право? Ну, не с чем поздравить его превосходительства!

– Да и Блесткин, я думаю, не больно себя поздравляет: генерал-то вовсе не по нем – молодец! Терпеть не может дуэлистов; а под картечью раскуривает трубку да любит, чтоб и адъютанты его делали то же.

– Эй, Зашибаев! – вскричал Зарецкой, – подержи мою лошадь; а ты, Пронской, побудь при эскадроне: я пойду немного вперед и посмотрю, что там делается.

Широкоплечий вахмистр принял лошадь Зарецкого, который, пройдя шагов сто вперед, подошел к батарее. Канонеры, раздувая свои фитили, стояли в готовности подле пушек, а командующий орудиями артиллерийской поручик и человека три пехотных офицеров толпились вокруг зарядного ящика, из которого высокий фейерверкер вынимал манерку с водкою, сыр и несколько хлебов.

– Милости просим! – сказал один толстой офицер в капитанском знаке. – Не хочешь ли выпить и закусить?

– А, это ты, Зарядьев? – отвечал Зарецкой. – Пожалуй, как не закусить! Да ты что тут хозяйничаешь? Помилуй, Ленской! – продолжал он, обращаясь к артиллерийскому офицеру, – за что он меня твоим добром потчевает?

– Нет, не его, а моим, – перервал Зарядьев. – Я бился с ним о завтраке – и выиграл. Он спорил со мной, что мы здесь остановимся.

– А почему ты думал, что должны мы здесь остановиться?

– Да посмотри-ка, какая славная позиция! Речка, лесок, кустарник для стрелков. Небось французы не вдруг сунутся нас атаковать, а мы меж тем отдохнем.

– Вряд ли! – сказал Зарецкой, покачивай головою. – Посмотри, как они там за речкой маневрируют... Вон, кажется, потянулась конница... а прямо против нас... Ну, так и есть. Они ставят батарею,

– Зато взгляни направо к мельнице... Видишь, задымился огонек?

– Так что ж?

– А то, что они сбираются не атаковать нас, а отдохнуть и пообедать, а пока они готовят свой суп, и наши ребята успеют сварить себе кашицу. Ну-ка, брат, выпей!

– Так ты думаешь, Зарядьев, что эту манерку из руки у меня ядром не вышибет?

– Небось, пей на здоровье!

– Слышали ль, господа! – сказал Ленской, – что князь Блесткин попал в адъютанты к нашему бригадному командиру?

– Как же! – отвечал Зарядьев, – он и прежде не хотел говорить с нашим братом, а теперь, чай, к нему и доступу не будет.

– Да как это ему вздумалось? – продолжал Ленской. – Не знаю, у кого другого, а у нашего генерала шарканьем не много возьмешь, Да вот, кажется, его сиятельство сюда скачет. Ну, легок на помине!

– Господа офицеры! – сказал Блесткин, подскакав к батарее, – его превосходительство приказал вам быть в готовности, и если французы откроют по вас огонь, то сейчас отвечать.

– Слушаю.

– Мне кажется, – продолжал Блесткин, посмотрев с важностию вокруг себя, – зарядные ящики стоят слишком близко от орудий.

– Это уже не ваша забота, господин Блесткин! – отвечал хладнокровно Ленской, повернясь к нему спиною.

– О! если так, – вскричал Блесткин с гордостию, – то я доложу генералу...

– В самом деле? – перервал Ленской. – Доложите ему, что его адъютант мешается там, где его не спрашивают.

– Господин офицер! я советую вам...

– Напрасно беспокоитесь, ваше сиятельство! – подхватил Зарецкой. – Ведь за этот совет вам "георгия" не дадут.

Блесткин побледнел от досады; но, не отвечая ни слова, пришпорил свою лошадь и поскакал далее.

– Эх, Ленской! – сказал толстый капитан, – что ты не дал ему побариться? Тебя бы от этого не убило, а мы бы посмеялись.

– Прошу покорно! – перервал Ленской, – вздумал меня учить! И добро бы знал сам службу...

– Верно не знает! – подхватил Зарядьев. – Вот года три тому назад ко мне в роту попал такой же точно молодчик – всех так и загонял! Бывало, на словах города берет, а как вышел в первый раз на ученье, так и язык прилип к гортани. До штабс-капитанского чина все в замке ходил.

– Поглядите-ка, господа! – сказал Ленской, – что там за речкою делается? Французы что-то больно зашевелились.

Вдруг густое облако дыма закрутилось на противуположном берегу; окрестность дрогнула, и одно ядро с визгом пронеслось над головами наших офицеров.

– Ну что, Зарядьев, – сказал Зарецкой, – видно, французы уж отобедали?

– По местам, господа! – закричал Зарядьев пехотным офицерам, которые спокойно завтракали, сидя на пушечном лафете. – Зарецкой, – продолжал он, – пойдем к нам в колонну – до вас еще долго дело не дойдет.

– Через орудие – ядрами! – скомандовал громким голосом Ленской. – Живей, ребята!

Зарецкой и Зарядьев подошли к колонне; капитан стал на свое место. Ударили поход. Одна рота отделилась от прикрытия, выступила вперед, рассыпалась по кустам вдоль речки, и с обеих сторон началась жаркая ружейная перестрелка, заглушаемая по временам неприятельской и нашей канонадою, которая становилась час от часу сильнее.

– Ну, видно, мы сегодня поработаем! – заметил Зарядьев. – Посмотрите-ка вперед, какие тянутся густые колонны по большой дороге.

– Здравствуй, Александр! – сказал Рославлев, подъехав к Зарецкому. – Что ты здесь делаешь?

– Да так, братец! пришел посмотреть. Мой эскадрон стоит вон там, подле леса, откуда ничего не видно. А ты как сюда попал?

– Ездил с приказаниями на правый фланг. Кажется, дело будет не на шутку.

– А что?

– Приказано не только удерживать позицию, но перебросить через речку наших стрелков и стараться всячески опрокинуть первую неприятельскую линию.

– Слава богу! насилу-то и мы будем атаковать. А то, поверишь ли, как надоело! Toujours sur la defensive[59] – тоска, да и только. Ого!.. кажется, приказание уж исполняется?.. Видишь, как подбавляют у нас стрелков?.. Черт возьми! да это батальный огонь, а не перестрелка. Что ж это французы не усиливают своей цепи?.. Смотри, смотри!.. их сбили... они бегут... вон уж наши на той стороне... Ай да молодцы!

– Вся колонна вперед – марш! – скомандовал полковник.

– Ну, прощай покамест, Александр! – сказал Рославлев.

– Что за прощай, братец! До свиданья! Куда ты?

– На левый фланг, к моему генералу.

Вся наша передовая линия подалась вперед; батареи также подвинули, и сражение закипело с новой силою.

– Ну, какая идет там жарня! – сказал Зарядьев, смотря на противуположный берег речки, подернутый густым дымом, сквозь которого прорывались беспрестанно яркие огоньки. – Ненадолго наших двух рот станет. Да что с тобой, Сицкой, сделалось? – продолжал он, обращаясь к одному молодому прапорщику. – На тебе лица нет! Помилуй, разве ты в первый раз в деле?

– Мой брат в стрелках! – отвечал молодой офицер.

– Так что ж?

– А наша рота еще нейдет.

– Не беспокойся, дойдет дело и до вашей роты.

– Но брат мой!..

– И, Сицкой! Бог милостив – воротится.

– Вряд ли воротится, – перервал грубым голосом один высокой офицер с неприятной и даже отвратительной физиономиею. – Там что-то больно жарко.

– В самом деле? Вы думаете?.. – спросил с беспокойством молодой офицер.

– Да что за диковинка? Натурально, его убьют скорее в стрелках, чем меня здесь в колонне.

– Как тебе не стыдно! – сказал вполголоса Зарядьев, – Ты знаешь, как он любит своего брата.

– Вот еще какие нежности!.. У меня и двух братьев убили, да я...

Высокой офицер не докончил начатой фразы: неприятельское ядро, вырвав два ряда солдат, раздробило ему череп.

– Сомкнись! – скомандовал Зарядьев. Солдаты придвинулись друг к другу. Еще несколько ядер пролетело через колонну.

– Эй, вы! – закричал Зарядьев, – стоять смирно! Ну! начали кланяться, дурачье! Тотчас узнаешь рекрут, – продолжал он, обращаясь к Зарецкому. – Обстрелянный солдат от ядра не пошевелится... Кто там еще отвесил поклон?

– Нефедьев, ваше благородие! – отвечал унтер-офицер.

– Так и есть – рекрут! Эй ты, Нефедьев! зачем нагибаешь голову?

– Ядро, ваше благородие.

– А какое тебе до него дело, болван? Чего ты боишься?

– Убьет, ваше благородие!

---

[59] Всегда в обороне (фр.)

– Убьет, дуралей! Слушай команду, а убьет – не твоя беда, Ахти! никак, это ведут капитана третьей роты? Ну, видно, его порядком зацепило!

Два солдата подвели к колонне офицера, обрызганного кровью; он едва мог переступать и переводил дух с усилием.

– Вы ранены? – сказал полковник.

– И, кажется, смертельно! – отвечал едва слышным голосом капитан. – Прикажите подкрепить наших стрелков: французы одолевают.

– А что майор?

– Убит.

– А капитан Белов?

– Убит.

– А брат мой? – спросил робко Сицкой.

– Убит.

– Убит! – повторил молодой офицер, побледнев как смерть. С полминуты он молчал; потом вдруг глаза его засверкали, румянец заиграл в щеках; он оборотился к полковнику и сказал:

– Степан Николаевич! сделайте милость – бога ради! позвольте мне в стрелки.

– Хорошо, ступайте с первой ротою, – сказал полковник, взглянув с приметным состраданием на молодого офицера. – Вторая и первая рота – в стрелки! Зарядьев! вы примите команду над всей нашей цепью... Барабанщик – поход!

– Становись! – скомандовал Зарядьев. – Да смотри, у меня в воробьев не стрелять! Метить в полчеловека! Перекрестись! Ну, ребята, с богом – марш! прощай, Зарецкой!

– Прощай, братец! Я также отправляюсь к моему эскадрону. Может быть, и до нас дело скоро дойдет.

Уже более пяти часов продолжалось сражение; несколько раз стрелки наши то сбивали неприятельскую цепь и дрались на противуположном берегу речки; то, прогоняемые на нашу сторону, продолжали перестрелку в нескольких шагах от колонн своих. Канонада не умолкала ни на минуту с обеих сторон; но наша и неприятельская конница оставались в бездействии. В то самое время, как Зарецкой начинал думать, что на этот раз эскадрон его не будет в деле, которое, по-видимому, не могло долго продолжаться, подскакал к нему Рославлев.

– Ну, Александр! – сказал он, – с богом! Тебе ведено переправиться через речку и атаковать с фланга неприятельских стрелков.

– Насилу о нас вспомнили!.. Фланкеры! осмотреть пистолеты! Сабли вон.

– Ты должен прикрывать отступление стрелков третьей колонны, – продолжал Рославлев. – Им становится уж больно тяжело. Бедняжки дерутся часов пять сряду.

– Жив ли наш приятель Зарядьев? Ведь он, кажется, ими командует?

– А вот сейчас узнаю: я еду к нему с приказанием, чтоб он понемногу отступал к нашей передовой линии. Смотри, Александр, налети соколом, чтоб эти французы не успели опомниться и дали время Зарядьеву убраться подобру-поздорову на нашу сторону.

– А вот что бог даст. По три налево заезжай – рысью марш!

Зарецкой с своим эскадроном принял направо, а Рославлев пустился прямо через плотину, вдоль которой свистели неприятельские пули. Подъехав к мельнице, он с удивлением увидел, что между ею и мучным амбаром, построенным также на плотине, прижавшись к стенке, стоял какой-то кавалерийской офицер на вороной лошади. Удивление его исчезло, когда он узнал в этом храбром воине – князя Блесткина.

– Что вы, сударь, здесь делаете? – спросил Рославлев, остановя свою лошадь.

– Ах! это вы? – вскричал Блесткин с самой вежливой улыбкою.

– Да, сударь, это я. А вы зачем здесь?

– Меня послал генерал взглянуть, что делается в передовой цепи.

– И вы для этого спрятались за этот амбар? Немного вы отсюда увидите.

– Что ж мне делать с этой проклятой лошадью? – сказал Блесткин. – Она не хочет ни вперед идти, ни стоять на плотине.

Он дал шпоры своему английскому жеребцу, который в самом деле запрыгал на одном месте и, казалось, не хотел никак отойти от стены.

– Ну вот видите?

– Да, я вижу, – перервал Рославлев, – что вы изо всей силы тянете ее за мундштук; но дело не в том: я очень рад, что вас встретил. Вы, кажется, вчера вызывали меня на дуэль?

– Неужели?.. Может быть, я погорячился... но я, право, не помню.

– Да я не забыл. Выезжайте, сударь, на плотину.

– Помилуйте! что вы хотите делать?

– Ничего. Я хочу вам показать, какого рода дуэли позволительны в военное время. Ну что ж? долго ли мне дожидаться? Да ослабьте поводья, сударь! она пойдет... Послушайте, Блесткин! Если ваша лошадь не перестанет упрямиться, то я сегодня же скажу генералу, как вы исполняете его приказания.

– Однако ж, господин Рославлев, – сказал Блесткин, выехав на плотину, – позвольте вам заметить: этот начальнический тон...

– Не о тоне речь, сударь. Вы посланы к стрелкам, я также: не угодно ли вам прогуляться со мною по нашей цепи.

– Помилуйте! мы оба верхами.

– Так что ж!

– Все неприятельские стрелки станут в нас метить.

– В том-то и дело. Ведь вы сами вызвали меня на дуэль. Правда, мы не будем стрелять друг в друга; но это ничего: за нас постараются французы.

– Помилуйте, что это за дуэль?

– Мне некогда вам доказывать, что этот поединок стоит того, который вы мне вчера предлагали. Извольте ехать.

– Но, господин Рославлев...

– Ни слова более! или я стану везде и при всех называть вас трусом. Мне кажется, ваша лошадь не очень боится шпор. Позвольте! – Рославлев ударил нагайкою лошадь Блесткина и выскакал вместе с ним на другой берег речки.

Перед ними открылось обширное поле, усыпанное французскими и нашими стрелками; густые облака дыма стлались по земле; вдали, на возвышенных местах, двигались неприятельские колонны. Пули летали по всем направлениям, жужжали, как пчелы, и не прошло полминуты, одна пробила навылет фуражку Рославлева, другая оторвала часть воротника Блесткиной шинели.

– Вперед, сударь, вперед! – кричал Рославлев, понукая нагайкою лошадь несчастного князя, который, бледный как полотно, тянул изо всей силы за мундштук. – Прошу не отставать; вот и наша цепь. Эй, служба! – продолжал он, подзывая к себе солдата, который заряжал ружье, – где капитан Зарядьев?

– – Вон в этих кустах, ваше благородие!

– Позови его сюда. А мы с вами, господин Блесткин остановимся здесь, на этом бугорке; отсюда и мы будем приметнее, и нам будет все виднее.

– Помилуйте, Рославлев! – вскричал отчаянным голосом Блесткин, – за что же вы хотите сделать из нас цель для французов?

– Ого, господин дуэлист! вы трусите? Постойте, я вас отучу храбриться некстати. Куда, сударь, куда? – продолжал Рославлев, схватив за повод лошадь Блесткина. – Я не отпущу вас, пока не заставлю согласиться со мною, что одни ничтожные фанфароны говорят о дуэлях в военное время.

– Я не спорю... может быть...

– Нет, постойте! не может быть; я вам докажу это.

– Боже мой! посмотрите, в нас целят.

– Так что ж? Пускай целят. Не правда ли, что порядочный человек и храбрый офицер постыдится вызывать на поединок своего товарища в то время, когда быть раненным на дуэли есть бесчестие?..

– Ну хорошо, положим, что правда...

– Постойте! Не правда ли, что одному только фанфарону, не понимающему, что такое истинная храбрость, позволительно насмехаться над тем, кто отказывается от дуэли за несколько часов до сражения?

– Конечно, конечно... я согласен... Боже мой! что это?..

– Ничего, это рикошетное ядро. Согласитесь, что тот, кто боится умереть в деле против неприятеля, ищет случая быть раненным на дуэли для того, чтоб пролежать спокойно в обозе во время сражения...

Вдруг шагах в пяти от них раздался пронзительный свист; что-то запрыгало по пенькам и кочкам и обрызгало грязью обоих офицеров.

– Это что такое? – вскричал с ужасом Блесткин.

– Ничего, это картечь. Согласитесь, что Зарецкой должен был отвечать одним презрением на ваш вызов, что ему вовсе не нужно...

– Ах, боже мой! я ранен! – вскричал Блесткин.

– Ничего. Вам оцарапало только щеку и оторвало половину уха. Согласитесь, что Зарецкому вовсе не нужно было доказывать над вами свою храбрость, что он...

– Ради бога, Рославлев!.. Я на все согласен...

– Вот, кажется, идет Зарядьев? Ну, теперь вы можете ехать, только постарайтесь встречаться со мною как можно реже. Я вам скажу откровенно: вы мне гадки. Прощайте!

Рославлев выпустил из рук поводья; Блесткин пришпорил свою лошадь и помчался, как из лука стрела, к нашим резервам.

– Эге! – сказал Зарядьев, подойдя к Рославлеву, – кто это дал отсюда такого стречка? Посмотри-ка, словно птица летит.

– Это Блесткин.

– Нет, шутишь? И он здесь был вместе с тобою? Да разве его на аркане сюда притащили?

– Разумеется, поневоле. Я расскажу тебе об этом на просторе, а теперь изволь-ка убираться отсюда с своими стрелками.

– Да, нечего сказать, пора! Нас порядком поубавилось. Эй! барабанщик, сбор!

– Много убито офицеров?

– Да не осталось и половины.

– А что этот молодой прапорщик?.. Как бишь его зовут?.. Такой милый, скромный...

– Сицкой?

– Да.

– Вот здесь в кустах, лежит рядышком с своим братом.

– Убит? Как жаль!

– Ну, братец, как-то бог и остальных вынесет. Ведь как мы начнем ретироваться, так французы нам кланяться не станут; посмотри, какие будут проводы.

– Не беспокойся! Зарецкой с своим эскадроном сделает диверсию и станет прикрывать ваше отступление... Вон видишь? Он заезжает во фланг французским стрелкам.

– Вижу. А видишь ли ты – немного полевее?..

– Что это? Никак, неприятельская конница?

– Да кажется, что так. Нет, братец! Зарецкому будет не до меня. Делать нечего, пришлось одному отгрызаться. Рассыпанные меж кустов и по полю стрелки стали сбираться вокруг барабанщика, и Зарядьев, несмотря на сильный неприятельский огонь, командуя как на ученье, свернул человек четыреста оставшихся солдат в небольшую колонну.

– Смотрите, – сказал он, – слушать команду, равняться, идти в ногу, а пуще всего не прибавлять шагу. Тихим шагом – марш! Рославлев, который ехал в голове ретирующейся колонны, не спускал глаз с эскадрона Зарецкого.

– Ну, Зарядьев! – сказал он, – помоги бог нашему приятелю! Смотри, смотри! Вон несутся на него французские латники. Боже мой! да их, кажется, эскадрона два или три!

– Не бойся, братец! Бой будет равный. Видишь, один эскадрон принимает направо, прямехонько на нас. Милости просим, господа! мы вас попотчеваем! Смотри, ребята! без приказа не стрелять, задним шеренгам передавать передней заряженные ружья; не торопиться и слушать команды. Господа офицеры! прошу быть внимательными. По первому взводу строй каре!

В одну минуту из небольшой густой колонны составилось порядочное каре, которое продолжало медленно подвигаться вперед. Меж тем неприятельская конница, как громовая туча, приближалась к отступающим. Не доехав шагов полутораста до каре, она остановилась, раздалась громкая команда французских офицеров, и весь эскадрон латников, подобно бурному потоку, ринулся на небольшую толпу бесстрашных русских воинов.

– Погодите, голубчики! – сказал Зарядьев, – мы вас шарахнем! Каре, стой! Вполоборота налево... первый плутонг – клац-пли!

Густое облако дыма скрыло на минуту неприятельскую кавалерию; но, по-видимому, этот первый залп не очень ее расстроил, и когда дым рассеялся, то французские латники были уже недалее пятидесяти шагов от каре.

– Третий плутонг, – скомандовал Зарядьев, – клац-пли! Пятой плутонг – клац-пли! Я думаю, – продолжал он, – этого будет с них довольно.

В самом деле, когда можно стало различать сквозь дым окружные предметы, Рославлев увидел, что неприятельской эскадрон, совершенно расстроенный, принял направо, оставив на одном месте более пятидесяти убитых лошадей и солдат.

– Ну, это дело кончено! – сказал Зарядьев. – Теперь вперед. Во фрунт – марш!

– Ай да молодец! – вскричал Рославлев. – Славно отделался!

– Отделался, да не совсем, – перервал капитан с приметным неудовольствием. – Посмотри-ка! кто это заезжает к нам в тыл?

– Еще конница?

– То-то и дело, что нет – провал бы ее взял, проклятую! Так и есть! конная артиллерия. Слушайте, ребята! если кто хоть на волос высунется вперед – боже сохрани! Тихим шагом!.. Господа офицеры! идти в ногу!.. Левой, правой!.. раз, два!..

Три ядра, одно за другим, прогудели над головами солдат; четвертое попало в самую средину каре.

– Не прибавляй шагу! – закричал Зарядьев. – Примкни! Передний фас, равняйся!.. В ногу!.. Заболтали!.. Вот я вас... Стой!

Каре остановилось; еще несколько ядер выхватило человек пять из заднего фрунта, который приметным образом начал колебаться.

– Не шевелиться! – закричал громовым голосом Зарядьев, – а не то два часа продержу под ядрами. Унтер-офицеры, на линию! Вперед – равняйся! Стой!.. Тихим штагом – марш!

– Послушай, Зарядьев! – сказал вполголоса Рославлев, – ты, конечно, хочешь показать свою неустрашимость: это хорошо; но заставлять идти в ногу, выравнивать фрунт, делать почти ученье под выстрелами неприятельской батареи!.. Я не назову это фанфаронством, потому что ты не фанфарон; но, воля твоя, это такой бесчеловечной педантизм...

– Эх, братец! убирайся к черту с своими французскими словами! Я знаю, что делаю. То-то, любезный, ты еще молоденек! Когда солдат думает о том, чтоб идти в ногу да равняться, так не думает о неприятельских ядрах.

– Положим, что так; но для чего вести их тихим шагом?

– А ты бы, чай, повел скорым? Нет, душенька! от скорого шагу до беготни недалеко; а как побегут да нагрянет конница, так тогда уже поздно будет командовать. Однако ж взгляни-ка налево: кажется, наш приятель Зарецкой делает то же, что мы.

В самом деле, Зарецкой, атакованный двумя эскадронами латников, после жаркой схватки скомандовал уже: "По три налево кругом – заезжай!" – как дивизион русских улан подоспел к нему на помощь. В несколько минут неприятельская кавалерия была опрокинута; но в то же самое время Рославлев увидел, что один русской офицер, убитый или раненый, упал с лошади.

– Боже мой! – вскричал он, – это, кажется, Зарецкой? Так точно, это его серая лошадь!..

– И, братец! – перервал Зарядьев, – мало ли серых лошадей... Да постой, куда ты? Но Рославлев, не слушая его слов, приударил нагайкою свою лошадь и полетела ту сторону, где происходило кавалерийское дело.

Когда Рославлев стал приближаться к нашей коннице, то неприятельская, подкрепленная свежими войсками, построилась снова в боевой порядок, и между обеих кавалерийских колонн начали разъезжать и показывать свое удальство фланкеры обеих сторон. Один французский конной егерь, сшибя с лошади сабельным ударом русского гусара, подскакал шагов на десять к Рославлеву и выстрелил по нем из пистолета. Сгоряча Рославлев едва почувствовал, что ему как будто бы обожгло левую руку; он подъехал к гусарам, и первый офицер, его встретивший, был Зарецкой.

– Слава богу! – вскричал Рославлев, – ты жив! А мне показалось издали...

– Да, Владимир! я жив и даже не ранен; но поручика моего французы отправили на тот свет. Жаль! славный был малой. Да постой-ка: что у тебя рука? Ты ранен.

– Ранен? неужели?

– Да, и, кажется, не на шутку; надобно скорей перевязать твою руку.

– Сейчас прискакал с приказом адъютант, – -сказал уланской ротмистр, подъехав к гусарам. – Нам велено отретироваться за передовую нашу линию.

– Эй, Трощенко! – закричал Зарецкой, – труби аппель![60] Да, кажется, и французы устали уж драться, – продолжал он, посматривая вперед, – их цепь начинает очень редеть, и канонада почти совсем утихла.

– На нашем фланге утихла, – прибавил улан, – а слышите ли, на левом какая еще идет жарня?

Гусарской эскадрон примкнул к уланам, переправился, не будучи преследуем неприятелем, через речку в то самое время, как Зарядьев, потеряв еще несколько солдат, присоединился благополучно к своей колонне. Зарецкой, сдав на несколько времени команду старшему по себе, проводил Рославлева до обоза, расположенного в полуверсте от наших резервов. На каждом шагу встречались им раненые; все лекаря были заняты. Прождав около четверти часа подле огонька, разложенного между фур, Зарецкой вскричал наконец с нетерпением:

– Да что ж это до сих пор не отыщут нашего полкового лекаря? Я боюсь, не раздроблена ли у тебя кость!

– А вот увидим-с, – сказал, подходя к ним, человек небольшого роста, с широким красным лицом и прищуренными глазами. – Позвольте-с!

– Насилу пришел! – сказал Зарецкой. – Мы с полчаса тебя дожидаемся.

– Сейчас, сударь, сейчас! Что, батюшка, Владимир Сергеевич, и вас зацепило? Эге-ге!.. подле самого локтя!.. Постойте-ка... Ого-го!.. Навылет! Ну, изрядно-с! Да не извольте скидать сюртука; мы лучше распорем рукав. Эй, Швалев! – продолжал он, обращаясь к полковому фельдшеру, который стоял позади его с перевязками, – разрежь рукав, а я меж тем приготовлю инструменты.

– А что? – спросил Зарецкой, – разве ты думаешь, что надобно будет?..

– Не могу доложить-с, – отвечал лекарь, перебирая свой хирургический портфель, – а вряд ли дело обойдется без ампутации! Да не беспокойтесь, я взял новые инструменты: это минутное дело.

---

[60] сбор! от (фр.) appel.

— Помилуй, братец! — вскричал Зарецкой, — что у тебя за страсть резать руки? Будет в тебя: я думаю, сегодня ты их с полдюжины отрезал.

— С полдюжины?.. Нет, сударь! прошу не прогневаться, — возразил с гордостию обиженный хирург, — поболее будет полдюжины! Швалев! сколько мы сегодня отпилили рук?

— Одиннадцать, ваше благородие!

— Врешь, дурак! Двенадцать рук и три ноги; всего пятнадцать операций в один день. Нечего сказать, славная практика-с! Ну, Владимир Сергеич, позвольте теперь. Да не бойтесь, я хочу только зондировать вашу рану.

После минутного молчания, в продолжение которого Зарецкой не спускал глаз с своего друга, лекарь объявил, что, по-видимому, пуля не сделала никакого важного повреждения.

— Ну, Владимир Сергеич, — прибавил он, — поздравляю вас! Кажется, вы останетесь с рукою, а если б на волосок пониже, то пришлось бы пилить... Впрочем, это было бы короче – минутное дело; да оно же и вернее.

— Спасибо, Иван Иванович! — сказал, улыбаясь, Рославлев. — Так и быть, я уж рискну остаться с рукою.

— Как угодно-с. Только я советую вам отсюда уехать. Во всяком случае, рана ваша требует частой перевязки, а мы двух дней не постоим на одном месте, так трудненько будет-с наблюсти аккуратность.

— В самом деле, — сказал Зарецкой, — ступай лечиться к своей невесте. Видишь ли, мое предсказание сбылось: ты явишься к ней с Георгиевским крестом и с подвязанной рукою. Куда ты счастлив, разбойник! Ну, что за прибыль, если меня ранят? К кому явлюсь с распоранным рукавом? Перед кем стану интересничать? Перед кузинами и почтенной моей тетушкой? Большая радость!.. Но вот, кажется, и на левом фланге угомонились. Пора: через полчаса в пяти шагах ничего не будет видно.

Сраженье прекратилось, и наш арьергард, отступя версты две, расположился на биваках. На другой день Рославлев получил увольнение от своего генерал и, найдя почтовых лошадей в Вязьме, доехал благополучно до Серпухова. Но тут он должен был поневоле остановиться: рука его так разболелась, что он не прежде двух недель мог отправиться далее, и наконец 26 августа, в день знаменитого Бородинского сражения, Рославлев переменил в последний раз лошадей, не доезжая тридцати верст от села Утешина.

ГЛАВА V

Размытая проливными дождями проселочная дорога, по которой ехал Рославлев вместе со своим слугою, становилась час от часу тяжелее, и, несмотря на то, что они ехали в легкой почтовой тележке, усталые лошади с трудом тащились шагом. Солнце уже садилось, последние лучи его, догорая на ясных небесах, золотили верхи холмов, покрытых желтой нивою. Позади наших путешественников и над их головами не было заметно ни одного облачка; но душный воздух, стеснял дыхание, и впереди, из-за густого леса, подымались черные тучи.

– Ну, сударь, будет гроза! – сказал Егор, поглядывая робко вперед. – Посмотрите, какие оттуда лезут тучи... Ух, батюшки!.. одна другой страшнее!

– Недаром сегодня так парило, – примолвил извозчик. – Вон и ласточки низко летают – быть грозе!

– А далеко ли еще до Утешина? – спросил Рославлев.

– Верст пятнадцать – поболе будет.

– Только-то? – сказал Егор. – Так ступай скорее: долго ли пропахнуть пятнадцать верст.

– И рад бы ехать, да вишь дорога-то какая. Чему и быть: уж с неделю места, дождик так ливмя и льет.

– Может быть, впереди дорога лучше.

– Куда лучше! Версты за три до села, слышь ты, так благо, что вовсе проезда нет.

– Да нет ли другой дороги? – спросил Рославлев.

– Бают, что лесом есть объезд. Кабы было у кого поспрошать, так можно бы; а то дело к ночи: запропастишься так, что животу не рад будешь.

– Постой! – вскричал Егор. – Вон там, подле леса, едет кто-то верхом. Догоняй-ка его: может статься, он здешний. Ямщик приударил лошадей, и через несколько минут, подъехал к частому сосновому бору, они догнали верхового, который, в провожании двух борзых собак, ехал потихоньку опушкой леса.

– Владимир Сергеич! – сказал Егор, – да это никак, ловчий Николая Степановича Ижорского? Ну, так и есть, он! Эй, Шурлов! здравствуй, любезный!

Охотник оглянулся, повернул свою лошадь и подъехав к телеге, вскрикнул:

– Что это? Ах, батюшка, Владимир Сергеич это вы?

– Как ты сюда заехал, Архипыч? Зачем? – спросил Егор.

– А вот видишь, зачем, – отвечал Шурлов показывая на двух зайцев, которые висели у него в тороках.

– Ну что, братец, все ли у вас благополучно? – спросил с приметной робостию Рославлев. – Все ли здоровы?..

– Все, слава богу, батюшка, то есть Прасковья Степановна и обе барышни; а об нашем барине мы ничего не знаем. Он изволил пойти в ополчение да и все наши соседи – кто уехал в дальние деревни кто также пошел в ополчение. Ну, поверите ль, Владимир Сергеич, весь уезд так опустел, что хоть шаром покати. А осень-та, кажется, будет знатная! да так-ни за копейку пропадет: и поохотиться некому.

– Послушай, брат, – перервал Егор. – где у вас объезд лесом? А то, говорят, дорога-то к селу больно плоха.

– Да так-то плоха, что и сказать нельзя. Объездим лучше; а все, как станете подъезжать к селу так – не роди мать на свете!.. грязь по ступицу. Вот я поеду подле вас да укажу, где надо своротить с дороги.

Ямщик тронул лошадей, и наши путешественники дотащились шагом вперед.

– Ну, сударь, – продолжал Шурлов – не чаяли мы так скоро вас видеть. Да что это? никак, у вас рука подвязана?

– Да: я ранен.

– Слава богу, что еще в руку, батюшка. А, чай сколько голов легло под одним

91

Смоленском? Ну, сударь, прогневался на нас господь! Тяжкие времена! Вот хоть через наш уезд, уж ехало, ехало смоленских обывателей. Сердечные! в разор разорены! Поглядишь на иного помещика: едет, родимый, с женой да с детьми, а куда? и сам не знает. Верите ль богу, сердце изныло, глядя на их слезы; и как гоняют мимо нас этих пленных французов, то вот так бы их, разбойников, и съел! Эх, сударь!.. А Прасковья-то Степановна... бог ей судья!

– Что такое?..

– Не вам бы слушать, и не мне бы говорить! Ведь она родная сестрица нашего барина, а посмотрите-ка, что толкуют о ней в народе – уши вянут!.. Экой срам, подумаешь!

– Ты пугаешь меня!.. Да что такое?

– Помните ли, сударь, месяца два назад, как я вывихнул ногу – вот, как по милости вашей прометались все. собаки и русак ушел? Ах, батюшка, Владимир Сергеич, какое зло тогда меня взяло!.. Поставил родного в чистое поле, а вы... Ну, уж честил же я вас – не погневайтесь!..

– Хорошо, братец, хорошо; но дело не о том...

– Ну, вот, сударь! Я провалялся без ноги близко месяца; вы изволили уехать; заговорили о французах, о войне; вдруг слышу, что какого-то заполоненного француза привезли в деревню к Прасковье Степановне. Болен, дискать, нельзя гнать с другими пленными! Как будто бы у нас в городе и острога нет...

– А, это тот раненый полковник...

– А черт его знает – полковник ли он или нет! Они все меж собой запанибрата; платьем пообносились, так не узнаешь, кто капрал, кто генерал. Да это бы еще ничего; отвели б ему фатеру где-нибудь на селе – в людской или в передбаннике, а то – помилуйте!.. забрался в барские хоромы да захватил под себя всю половину покойного мужа Прасковьи Степановны. Ну, пусть он полковник, сударь; а все-таки француз, все пил кровь нашу; так какой, склад русской барыне водить с ним компанию?

– Послушай, Шурлов: и бог велит безоружного врага миловать, а особливо когда он болен.

– Да уж он, сударь, давным-давно выздоровел. И посмотрите, как отъелся; какой стал гладкой – пострел бы его взял! Бык быком! И это бы не беда: пусть бы он себе трескал, проклятый, да жирел вволю – черт с ним! Да знай сверчок свой шесток; а то срамота-то какая!.. Ведь он ни дать ни взять стал нашим помещиком.

– Как помещиком?

– Да так же! Расхаживает себе по хоромам из комнаты в комнату, курит из господской пенковой трубки, которую покойник берег пуще своего глаза. Подавай ему того, другого; да как покрикивает на людей – словно барин какой. А как пойдет гулять по саду с барыней, так – господи боже мой! подбоченится, закинет голову... Ну черт ему не брат! Я старик, а и во мне кровь закипит всякой раз, как с ним повстречаюсь – так руки и зудят! Ух, батюшки!.. Кабы воля да воля, хватил бы его рожном по боку, так перестал бы кочевряжиться! подумаешь, сколько, чай, сгубил он православных, а русская барыня на руках его носит!

– Полно, Шурлов, не сердись. Если он выздоровел, то, конечно, должно его отправить в город; я по-говорю об этом.

– Поговорите, батюшка, а то, знаете ли? не ладно, видит бог, не ладно! На селе все мужички стали меж собой калякать: "Что, дискать, это? Уж барыня-то наша не изменница ли какая? Поит и кормит злодеев наших". И анагдась так было расшумаркались, что и приказчик места не нашел. "Что, дискать, этому нехристю смотреть в зубы? в колья его, ребята!" Уж кое-как уговорил их батька Василий. Правда, с тех пор француз и носу не смеет на улицу показывать; а барыня стала такая ласковая с отцом Васильем: в неделю-то раз пять он обедает на господском дворе. Ох, батюшка! недаром это! Знаете ли, какой слух недавно прошел в народе?.. Страшно вымолвить!

– А что такое?

– Говорят... не дай господи согрешить напрасно! – продолжал Шурлов, понизив голос. – Говорят, будто бы старая-то барыня хочет выйти замуж за этого француза.

– Какой вздор!

– Может статься, и вздор, батюшка; да ведь глотки никому не заткнешь; и власть ваша, а дело на то походит. Палагея Николавна – невеста ваша, да она недавно куда ж больна была, сердечная!

– Что ты говоришь?

– Да, сударь, захворала было не на шутку; но теперь, говорят, слава богу, оправилась и стала повеселей. Ольга Николавна, как слышно, не очень изволит жаловать этого француза; так на кого и подумать, как не на старую барыню. А она же, как говорят, ни пяди от него не отстает и по-французскому вот так и сыпет; день-деньской только и слышут люди: мусьё да мусьё, мадам да мадам, шушуканье да шепотня с утра до вечера. Ну, воля ваша, а это все не к добру! Ведь бес-то силен, батюшка! долго ль до греха! Да и проклятый француз... такая диковинка!.. Видали мы всяких мусьёв и учителей: всё народ плюгавый, гроша не стоит; а этот пострел, кажется, француз, а какой бравый детина!.. что грех таить, батюшка, стоит русского молодца. Вот вы смеетесь, Владимир Сергеич? А смотрите, чтоб не пришлось нам всем плакать.

– Не бойся, Шурлов: ты не знаешь, почему Прасковья Степановна так ласкова с этим французом: ведь они давно уже знакомы.

– Вот что?.. Ну это как будто бы полегче; а все лучше, если бы его отправили к команде. Не то время, Владимир Сергеич! Чай, слыхали пословицу: "Дружба дружбой, а служба службой"! А ведь чем же нам и послужить теперь государю, как не тем, чтоб бить наповал эту саранчу заморскую. Был, батюшка, и на их улице праздник: поили их, кормили, приголубливали, а теперь пора и в дубьё принять. Ну вот, Владимир Сергеич, и поворот, – продолжал старый ловчий, остановив свою лошадь. – Извольте ехать прямо по этой просеке до песочного врага; держитесь все правой руки, а там пойдет дорога налево; как поравняетесь с деревянным крестом – изволите знать, что в сосновой роще?

– Как не знать? – подхватил Егор. – Ведь ты говоришь про тот крест, что поставлен над могилою приказчика Терентьича, которого еще в пугачевщину на этом самом месте извели казаки?

– Ну да.

– Эх, брат! место-то неловкое. Говорят, будто бы по ночам видали, что перед крестом теплится: свечка и сидит сам покойник.

– Слыхать-то об этом и я слыхал, а сам не видывал. От креста вы проедете еще версты полторы, а там выедете на кладбище; вот тут пойдет опять плохая дорога, а против самой кладбищенской церкви – такая трясина, что и боже упаси! Забирайте уж лучше правее; по пашне хоть и бойко, да зато не увязнете. Ну, прощайте, батюшка, Владимир Сергеич!

– А ты куда, Шурлов?

– Я неподалеку отсюда переночую у приятеля на пчельнике. Хочется завтра пообшарить всю эту сторону; говорят, будто бы здесь третьего дня волка видели. Прощайте, батюшка! с богом! Да поторапливайтесь, а не то гроза вас застигнет. Посмотрите-ка, сударь, с полуден какие тучи напирают!

В самом деле, впереди все небо подернулось черными тучами, изредка сверкала молния, и хотя отдаленный гром едва был слышен, но листья шевелились на деревьях и воздух становился час от часу душнее. Шурлов повернул свою лошадь, подкликал собак и пустился рысью назад по дороге; а наши путешественники въехали в узкую просеку, которая шла в самую средину леса. Казалось, с каждым шагом вперед лес становился все темнее; кругом царствовала мертвая тишина. Несколько минут ничто не нарушало торжественного безмолвия ночи; путешественники молчали, колеса катились без шума по мягкой дороге, и только от времени до времени сухой валежник хрустел под ногами лошадей и раздавался легкой шорох от перебегающего через дорогу зайца.

– Эка ночка! – сказал наконец Егор. – Ну, сударь, дай бог нам доехать благополучно. Не знаю, как вы, а я начинаю побаиваться. Ну, если мы заплутаемся?

Рославлев не отвечал ни слова.

– Ох, эти объезды! – продолжал вполголоса Егор, посматривая робко во все стороны, – терпеть их не могу: того и гляди, заедешь туда, куда ворон и костей не заносил. Здесь, чай, и днем-то всегда сумерки, а теперь... – он поднял глаза кверху, – ни одной звездочки на небе, поглядел кругом – все темно: направо и налево сплошная стена из черных сосен, и кой-где высокие березы, которые, несмотря на темноту, белелись, как мертвецы в саванах. Прошло еще несколько минут, последний свет от потухающей зари исчез на мрачных небесах, покрытых густыми облаками, и наступила совершенная темнота. Ямщик слез с телеги и пошел пешком подле лошадей, которые, робко передвигая ноги, едва подавались вперед. С лишком час наши путешественники тащились шагом. Рославлев молчал, а Егор, чтоб ободрять себя, посвистывал и понукал лошадей.

– Ну, что ж ты заснул, братец! – сказал он наконец ямщику. – Садись да погоняй лошадей-та!

– Да, погоняй!.. А как наедешь на колоду. Вишь темнять какая!

– Так затяни песенку: все-таки будет повеселее.

– Коль ты охоч до песен, так пой сам.

– А ты что?

– Да!.. слышь ты, парень, до песен теперь! Только вынеси господь!.. Туда ли еще едем.

– Что ж ты за ямщик, коли не знаешь, куда едешь? Смотри, брат! Если ты завезешь нас в какую-нибудь трущобу, так добром со мной не разделаешься.

– Ой ли? Грози, брат, богатому – денежку даст, а с меня взятки-та гладки. Ведь я вам баил, что объезда не знаю.

– В самом деле, не заплутались ли мы? – спросил Рославлев.

– Небось, барин! Бог милостив; авось как-нибудь выберемся из леса. Только гроза-та нас застигнет; вон и дождик стал накрапывать.

Крупные дождевые капли зашумели меж листьев; заколебались вершины деревьев; ветер завыл, и вдруг все небо осветилось...

– Господи помилуй! – сказал, перекрестясь, Егор. – Экая молния, так и палит!

Сильный удар грома потряс все окрестности, и проливной дождь, вместе с вихрем, заревел по лесу. Высокие сосны гнулись, как тростник, с треском ломались сучья; глухой гул от падающего рекой дождя, пронзительный свист и вой ветра сливались с беспрерывными ударами грома. Наши путешественники при блеске ежеминутной молнии, которая освещала им дорогу, продолжали медленно подвигаться вперед.

– Постой-ка, – сказал ямщик Егору, – уж не овраг ли это? Придержи-ка, брат, лошадей, а я пойду посмотрю.

Он сделал несколько шагов вперед меж частого кустарника и закричал:

– Ну так и есть – овраг!

– Посмотри, Егор! – сказал Рославлев, – мне показалось, что молния осветила вон там в стороне деревянный крест. Это должна быть могила Терентьича – видишь? прямо за этой сосной?

– Вижу, сударь, вижу!.. – отвечал Егор прерывающимся от страха голосом. – А видите ли вы?..

– Что такое?..

– Посмотрите, посмотрите!.. вон опять!.. Господи, помилуй нас грешных!..

Молния снова осветила крест, и Рославлеву показалось, что кто-то в белом сидит на могиле и покачивается из стороны в сторону.

– Что б это значило? – спросил он, слезая с телеги. – Надобно подойти поближе.

– Что вы? Христос с вами! – вскричал Егор, схватив за руку своего господина. – Разве не видите, что это сам покойник в саване.

В продолжение этого короткого разговора все утихло: дождь перестал идти, и ветер замолк. С полминуты продолжалась эта грозная тишина, и вдруг ослепительная молния, прорезав черные тучи, рассыпалась почти над головами наших путешественников. Рославлев и Егор, оглушенные ужасным треском, едва устояли на ногах, а лошади упали на колени. В двадцати шагах от них, против самого креста, задымилась сосна; тысячи огненных змеек пробежали по ее сучьям; она вспыхнула, и яркое пламя осветило всю окружность. Дождь снова полился, и ветер забушевал между деревьями. Несмотря на просьбы своего слуги, Рославлев подошел к могиле; ни на ней, ни подле нее никого не было; но что-то похожее на человеческий хохот сливалось вдали с воем ветра. Когда он возвратился к телеге, ямщик стоял возле лошадей, которые дрожали, форкали и жались одна к другой.

– Что делать, батюшка? – сказал ямщик, – лошадки-то больно напугались. Смотри-ка, сердечные, так дрожкой и дрожат. Уж не переждать ли нам здесь? А то, сохрани господи, шарахнутся да понесут по лесу, так косточек не сбережешь.

– Пожалуй, переждем, – сказал Рославлев. – Кажется гроза начинает утихать.

95

– Ну что, сударь? – спросил Егор, – вы подходили к могиле?

– Там никого нет.

– Помилуйте! Да разве мы не видали?

– Нам это показалось или, может быть... но в такую грозу... среди леса... Нет, мы, верно, приняли какой-нибудь березовый пенек за человека.

Егор покачал головою и не отвечал ничего. Более получаса продолжалась гроза; наконец все стало утихать; но впереди сверкала молния и сбирались новые тучи. Путешественники двинулись вперед. Узкая, извилистая дорога, по которой и днем не без труда можно было ехать, заставляла их почти на каждом шаге останавливаться; колеса поминутно цеплялись за деревья, упряжь рвалась, и ямщик стал уже громко поговаривать, что в село Утешино нет почтовой дороги, что в другой раз он не повезет никого за казенные прогоны, и даже обещанный рубль на водку утешил его не прежде, как они выехали совсем из леса.

– Вот, кажется, кладбищная церковь? – сказал Рославлев, указывая на белое здание, которое при свите блеснувшей молнии отделилось от группы деревьев, его окружающих.

– А за ним полевее, – перервал Егор, – должно быть село. Верно, все спят! Ни одного огонька не видно. Я думаю, уж поздно, сударь?

Рославлев вынул часы, подавил репетицию; она пробила одиннадцать часов и три четверти.

– Скоро полночь.

– Так, верно, теперь и на барском дворе почивают. Не проехать ли нам, сударь, в дом к Николаю Степановичу?!

– Нет: может быть, они еще не ложились. Эй! ямщик! ступай скорей! Я дам еще рубль на водку. Ямщик погнал лошадей; но они едва могли бежать рысью по грязной дороге, которая с каждым шагом становилась хуже. Вот наконец путешественники доехали до кладбища. Поравнявшись с группою деревьев, которая стрех сторон закрывала церковь, извозчик позабыл о том, что советовал им старый ловчий, – не свернул с дороги: колеса телеги увязли по самую ступицу в грязь, и, несмотря на его крики и удары, лошади стали. Пробившись с четверть часа на одном месте, он объявил решительно, что без посторонний помощи они никак не выдерутся из грязи.

– Делать нечего, сударь! – сказал Егор, – оставайтесь здесь, а я сбегаю за народом.

– Ступай на мельницу: она в двух шагах отсюда.

– В самом деле! Ведь на ней живет вся семья Архипа-мельника. Подождите, сударь, мигом слетаю.

У нас в России почти каждая деревня имеет свои изустные предания о колдунах, мертвецах и привидениях, и тот, кто, будучи еще ребенком, живал в деревне, верно, слыхал от своей кормилицы, мамушки или старого дядьки, как страшно проходить ночью мимо кладбища, а особливо когда при нем есть церковь. русской крестьянин, надев солдатскую суму, встречает беззаботно смерть на неприятельской батарее или, не будучи солдатом, из одного удальства пробежит но льду, который гнется под его ногами; но добровольно никак не решится пройти ночью мимо кладбищной церкви; а почему весьма натурально, что ямщик, оставшись один подле молчаливого барина, с приметным беспокойством посматривал на кладбище, которое расположено было шагах в пятидесяти от большой дороги.

Рославлев не понимал сам, что происходило в душе его; он не мог думать без восторга о своем счастии, и в то же время какая-то непонятная тоска сжимала его сердце; горел нетерпением прижать к груди своей Полину и почти радовался беспрестанным остановкам, отдалявшим минуту блаженства, о которой недели две тому назад он едва смел мечтать, сидя перед огнем своего бивака. Мы все любим предаваться надежде, верим слепо ее обещаниям, и почти всегда в ту самую минуту, когда она готова превратиться в существенность, боязнь и сомнение отравляют нашу радость. Не эту ли самую недоверчивость души к земному нашему счастию мы называем предчувствием, разумеется, если последствия его оправдают? В противном случае мы тотчас забываем, что сердце предсказывало нам горе и что это предвещание не сбылось. Погруженный в глубокую задумчивость, Рославлев не замечал, что несколько уже минут ямщик стоял неподвижно на одном месте и, дрожа всем телом, смотрел на кладбищную церковь.

– Барин! а барин!.. – прошептал он наконец трепещущим голосом, – что это такое?..

– Что ты, братец? – спросил Рославлев.

– Да неужели, батюшка, не слышите? Чу!.. Наше место свято!..

– Постой!.. в самом деле... церковное пение... Где ж это поют?..

– Как где? На кладбище. Вон опять!.. С нами крестная сила!.. Ох, неловко, кормилец!..

– Может быть, похороны?..

– Да разве, батюшка, по ночам кого отпевают?

– Это в самом деле странно!.. Побудь у лошадей! – сказал Рославлев, слезая с телеги и взяв под плечо свою саблю.

– Ах, батюшка барин!.. да как же я останусь-то один?

– Небось, братец: мертвецы через дорогу не перебегают, – сказал с улыбкою Рославлев.

– Глядь-ка, барин!.. – закричал ямщик, – глядь! вон и огонек в окне показался – свят, свят!.. Ух, батюшки!.. Ажно мороз по коже подирает!.. Куда это нелегкая его понесла? – продолжал он, глядя вслед за уходящим Рославлевым. – Ну, несдобровать ему!.. Экой угар, подумаешь!.. И молитвы не творит!..

Рославлев перелез через плетень, которым обнесено было кладбище. С трудом пробираясь между могил, он не слышал уже пения, но видел ясно, что внутренность церкви освещена; ему показалось даже, что в одном углу церковного погоста что-то чернелось и раздавался шорох, похожий на топот лошадей, которые не стоят смирно на одном месте. Чтоб заглянуть во внутренность церкви, надобно было непременно взойти на высокую паперть по крутой и узкой лестнице. Едва он успел шатнуть на первую ступеньку, как вдруг у самых ног его кто-то прохрипел диким голосом: "Тише ты! Не дави живых людей; я еще не умерла". Рославлев невольно отскочил назад и схватился за рукоятку своей сабли; но в ту же самую минуту блеснула молния и осветила сидящую на лестнице женщину в белом сарафане, с распущенными по плечам волосами. Она щелкала зубами, и глаза ее сверкали ужасным образом.

– Это ты, Федора? – сказал Рославлев, узнав сумасшедшую. – Что ты здесь делаешь?

– Вестимо что: пришла на похороны.

– Какие похороны?..

– Погляди в окно, так сам увидишь. Чу!.. слышишь? Поют со святыми упокой.

– Да, точно поют! Но это совсем не похоронный напев... напротив... мне кажется... – Рославлев не мог кончить: невольный трепет пробежал по всем его членам. Так он не ошибается... до его слуха долетели звуки и слова, не оставляющие никакого сомнения...

– Боже мой! – вскричал он, – это венчальный обряд... на кладбище... в полночь!.. Итак, Шурлов говорил правду... Несчастная! что она делает!..

– Те!.. тише!.. – перервала безумная. – Не кричи! помешаешь отпевать!.. Чу! слышишь, затянули вечную память!.. Да постой! куда ты? – продолжала она, схватив за руку Рославлева. – Подождем здесь; как вынесут, так мы проводим ее до могилы.

Рославлев, от которого сумасшедшая не отставала, вбежал на паперть и остановился у первого окна. Внутренность церкви была слабо освещена несколькими свечами, поставленными в паникадила; впереди амвона, перед налоем, стоял священник в полном облачении; против него жених и невеста, оба в венцах; а позади, подле самого окна, две женщины, закутанные в салопы. Казалось, одна из них горько плакала. Рославлев, к которому они так же, как невеста и жених, стояли спиною, не мог этого видеть, но слышал ее рыдания. Эти две женщины, без сомнения, Полина и Оленька. В женихе нетрудно было узнать по иностранному мундиру пленного французского полковника; но его невеста?.. Она не походит на Лидину... нет!.. эта тонкая талия, эти распущенные по плечам локоны! Боже мой!.. неужели Оленька?.. Вот священник берет жениха и невесту за руки, чтоб обвести вокруг налоя... они идут... поравнялись с царскими вратами... остановились... вот начинают доканчивать круг... свет от лампады, висящей перед Спасителем, падает прямо на лицо невесты... "Милосердый боже!.. Полина!!!" В эту самую минуту яркая молния осветила небеса, ужасный удар грома потряс всю церковь; но Рославлев не видел и не слышал ничего; сердце его окаменело, дыханье прервалось... вдруг вся кровь закипела в его жилах; как исступленный, он бросился к церковным дверям: они заперты. В совершенном неистовстве, скрежеща зубами, он ухватился за железную скобу; но от сильного напряжения перевязки лопнули на руке его, кровь хлынула ручьем из раны, и он лишился всех чувств.

Обряд венчанья кончился; церковные двери отворялись. Впереди молодых шел священник в провожании дьячка, который нес фонарь; он поднял уже ногу, чтоб переступить через порог, и вдруг с громким восклицанием отскочил назад: у самых церковных дверей лежал человек, облитый кровью; в головах у него сидела сумасшедшая Федора.

– Господи помилуй! Что это такое? – сказал священник. – Эй, Филипп! посвети!.. Боже мой! – продолжал он, – русский офицер!

– И весь пол в крови! – воскликнула Полина.

– Так что ж? – сказала Федора, устремив сверкающий взор на Полину. – Небось, ступай смелее! Чего тебе жалеть: ведь это русская кровь!

Дьячок нагнулся и осветил фонарем бледное лицо Рославлева.

– Праведный боже!.. Рославлев!.. – вскричала Оленька.

– Рославлев! – повторила ужасным голосом Полина. – Он жив еще?..

– Нет, умер! – перервала безумная. – Милости просим на похороны. – И ее дикий хохот заглушил отчаянный вопль Полины.

ГЛАВА VI

Часу в шестом утра, в просторной и светлой комнате, у самого изголовья постели, накоторой лежал не пришедший еще в чувство Рославлев сидела молодая девушка; глубокая, неизъяснимая горесть изображалась на бледном лице ее. Подле нее стоял знакомый уже нам домашний лекарь Ижорского; он держал больного за руку и смотрел с большим вниманием на безжизненное лицо его. У дверей комнаты стоял Егор и поглядывал с беспокойным и вопрошающим видом на лекаря.

– Слава богу! – сказал сей последний, – пульс начинает биться сильнее; вот и краска в лице показалась; через несколько минут он должен очнуться.

– Но как вы думаете, – спросила робким голосом молодая девушка, – этот обморок не будет ли иметь опасных последствий?

– Теперь ничего нельзя сказать, Ольга Николаевна! Если причиною обморока была только одна потеря крови, то несколько дней покоя... но вот, кажется, он приходит в себя...

– Я не могу долее здесь оставаться, – сказала Оленька, вставая, – но ради бога! если он будет чувствовать себя дурно, пришлите мне сказать... Несчастный!.. – Она закрыла руками лицо свое и вышла поспешно из комнаты.

– Побудь с своим барином, – сказал Егору лекарь, уходя вслед за Оленькой, – а я сбегаю в аптеку и приготовлю лекарство, которое подкрепит его силы.

Рославлев открыл глаза, привстал и с удивлением посмотрел вокруг себя.

– Что это?.. – спросил он тихим голосам. – Где я?

– В доме у Николая Степановича, сударь! – отвечал Егор, подойдя к постели.

– У какого Николая Степановича?..

– Ижорского, сударь!

– Ижорского?.. – повторял Рославлев. – Ах да, знаю!.. Ижорского!.. Но зачем мы здесь?.. когда приехали?.. Я ничего не помню... Постой!.. Мне кажется, вчера я заснул в телеге!.. Да! точно так!.. гроза... кладбище... сумасшедшая Федора... Боже мой!.. свадьба! Ах, Егор! какой я видел страшный сон!

Егор поглядел с сожалением на своего господина и, покачав печально головою, сказал:

– Что об этом говорить, сударь! успокойтесь! Вы не очень здоровы.

– Кто? я? Да! я чувствую какую-то слабость... Но я не могу понять, для чего мы здесь, а не там?.. Постой! мне помнится, что лошади стали... ты пошел за людьми... да, да! я не во сне это видел, – и вдруг мы очутились здесь. Да что ж ты молчишь?

– То-то, сударь! вы изволите смеяться над нашим братом: и дурачье-то мы, и всякому вздору верим; а кабы вы сами не ходили вчерась на кладбище...

– Как! – вскричал Рославлев, – так я был на кладбище?.. Я видел это не во сне?.. Ну что же? говори, говори!.. – продолжал он, вскочив с постели; бледные щеки его вспыхнули, глаза сверкали; казалось, все силы его возвратились.

– Успокойтесь, сударь! – сказал Егор. – Присядьте! я все вам расскажу.

– Все?

– Да, сударь, все, что знаю. Вчера ночью, против самой кладбищной церкви, наши лошади стали, а телега так завязла в грязи, что и колес было не видно. Я пошел на мельницу за народом, а вы остались на. дороге одни с ямщиком.

– Да, точно так. Говори, говори!..

– Я пришел на мельницу; уж стучал, стучал, насилу достучался; видно, Архип хватил за ужином через край бражки. Я сбирался уж выбить окно... глядь! слава богу, проснулись. Пока я им толковал, в чем дело, пока вздули огонь и Архип с своими ребятами одевался, прошло этак с полчаса времени; Архип засветил фонарь, и мы вчетвером отправились на дорогу. Приходим – телега стоит на прежнем месте, а ни вас, ни ямщика нет. Что за причина такая?.. Мы принялись кричать: смотрим, лезет кто-то из-за куста... ямщик! лица нет на парне, дрожкой дрожит. "Что ты, братец? – спросил я, – где барин?" Вот он собрался с духом и стал нам рассказывать; да видно, со страстей язык-то у него отнялся: уж он мямлил, мямлил, насилу поняли, что в кладбищной церкви мертвецы пели всенощную, что вы пошли их слушать, что вдруг у самой церкви и закричали и захохотали; потом что-то зашумело, покатилось, раздался свист, гам и конской топот; что один мертвец, весь в белом, перелез через плетень, затянул во все горло: со святыми упокой – и побежал прямо к телеге; что он, видя беду неминучую, кинулся за куст, упал ничком наземь и вплоть до нашего прихода творил молитву. Ну, сударь, грех таить, от этих слов у всех нас волосы стали дыбом. Что делать? Идти искать вас на кладбище?.. Вчетвером я и самого черта не испугаюсь; да Архип-то стал переминаться ребята его также сробели: нейдут, да и только! Вот я подумал, перекрестился и только что хотел пуститься один на волю божью, как вдруг слышим – кто-то скачет к нам по дороге. Подскакал – гляжу: Иван Петров, слуга Прасковьи Степановны. Он сказал нам, что вы здесь, что вас нашли у кладбищной церкви, что вы лежите без памяти; а как нашли? кто нашел? толку не мог добиться. Вот, сударь, все, что я знаю.

В продолжение сего разговора Рославлев несколько раз менялся в лице.

– Итак... – сказал он. – Итак... нет сомненья... все то, что я видел...

– А что вы видели, сударь? – спросил с любопытством Егор.

– Я видел мою невесту...

– Вашу невесту? В кладбищной церкви! в полночь? Христос с вами, сударь! Что вы? Вам померещилось!

– В венце перед налоем...

– Господи помилуй!.. Да это демонское наваждение...

– Ах, Егор! если б в самом деле какой-нибудь злой дух...

– А что ж вы думаете? Ведь сатана хитер, сударь, хоть кого из ума выведет. Ну, помилуйте, как могли вы видеть Палагею Николаевну на кладбище, когда она нездорова и лежит в постеле?

– Что ты говоришь?.. Почему ты знаешь?

– Сию минуту сестрица ее изволила говорить с лекарем.

– Оленька здесь? Где ж она?

– Уехала домой. Она всю ночь сидела подле вашей кровати; а уж как плакала! Господи боже мой!.. откуда слезы брались! Она изволила оставить вам письмо.

– Письмо? Подай, подай!..

Егор взял со стола запечатанное письмо и подал его своему господину.

– От Полины!.. – вскричал Рославлев. Он, сорвав печать, развернул дрожащей рукою письмо. Холодный пот покрыл помертвевшее лицо его, глаза искали слов... но сначала он не мог разобрать ничего: все строчки казались перемешанными, все буквы не на своих местах, наконец с величайшим трудом он прочел следующее:

"Вы должны ненавидеть... нет! я не достойна вашей ненависти: это чувство слишком близко любви; вы должны, вы имеете полное право презирать меня. Не смею надеяться, что, открыв вам ужасную тайну, которую думала унести с собой в могилу, я заставлю вас пожалеть обо мне. Я вас не знала еще, Рославлев, когда полюбила того, кому принадлежу теперь навсегда. Он любил меня, но тогда он не мог еще быть моим мужем. Я не могла даже мечтать, что встречусь с ним в здешнем мире, и, несмотря на это, желания матушки, просьбы сестры моей, ничто не поколебало бы моего намерения остаться вечно свободною; но бескорыстная любовь ваша, ваше терпенье, постоянство, делание видеть счастливым человека, к которому дружба моя была так же беспредельна, как и любовь к нему, – вот что сделало меня виновною. Безумная! я обманывала сама себя! Я думала, что, видя вас благополучным, менее буду несчастлива; что, произнеся клятву любить вас одного, при помощи божией, я забуду все прошедшее; что образ того, кто преследовал меня наяву и во сне, о ком я не могла и думать без преступления, изгладится навсегда из моей памяти. Я согласилась принадлежать вам и, клянусь богом, не изменила бы моему обещанию, если бы он встретился со мною во всем прежнем своем блеске, благополучный, одаренный всем, чему завидуют в свете. Но он явился предо мною покрытый ранами, несчастный, всеми оставленный и с прежней любовью в сердце! Казалось, сами небеса желали соединить нас – он мог располагать своей рукою, и вы, Рославлев, вы сами показали ему дорогу в дом наш!.."

– Довольно! – вскричал Рославлев, сжимая с судорожным движением в руке своей измятое письмо. – Чего еще мне надобно? Егор! лошадей!

– Как, сударь? Вы хотите ехать?

– Да!

– Не видев вашей невесты?

– Молчи!

– Помилуйте, сударь! Как вам ехать сегодня?

– Да! сегодня... сейчас... сию минуту!..

– Но куда, сударь? К нам в деревню?

– Нет! здесь мне душно... Дальше, дальше! Туда, где я могу утонуть в крови злодеев-французов.

– Говорят, сударь, что они недалеко от Москвы.

– Недалеко? Итак, в Москву!

– А рана ваша?

101

– Не бойся! Я умру не от нее. Ступай скорее! Ямщик, который нас привез, верно, еще не уехал. Чтоб чрез полчаса нас здесь не было. Ни слова более! – продолжал Рославлев, замечая, что Егор готовился снова возражать, – я приказываю тебе! Постой! Вынь из шкатулки лист бумаги и чернильницу. Я хочу, я должен отвечать ей. Теперь ступай за лошадьми, – прибавил он, когда слуга исполнил его приказание.

– Но если ямщик попросит двойные прогоны?

– Дай вчетверо, но чтоб чрез полчаса нас здесь не было.

Егор вышел, а Рославлев начал писать следующее: "Я не дочитал письма вашего. Вы графиня Сеникур, жена пленного француза, – на что мне знать остальное? Не о себе хочу я говорить – моя участь решена: смерть возвратит мне спокойствие; она потушит адское пламя, которое горит теперь в груди моей; но вы!.. Слушайте приговор ваш! Вы не умрете ни от стыда, ни от раскаяния; проклятие всех русских, которое прогремит над преступной главой вашей, не убьет вас – нет! вы станете жить. Прижав к сердцу обагренную кровью русских, кровью братьев ваших, руку мужа, вы пойдете вместе с ним по пути, устланному трупами ваших соотечественников. Торжествуйте вместе с ним каждую победу злодеев наших! Забудьте, что вы русская, забудьте бога... Да! вы должны выбирать одно из двух: или вовсе забыть его, или молить, чтоб он помог французам погубить Россию. В этой смертной борьбе нет средины или мы, или французы должны погибнуть; а вы – жена француза! Умрите, несчастная, умрите сегодня, если можно, – я желаю этого. Да, Полина, я молю об этом бога... Я чувствую... да, я чувствую, что еще люблю вас!.."

Рославлев перестал писать; крупные слезы покатились градом по лицу его.

– А! Владимир Сергеевич! – сказал лекарь, входя в комнату, – вы уж и встали? Ну что, как вы себя чувствуете?

Рославлев закрыл платком глаза и не отвечал ни слова. Лекарь взял его за руку и, поглядев на него с состраданием, повторил свой вопрос.

– Я здоров, – отвечал Рославлев, – и сейчас еду.

– Что вы? Как это можно? У вас жар.

– Вы ошибаетесь, – перервал Рославлев, положив руку на грудь свою.

– Здесь холодно, как в могиле.

– Вам надобен покой.

– Не бойтесь! – сказал с горькой улыбкою Рославлев. – Я найду его.

– Но по крайней мере, примите это лекарство и дайте мне перевязать вашу руку.

– И, полноте! на что это? Я могу еще владеть саблею. Благодаря бога правая рука моя цела; не бойтесь, она найдет еще дорогу к сердцу каждого француза. Ну что? – продолжал Рославлев, обращаясь к вошедшему Егору. – Что лошади?

– Привел, сударь!

Рославлев встал и, шатаясь, подошел к лекарю.

– Вот письмо к Палагее Николаевне, – сказал он. – Потрудитесь отдать его. Прощайте!

Лекарь взял молча письмо и вышел вслед за Рославлевым на крыльцо.

– Прощайте, прощайте... – повторял Рославлев, садясь в телегу. – Скажите ей... Нет! не говорите ничего!..

– Я сегодня поутру ее видел, – сказал вполголоса лекарь, – и если б вы на нее взглянули... Ах, Владимир Сергеевич! она несчастнее вас!

– Слава богу! Итак, этот француз не совсем еще задушил в ней совесть!

– Я лекарь, Владимир Сергеевич; я привык видеть горесть и отчаяние; но клянусь вам богом, в жизнь мою не видывал ничего ужаснее. Она в полной памяти, а говорит беспрестанно о церковной паперти; видит везде кровь, сумасшедшую Федору; то хохочет, то стонет, как умирающая; а слезы не льются...

– Ступай! – закричал Рославлев. Извозчик тронул лошадей. – Нет, нет! постой! Итак, она очень несчастлива? – продолжал он, обращаясь к лекарю, – Очень?.. Послушайте! скажите ей, что я здоров... что она.. подайте назад мое письмо.

Лекарь подал ему письмо; Рославлев схватил его, изорвал и закричал извозчику:

– Пять рублей на водку, но до самой станции вскачь – пошел!

Менее чем в два часа примчались они на первую станцию. Рославлев, несмотря на убеждения своего слуги, не хотел отдохнуть; он уверял, что чувствует себя совершенно здоровым; но его пылающие щеки, дикой, беспокойный взгляд – все доказывало, что сильная горячка начинает свирепствовать в крови его. Переменив лошадей, они поскакали далее. Не более двадцати верст оставалось до Москвы. Они не обогнали никого, но почти на каждой версте встречались с ними проезжие; не слышно было веселых песен извозчиков; молча, как в похоронном ходу, тянулись по большой Московской дороге целые обозы экипажей. Многие из проезжающих, идя задумчиво: подле карет своих, обращали от времени до времени свой тоскливый взгляд туда, где позади их осталась опустевшая Москва. Быть может, они в последний раз простились с нею. Их пасмурные лица казались еще грустнее от противуположности с веселыми и беззаботными лицами детей, которые, выглядывая из дорожных экипажей, с шумной радостью любовались открытыми полями и зеленеющимся лесом.

– Что это, барин? – сказал Егор, – никак, из Москвы все выбираются? Посмотрите-ка вперед – повозок-то, карет!.. Видимо-невидимо! Ох, сударь! знать, уже французы недалеко от Москвы.

– Ах, как бы я желал этого! – сказал Рославлев.

– Что вы? Христос с вами! Эх, барин, барин! не хороши у вас глаза: вы точно нездоровы.

– И, врешь! я совершенно здоров; но мне душно... здесь все так тихо, мертво... В Москву, скорей в Москву!.. Там наши войска, там скоро будут французы... там, на развалинах ее, решится судьба России... там... Да, Егор! там мне будет легче... Пошел!..

Егор покачал печально головою.

– Послушайте, Владимир Сергеич, – сказал он, – не приостановиться ли нам где-нибудь? Мне кажется, у вас жар.

– Да! Мне что-то душно, жарко; здесь и воздух меня давит.

– Вот ямщик будет спускать с горы, а вы пройдитесь пешком, сударь; это вас поосвежит.

Рославлев слез с телеги и, пройдя несколько шагов по дороге, вдруг остановился.

– Слышишь, Егор? – сказал он, – выстрел, другой!..

103

– Верно, кто-нибудь охотится.

– Еще!.. еще!.. Нет, это перестрелка!.. Где моя сабля?

– Помилуйте, сударь! Да здесь слыхом не слыхать о французах. Не казаки ли шалят?.. Говорят, здесь их целые партии разъезжают. Ну вот, изволите видеть? Вон из-за леса-то показались, с пиками. Ну, так и есть – казаки.

С полверсты от того места, где стоял Рославлев, выехали на большую дорогу человек сто казаков и почти столько же гусар. Впереди отряда ехали двое офицеров: один высокого роста, в белой кавалерийской фуражке и бурке; другой среднего роста, в кожаном картузе и зеленом спензере[61] с черным артиллерийским воротником; седло, мундштук и вся сбруя на его лошади были французские. Когда отряд поравнялся с нашими проезжими, то офицер в зеленом спензере, взглянув на Рославлева, остановил лошадь, приподнял вежливо картуз и сказал:

– Если не ошибаюсь, мы с вами не в первый раз встречаемся?

Рославлев тотчас узнал в сем незнакомце молчаливого офицера, с которым месяца три тому назад готов был стреляться в зверинце Царского Села; но теперь Рославлев с радостию протянул ему руку: он вполне разделял с ним всю ненависть его к французам.

– Ну вот, – продолжал артиллерийской офицер, – предсказание мое сбылось вы в мундире, с подвязанной рукой и, верно, теперь не станете стреляться со мною, чтоб спасти не только одного, но целую сотню французов.

– О, в этом вы можете быть уверены! – отвечал Рославлев, и глаза его заблистали бешенством. – Ах! если б я мог утонуть в крови этих извергов!..

Офицер улыбнулся.

– Вот так-то лучше! – сказал он. – Только вы напрасно горячитесь: их должно всех душить без пощады; переводить, как мух; но сердиться на них... И, полноте! Сердиться нездорово! Куда вы едете?

– В Москву.

– Если для того, чтоб лечиться, то я советовал бы вам поехать в другое место. Близ Можайска было генеральное сражение, наши войска отступают, и, может быть, дня через четыре французы будут у Москвы.

– Тем лучше! Там должна решиться судьба нашего отечества, и если я не увижу гибели всех французов, то, по крайней мере, умру на развалинах Москвы.

– А если Москву уступят без боя?

– Без боя? Нашу древнюю столицу?

– Что ж тут удивительного? Ведь город без жителей – то же, что тело без души. Пусть французы завладеют этим трупом, лишь только бы нам удалось похоронить их вместе.

– Как? Вы думаете?..

– Да тут и думать нечего. Отпоем за один раз вечную память и Москве и французам, так дело и кончено. Мы, русские, дележа не любим: не наше, так ничье! Как на прощанье зажгут со всех четырех концов Москву, так французам пожива будет небольшая; побарятся, поважничают денька три, а там и есть захочется; а для этого надобно фуражировать. Милости просим!.. То-то будет потеха! Они начнут рыскать во круг Москвы, как голодные волки, а мы станем

---

61 куртка от (англ.) Spencer.

охотиться. Чего другого, а за одно поручиться можно: немного из этих фуражиров воротятся во Францию.

– Итак, вы полагаете, что партизанская война...

– Не знаю, что вперед, а теперь это самое лучшее средство поравнять наши силы. Да вот, например, у меня всего сотни две молодцов; а если б вы знали, сколько они передушили французов; до сих пор уж человек по десяти на брата досталось. Правда, народ-то у меня славный! – прибавил артиллерийской офицер с ужасной улыбкою, – всё ребята беспардонные; сантиментальных нет!

– Неужели вы в плен не берете?

– Случается. Вот третьего дня мы захватили человек двадцать, хотелось было доставить их в главную квартиру, да надоело таскать с собою. Я бросил их на дороге, недалеко отсюда.

– Без всякого конвоя?

– И что за беда! Их приберет земская полиция. Ну, что? Вы все-таки поедете в Москву?

– Непременно. Вы можете думать, что вам угодно; но я уверен: ее не отдадут без боя. Может ли быть, чтоб эта древняя столица царей русских, этот первопрестольный город...

– Первопрестольный город!.. Так что ж? Разве его никогда не жгли и не грабили то поляки, то татары? Пускай потешатся и французы! Прежние гости дорого за это заплатили, поплатятся и эти. Конечно, патриоты вздохнут о Кремле, барыни о Кузнецком мосте, чувствительные люди о всей Москве – расплачутся, разревутся, а там начнут снова строить дома, и через десять лет Москва будет опять Москвою. Да только уж в другой раз французы не захотят в ней гостить. Ну, прощайте!.. А право, я советовал бы вам не ездить в Москву. Вам надо полечиться: лицо у вас вовсе не хорошо.

– Это ничего: два дня покоя, потом сраженье под Москвой, и я буду совершенно здоров. Прощайте!

Рославлев сел в телегу и отправился далее. С каждым шагом вперед большая дорога становилась похожее на проезжую улицу: сотни пешеходцев пробирались полями и опереживали длинные обозы, которые медленно тащились по большой дороге. Когда наши путешественники поравнялись с лесом, то Егор заметил большую толпу разного состояния проходящих, которые, казалось, с любопытством теснились вокруг одного места, подле самой опушки леса. Несколько минут он смотрел внимательно в эту сторону, вдруг толпа раздвинулась, и Егор вскричал с ужасом:

– Посмотрите-ка, сударь, посмотрите! Французы!

– Французы! – повторил Рославлев, схватясь за рукоятку своей сабли. – Где?..

– Да разве не видите, сударь? Вон налево-то, подле самого леса.

– Боже мой! – вскричал Рославлев, закрыв рукою глаза. – Боже мой! – повторил он с невольным содроганием. – Я сам... да, я ненавижу французов; но расстреливать хладнокровно беззащитных пленных!.. Нет! это ужасно!..

– И, барин, что об них жалеть! – сказал ямщик, – буяны!.. А кучка порядочная! Посмотрите-ка, сударь, сколько их навалено.

– Проезжай скорей! – закричал Рославлев. – Пошел!

Извозчик нехотя погнал лошадей и, беспрестанно оглядываясь назад, посматривал с удивлением на русского офицера, который не радовался, а казалось, горевал, видя убитых французов. Рославлев слабел приметным образом, голова его пылала, дыханье спиралось в груди; все предметы представлялись в каком-то смешанном, беспорядочном виде, и холодный осенний воздух казался ему палящим зноем.

Через час сверкнул вдали позлащенный крест Ивана Великого, через несколько минут показались главы соборных храмов, и древняя столица, сердце, мать России – Москва, разостлалась широкой скатертью по необозримой равнине, усеянной обширными садами. Москва-река, извиваясь, текла посреди холмистых берегов своих; но бесчисленные барки, плоты и суда не пестрили ее гладкой поверхности; ветер не доносил до проезжающих отдаленный гул и невнятный, но исполненный жизни говор многолюдного города; по большим дорогам шумел и толпился народ; но Москва, как жертва, обреченная на заклание, была безмолвна. Изредка, кой-где, дымились трубы, и, как черный погребальный креп, густой туман висел над кровлями опустевших домов. Ах, скоро, скоро, кормилица России – Москва, скоро прольются по твоим осиротевшим улицам пламенные реки; святотатственная рука врагов сорвет крест с твоей соборной колокольни, разрушит стены священного Кремля, осквернит твои древние храмы; но русские всегда возлагали надежду на господа, и ты воскреснешь, Москва, как обновленное, младое солнце, ты снова взойдешь на небеса России; а враги твои... Ах! вы не воскреснете, несчастные жертвы властолюбия: воины, поседевшие в боях; юноши, краса и надежда Франции; вы не обнимете родных своих! Ваши кости, рассеянные по обширным полям нашим, запашутся сохою, и долго, долго изустная повесть об ужасной смерти вашей будет приводить в трепет каждого иноземца!

ГЛАВА VII

Рано поутру, на высоком и утесистом берегу Москвы-реки, в том самом месте, где Драгомиловский мост соединяет ямскую слободу с городом, стояли и сидели отдельными группами человек пятьдесят, разного состояния, людей; внизу весь мост был усыпан любопытными, и вплоть до самой Смоленской заставы, по всей слободе, как на гулянье, шумели и пестрелись густые толпы народные. По Смоленской дороге отступали наши войска, через Смоленскую заставу проезжали курьеры с известиями из большой армии; а посему все оставшиеся жители московские спешили к Драгомиловскому мосту, чтоб узнать скорее об участи нашего войска. Последствия Бородинского сражения были еще неизвестны; но грозные слухи о приближении французов к Москве становились с каждым днем вероподобнее. Вот вдали зазвенел колокольчик, раздался шум, по слободе от заставы несется тройка курьерских, народ зашевелился, закипел, толпы сдвинулись, и ямщик должен был поневоле остановить лошадей.

– Что вы, ребята? – закричал курьер. – Посторонитесь!

– Нет, нет! – загремели тысячи голосов, – скажи прежде, что наши?

– Вам это объявят.

– Нет! ты едешь из армии – говори!.. Что светлейший?.. что французы?

– Победа! ребята, победа!..

– Победа?.. – повторил народ. – Слава тебе господи!.. К Иверской, православные! к Иверской!.. Пропустите курьера... посторонитесь!.. Победа!.. – Толпа отхлынула, и курьер помчался далее.

Один молодцеватый, с окладистой темно-русой бородою купец, отделясь от толпы народа, которая теснилась на мосту, взобрался прямой дорогой на крутой берег Москвы-реки и, пройдя мимо нескольких щеголевато одетых молодых людей, шепотом разговаривающих меж собою, подошел к старику, с седой, как снег, бородою, который, облокотясь на береговые перила, смотрел задумчиво на толпу, шумящую внизу под его ногами.

– Слышите ли, Иван Архипович, – сказал молодой купец старику, – победа?

– Слышу, батюшка Андрей Васьянович! – отвечал старик, – слышу. Да точно ли так?

– Дай-то господи!.. а что-то не верится. Я сам слышал, как курьер сказал: победа! Слова радостные, да лицо-то у него вовсе не праздничное. Кабы в самом деле заступница помогла нам разгромить этих супостатов, так он не стал бы говорить сквозь зубы, а крикнул бы так, что сердце бы у всех запрыгало от радости. Нет, Иван Архипович! видно, худо дело!..

– Да, батюшка, гнев божий!.. Мы всё твердили, что господь долготерпелив и многомилостив, а никто не думал, что он же и правосуден; грешили да грешили – вот и дождались, что нехотя придет каяться.

– Конечно, Иван Архипыч, в грехах надобно каяться, а все-таки живым в руки даваться не должно; и если Москву будут отстаивать, то я уж, верно, дома не останусь.

– И мои сыновья говорят то же; да, полно, будут ли ее отстаивать? Хоть и в сегодняшней афишке напечатано, что скоро понадобятся молодцы и городские и деревенские, а все заставы отперты, и народ валом валит вон из города. Нет, Андрей Васьянович, несдобровать матушке-Москве: дожили мы опять до татарского погрома.

– А может быть, и до Мамаева побоища. Эх, Иван Архипович, унывать не должно! Да если господь попустит французам одолеть нас теперь, так что ж? У нас благодаря бога не так, как у них, – простору довольно. Погоняются, погоняются за нами, да устанут; а мы все-таки рано или поздно, а свое возьмем.

– Так ты, батюшка, хочешь, если придет беда неминучая, уйти также из Москвы?

– А что ж? или принимать французов с хлебом да с солью? А вы, Иван Архипович?

– Эх, родимый! куда я потащусь? Старик я дряхлой; да и Мавра-то Андревна моя насилу ноги таскает.

– Конечно; вот я человек одинокой! котомку за плеча, да и пошел куда глаза глядят.

– У меня же есть большая забота, Андрей Васьянович! На кого я покину здесь моего гостя?

– Гостя? какого гостя?

– А вот изволишь видеть: вчерась я шел от свата Савельича так около сумерек;

глядь – у самых Серпуховских ворот стоит тройка почтовых, на телеге лежит раненый русской офицер, и слуга около него что-то больно суетится. Смотрю, лицо у слуги как будто бы знакомое; я подошел, и лишь только взглянул на офицера, так сердце у меня и замерло! Сердечный! в горячке, без памяти, и кто ж?.. Помнишь, Андрей Васьянович, месяца три тому назад мы догнали в селе Завидове проезжего офицера?

– Который довез вас до Москвы в своей коляске? Как не помнить; я и фамилию его не забыл. Кажется, Рославлев?..

– Да, он и есть! Гляжу, слуга его чуть не плачет, барин без памяти, а он сам не знает, куда ехать. Я обрадовался, что господь привел меня хоть чем-нибудь возблагодарить моего благодетеля. Велел ямщику ехать ко мне и отвел больному лучшую комнату в моем доме. Наш частной лекарь прописал лекарство, и ему теперь как будто бы полегче; а все еще в память не приходит.

– Что ж вы будете делать, если французы войдут в Москву? Ведь его, как пленного офицера, у вас не оставят.

– Уж я обо всем с домашними условился: мундир его припрячем подале, и если чего дойдет, так я назову его моим сыном. Сосед мой, золотых дел мастер, Франц Иваныч, стал было мне отсоветывать и говорил, что мы этак беду наживем; что если французы дознаются, что мы скрываем у себя под чужим именем русского офицера, то, пожалуй, расстреляют нас как шпионов; но не только я, да и старуха моя слышать об этом не хочет. Что будет, то и будет, а благодетеля нашего не выдадим.

– Сохрани боже выдать! Только напрасно об этом сосед-то ваш знает. Смотрите, чтоб этот Франц Иваныч...

– Нет, Андрей Васьянович! Конечно, сам он от неприятеля не станет прятать русского офицера, да и на нас не донесет, ведь он не француз, а немец, и надобно сказать правду – честная душа! А подумаешь, куда тяжко будет, если господь нас не помилует. Ты уйдешь, Андрей Васьянович, а каково-то будет мне смотреть, как эти злодеи станут владеть Москвою, разорять храмы господни, жечь домы наши...

– Моих замоскворецких домов не сожгут, Иван Архипович!

– А почему так?

– Да потому, что прежде чем французская нога переступит через мой порог, я запалю их сам своей рукою; я уж на всякой случай и смоляных бочек припас. Вчера разговорились со мной об этом молодцы из Каретного ряда и они то же поют. Не много французов станет разъезжать в русских каретах, и если подлинно Москвы отстаивать не будут, хоть то порадует наше сердце, что этот Бонапартий гриб съест. Чай, он теперь рассуждает с своими генералами, какая встреча ему будет; делает раскладку да подводит итоги, сколько надо собрать с нас контрибуции. Дожидайся, голубчик! много возьмешь! поднесем мы тебе хлеб с солью! Разве один Кузнецкой мост выйдет к тебе навстречу да с полсотни таких же шалобаев, как эти молокососы, – прибавил купец, указывая на троих молодых людей, которые вполголоса разговаривали меж собою. – Слышите ль, Иван Архипович? ведь они по-французски говорят.

– И, батюшка, какое нам до этого дело? Видно, магазинщики с Кузнецкого моста, так и говорят по-своему.

– Нет, Иван Архипович! один-то из них русской и наш брат купец – вон что в синем сюртуке. Я уж не в первый раз его вижу. Не знаю, чем он торговал прежде, а теперь, кажется, за дурной взялся промысел. Ну то ли время, чтоб русскому якшаться с французами? А у него другой компании нет. Слышите ли, как он им напевает? и, верно, что-нибудь благое. Отчего они так робко вокруг себя посматривают? Для чего говорят вполголоса? Глядите!.. Вытащил из кармана бумагу... читает им.... Хоть сейчас голову на плаху, а тут есть что-нибудь недоброе!.. Видите ли, как у этих французов рожи расцвели – так и ухмыляются!.. Эх, если б выведать как-нибудь!.. Постойте-ка, авось удастся!..

Купец подошел к молодому человеку в синем сюртуке и, поклонись ему вежливо, сказал вполголоса:

– Позвольте мне вас предостеречь, батюшка. Вы, кажется, русской? Молодой человек спрятал поспешно в карман бумагу, которую читал своим товарищам, и, взглянув недоверчиво на купца, отвечал отрывистым голосом:

– Да, сударь!.. Что вам угодно?

– А эти господа, кажется, французы?

– Ну да! Так что ж?

– Да так, батюшка; вы с ними говорите по-французски, стоите вместе...

– Так что ж? – повторил молодой человек. – Разве это уголовное преступление? Они мои приятели.

– И может быть, пречестные люди, да время-то не то, батюшка.

– Я во всякое время вправе говорить с моими приятелями и желал бы знать, кто может запретить мне?..

– Уж, конечно, не я. По мне тут нет ничего худого, а еще, может быть, это знакомство и очень вам пригодится. Да простой-то народ глуп, батюшка! пожалуй, сочтут вас шпионом. Поди толкуй им, что не их дело в это мешаться, что мы люди не военные, что в чужих землях войска дерутся, а обыватели сидят смирно по домам; и если неприятель войдет в город, так для сохранения своих имуществ принимают его с честию. Что в самом деле! не нами свет начался, не нами кончится. Когда везде уж так заведено, так нам-то к чему быть выскочками?

Молодой человек улыбнулся с удовольствием и, поглядев пристально на купца, сказал:

– Я вижу, что вы, несмотря на ваш костюм, человек просвещенный и не убежите из Москвы, когда Наполеон войдет в нее победителем.

– Нет, батюшка!.. У меня здесь два дома и три лавки, так слуга покорный. Если будут какие поборы, так что ж? лучше отдать половину, чем все потерять.

– Половину? Да кто вам сказал, что вы отдадите что-нибудь? С чего вы взяли, что французы грабители? Я вижу, вы человек умный; неужели вы в самом деле верите тому, в чем нас стараются уверить? Пора, кажется, нам перестать быть варварами и хотя несколько походить на других европейцев. Помилуйте! бежать вон из города!.. Да разве французы татары? Французы самая великодушная и благородная нация в Европе. Знаете ли, чего боится наше правительство? Не французов, а просвещения, которое они принесут вместе с собою. Поверьте мне, если б московские жители встретили Наполеона с должной почестью...

– Эх, батюшка! за этим бы дело не стало, да ведь бог весть! Ну как в самом деле он примется разорять нас? Кто знает, что у него на уме?

109

– Кто знает? Многие это знают. И если хотите, – прибавил молодой человек почти шепотом, – и вы будете это знать.

– Как не хотеть, батюшка. Как знаешь, чего ждать, так все-таки куражнее. А разве вам что-нибудь известно?

– Да!.. но говорите тише. У меня есть прокламация Наполеона к московским жителям.

– Прокламация?..

– То есть воззвание, манифест.

– В самом деле, – вскричал купец с живостию; но вдруг, понизив голос, продолжал: – Прокламация, сиречь манифест? Понимаю, батюшка! Эх, жаль!.. Чай, писано по-французски?

– У меня есть и перевод.

– Перевод? Покажите-ка, отец родной! Да кто это добрый человек потрудился перевести? Уж не вы ли, батюшка?

– Я или не я, какое вам до этого дело; только перевод недурен, за это я вам ручаюсь, – прибавил с гордой улыбкою красноречивый незнакомец, вынимая из кармана исписанную кругом бумагу. Купец протянул руку; но в ту самую минуту молодой человек поднял глаза и – взоры их встретились. Кипящий гневом и исполненный презрения взгляд купца, который не мог уже долее скрывать своего негодования, поразил изменника; он поспешил спрятать бумагу опять в карман и отступил шаг назад.

– Ни с места, предатель! – закричал купец, схватив его за ворот. – Подай бумагу! Молодой человек побледнел как смерть, рванулся из всей силы и, оставив в руке купца лоскут своего сюртука, ударился бежать.

– Держите! – закричал купец, – православные, держите! Это шпион, изменник!..

Но вдруг из толпы, которая стояла под горою, раздался громкой крик. "Солдаты, солдаты! Французские солдаты!.." – закричало несколько голосов. Весь народ взволновался; передние кинулись назад; задние побежали вперед, и в одну минуту улица, идущая в гору, покрылась народом. Молодой человек, пользуясь этим минутным смятением, бросился в толпу и исчез из глаз купца.

– Ушел, разбойник! – сказал он, скрыпя от бешенства зубами. – Да несдобровать же тебе, Иуда-предатель! Господи боже мой, до чего мы дожили! Русской купец – и, может быть, сын благочестивых родителей!..

Меж тем небольшой отряд, наделавший так много тревоги, приблизился к мосту; впереди шло человек пятьсот безоружных французов, и не удивительно, что они перепугали народ. Издали их нельзя было принять за пленных, которых обыкновенно водят беспорядочной толпою. Напротив, эти французы шли по улице почти церемониальным маршем, повзводно, тихим, ровным шагом и даже с наблюдением должной дистанции. Конвой, состоящий из полуроты пехотных солдат, шел позади, а сбоку ехал на казацкой лошади начальник их, толстый, лет сорока офицер, в форменном армейском сюртуке; рядом с ним ехали двое русских офицеров: один раненный в руку, в плаще и уланской шапке; другой в гусарском мундире, фуражке и с обвязанной щекою. Гусарской офицер первой заметил ошибку народа.

– Посмотрите, Зарядьев, – сказал он пехотному офицеру, – ведь нас приняли за французов; а все ты виноват: твои пленные маршируют, как на ученье.

– А по-твоему, лучше бы, – возразил пехотной офицер, – чтоб они шли как попало. Если б им от этого было легче, то так бы уж и быть; а то что толку? Как хочешь иди, а переход надобно сделать. Посмотришь у других – терпеть не могу – разбредутся по сторонам: одни убегут вперед, другие оттянут за версту; ну то ли дело, когда идут порядком? Самим веселее. Эй, Демин! – продолжал он, обращаясь к видному унтер-офицеру, – забеги вперед и приостанови первый взвод. Куда торопятся эти французы! Да посмотри, правой-то фланг совсем завалился. Уланской офицер улыбнулся.

– Ну что ты смеешься, Сборской? – сказал гусарской офицер. – Зарядьев прав: он любит дисциплину и порядок, зато, посмотри, какая у него рота; я видел ее в деле – молодцы! под ядрами в ногу идут.

– Что ты, Зарецкой! Я вовсе не думал смеяться; да признаюсь, мне и не до того: рука моя больно шалит. Послушай, братец! Наше торжественное шествие может продолжиться долго, а дом моей тетки на Мясницкой: поедем скорее.

– Поедем.

Оба кавалериста кивнули головами Зарядьеву и пустились рысью к Смоленскому рынку.

– Ты долго проживешь в Москве? – спросил Зарецкой своего товарища.

– Долго? Да разве это зависит от меня? Может быть, дня через три сюда пожалуют гости, с которыми я пировать вовсе не намерен.

– Так ты полагаешь, что их не встретят?..

– Пушечными выстрелами? Вряд ли. Да и депутации также не будет.

– Ну, бог знает. Я думаю, в Москве наберется еще десятка два-три французских учителей; Наполеон назовет их в своем бюллетене сенаторами, а добрые парижане всему поверят. Однако же, что ни говори, а свое поневоле любишь. Я терпеть не могу Москвы, а теперь мне ее жаль. В прошлую зиму я прожил в ней два месяца и чуть не умер с тоски: театр предурной, балы прескучные, а сплетней, сплетней!.. Ну, право, здесь в одни сутки услышишь больше комеражей[62], чем в круглый год в нашем благочестивом Петербурге, который также не очень забавен – надобно отдать ему эту справедливость.

– А где же, по-твоему, весело?

– Где? да там, где некогда подумать о деле; например – в Париже.

– И, милый! Париж от нас так далеко.

– Не дальше и не ближе, как Москва от французов. Что если бы... на свете все круговая порука, и ежели французы побывают в Москве, так почему бы, кажется, и нам не загулять в Париж? К тому ж и вежливость требует...

– А что ты думаешь? В самом деле, не заготовить ли нам визитных карточек?

– Ах, черт возьми! То-то бы повеселились! А кажется, они в Москве не очень будут веселиться. Посмотри-ка: по всей Арбатской улице ни одной души. Ну, чего другого, а французам простор будет славный!

В самом деле, от Драгомиловского моста до самой Мясницкой они встретили

---

[62] сплетен от (фр.) commerages

не более трехкарет, запряженных по-дорожнему, и только на Красной площади и около одного дома, на Лубянке, толпился народ.

– Что это? – сказал Сборской, подъезжая к длинному деревянному дому. – Ставни закрыты, ворота на запоре. Ну, видно, плохо дело, и тетушка отправилась в деревню. Тридцать лет она не выезжала из Москвы, лет десять сряду, аккуратно каждый день, делали ее партию два бригадира и один отставной камергер. Ах, бедная, бедная! С кем она будет теперь играть в вист?

– Ну, братец, куда же нам деваться? – спросил Зарецкой. – А вот посмотрим; верно, хоть дворник остался. Офицеры слезли с лошадей, начали стучаться, и через несколько минут вышел на улицу старик в изорванной фризовой шинели.

– Ах, батюшка! Это вы, Федор Васильич! – сказал он, увидя Сборского.

– Здравствуй, Федот! Ну что, тетушка в деревне?

– Да, сударь; изволила уехать. Думала, думала да вдруг поднялась; вчера поутру закрутила так, что и боже упаси!

Порядком заложить не успели. Ох, батюшка! Видно, злодеи-то наши недалеко?

– Нет, еще не близко. Ну что, есть ли у тебя что-нибудь съестное?

– Как же, сударь, весь годовой запас: мука, крупа, овес, сушеные куры, вяленая рыба, гусиные полотки, масло.

– Так мы и наши лошади с голоду не умрем? Слава богу!

– А есть ли у вас что-нибудь в подвале? – спросил Зарецкой.

– Как же, сударь! одних виноградных вин дюжины четыре будет.

– Славно! – закричал Сборской. – Смотри, Зарецкой, больше пить, чтоб французам ни капли не осталось. – Ну, Федот, отпирай ворота! Пойдем, братец! Делать нечего, займем парадные комнаты.

Пройдя через обширную лакейскую, в которой стены, налакированные спинами лакеев, ничем не были обиты, они вошли в столовую, оклеенную зелеными обоями; кругом в холстинных чехлах стояли набитые пухом стулья; а по стенам висели низанные из стекляруса картины, представляющие попугаев, павлинов и других пестрых птиц.

– Ну, братец! – сказал Зарецкой, – мы проживем здесь дни два, три, а потом...

– А потом, когда нагрянут незваные гости, я отправлюсь лечиться в Калугу. А ты?

– Если щеке моей будет легче, пристану опять к нашему войску; а если нет, то поеду отсюда к приятелю моему Рославлеву.

– К Рославлеву?

– Да, он лечит теперь и руку и сердце подле своей невесты, верст за пятьдесят отсюда. Однако ж знаешь-ли что? Если в гостиной диваны набиты так же, как здесь стулья, то на них славно можно выспаться. Мы почти всю ночь ехали, и не знаю, как ты, а я очень устал.

– Ну, хорошо, отдохнем! Да не послать ли. дворника отыскать какого-нибудь лекаришку? Нам надобно перевязать наши раны.

– Да, не мешает. Ах, черт возьми! Я думал, что французской латник только оцарапал мне щеку; а он, видно, порядком съездил меня по роже.

Офицеры послали дворника за лекарем, а сами пошли в гостиную и улеглись преспокойно на мягких шелковых диванах.

– Ах, тетушка, тетушка! С каким бы гневом возопила ты на это нарушение всех приличий! Как ужаснулась бы, увидев шинели, сабли, мундиры, разбросанные по креслам твоей парадной гостиной, и гусарские сапоги со шпорами на твоем наследственном объяринном канапе.

ЧАСТЬ ТРЕТЬЯ

ГЛАВА I

Иллюстрация 2-го числа сентября, часу в восьмом утра, Сборской, садясь в тележку, запряженную двумя плохими извозчичьими лошадьми, пожал в последний раз руку своего товарища.

– Прощай, мой друг! – сказал он. – Боюсь, что мне не удастся полечиться в Калуге. Пожалуй, эти французы и оттуда меня выживут.

– Но точно ли правда, что они так близко от Москвы? – спросил Зарецкой.

– Да вот послушай, что он говорит, – продолжал Сборской, показывая на усастого вахмистра, который стоял вытянувшись перед офицерами.

– У страха глаза велики! – возразил Зарецкой. – Французов ли ты видел?

– Не могу знать, ваше благородие, французы ли – только не наши.

– Да где ж ты их видел?

– А вот вчера, ваше благородие, меня схватило на походе такое колотье, что не чаял жив остаться. Эскадрон ушел вперед, а меня покинули с двумя рядовыми в селе Везюме, верстах в тридцати отсюда. Мне стало легче, и я хотел на другой день чем свет отправиться догонять эскадрон; вдруг, этак перед сумерками, глядим – по Смоленской дороге пыль столбом! Мы скорей на коня да к околице; смотрим – скачут в медвежьих шапках, а за ними валит пехота, видимо-невидимо! Подскакали поближе – хлоп по нас из пистолетов! Мы также, да и наутек. Обогнали наших полков десять: одни идут на Москву, другие обходом; а эскадрон-то, видно, принял куда-нибудь в сторону – не изволите ли знать, ваше благородие?

– Нет, братец, не знаю, – сказал Сборской. – Послушай, Зарецкой, ты будешь держаться около Москвы, так возьми его с собою. С тобой надобно же кому-либо быть: ты едешь верхом. Прощай, мой друг!.. Тьфу, пропасть! не знаю, как тебе, а мне больно грустно! Ну, господа французы! дорвемся же и мы когда-нибудь до вас!

– Признаюсь, и у меня что-то вот тут неловко, – сказал Зарецкой, показывая на грудь. – Французы под Москвою!.. Да что горевать, mon cher! придет, может быть, и наша очередь; а покамест... эй! Федот! остальные бутылки с вином выпей сам или брось в колодезь. Прощай, Сборской!

Сборской отправился на своей тележке за Москву-реку, а Зарецкой сел на лошадь и в провожании уланского вахмистра поехал через город к Тверской заставе. Выезжая на Красную площадь, он заметил, что густые толпы народа с

113

ужасным шумом и криком бежали по Никольской улице. Против самых Спасских ворот повстречался с ним Зарядьев, который шел из Кремля.

– Ты еще здесь, братец? – сказал с удивлением Зарецкой.

– Сейчас отправляюсь, – отвечал Зарядьев. – Слава богу! развязался с моими пленными: их ведет ополченный офицер.

– Ну, что слышно?

– Говорят, будто бы Наполеон ночевал в Везюме.

– Так поэтому через несколько часов?..

– На Поклонной горе будут французы.

– А наши войска?..

– Те, которые здесь, выходят; а другие обошли Москву стороною.

– Итак, решительно ее уступают без боя?

– Да. Эх, Зарецкой, что бы вдоль Драгомиловского моста хоть разика два шарахнуть картечью!.. все-таки легче бы на сердце было. И Смоленск им не дешево достался, а в Москву войдут без выстрела! Впрочем, видно, так надобно. Наш брат фрунтовой офицер рассуждать не должен: что велят, то и делай.

– А мне кажется, – сказал Зарецкой, – что если бы дали сражение под Москвою, и здешние жители присоединились к войску...

– Да! – возразил Зарядьев, – много бы мы наделали с ними дела. Эх, братец! Что значит этот народ? Да я с одной моей ротой загоню их всех в Москву-реку. Посмотри-ка, – продолжал он, показывая на беспорядочные толпы народа, которые, шумя и волнуясь, рассыпались по Красной площади. – Ну на что годится это стадо баранов? Жмутся друг к другу, орут во все горло; а начни-ка их плутонгами, так с двух залпов ни одной души на площади не останется.

– Да что это они так расшумелись? – перервал Зарецкой. – Вон еще бегут из Никольской улицы... уж не входят ли французы?.. Эй, любезный! – продолжал он, подъехав к одному молодому и видному купцу, который, стоя среди толпы, рассказывал что-то с большим жаром, – что это народ так шумит?

– Сейчас, сударь, казнили одного изменника, – отвечал купец, приподняв вежливо свою шляпу.

– Изменника?.. А кто он такой?

– Стыдно сказать: русской и наш брат купец! Он еще третьего дня чуть было не попался, да ускользнул, проклятый!..

– Что ж он такое сделал?

– Да так, безделку! Перевел манифест Наполеона к московским жителям.

– Ах он негодяй! – вскричал Зарядьев. – Вот то-то и дело, забрил бы ему лоб, так небось не стал бы переводить наполеоновских манифестов. Купец!.. да и пристало ли ему, торгашу, знать по-французски? Видишь, все полезли в просвещенные люди!

– В этом еще немного худого, Зарядьев, – перервал Зарецкой. – Можно в одно и то же время любить французской язык и не быть изменником; а конечно, для этого молодца лучше бы было, если б он не учился по-французски. Однако ж прощай! Мне еще до заставы версты четыре надобно ехать.

Зарецкой выехал Иверскими воротами на Тверскую. Эта великолепная улица; за несколько недель до этого наполненная народом, казалась вовсе необитаемою. Нарядные вывески магазинов пестрелись по стенам домов; но все двери были заперты. Как молчаливые обидели иноков, стояли опустевшие палаты русских бояр. Давно ли под их гостеприимным кровом кипело все жизнию и весельем? Давно ли те самые французы, которые спешили завладеть Москвою, находили в них всегда радушный прием и, осыпанные ласками хозяев, приучались думать, что русские не должны и не могут поступать иначе?.. Проехав всю Тверскую улицу, Зарецкой остановился на минуту у Триумфальных ворот; он невольно поворотил свою лошадь, чтоб взглянуть еще раз на Москву. Сердце его сжалось, на глазах навернулись слезы. "Тьфу, пропасть! – сказал он вполголоса, – я чуть не плачу; а что мне до Москвы?.. Дело другое, если б родина моя – Петербург. Там есть у меня друзья, родные... а здесь ровно никого... и, несмотря на это, мне кажется... да, я отдал бы жизнь мою, чтоб спасти эту скучную, несносную Москву, в которой нога моя никогда не будет. Ах, черт возьми! Ну, прошу после этого быть всемирным гражданином!"

Он повернул свою лошадь и через несколько минут, выехав за Тверскую заставу, принял направо полем к Марьиной роще.

– Осмелюсь доложить, ваше благородие! куда мы едем? – спросил уланской вахмистр.

– Покамест и сам не знаю; но, кажется, мы выедем тут на Троицкую дорогу, а там, может быть... Да, надобно взглянуть на Рославлева. Мы проживем, братец, денька три в деревне у моего приятеля, потом пустимся догонять наши полки, а меж тем лошадь твою и тебя будут кормить до отвалу.

– Не худо бы, ваше благородие! Я еще и туда и сюда, а саврасый-то мой недели две овса не нюхал. На рысях от других не отстанет, а если б пришлось идти в атаку...

– Придется еще, братец, не беспокойся. Я уверен, что теперь скорей французы захотят мириться, чем мы.

– До мировой ли теперь, ваше благородие! Дело пошло на азарт, и если они возьмут да разорят Москву, так вся святая Русь подымется. Что в самом деле за буяны?.. Обидно, ваше благородие!

Зарецкой, не желая продолжать разговора с словоохотным вахмистром, вынул из кармана кисет, высек огню и закурил свою трубку. Миновав Марьину рощу, они выехали на дорогу, ведущую в Останкино; шагах в пятидесяти от них, той же самою дорогою, шел один прохожий. По его длинному кафтану, широкому поясу без складок, а более всего по туго заплетенной и загнутой кверху косичке, которая выглядывала из-под широких полей его круглой шляпы, нетрудно было отгадать, что он принадлежит к духовному званию; на полном и румяном лице его изображалось какое-то беззаботное веселье; он шел весьма тихо, часто останавливался, поглядывал с удовольствием вокруг себя и вдруг запел тонким голосом:

> Воспоемте, братцы, канту прелюбезну,
> Воспомянем скуку – сердцу преполезну,
> Сидя в школе,
> Во покое,
> Гляди всюду,
> Обоюду...

115

– Послушайте-ка, любезный! – перервал Зарецкой, поравнявшись с певцом.

– Quid est?[63]– вскричал прохожий, повернись к Зарецкому. – Что вам угодно, господин офицер? – продолжал он, приподняв шляпу.

– Не знаете ли, где нам проехать на Троицкую дорогу?

– Ступайте прямо, а там поверните направо, мимо рощи. Вон видите село Алексеевское? Оно на большой Троицкой дороге. А что, господин офицер, что слышно о французах?

– Я думаю, они будут сегодня в Москве.

– В Москве!.. Ну, нечего сказать – satis pro peccatis![64].. А впрочем, унывать не надобно: finis coro-nat opus – то есть: конец дело венчает; а до конца еще, кажется, далеко.

– И я то же думаю.

– Конечно, – продолжал ученый прохожий, – Наполеон, сей новый Аттила, есть истинно бич небесный, но подождите: non semper erunt Saturnalia – не все коту масленица. Бесспорно, этот Наполеон хитер, да и нашего главнокомандующего не скоро проведешь. Поверьте, недаром он впускает французов в Москву. Пусть они теперь в ней попируют, а он свое возьмет. Нет, сударь! хоть светлейший смотрит и не в оба, а ведь он: sibi in mente – сиречь: себе на уме!

– Ого... – сказал, улыбаясь Зарецкой, – да вы большой политик, господин... господин...

– Студент риторики в Перервинской семинарии, – отвечал ученый, приподняв свою шляпу.

– А откуда вы, господин студент, идете и куда пробираетесь?

– Я вышел сегодня из Перервы, а куда иду, еще сам не знаю. Вот изволите видеть, господин офицер: меня забирает охота подраться также с французами.

– Вот что! – сказал Зарецкой. – Ай да господин ученый! Да не хотите ли вы в гусары?

– Ни, ни, господин офицер! Я хочу сражаться как простой гражданин. Теперь у нас, без сомнения, будет bellum populare – то есть: народная война; а так как крестьяне должны также иметь предводителей...

– Понимаю: вы метите в начальники русских гвериласов. Но ведь и тут надобен некоторый навык и военные познания; а вы...

– Я знаю наизусть все комментарии Цезаря de bello Callico[65], – отвечал с гордым взглядом семинарист.

– Вот это другое дело, – сказал преважно Зарецкой. – Итак, вы намерены...

– Драться до последней капли крови! Да, сударь! Non est ad astra mollis et sera via – лежа на боку, великим не сделаешься.

– Великим? Да уж не Александром ли вас зовут, господин студент?

– Точно так, господин офицер.

– Ого! вот куда вы лезете! Впрочем, вам предстоит карьера еще блистательнее... Командуя македонской фалангой, нетрудно было побеждать

---

[63] Кто это? (лат.)

[64] получили по грехам нашим!.. (лат.)

[65] О Галльской войне (лат.)

неприятеля; а ведь ваша армия будет состоять из мужиков, вооруженных вилами и топорами; летучие отряды из крестьянских баб, с ухватами и кочергами; передовые посты...

– Смейтесь, смейтесь, господин офицер! Увидите, что эти мужички наделают! Дайте только им порасшевелиться, а там французы держись! Светлейший грянет с одной стороны, граф Витгенштейн с другой, а мы со всех; да как воскликнем в один голос: procul, o procul, profani, то есть: вон отсюда, нечестивец! так Наполеон такого даст стречка из Москвы, что его собаками не догонишь.

– Вряд ли он так скоро с нею расстанется.

– Помилуйте! он, чай, и сам не рад, что зашел так далеко: да теперь уж делать нечего. Верно, думает: авось пожалеют Москвы и станут мириться. Ведь он уж не в первый раз поддевает на эту штуку. На то, сударь, пошел: aut Caesar, aut nihil – или пан, или пропал. До сих пор ему удавалось, а как раз промахнется, так и поминай как звали!

– Итак, вы думаете, господин студент, что Наполеон играет теперь на выдержку?

– Хуже, сударь! Он уж проиграл, а теперь отыгрывается.

– Проиграл? Однако ж он дошел до Москвы.

– А дешево ли это ему стоило? Наши потери ничего: за одного убитого явятся десятеро живых; а он хочет не хочет, а последний рубль ставь на карту. Вот, года три тому назад – я не был еще тогда в риторике – во время рекреации двое студентов схватились при мне в горку. Надобно вам сказать, что у нас за столом только два блюда: говядина и каша. Один из студентов, спустив все деньги, стал играть на свою часть говядины и – проиграл! В отчаянии, терзаемый предчувствием постной трапезы, он воскликнул так же, как Наполеон: aut Caesar, aut nihil! и предложил играть – на кашу! На кашу, единственное блюдо, оставшееся для утоления его голода! Все товарищи ахнули, а у меня волосы стали дыбом, и тут я в первый раз постигнул, как люди проигрывают все свое состояние! К счастию, нас позвали обедать, и мой товарищ не успел довершить своего отчаянного предприятия. Поверьте мне, господин офицер, и Наполеон играет теперь на кашу. Если ему не посчастливится заключить мир – то горе окаянному! Все язвы, все казни египетские обрушатся на главу его! А коли удастся, так и то слава богу, когда при своем останется, ан и выйдет на поверку, что он: magnus conatus magnas agit nugas, то есть: ходил ни почто, принес ничего. Но нам должно прекратить нашу беседу, – продолжал семинарист. – Я пойду прямо на Свирлово, а вы извольте ехать вкось по роще, так минуете Алексеевское и выедете на большую дорогу у самого Ростокина... Прощайте, господин офицер!.. Cura, ut valeas![66]..

Студент приподнял свою шляпу и, продолжая идти по дороге к Останкину, затянул опять:

Воспоемте, братцы, канту прелюбезну...

Пообедав и выкормя лошадей в больших Мытищах, Зарецкой отправился далее. Если б он был ученый или, по крайней мере, сантиментальный

---

[66] Берегитесь и будьте благополучны!.. (лат.)

путешественник, то, верно бы, приостановился в селе Братовщине, чтоб взглянуть на некоторые остатки русской старины. Но наш гусарской ротмистр проехал весьма хладнокровно мимо ветхой церкви, построенной, вероятно, прежде царя Алексея Михайловича, и, взглянув нечаянно на одно полуразвалившееся здание, сказал: "Кой черт! что это за смешной амбар!.." – "Злодей! – вскричал бы какой-нибудь антикварий. – Вандал! да знаешь ли, что ты называешь амбаром царскую вышку, или терем, в котором православные русские цари отдыхали на пути своем в Троицкую лавру? Знаешь ли, что недавно была тут же другая царская вышка, гораздо просторнее и величественнее, и что благодаря преступному равнодушию людей, подобных тебе, не осталось и развалин на том месте, где она стояла? Варвары! (прошу заметить, это говорю не я, но все тот же любитель старины) варвары! вы не умели сберечь даже и того, что пощадили Литва и татары! Куда девался великолепный Коломенский дворец? Где царские палаты в селе Алексеевском? Посмотрите, как все европейские народы дорожат остатками своей старины! Укажите мне хотя на один иностранный город, где бы жители согласились продать на сломку какую-нибудь уродливую готическую башню или древние городские вороты? Нет! они гордятся сими драгоценными развалинами; они глядят на них с тем же почтением, с тою же любовию, с какою добрые дети смотрят на заросший травою могильный памятник своих родителей; а мы..." Тут господин антикварий, вероятно бы, замолчал, не находя слов для выражения своего душевного негодования; а мы вместо ответа пропели бы ему забавные куплеты насчет русской старины и, посматривая на какой-нибудь прелестный домик с цельными стеклами, построенный на самом том месте, где некогда стояли неуклюжие терема и толстые стены с зубцами, заговорили бы в один голос: "Как это мило!.. Как свежо!.. Какая разница! О! наши предки были настоящие варвары!"

Но меж тем, пока мы слушали горькие жалобы любителя русской старины, Зарецкой все ехал да ехал. Опустив поводья, он сидел задумчиво на своей лошади, которая шла спокойной и ровной ходою; мечтал о будущем, придумывал всевозможные средства к истреблению французской армии и вслед за бегущим неприятелем летел в Париж: пожить, повеселиться и забыть на время о любезном и скучном отечестве. В ту самую минуту, как он в модном фраке, с бадинкою[67] в руке, расхаживал под аркадами Пале-Рояля и прислушивался к милым французским фразам, загремел на грубом русском языке вопрос: "Кто едет?" Зарецкой очнулся, взглянул вокруг себя: перед ним деревенская околица, подле ворот соломенный шалаш в виде будки, в шалаше мужик с всклоченной рыжей бородою и длинной рогатиной в руке; а за околицей, перед большим сараем, с полдюжины пик в сошках.

– Кто едет? – повторил мужик, вылезая из шалаша.

– Да разве не видишь, что офицер? – сказал вахмистр. – Экой мужлан!

– Ан врешь! Я не мужик.

– Да кто же ты?

– Ополченный! – отвечал воин, поправив гордо свою шапку.

– Зачем же ты здесь? – спросил Зарецкой.

– Стою на часах, ваше благородие.

---

[67] тросточкой от (фр.) badine.

– Так что же ты зеваешь, дурачина? – закричал вахмистр. – Отворяй ворота!

– Без приказа не могу. Эй! выходи вон!

Человек шесть мужиков выскочили из сарая, схватили пики и стали по ранжиру вдоль стены; вслед за ними вышел молодой малой в казачьем сером полукафтанье, такой же фуражке и с тесаком, повешенным через плечо на широком черном ремне. Подойдя к Зарецкому, он спросил очень вежливо: кто они откуда едет?

Иллюстрация – А на что тебе, голубчик? – сказал Зарецкой. – И кто ты сам такой?

– Урядник, ваше благородие!

– А какое тебе дело, господин урядник, кто я и куда еду?

– Здесь стоит полк московского ополчения, ваше благородие, и полковник приказал, чтоб всех проезжих из Москвы, а особливо военных, провожать прямо к нему.

– Вот еще какие затеи! Да разве здесь крепость и ваш полковник комендант?

– Не могу знать, ваше благородие! а так велено. Полковник сейчас изволил приказывать...

– Большая мне нужда до его приказания! Ополченный полковник!.. Отворяй ворота!

– Да ведь он просит, ваше благородие, заехать к нему в гости.

– А если я не хочу быть его гостем?.. Да кто такой ваш полковник?

– Николай Степанович Ижорской.

– Ижорской?.. Мне что-то знакома эта фамилия...

Кажется, я слышал от Владимира... Не родня ли он Лидиной?..

– Прасковье Степановне?.. Родной братец.

– Вот это другое дело... Так я могу от него узнать, далеко от ли отсюда деревня Владимира Сергеевича Рославлева.

– Да не близко, ваше благородие! Ведь она по Калужской дороге.

– Ну, так и есть: я знал вперед, что ошибусь!.. Отворяй ворота и проводи меня к своему полковнику.

– Я, сударь, на карауле и отлучиться не могу; я пошлю с вами ефрейтора. Эй, ребята! слушай команду!.. В сошки!

Воины положили в сошки свои пики и повернулись, чтоб идти в сарай.

– Гаврило! – продолжал урядник, – проводи господина офицера к полковнику.

– К барину? – спросил молодой крестьянской парень.

– Ну да! то есть к его высокоблагородию, дурачина!

– Слушаю-ста! А пику-то оставить, что ль, или нет?

Урядник призадумался.

– Ефрейторы всегда ходят с ружьями, – сказал, улыбаясь, Зарецкой.

– Ну, что стал? возьми пику с собой! – закричал урядник, – да смотри не дразни по улицам собак. Ступай!

Воин, положив пику на плечо, отправился впереди наших путешественников по длинной и широкой улице, в конце которой, перед одной избой, сверкали копья и толпилось много народа.

ГЛАВА II

В белой и просторной избе сельского старосты за широким столом, на котором кипел самовар и стояло несколько бутылок с ромом, сидели старинные наши знакомцы: Николай Степанович Ижорской, Ильменев и Ладушкин. Первый в общеармейском сюртуке с штаб-офицерскими эполетами, а оба другие в серых ополченных полукафтаньях. Ильменев, туго подтянутый шарфом, в черном галстуке, с нафабренными усами и вытянутый, как струнка, казалось, помолодел десятью годами; но несчастный Ладушкин, привыкший ходить в плисовых сапогах и просторном фризовом сюртуке, изнемогал под тяжестью своего воинского наряда: он едва смел пошевелиться и посматривал то на огромную саблю, к которой был прицеплен, то на длинные шпоры, которые своим беспрерывным звоном напоминали ему, что он выбран в полковые адъютанты и должен ездить верхом.

– Что это Терешка не едет? – сказал Ижорской. – Волгин обещался прислать его непременно сегодня.

– Да куда, сударь, – спросил Ильменев, – поехал наш бывший предводитель, Михаила Федорович Волгин?..

– А теперь мой пятисотенный начальник? – подхватил с гордостию Ижорской. – Я послал его в Москву поразведать, что там делается, и отправил с ним моего Терешку с тем, что если он пробудет в Москве до завтра, то прислал бы его сегодня ко мне с какими-нибудь известиями. Но поговорите теперь о делах службы, господа! – продолжал полковник, переменив совершенно тон. – Господин полковой казначей! прибавляется ли наша казна?

– Слава богу, ваше высокоблагородие! – отвечал Ильменев, вскочив проворно со скамьи. – Сегодня поутру прислали к нам из города, взамен недоставленной амуниции, пятьсот тридцать три рубля двадцать две копейки.

– А что ж сегодняшний приказ, господин полковой адъютант?

– Готов, Николай Степанович, – сказал Ладушкин, вставая.

– Смотри, смотри, братец!.. опять зацепил шпорами... Ну! вот тебе и раз!.. Да подними его, Ильменев! Видишь, он справиться не может.

– О, господи боже мой!.. – сказал Ладушкнн, вставая при помощи Ильменева, – в пятой раз сегодня! Да позвольте мне, Николай Степанович, не носить этих проклятых зацеп.

– Что ты, братец! где видано? Адъютант без шпор! Да это курам будет на смех. Привыкнешь!

– Так нельзя ли меня совсем из адъютантов-то прочь, батюшка?

– Оно, конечно, какой ты адъютант! Тут надобен провор. Вот дело другое – Ильменев: он человек военной; да грамоте-то мы с ним плохо знаем. Ну, что ж приказ?

– Вот, сударь, готов; извольте прочесть.

– Давай!.. Пароль... лозунг... отзыв... Хорошо! Что это?.. "Воина третьей сотни Ивана Лосева за злостное похищение одного индейского петуха и двух поросят выколотить завтрашнего числа перед фрунтом палками". Дело! "Господин полковой командир изъявляет свою совершенную признательность господину пятисотенному начальнику Буркину..."

– За что?

– За найденный вами порядок и примерное устройство находящихся под командою его пяти сотен.

– Да, да! совсем забыл: ведь я назначил сегодня смотр; но надобно прежде взглянуть, а там уж сказать спасибо.

– Он с полчаса дожидается, – сказал Ильменев. – Извольте-ка взглянуть в окно; посмотрите, как он на своем Султане гарцует перед фрунтом.

– Пойдемте же, господа! Гей, Заливной! саблю, фуражку!

Ижорской, прицепя саблю, вышел в провожании адъютанта и казначея за ворота. Человек до пятисот воинов с копьями, выстроенные в три шеренги, стояли вдоль улицы; все офицеры находились при своих местах, а Буркин на лихом персидском жеребце рисовался перед фрунтом.

– Смирно! – закричал он, увидя выходящего из ворот полковника.

– Хорошо! – сказал Ижорской важным голосом. – Фрунт выровнен, стоят по ранжиру... хорошо!

– Слушай! – заревел Буркин. – Шапки долой!

– Хорошо! – повторил Ижорской, – все в один темп, по команде... очень хорошо!

– Господин полковник! – продолжал Буркин, подскакав к Ижорскому и опустив свою саблю.

– Тише, братец, тише! Что ты? задавишь!

– Господин полковник!..

– Да черт тебя возьми! Что ты на меня лезешь?

– Честь имею рапортовать, что при команде со. стоит все благополучно: двое рядовых занемогли, один урядник умер...

– Хорошо, очень хорошо!.. Да осади свою лошадь, братец!.. Э! постой! Кто это едет на паре? Никак, Терешка? Так и есть! Ну что, брат, где Волгин?

– Изволил остаться в Москве, – отвечал слуга, спрыгнув с телеги, которая остановилась против избы.

– А скоро ли будет назад?

– Не могу доложить. Он послал меня вчера еще вечером; да помеха сделалась.

– Что такое?

– У самого Ростокина выпрягли у меня лошадей, говорят, будто под казенные обозы – не могу сказать. Кой-как сегодня, и то уже после обеда, нанял эту пару, да что за клячи, сударь! насилу дотащился!

– Ну, что слышно нового?

– Николай Степанович! – сказал Ладушкин, – позвольте доложить: здесь не место...

– Да, да! в самом деле! Господин пятисотенный начальник! извольте распустить вашу команду да милости прошу ко мне на чашку чаю; а ты ступай за нами в избу.

– Слушай! – заревел опять Буркин. – Шапки надевай! Господа офицеры! разводите ваши сотни по домам. Тише, ребята, тише! не шуметь! смирно!

Через несколько минут изба, занимаемая Ижорским, наполнилась

121

ополченными офицерами; вместе с Буркиным пришли почти все сотенные начальники, засели вокруг стола, и господин полковник, подозвав Терешку, повторил свой вопрос:

– Ну что, братец, что слышно нового?

– Да что, сударь! говорят, французы идут прямо на Москву.

– А где наши войска?

– Не могу доложить.

– Неужели в самом деле, – закричал Буркин, – Москвы отстаивать не будут и сдадут без боя?.. Без боя!.. Ну как это может быть?

– Эх, батюшка Григорий Павлович! – перервал Ладушкин, – было бы чем отстаивать, и когда уж все говорят...

– Ан вздор, не все! Вчера какой-то бедный прохожий меня порадовал. Он сказал мне, что ведено всему нашему войску сбираться к Трем горам.

– И вы, сударь, ему поверили? – спросил насмешливо Ладушкин.

– И поверил, и на водку дал.

– Чай, двугривенный или четвертак? Ведь вы человек тороватый!

– Нет, на ту пору у меня мелочи не случилось.

– Что ж вы ему дали? Уж не целковый ли?

– Нет, братец! я дал ему синенькую – да еще какую! с иголочки, так в руке и хрустит! Эх! подумал я, была не была! На, брат, выпей за здоровье московского ополчения да помолись богу, чтоб мы без работы не остались.

"Пять рублей! – повторил про себя Ладушкин. – Ну, подлинно: глупому сыну не в помощь богатство!"

– И в Москве об этом народ толкует, – сказал слуга. – Да вот я привез с собой афишку, которую вчера по городу разносили.

– Что ж ты, братец! – закричал Ижорской, – давай сюда!.. Постой-ка! подписано: граф Растопчин. Господин адъютант! – продолжал он, – извольте прочесть ее во услышание всем!

Ладушкин взял афишу, напечатанную на небольшой четвертке, и начал читать следующее:

– "Братцы, сила наша многочисленна и готова положить живот, защищая отечество. Не пустим злодея в Москву; но должно пособить и нам свое дело сделать. Грех тяжкой своих выдавать! Москва – наша мать; она вас поила, кормила и богатила. Я вас призываю именем божией матери на защиту храмов господних, Москвы, земли русской. Вооружитесь кто чем может – и конные и пешие; возьмите только на три дня хлеба, идите со крестом. Возьмите хоругви из церквей и с сим знаменем сбирайтесь тотчас на Трех горах. Я буду с вами, и вместе истребим злодея. Слава в вышних – кто не отстанет! вечная память – кто мертвый ляжет! горе на Страшном суде – кто отговариваться станет!"

– Ну, вот! – вскричал Буркни, – ведь прохожий-то правду говорил. Эх, жаль, что я не дал ему красненькой.

– Однако ж, – заметил Ильменев, – в этом листке о московском ополчении ни слова не сказано.

– Да неужто ты думаешь, – возразил Буркни, – что когда другие полки нашего ополчения присоединены к армии, мы станем здесь сидеть, поджавши руки?

– Прикажут, так и мы пойдем, – сказал Ижорской.

— А без приказа соваться не надобно, — примолвил Ладушкин.

— Дай-то господи, чтоб приказали! — продолжал Буркин. — Что, господа офицеры, неужели и вас охота не забирает подраться с этими супостатами? Да нет! по глазам вижу, вы все готовы умереть за матушку-Москву, и, уж верно, из вас никто назад не попятится?

— Назад? что вы, Григорий Павлович? — сказал один, вершков двенадцати, широкоплечий сотенный начальник. — Нет, батюшка! не за тем пошли. Да я своей рукой зарежу того, кто шаг назад сделает.

— Слышишь, брат Ладушкин? — сказал Буркин, — а с ним шутки-то плохие: ведь он один на медведя ходит.

— Оно так, сударь! — возразил Ладушкин, — да если б у нас хоть ружья-то были!

— А слыхал ли ты, брат, — перервал Буркин, — поговорку нашего славного Суворова: пуля дура, а штык молодец.

— Да где у нас штыки-то?

— Вот еще что? А чем рогатина хуже штыка?

— И, конечно, не хуже, — подхватил сотенный начальник. — Бывало, хватишь медведя под лопатку, так и он долго не навертится; а какой-нибудь поджарый француз...

— Постойте-ка, господа! — сказал Ижорской, — никак, гость к нам едет. Так и есть — гусарской офицер! Ильменев! ступай, проси его.

— Ох, мне эти кавалеристы! — сказал вполголоса Ладушкин. — В грош не ставят нашего брата.

— Да есть тот грех, — примолвил сотенный начальник. — Они нас и за военных-то не считают.

— А вы бы, господа, по-моему, — сказал Буркин. — Если от меня кто рыло воротит, так и я на него не смотрю. Велика фигура — гусарской офицер!.. Послушай-ка, Ладушкии, — продолжал Буркин, поправляя свой галстук, — подтяни, брат, портупею-то: видишь, у тебя сабля совсем по земле волочится.

— Милости просим, батюшка! — сказал Ижорской, встречая Зарецкого, который, войдя в избу, поклонился вежливо всему обществу, — милости просим! Не прикажете ли водки? не угодно ли чаю или стаканчик пуншу? Да, прошу покорно садиться. Подвинься-ка, Григорий Павлович.

— Покорно вас благодарю, — сказал Зарецкой, садясь в передний угол между Ижорского и Буркина, — я выпью охотно стакан пуншу.

— Вот это по-нашему, по-военному, господин офицер! — сказал Буркин. — Что за питье чай без рома! А ром знатный — рекомендую, настоящий ямайской!

— Мне, право, совестно, — сказал Зарецкой, заметив, что одному офицеру не осталось места на скамье, — не стеснил ли я вас, господа?

— Помилуйте! — подхватил Буркин, — кому есть место, тот посидит; кому нет — постоит. Ведь мы все народ военный, а меж военными что за счеты! Не так ли, товарищ? — продолжал он, обращаясь к колоссальному сотенному начальнику, который молча закручивал свои густые усы.

— Разумеется, Григорий Павлович, мы люди военные. Дело походное, а в походе и с незнакомым человеком живешь подчас как с однокорытником; что тут за вычуры! Не так ли, господин адъютант?

— Конечно, конечно, господин капитан. — Позвольте мне рекомендовать вам, —

сказал Ижорской. – Это все офицеры моего полка: а это господин Буркин, мой пятисотенный... то есть мой батальонный командир.

– Очень рад, что имею удовольствие познакомиться... А ром у вас в самом деле славный!

– Как не быть порядочного рома, – сказал Ижорской, – у нашего брата – не бедного помещика...

– И полкового командира, – прибавил Буркин.

– Позвольте спросить, – продолжал Ижорской, – я вижу, вы ранены: где это вас прихватило?

– Под Бородиным.

– А теперь откуда изволите ехать?

– Из Москвы.

– Ну что, батюшка, – сбирается ли там войско на Воробьевых горах?

– Что слышно? – сказал Буркин, – на каком фланге будет стоять московское ополчение?

– Поближе бы только к французам, – примолвил сотенный начальник.

– Не оставят ли его в резерве? – спросил Ладушкин.

– Я этого ничего не знаю, господа; напротив, кажется, под Москвою вовсе не будет сражения.

– Что вы! – закричал Буркин, – так вы поэтому не видели московской афиши? Вот она, прочтите-ка!

– Странно! – сказал Зарецкой, прочтя прокламацию московского генерал-губернатора. – Судя по этому, должно думать, что под Москвою будет генеральное сражение; и если б я знал это наверное, то непременно бы воротился; но, кажется, движения наших войск доказывают совершенно противное.

– Это какая-нибудь военная хитрость, – сказал Ижорской.

– Верно! – заревел Буркин. – Знаете ли что? Москва-то приманка. Светлейший хочет заманить в нее Наполеона, как волка в западню. Лишь он подойдет к Москве, так народ высыпет к нему навстречу, армия нахлынет сзади, мы нагрянем с попереку, да как начнем его со щеки на щеку...

– Sacristie quelle omelette![68] – вскричал, захохотав во все горло, Зарецкой.

– Что это, брат? – шепнул Буркин сотенному начальнику, – по-каковски он это заговорил?

– Уж не француз ли он? – сказал великан, взглянув исподлобья на Зарецкого. – Чего доброго: у него и ухватки-то все нерусские.

– Нет, братец! верно, какой-нибудь матушкин сынок и вырос на французском языке; ведь эти кавалеристы народ всё модный – с вычурами.

– Позвольте вас спросить, полковник! – сказал Зарецкой, – вы родня госпоже Лидиной?

Ижорской покраснел, смутился и повторил с приметным беспокойством:

– Лидиной? то есть Прасковье Степановне?..

– Кажется, так. – Да, что греха таить! я был с нею когда-то родня... А на что вам?.. Неужели и до вас слух дошел?..

– О чем?..

---

[68] Черт возьми, какой ералаш! (фр.)

– Так, так, ничего! Да разве вы с ней знакомы?

– Нет, я не имею этой чести; но искренний друг мой, Владимир Сергеевич Рославлев...

– Рославлев? Так вы с ним знакомы? Бедняжка!..

– Что такое? неужели его рана...

– А разве он ранен?..

– Да, ранен и лечится теперь у своей невесты.

– У своей невесты! – повторил Ижорской вполголоса.

– Нет, батюшка, у него теперь нет невесты.

– Что вы говорите? Его Полина умерла?

– Хуже. Если б она умерла, то я отслужил бы не панихиду, а благодарственный молебен; слезинки бы не выронил над ее могилою. А я любил ее! – прибавил Ижорской растроганным голосом, – да, я любил ее, как родную дочь!

– Боже мой, что ж такое с нею сделалось?

– Она, то есть племянница моя... Нет, батюшка! язык не повернется выговорить.

– Эх, Николай Степанович! – сказал Буркни, – шило в мешке не утаишь. Что делать? грех такой. Вот изволите видеть, господин офицер, старшая дочь Прасковьи Степановны Лидиной, невеста вашего приятеля Рославлева, вышла замуж за французского пленного офицера.

– Возможно ли?

– Говорят, что этот француз полковник и граф. Да если б он был и маркграф какой, так срамота-то все не меньше. Господи боже мой! Француз, кровопийца наш!.. Что и говорить! стыд и бесчестье всей нашей губернии!

– Граф? – повторил Зарецкой. – Так точно, это тот французской полковник, которого я избавил от смерти, которого сам Рославлев прислал в дом к своей невесте... Итак, есть какая-то непостижимая судьба!..

– Судьба! – перервал Ижорской. – Какая судьба для таких неповитых дур, как моя сестрица... то есть бывшая сестра моя... Она сама лучше злодейки-судьбы придумает всякую пакость. Вчера только я получил об этом известие. Поверите ль? как обухом по лбу! Я было хотел скакать сам в деревню и познакомиться с новой моей роденькою; да сегодня дошли до нас слухи, будто в той стороне показались французы. Может быть, теперь они уж выручили его из плена. Пусть он увезет с собою свою графиню и тещу – черт с ними! Жаль только бедной Оленьки. Сердечная, за что гибнет вместе с ними! Да во что б ни стало, если ее сиятельство с своей маменькой потащат Оленьку во Францию, так я выйду на большую дорогу, как разбойник, и отобью у них мою племянницу и единственную наследницу всего моего имения.

– Позвольте спросить, Николай Степанович! – сказал Ладушкин, – от кого вы изволили слышать, что французы в наших местах? Это не может быть!

– А почему не может быть?

– Если они идут к Москве, так на что ж им сворачивать на Калужскую дорогу? Кажется, с большой Смоленской дороги сбиться трудно; а на всякой случай неужели-то они и проводника не найдут?

– Эх, братец! не в том дело, что они идут или нейдут по Калужской дороге...

– Нет, сударь, в этом-то и дело! Да, воля ваша, им тут и следа нет идти. Шутка ли, какой крюк они сделают!

– Да что ты так об них хлопочешь, братец?

– Помилуйте, Николай Степанович! ведь моя деревушка почти на самой Калужской дороге.

– Так вот что! – вскричал Буркин. – Ах ты жидомор! по тебе, пусть французы берут Москву, лишь только бы твое Щелкоперово осталось цело.

– Что ж делать, Григорий Павлович! своя рубашка к телу ближе. Ну, рассудите сами...

– Да мне-то разве легче? Мы с тобой соседи: если твою деревню сожгут, так и моей не миновать того же; а разве я плачу?

– Ведь вы человек богатый.

– А ты, чай, убогой? Полно, братец! душ у тебя много, да душонки-то нет.

– Перестаньте, господа! – сказал Ижорской. – Что вы? Мы знаем, что вы всегда шутите друг с другом; но ведь наш гость может подумать...

– И, что вы? – перервал Зарецкой, – мы все здесь народ военный – не правда ли?

– Конечно, конечно!

– А между товарищами какие церемонии? Что на душе, то и на языке. Но позвольте вас спросить, где же теперь приятель мой Рославлев?

– Я слышал, что он уехал в Москву.

– Да и теперь еще там, сударь! – сказал лакей Ижорского, Терентий, который в продолжение этого разговора стоял у дверей, – Я встретил в Москве его слугу Егора; он сказывал, что Владимир Сергеич болен горячкою и живет у Серпуховских ворот в доме какого-то купца Сезёмова.

– Боже мой! – вскричал Зарецкой. – Владимир болен, а может быть, сегодня французы будут в Москве!

– В Москве? – повторил Ижорской, – но ведь ее не отдадут без боя, а мы еще покамест не дрались.

– И бог милостив! – прибавил Буркин, – авось отстоим нашу матушку.

– Чу! колокольчик! – сказал Ильменев, выглянув в окно. – Кто-то скачет по улице! Никак, Михаила Федорович?

– Волгин? – спросил Ижорской, привставая с скамьи. – Он и есть! Ну, верно, не жалел лошадок: эк он их упарил!

Волгин, в форменном мундирном сюртуке, сверх которого была надета темного цвета шинель, вошел поспешно в избу.

– Ну что, Михаила Федорович? – спросил Ижорской.

– Не торопитесь, скажу! – отвечал глухим голосом Волгин.

– Да говори, что нового?

– Что нового? Замоскворечье горит, и как я выехал за заставу, то запылал Каретный ряд.

– Что это значит?

– Что, братцы! – вскричал Волгин, бросив на пол свою фуражку, – нам осталось умереть – и больше ничего!

– Как? что такое?

– Москва сдана без боя – французы в Кремле!

– В Кремле! – повторили все в один голос. С полминуты продолжалось мертвое молчание: слезы катились по бледным щекам Ижорского; Ильменев рыдал, как ребенок.

– Кормилица ты наша! – завопил наконец, всхлипывая, Буркин, – и умереть-то нам не удалось за тебя, родимая!

– Несчастная Москва! – сказал Ижорской, утирая текущие из глаз слезы.

– Бедный Рославлев! – примолвил Зарецкой с глубоким вздохом.

ГЛАВА III

– Бабушка, а бабушка!.. что это так воет на улице?

– Спи, дитятко, спи! это гудит ветер.

– Бабушка! мне что-то не спится.

– Сотвори молитву, родимый! да повернись на другой бок, авось и заснешь.

Так разговаривали в низенькой избушке, часу в 12-м ночи, внук лет десяти с своей старой бабушкой, подле которой он лежал на полатях.

– Бабушка! – закричал опять мальчик, приподнявшись до половины, – что это так рано нынче светает?

– Что ты, батюшка! Христос с тобою!.. Куда светать, и петухи еще не пели.

– Постой-ка! – продолжал мальчик, слезая с полатей, – я погляжу в окно... Ну как же, бабушка? на улице светлехонько... Вон и старостин колодезь видно.

– Что за притча такая? – сказала старуха, подходя также к окну.

– Мати пресвятая богородица! – вскричала она, всплеснув руками.

– Ах, дитятко, дитятко! ведь это горит наша матушка-Москва!

– Смотри-ка, бабушка! – закричал мальчик, – эко зарево!.. Словно как ономнясь горел наш овин – так и пышет!

В эту самую минуту кто-то постучался у окна.

– Кто там? – спросила старуха.

– Эй, тетка! – раздался мужской голос, – отвори ворота.

– Да кто ты?

– Проезжие.

– Я постояльцев не пускаю.

– Да впусти только обогреться; мы тебе за тепло заплатим.

– Впусти, бабушка, – сказал мальчик, – авось они нам что-нибудь дадут, а ты мне калач купишь.

– Эх, дитятко! ведь мы одни-одинехоньки; ну если это недобрые люди? Правда, у нас и взять-то нечего...

– Эй, хозяйка! – закричал опять проезжий, – да впусти нас: мы дадим тебе двугривенный.

– Слышишь, бабушка?..

– Ну ин ступай, Ваня, отвори ворота. Мальчик накинул на себя тулуп и побежал на двор, а старуха вздула огня и зажгла небольшой сальный огарок, вставленный в глиняный подсвечник.

127

— Через минуту вошел в избу мужчина среднего роста, в подпоясанном кушаком сюртуке из толстого сукна и плохом кожаном картузе, а вслед за ним казак в полном вооружении.

— Здравствуй, хозяйка! — сказал проезжий, не снимая картуза. — Ну, что, далеко ль отсюда до Москвы?

— Верст десять будет, батюшка! — отвечала старуха, поглядывая подозрительно на проезжего, который, войдя в избу, не перекрестился на передний угол и стоял в шапке перед иконами.

— Десять верст! — повторил проезжий. — Теперь, я думаю, можно своротить в сторону. Миронов! — продолжал он, обращаясь к казаку, — поставь лошадей под навес да поищи сенца, а я немного отдохну.

Когда казак вышел из избы, проезжий скинул с себя сюртук и остался в коротком зеленом спензере с золотыми погончиками и с черным воротником; потом, вынув из бокового кармана рожок с порохом, пару небольших пистолетов, осмотрел со вниманием их затравки и подсыпал на полки нового пороха. Помолчав несколько времени, он спросил хозяйку, нет ли у них в деревне французов.

— Нет, батюшка! — отвечала старуха, — покамест бог еще миловал.

— А поблизости?

— Не ведаю, кормилец!

— Что, тетка, далеко ли от вашей деревни Владимирская дорога?

— Не знаю, родимый.

— Да что ты ничего не знаешь?

— И, батюшка! мое дело бабье; вот кабы сынок мой был дома...

— А где же он?

— Вечор еще уехал на мельницу, да, видно, все в очередь не попадет; а пора бы вернуться. Постой-ка, батюшка, кажись, кто-то едет по улице!.. Уж не он ли?.. Нет, какие-то верховые... никак, солдаты!.. Уж не французы ли?.. Избави господи!

— А много ли их? — спросил проезжий, вскочив торопливо со скамьи.

— Только двое, батюшка!

— Только? — повторил спокойным голосом проезжий, садясь опять на скамью и придвинув к себе пистолеты.

— Вот они остановились против наших ворот; видно, огонек-то увидели...стучатся!..Кто там? — продолжала старуха, выглянув из окна.

— Русской офицер! — отвечал грубый голос. — Отворяй ворота, лебедка! Да поворачивайся проворней.

— Что, батюшка, впустить, что ль? Проезжий в знак согласия кивнул головою.

— Ваня! — продолжала хозяйка, — беги отопри опять ворота.

— Ах, как я иззяб! — сказал наш старинный знакомец Зарецкой, входя в избу.

— Какой ветер!..

— Тут он увидел проезжего и, поклонясь ему, продолжал:

— Вы также, видно, завернули погреться?

— Да! — отвечал проезжий.

— Но я советую вам не скидать шинели: в этой избенке изо всех углов дует. Я вижу, что и мне надобно опять закутаться, — примолвил он, надевая снова свой толстый сюртук и подпоясываясь кушаком.

Зарецкой поглядел с удивлением на чудный наряд проезжего, которого по спензеру с золотыми погончиками принял сначала за офицера.

– Вам кажется странным мой наряд? – сказал с улыбкою проезжий.

– А если б вы знали, как он подчас может пригодиться!..

– Извините! – перервал Зарецкой, продолжая смотреть с любопытством на проезжего, – или я очень ошибаюсь, или я не в первый уже раз имею удовольствие вас видеть: не могу только никак припомнить...

– Так, видно, моя память лучше вашей. Несколько месяцев назад, в Петербурге, я обедал вместе с вами в ресторации...

– Френзеля? Точно! теперь вспомнил. Так вы тот самой артиллерийской офицер...

– К вашим услугам.

– Мне помнится, вы поссорились тогда с каким-то французом...

– Да. Если б этот молодец попался мне теперь, то я просто и не сердясь велел бы его повесить; а тогда нечего было делать: надобно было ссориться... Да, кстати! вы были в ресторации вместе с вашим приятелем, с которым после я несколько раз встречался, – где он теперь?

– Кто? бедный Рославлев?

– А что? я знаю, он ранен; но, кажется, не опасно?

– Представьте себе: он поехал лечиться в Москву...

– И попался в плен? Вольно ж было меня не послушаться.

– Я слышал, что он очень болен и живет теперь в доме какого-то купца Сезёмова.

– Жаль, что я не знал об этом несколько часов назад, а то, верно бы, навестил вашего приятеля.

– Как! – вскричал Зарецкой, – да разве вы были в Москве?

– Я сейчас оттуда.

– Так поэтому можно?..

– Да разве есть что-нибудь невозможного для военного человека? Конечно, если догадаются, что вы не то, чем хотите казаться, так вас, без всякого суда, расстреляют. Впрочем, этого бояться нечего: надобно только быть сметливу, не терять головы и уметь пользоваться всяким удобным случаем.

– Но скажите, что вам вздумалось и для чего хотели вы подвергать себя такой опасности?

– Во-первых, для того, чтоб видеть своими глазами, что делается в Москве, а во-вторых... как бы вам сказать?.. Позвольте, вы кавалерист, так, верно, меня поймете. Случалось ли вам без всякой надобности перескакивать через барьер, который почти вдвое выше обыкновенного, несмотря на то что вы могли себе сломить шею?

– Случалось.

– Не правда ли, что, сделав удачно этот трудный и опасный скачок, вы чувствовали какое-то душевное наслаждение, проистекающее от внутреннего сознания в ваших силах и искусстве? Ну вот точно такое же чувство заставляет и меня вдаваться во всякую опасность, а сверх того, смешаться с толпою своих неприятелей, ходить вместе с ними, подслушивать их разговоры, услышать, может быть, имя свое, произносимое то с похвалою, то осыпаемое проклятиями... О! это

129

такое наслаждение, от которого я ни за что не откажусь. Но позвольте теперь и мне вас спросить: куда вы едете?

— А бог знает: я отыскиваю свой полк.

— И, верно, вам хорошо знакомы все здешние проселочные дороги и тропинки?

— Ну, этим я не могу похвастаться.

— Так позвольте вас поздравить: вы очень счастливы, что до сих пор не попались в руки к французам.

— В самом деле, вы думаете?..

— Не думаю, а уверен, что вам этой беды никак не миновать, если вы станете продолжать отыскивать ваш полк. Кругом всей Москвы рассыпаны французы; я сам должен был выехать из города не в ту заставу, в которую въехал, и сделать пребольшой крюк, чтоб не повстречаться с их разъездами.

— Да что же мне делать? Неужели я должен уехать в Рязань или Владимир и оставаться в числе больных, когда чувствую, что моя рана не мешает мне драться с французами и что она без всякого леченья в несколько дней совершенно заживет?

— О, если вы желаете только драться с французами, то я могу вас этим каждый день угощать. Не хотите ли на время сделаться моим товарищем?

— Вашим товарищем?

— Да! Мой летучий отряд стоит по Владимирской дороге, перстах в десяти отсюда. Не угодно ли деньков пять или шесть покочевать вместе со мною?

— Очень рад... Итак, вы один из наших партизанов?..

— И самый юнейший из моих братьев, — отвечал с улыбкою проезжий.

— То есть чином?.. Поэтому вы...

— И, полноте! Вы видите, что я в маскарадном платье, а масок по именам не называют. Что ты, Миронов? — продолжал офицер, увидя входящего казака.

— А вот, ваше благородие, — сказал казак, — принес кису. Не угодно ли чего покушать?

— Дело, братец! Вынь-ка из нее для себя полштофа водки, а для нас бутылку шампанского и кусок сыра. Да смотри не выпей всего полуштофа: мы сейчас отправимся в дорогу.

— А чтоб он вернее исполнил ваше приказание, — прибавил Зарецкой, — так велите ему поделиться с моим вахмистром.

— Слышишь, братец!

— Слышу, ваше благородие! Да я так и думал.

— Полно, так ли? Вы, казаки, дележа не любите. Ну, ступай! Хозяйка! подай-ка нам два стакана; да, чай, хлебец у тебя водится?

— Как не быть, кормилец! — отвечала с низким поклоном старуха.

— Милости просим, покушайте на здоровье! — продолжала она, положа на стол большой каравай хлеба и подавая им два деревянные расписные стакана.

— Ну что? — спросил Зарецкой, выпив первый стакан шампанского и наливая себе другой, — что делается теперь в Москве?

— Разве вы отсюда не видите?

— Вижу: она горит; но вы были сейчас на самом месте...

— И, признаюсь, порадовался от всей души! Дела идет славно: город подожгли со всех четырех концов, а деревянные дома горят, как стружки. Еще денек или два, так в Москве не останется ни кола ни двора. И что за великолепная картина —

прелесть! В одном углу из огромных каменных палат пышет пламя, как из Везувия; в другом какой-нибудь сальный завод горит как свеча; тут, над питейным домом, подымается пирамидою голубой огонь; там пылает целая улица; ну словом, это такая чертовская иллюминация, что любо-дорого посмотреть.

— Это ужасно! — сказал с невольным содроганием Зарецкой.

— А что за суматоха идет по улицам! Умора, да и только. Французы, как угорелые кошки, бросаются из угла в угол. Они от огня, а он за ними; примутся тушить в одном месте, а в двадцати вспыхнет! Да, правда, и тушить-то нечем: ни одной трубы в городе не осталось.

— Так поэтому не французы зажгли Москву?

— Помилуйте! Да что им за прибыль жечь город, в котором они хотели отдохнуть и повеселиться!

— Итак, сами обыватели?..

— Разумеется. Как будто бы вы не знаете русского человека: гори все огнем, лишь только злодеям в руки не доставайся.

— Да, это характеристическая черта нашего народа, и надобно сказать правду, в этом есть что-то великое, возвышающее душу...

— Не знаю, возвышает ли это душу, — перервал с улыбкою артиллерийской офицер, — но на всякий случай я уверен, что это поунизит гордость всемирных победителей и, что всего лучше, заставит русских ненавидеть французов еще более. Посмотрите, как народ примется их душить! Они, дискать, злодеи, сожгли матушку-Москву! А правда ли это или нет, какое нам до этого дело? Лишь только бы их резали.

— Оно, если хотите, несколько и справедливо. Если бы французы не пришли в Москву...

— Так мы бы и жечь ее не стали — натурально!

— Однако ж согласитесь: это ужасное бедствие! Я не говорю ни слова о тех, которые могли выехать из Москвы: они разорились, и больше ничего; но больные, неимущие? Все те, которые должны были остаться?..

— Да много ли их?

— Согласен — немного; по разве от этого они менее достойны сожаления? Когда подумаешь, что целые семейства, лишенные всего необходимого, без куска хлеба...

— И, что за дело! Лишь только бы и французам нечего было есть.

— Без всякой помощи, без крова...

— Так что ж? пусть живут под открытым небом — лишь только бы французам не было приюта.

— И теперь ночи холодны; а что будет с ними, если наступит ранняя зима?

— Что будет? тут и спрашивать нечего: они станут мерзнуть по улицам; да зато и французам не будет тепло — не беспокойтесь!

— Но признайтесь, однако ж, что человечество...

— И, полноте! — перервал с ужасной улыбкою артиллерийской офицер, — человечество, человеколюбие, сострадание — все эти сантиментальные добродетели никуда не годятся в нашем ремесле.

— Как? - вскричал Зарецкой, — неужели военный человек не должен иметь никакого сострадания?

— Спросите-ка об этом у Наполеона. Далеко бы он ушел с вашим

131

человеколюбием! Например, если бы он, как человек великодушный, не покинул своих французов в Египте, то, верно, не был бы теперь императором; если б не расстрелял герцога Ангиенского...

– То не заслужил бы проклятий всей Европы! – перервал с негодованием Зарецкой.

– Может быть; да зато не уверил бы Бурбонов, что Франция для них заперта навеки. Признаюсь, – продолжал почти с восторгом артиллерийской офицер, – я не могу не удивляться этому человеку! Какая непоколебимая твердость! Какое презрение ко всему роду человеческому! Как ничтожна в глазах его жизнь целых поколений! С каким равнодушием, как ничем не умолимая судьба, он выбирает свои жертвы и как смеется над бессильным ропотом народов, лежащих у ног его! О! надобно сказать правду, Наполеон великой человек! Да, да! – прибавил артиллерийской офицер, – говорите, что вам угодно; а по-моему, тот, кто сказал, что может истрачивать по нескольку тысяч человек в сутки, – рожден, чтоб повелевать миллионами. Однако ж допивайте ваш стакан: нам пора ехать.

– Ну! – сказал Зарецкой, вставая, – вы мастерски хвалите. Самый злейший враг Наполеона не придумал бы для него брани, обиднее вашей похвалы.

Артиллерийской офицер улыбнулся и не отвечал ни слова. Минут через пять наши офицеры, соблюдая все военные осторожности, выехали из деревни. Впереди, вместо авангарда, ехал казак; за ним оба офицера; а позади, шагах в двадцати от них, уланской вахмистр представлял в единственном лице своем то, что предки наши называли сторожевым полком, а мы зовем арьергардом. Почти у самой околицы, поворотив направо по проселочной дороге, они въехали в частый березовый лес. Порывистый ветер колебал деревья и, как дикой зверь, ревел по лесу; направо густые облака, освещенные пожаром Москвы, которого не видно было за деревьями, текли, как поток раскаленной лавы, по темной синеве полуночных небес. Путешественники молчали. Зарецкой давно уже примечал, что дорога, или, лучше сказать, тропинка, по которой они ехали, подавалась приметным образом направо, следовательно, приближала их к Москве.

– Туда ли мы едем? – спросил он наконец своего молчаливого товарища.

– Не беспокойтесь! – отвечал он, – мы не собьемся с дороги.

– Но мне кажется, мы подвигаемся к Москве?

– Да, она теперь от нас не более четырех верст.

– Я думаю, гораздо безопаснее было бы держаться от нее подалее.

– Но для этого надобно ехать открытым полем, а здесь, хоть мы и близко от французов, да зато едем лесом. Однако ж он становится реже: вон, кажется, налево... видите? высокая сосна – так и есть! Мы выедем сейчас на большую поляну, а там пустимся опять лесом, переедем поперек Коломенскую дорогу, повернем налево и, я надеюсь, часа через два будем дома, то есть в моем таборе, – разумеется, если без меня не было никакой тревоги. Впрочем, и в этом случае я знаю, где найти моих молодцов: французы за ними не угоняются.

В продолжение этого разговора офицеры выехали на обширную поляну, и пожар Москвы во всей ужасной красоте своей представился их взорам. Кой-где, как уединенные острова, чернелись на этом огненном море части города, превращенные уже в пепел.

– Какая прелестная картина! – сказал артиллерийской офицер, останови свою лошадь. – Посмотрите – соборы, Иван Великой, весь Кремль как на блюдечке. Не правда ли, что он походит на какую-то прозрачную картину, которая подымается из пламени? В самом деле, казалось, можно было рассмотреть каждую трещину на белых стенах Кремля, освещенных со всех сторон пылающей Москвою.

– Сам ад не может быть ужаснее! – вскричал Зарецкой, глядя с содроганием на эту ужасную картину разрушения.

– Ого! – продолжал его товарищ, – огонек-то добирается и до Кремля. Посмотрите: со всех сторон – кругом!.. Ай да молодцы! как они проворят! Ну, если Наполеон еще в Кремле, то может похвастаться, что мы приняли его как дорогого гостя и, по русскому обычаю, попотчевали банею.

– Хороша баня! – сказал вполголоса Зарецкой,

– Да разве вы не знаете старинной пословицы: по Сеньке шапка? Мы с вами и в землянке выпаримся, а для его императорского величества – как не истопить всего Кремля?.. и нечего сказать: баня славная!.. Чай, стены теперь раскалились, так и пышут. Москва-река под руками: поддавай только на эту каменку, а уж за паром дело не станет.

– Я удивляюсь, – сказал Зарецкой, – как можете вы шутить...

– В самом деле, это странно, не правда ли? Однако ж поедемте.

Наблюдая глубокое молчание, они проехали еще версты две лесом.

– Как ветер ревет между деревьями! – сказал наконец Зарецкой. – А знаете ли что? Как станешь прислушиваться, то кажется, будто бы в этом вое есть какая-то гармония. Слышите ли, какие переходы из тона в тон? Вот он загудел басом; теперь свистит дишкантом... А это что?.. Ах, батюшки!.. Не правда ли, как будто вдали льется вода? Слышите? настоящий водопад.

– Нет, черт возьми! – сказал товарищ Зарецкого, осадя свою лошадь. – Это не ветер и не вода.

– Что ж это такое?

– Да просто – конской топот. Так и есть! Вот и Миронов к нам едет. Ну что, братец?

– По Коломенской дороге идет конница, ваше благородие!

– С которой стороны?

– От Москвы.

– Так это французы. Прошу стоять смирно.

Через несколько минут отряд французских драгун проехал по большой дороге, которая была шагах в десяти от наших путешественников. Солдаты громко разговаривали между собою; офицеры смеялись; но раза два что-то похожее на проклятия, предметом которых, кажется, была не Россия, долетело до ушей Зарецкого.

– Ваше благородие! – сказал шепотом казак, когда неприятельской отряд проехал мимо. – У них есть отсталой.

– Право?

– Вон, кажется, один драгун подтягивает подпруги у своей лошади. Не прикажете ли? Я его мигом саркану.

– Ну, хорошо; да смотри, чтоб не пикнул. Казак отвязал веревку от своего седла и почти ползком подкрался к опушке леса. В ту самую минуту, как драгун заносил ногу в стремя, петля упала ему на шею, и он, до половины задавленный, захрипев, повалился на землю. В полминуты француз, с завязанным ртом и связанными назад руками, посажен был на лошадь, отдан под присмотр уланскому вахмистру и отправился вслед за нашими путешественниками. Проехав еще верст десять лесом, который становился час от часу гуще, они увидели вдали между деревьями огонек. Миронов свистнул; ему отвечали тем же, и человек десять казаков высыпали навстречу путешественникам: это был передовой пикет летучего отряда, которым командовал артиллерийский офицер.

ГЛАВА IV

Ветер затих. Густые облака дыма не крутились уже в воздухе. Как тяжкие свинцовые глыбы, они висели над кровлями догорающих домов. Смрадный, удушливый воздух захватывал дыхание: ничто не одушевляло безжизненных небес Москвы. Над дымящимися развалинами Охотного ряда не кружились резвые голуби, и только в вышине, под самыми облаками, плавали стаи черных коршунов. На краю пологого ската горы, опоясанной высокой Кремлевской стеною, стоял, закинув назад руки, человек небольшого роста, в сером сюртуке и треугольной низкой шляпе. Внизу, у самых ног его, текла, изгибаясь, Москва-река; освещенная багровым пламенем пожара, она, казалось, струилась кровию. Склонив угрюмое чело свое, он смотрел задумчиво на се сверкающие волны... Ах! в них отразилась в последний раз и потухла навеки дивная звезда его счастия! Шагах в десяти от него, наблюдая почтительное молчание, стояли французские маршалы, генералы и несколько адъютантов. Они с ужасом смотрели на пламенный океан, который, быстро разливаясь кругом всего Кремля, казалось, спешил поглотить сию священную и древнюю обитель царей русских.

В то же самое время, внизу, против Тайницких ворот, прислонясь к железным перилам набережной, стоял видный собою купец в синем поношенном кафтане. Он посматривал с приметным удовольствием то на Кремль, окруженный со всех сторон пылающими домами, то на противуположный берег реки, на котором догорало обширное Замоскворечье.

– А! Это ты, Ваня? – сказал он, сделав несколько шагов навстречу к молодому и рослому детине, который с виду походил на мастерового. – Ну, что?

– Да слава богу, Андрей Васьянович! За Москвой-рекой все идет как по маслу. На Зацепе и по всему валу хоть рожь молоти – гладехонько! На Пятницкой и Ордынке кой-где еще остались дома, да зато на Полянке так дерма и дерет!

– А у Серпуховских ворот?

– В трех местах зажигали, да злодеи-то наши все тушат. Загорелся было порядком дом Ивана Архиповича Сезёмова; да и тот мы с ребятами, по твоему приказу, отстояли.

– Спасибо вам, детушки! Иван Архипыч старик дряхлый, и жена у него плоха. Да это ничего: доплелись бы как-нибудь до Калуги; а вот что – у них в дому лежит больной офицер.

– Наш русской?

– Ну да! Смотри только, не проболтайся. Постой-ка! Никак, опять ветер подымается... Давай господи! И кажется, с петербургской стороны?.. То-то бы славно!

– В самом деле, – сказал мастеровой, – посмотри-ка, от Охотного ряда и Моховой какие головни опять полетели... Авось теперь и до Кремля доберется.

– Ага! – сказал купец, подняв кверху голову, – что?.. душно стало?.. выползли, проклятые!

– Что это, Андрей Васьянович? – спросил мастеровой. – Никак, это французские генералы? Посмотри-ка, так и залиты в золото – словно жар горят!

– Подожди, брат... позакоптятся.

– Глядь-ка, хозяин! Видишь, этот, что всех золотистее и стоит впереди... Экой молодчина!.. Уж не сам ли это Бонапартий?.. Да не туда смотришь: вот прямо-то над нами.

Купец, не отвечая ни слова, продолжал смотреть в другую сторону.

– Ну, Ваня! – сказал он, схватив за руку молодого парня, – так и есть! Вон стоит на самом краю в сером сертучишке... это он!

– Кто?.. этот недоросток-то? Что ты, хозяин!

– Да, Ваня! разве не видишь, что он один стоит в шляпе?

– В самом деле! Ах, батюшки светы! Вот диковинка-то! Ну, видно, по пословице: не велика птичка, да ноготок востер! Ах ты, господи боже мой! в рекруты не годится, а каких дел наделал!

– Посмотри-ка! – сказал купец, – как он стоит там: один-одинехонек... в дыму... словно коршун выглядывает из-за тучи и висит над нашими головами. Да не сносить же и тебе своей башки, атаман разбойничий!

– Глядь-ка, хозяин! Что это они зашевелились? Эге! какой сзади повалил дым!.. Знать, огонь-то и до них добирается!

– В самом деле! Видно, их путем стало пропекать.

– Ахти, Андрей Васьянович! – вскричал мастеровой, – никак, они кинулись вниз, к Тайницким воротам. Не убраться ли нам за добра ума?

– Зачем? Может статься, они попросят нас показать им дорогу. Ведь теперь выбраться отсюда на чистое место не легко. Ну, что ж ты глаза-то на меня выпучил?

– Как, хозяин? – вскричал с удивлением мастеровой. – Да что тебе за охота подслуживаться нашим злодеям?

– А почему ж и нет? – сказал с улыбкою купец. – Я уж им и так другие сутки служу верой и правдою. Но постой-ка!.. вот они!.. Ну, полезли вон, как тараканы из угарной избы!..

Человек пять французских офицеров и один польской генерал выбежали из Тайницких ворот на набережную.

– Видишь, как этот генерал озирается во все стороны? – сказал шепотом купец, – Что, мусью? видно, брат, нет ни входа, ни выхода?

– Боже мой! – вскричал генерал, – кругом, со всех сторон, везде огонь!.. Нет ли другого выхода из Кремля?

– Нет, – отвечал один из офицеров. – Здесь все менее опасности, чем с той стороны.

– Не лучше ли императору остаться в Кремле? – сказал другой офицер.

– Но разве не видите, – перервал генерал, – что огонь со всех сторон в него врывается?

– А против самого дворца стоят пороховые ящики, – прибавил первый офицер.

– Проклятые русские! – закричал генерал. – Варвары!..

– Они варвары? – возразил один офицер в огромной медвежьей шапке. – Вы слишком милостивы, генерал! Они не варвары, а дикие звери!.. Мы думали здесь отдохнуть, повеселиться... и что ж? Эти проклятые калмыки... О! их должно непременно загнать в Азию, надобно очистить Европу от этих татар!.. Посмотрите! вон стоят их двое... С каким скотским равнодушием смотрят они на этот ужасный пожар!.. И этих двуногих животных называют людьми!..

– Постойте! – сказал генерал, – если они так спокойны, то, верно, знают, как выйти из этого огненного лабиринта. Эй, голубчик! – продолжал он довольно чистым русским языком, подойдя к мастеровому, – не можешь ли ты вывести нас к Тверской заставе?

– К Тверской заставе?.. – повторил мастеровой, почесывая голову. – А где Тверская-то застава, батюшка?..

– Как где? Ну там, где дорога в Петербург.

– Дорога в Питер?.. А где это, кормилец?

– Дуралей! Да разве ты не знаешь?

– Не ведаю, батюшка! Я нездешний.

– Извольте, ваша милость, – подхватил купец, – я вас выведу к Тверской заставе.

– Послушай, братец! Если ты проведешь нас благополучно, то тебе хорошо заплатят; если же нет...

– Помилуйте, батюшка. Да я здешний старожил и все закоулки знаю.

– Вот, кажется, сам император, – вскричал один из офицеров. – Слава богу, он решился наконец оставить Кремль.

Человек в сером сюртуке, окруженный толпою генералов, вышел из Тайницких ворот. На угрюмом, но спокойном лице его незаметно было никакой тревоги. Он окинул быстрым взглядом все окружности Каменного моста и прошептал сквозь зубы: варвары! Скифы! Потом обратился к польскому генералу и, устремя на него свой орлиный взгляд, сказал отрывисто:

– Ну, что?

– Я нашел проводника, – отвечал почтительно генерал, – и если вашему величеству угодно...

– Ступайте вперед!

Польской генерал подозвал купца и пошел вместе с ним впереди толпы, которая, окружив со всех сторон Наполеона, пустилась вслед за проводником к Каменному мосту. Когда они подошли к угловой кремлевской башне, то вся Неглинная, Моховая и несколько поперечных улиц представились их взорам в виде одного необозримого пожара. Направо пылающий железный ряд, как огненная стена, тянулся по берегу Неглинной; а с левой стороны пламя от догорающих домов расстилалось во всю ширину узкой набережной.

– Как! – вскричал польской генерал, – неужели мы должны пройти сквозь этот огонь?

– Да, – отвечал купец.

136

– Боже мой! это настоящий ад!

Купец усмехнулся.

– Чему же ты смеешься, дурак? – вскричал с досадою генерал.

– Не погневайтесь, ваша милость, – сказал купец, – да неужели этот огонь страшнее для вас русских ядер?

– Русских ядер!.. Мы не боимся вашего оружия; но быть победителями и сгореть живым... нет, черт возьми! это вовсе не приятно!.. Куда же ты?

– А вот налево, в этот переулок.

Генерал отступил назад и повторил с ужасом:

– В этот переулок?..

И в самом деле, было чего испугаться: узкой переулок, которым хотел их вести купец, походил на отверстие раскаленной печи; он изгибался позади домов, выстроенных на набережной, и, казалось, не имел никакого выхода.

– Послушай! – продолжал генерал, взглянув недоверчиво на купца, – если это подлое предательство, то, клянусь честию! твоя голова слетит прежде, чем кто-нибудь из нас погибнет.

– И, батюшка! Да что мне за радость сгореть вместе с вами? – отвечал хладнокровно купец. – А если б мне и пришла такая дурь в голову, так неужели вы меня смертью запугаете? Ведь умирать-то все равно.

– Но для чего же ты не ведешь по этой широкой улице?

– По Знаменке, батюшка?.. Нельзя! Там теперь, около Арбатской площади, и птица не пролетит.

– Однако ж, мне кажется, все лучше...

– По мне, пожалуй! Только не извольте пенять на меня, если мы на чистое место не выдем; да и назад-то уж нельзя будет вернуться.

– Что ж вы остановились? – сказал Наполеон, подойдя к генералу.

– Государь!.. я опасаюсь... дрожу за вас...

– Вы дрожите, генерал?.. не верю!

– Нам должно идти вот этим переулком.

– Так что ж? другой дороги нет?

– Проводник говорит, что нет.

– А если так... господа! вы, кажется, никогда огня не боялись – за мной!

Толпа французов кинулась вслед за Наполеоном. В полминуты нестерпимый жар обхватил каждого; все платья задымились. Сильный ветер раздувал пламя, пожирающее с ужасным визгом дома, посреди которых они шли: то крутил его в воздухе, то сгибал раскаленным сводом над их головами. Вокруг с оглушающим треском ломались кровли, падали железные листы и полуобгоревшие доски; на каждом шагу пылающие бревны и кучи кирпичей преграждали им дорогу: они шли по огненной земле, под огненным небом, среди огненных стен. "Вперед, господа! – вскричал Наполеон, – вперед! Одна быстрота может спасти нас!" Они добежали уже до средины переулка, который круто поворачивал налево; вдруг польской генерал остановился: переулок упирался в пылающий дом – выхода не было. "Злодей, изменник!" – вскричал он, схватив за руку своего проводника. Купец рванулся, повалил наземь генерала и кинулся в один догорающий дом. "За проводником! – закричали несколько голосов. – Этот дом должен быть сквозной". Но в ту самую минуту передняя стена с ужасным громом рухнулась, и среди двух столбов пламени, которые быстро поднялись к небесам, открылась широкая каменная лестница. На одной из верхних ее ступеней, окруженный огнем и дымом, как злой дух, стерегущий преддверье ада, стоял купец. Он кинул торжествующий взгляд на отчаянную толпу французов и с громким хохотом исчез снова среди пылающих развалин. "Мы погибли!"[69] – вскричал польской генерал. Наполеон побледнел... Но десница всевышнего хранила еще главу сию для новых бедствий; еще не настала минута возмездия! В то время, когда не оставалось уже никакой надежды к спасению, в дверях дома, который заграждал им выход, показалось человек пять французских гренадеров. "Солдаты! – вскричал один из маршалов, – спасайте императора!" Гренадеры побросали награбленные ими вещи и провели Наполеона сквозь огонь на обширный двор, покрытый остатками догоревших служб. Тут встретили его еще несколько егерей итальянской гвардии, и при помощи их вся толпа, переходя с одного пепелища на другое, добралась наконец до Арбата. Для Наполеона отыскали какую-то лошаденку; он сел на нее, и в сем-то торжественном шествии, наблюдая глубокое молчание, этот завоеватель России доехал наконец до Драгомиловского моста. Здесь в первый раз прояснились лица его свиты; вся опасность миновалась: они уже были почти за городом.

– Мне кажется, – сказал один из адъютантов Наполеона, – что мы вчера этой же самой дорогою въезжали в Москву.

– Да! – отвечал один пожилой кавалерийской полковник, – вон на той стороне реки и деревянный дом, в котором третьего дня ночевал император.

– И хорошо бы сделал, если бы в нем остался. Ces sacres barbares![70] Как они нас угостили в своем Кремле! Ну можно ли было ожидать такой встречи? Помните, за день до нашего вступления в эту проклятую Москву к нам приводили для расспросов какого-то купца... Ах, боже мой!.. Да, кажется, это тот самый изменник, который был сейчас нашим проводником... точно так!.. Ну, теперь я понимаю!..

– Что такое?..

– Да разве вы забыли, что этот татарин на мой вопрос: как примут нас московские жители, отвечал, что вряд ли сделают нам встречу; но что освещение в городе непременно будет. – Ну что ж, разве он солгал?.. Разве нас угощали где-нибудь иллюминацией лучше этой?

– Черт бы ее побрал! – сказал Наполеонов мамелюк Рустан, поглаживая свои опаленные усы.

– Надобно признаться, – продолжал первый адъютант, – писатели наши говорят совершенную истину об этой варварской земле. Что за народ!.. Ну, можно ли называть европейцами этих скифов?

– Однако ж, я думаю, – отвечал хладнокровно полковник, – вы видали много русских пленных офицеров, которые вовсе на скифов не походят?

– О, вы вечный защитник русских! – вскричал адъютант. – И оттого, что вы имели терпение прожить когда-то целый год в этом царстве зимы...

– Да оттого-то именно я знаю его лучше, чем вы, и не хочу, по примеру

---

[69] Выражение очевидца, генерала Сегюра. – Прим. автора.
[70] Эти проклятые варвары! (фр.)

многих соотечественников моих, повторять нелепые рассказы о русских и платить клеветой за всегдашнюю их ласку и гостеприимство.

– Но позвольте спросить вас, господни защитник россиян: чем оправдаете вы пожар Москвы, этот неслыханный пример закоснелого невежества, варварства...

– И любви к отечеству, – перервал полковник. – Конечно, в этом вовсе не европейском поступке россиян есть что-то непросвещенное, дикое; но когда я вспомню, как принимали нас в других столицах, и в то же время посмотрю на пылающую Москву... то, признаюсь, дивлюсь и завидую этим скифам.

– Согласитесь, однако ж, полковник, – перервал человек средних лет в генеральском мундире, – что в некотором отношении этот поступок оправдать ничем не можно и что те, кои жгли своими руками Москву, без всякого сомнения преступники.

– Перед кем, господин Сегюр? Если перед нами, то я совершенно согласен: по их милости мы сейчас было все сгорели; но я думаю, что за это преступление их судить не станут.

– Перестаньте, полковник! – вскричал адъютант, – зажигатель всегда преступник. И что можно сказать о гражданине, который для того, чтоб избавиться от неприятеля, зажигает свой собственный дом?[71]

– Что можно сказать? Мне кажется, на ваш вопрос отвечать очень легко: вероятно, этот гражданин более ненавидит врагов своего отечества, чем любит свой собственный дом. Вот если б московские жители выбежали навстречу к нашим войскам, осыпали их рукоплесканиями, приняли с отверстыми объятиями, и вы спросили бы русских: какое имя можно дать подобным гражданам?.. то, без сомнения, им отвечать было бы гораздо затруднительнее.

– Однако ж, полковник, – сказал с приметною досадою адъютант, – позвольте вам заметить: вы с таким жаром защищаете наших неприятелей... прилично ли французскому офицеру...

– Вы еще очень молоды, господии адъютант, – перервал хладнокровно полковник, – и вряд ли можете знать лучше меня, что прилично офицеру. Я уж дрался за честь моей родины в то время, как вы были еще в пеленках, и смело могу сказать: горжусь именем француза. Но оттого-то именно и уважаю благородную русскую нацию. Это самоотвержение, эта беспредельная любовь к отечеству – понятны душе моей: я француз. И неужели вы думаете, что, унижая врагов наших, мы не уменьшаем этим собственную нашу славу? Победа над презренным неприятелем может ли, должна ли радовать сердца воинов Наполеона?

– Конечно, конечно, – перервал Сегюр. – A vaincre sans peril, on triomphe sans gloire[72]. Но вот уж мы и за городом.

Наполеон, поворотя направо вверх по течению Москвы-реки, переправился близ села Хорошева чрез плавучий мост и, проехав несколько верст полем, дотащился наконец до Петербургской дороги. Тут кончилось это достопамятное путешествие императора французов от Кремля до Петровского замка, из которого

---

[71] Точно такой же вопрос делает г. Делор, сочинитель очерков французской революции Esquisses Historioques de la Revolution Francaise. – (Прим. автора).

[72] Побеждая без опасности, торжествуют без славы (фр.).

он переехал опять в Кремль не прежде, как прекратились пожары, то есть когда уже почти вся Москва превратилась в пепел.

Несмотря на строгую взыскательность некоторых критиков, которые бог знает почему никак не дозволяют автору говорить от собственного своего лица с читателем, я намерен, оканчивая эту главу, сказать слова два об одном не совсем еще решенном у нас вопросе: точно ли русские, а не французы сожгли Москву?.. Было время, что мы, испуганные восклицаниями парижских журналистов: "Ces barbares que ne savaient se defendre qu en brulant leurs propres habitations[73], готовы были божиться в противном; но теперь, надеюсь, никакая красноречивая французская фраза не заставит нас отказаться от того, чем не только мы, но и позднейшие потомки наши станут гордиться. Нет! мы не уступим никому чести московского пожара: это одно из драгоценнейших наследий, которое наш век передаст будущему. Пусть современные французские писатели, всегда готовые платить ругательством за нашу ласку и гостеприимство, кричат, что мы варвары, что, превратя в пепел древнюю столицу России, мы отодвинули себя назад на целое столетие: последствия доказали противное; а беспристрастное потомство скажет, что в сем спасительном пожаре Москвы погиб навсегда тот, кто хотел наложить оковы рабства на всю Европу. Да! не на пустынном острове, но под дымящимися развалинами Москвы Наполеон нашел свою могилу! В упрямом военачальнике, влекущем на явную гибель остатки своих бесстрашных легионов, в мятежном корсиканце, взволновавшем снова успокоенную Францию, – я вижу еще что-то великое; но в неугомонном пленнике англичан, в мелочном ругателе своего тюремщика я не узнаю решительно того колоссального Наполеона, который и в падении своем не должен был походить на обыкновенного человека.

ГЛАВА V

Уже более трех недель Наполеон жил снова в Кремле. Большая русская армия под главным начальством незабвенного князя Кутузова, прикрывая богатейшие наши провинции, стояла спокойно лагерем, имела все нужное в изобилии и беспрестанно усиливалась свежими войсками, подходившими из всех низовых губерний. Напротив, положение французской армии было вовсе не завидное: превращенная в пепел Москва не доставляла давно уже никакого продовольствия, и, несмотря на все военные предосторожности, целые партии фуражиров пропадали без вести; с каждым днем возрастала народная ненависть к французам. Буйные поступки солдат, начинавших уже забывать всю подчиненность, сожжение Москвы, а более всего осквернение церквей, сначала ограбленных, а потом превращенных в магазины и конюшни, довело наконец эту ненависть до какого-то исступления. Убить просто француза – казалось для русского крестьянина уже делом слишком обыкновенным; все роды смертей, одна другой

---

[73] Эти варвары, которые не умели защищать себя иначе, как сожигая собственные дома свои (фр.).

ужаснее, ожидали несчастных неприятельских солдат, захваченных вооруженными толпами крестьян, которые, делаясь час от часу отважнее, стали наконец нападать на сильные отряды фуражиров и нередко оставались победителями. Эти, по-видимому незначительные, но беспрерывные потери обессиливали приметным образом неприятеля; а к довершению бедствия, наши летучие отряды почти совершенно отрезали большую французскую армию от всех ее пособий и резервов. Можно сказать без всякого преувеличения, что, когда французы шли вперед и стояли в Москве, русские партизаны составляли их арьергард; а во время ретирады сделались авангардом, перерезывали им дорогу, замедляли отступление и захватывали все транспорты с одеждою и продовольствием, которые спешили к ним навстречу.

В полной надежде на неизменную звезду своего счастия, Наполеон подписывал в Кремле новые постановления для парижских театров, прогуливался в своем сером сюртуке по городу и, глядя спокойно на бедственное состояние своего войска, ожидал с каждым днем мирных предложений от нашего двора. Но слово русского царя священно: он обещал своему народу не положить меча до тех пор, пока хотя единый враг останется в пределах его царства, – и свято сохранил сей обет. День проходил за днем, но никто не являлся к победителю с повинной головою. Наполеон досадовал, называл нас варварами, не понимающими, что такое европейская война, и наконец, вероятно по доброте своего сердца, не желая погубить до конца Россию, послал в главную квартиру светлейшего князя Кутузова своего любимца Лористона, уполномочив его заключить мир на самых выгодных для нас условиях. Всем известно, какой имело успех это человеколюбивое посольство, Лористон, воротясь в Москву, донес своему императору, что северные варвары не хотят слышать о мире и уверяют, будто бы война не кончилась, а только еще начинается.

Все это происходило в конце сентября месяца, и около того же самого времени отряд под командою знакомого нам артиллерийского офицера, переходя беспрестанно с одного места на другое, остановился ночевать недалеко от большой Калужской дороги. Рассветало. На одной обширной поляне, окруженной со всех сторон густым лесом, при слабом отблеске догорающих огней можно было без труда рассмотреть несколько десятков шалашей, или балаганов, расположенных полукружием. С полдюжины фур, две или три телеги, множество лошадей, стоящих кучами у сделанных на скорую руку коновязей, разбросанные котлы и пестрота одежд спящих в шалашах и перед огнями людей – все с первого взгляда походило на какой-то беспорядочный цыганский табор. Но в то же время целые пуки воткнутых в землю дротиков и казаки, стоящие на часах по опушке леса, доказывали, что на этой поляне расположены были бивуаки одного из летучих русских отрядов.

В небольшом полуоткрытом шалаше лежало трое офицеров, закутанных в синие шинели. Казалось, они спали крепким сном. Недалеко от них, перед балаганом, который был почти вдвое более других, у пылающего костра, сидел русский офицер в зеленом спензере. Он курил трубку и от времени до времени посматривал с приметным нетерпением вперед; вдруг послышался вдали оклик часового. Офицер встал и, сделав несколько шагов вперед, остановился; через

141

минуту раздался явственно лошадиный топот, и видный собою казак выехал рысью на поляну.

– Ну что, Миронов, – спросил офицер, подойдя к казаку, который спрыгнул с лошади. – Неприятель точно потянулся по Калужской дороге?

– Да, ваше высокоблагородие! Французы ночуют верстах в пяти отсюда.

– А как силен неприятель?

– Я видел только передовых; этак сотен пять, шесть будет; да мужички мне сказывали, что за ними валит французов несметная сила.

– То есть два или три полка?

– Не могу знать, ваше высокоблагородие! А говорят, с ними много пушек.

– Так это не фуражиры. Ступай разбуди есаула: сейчас в поход.

В полминуты весь лагерь оживился; а офицер, подойдя к своему шалашу, закричал:

– Эй, господа, вставайте!

– Что такое? – спросил Зарецкой, приподымаясь и протирая глаза.

– Сейчас в поход!

– А я было заснул так крепко. Ах, черт возьми, как у меня болит голова! А все от этого проклятого пунша. Ну! – продолжал Зарецкой, подымаясь на ноги, – мы, кажется, угощая вчера наших пленных французов, и сами чересчур подгуляли. Да где ж они?

– Не бойтесь, не уйдут, – сказал, выходя из шалаша, одетый в серое полукафтанье офицер, в выговоре которого заметно было сербское наречие.

– Что ж они делают?

– Спят, – отвечал отрывисто серб.

– А как проснутся, – продолжал Зарецкой, – и вспомнят, как они все нам выболтали, так, верно, пожалеют, что выпили по лишнему стакану пунша. Да и вы, господа, – надобно сказать правду, – мастерски умеете пользоваться минутой откровенности.

– Это потому, – подхватил другой офицер в бурке и белой кавалерийской фуражке, – что мы верим русской пословице: что у трезвого на уме, то у пьяного на языке.

– Посмотрите, если они сегодня не будут отрекаться от своих вчерашних слов.

– Не думаю, – сказал с какой-то странной улыбкою артиллерийской офицер.

– Куда мы теперь отправляемся? – спросил Зарецкой.

– Мы перейдем на Владимирскую дорогу и, может быть, будем опять верстах в десяти от Москвы.

– В десяти верстах! – повторил Зарецкой. – Что, если бы я мог как-нибудь узнать: жив ли мой друг Рославлев?

– Я на вашем месте, – сказал артиллерийской офицер, – постарался бы с ним увидеться.

– О! если б я мог побывать сам в Москве...

– Почему же нет? Да знаете ли, что вам это даже нужно? Извините, но мне кажется, вы слишком жалуете наших неприятелей; так вам вовсе не мешает взглянуть теперь на Москву: быть может, это вас несколько поразочарует. Вы говорите хорошо по-французски; у нас есть полный конноегерской мундир: оденьтесь в него, возьмите у меня лошадь, отбитую у неприятельского офицера, и ступайте смело в Москву. Там теперь такое смешение языков и мундиров, что никому не придет в голову экзаменовать вас, к какому вы принадлежите полку.

– А что вы думаете? – вскричал Зарецкой. – Если Рославлев жив, то, может быть, я найду способ вывезти его из Москвы и добраться вместе с ним до нашей армии.

– Может быть. Одевайтесь же скорее: мы сейчас выступаем.

В несколько минут Зарецкой, при помощи проворного казачьего урядника, преобразился в неприятельского офицера, надел сверх мундира синюю шинель с длинным воротником и, вскочив на лошадь, оседланную французским седлом, сказал:

– Как удивятся наши пленные, когда увидят меня в этом наряде. Да где ж они?.. Ба! они еще спят. Надобно их разбудить..

– Зачем? – перервал артиллерийской офицер, садясь на лошадь.

– Мы со всех сторон окружены французами, где нам таскать с собою пленных.

– Но мы идем отсюда.

– А они остаются.

– Да теперь, покуда они спят...

– И не проснутся! – сказал серб, закуривая спокойно свою трубку.

У Зарецкого сердце замерло от ужаса; он взглянул с отвращением на своих товарищей и замолчал. Весь отряд, приняв направо, потянулся лесом по узкой просеке, которая вывела их на чистое поле. Проехав верст десять, они стали опять встречать лесистые места и часу в одиннадцатом утра остановились отдохнуть недалеко от села Карачарова в густом сосновом лесу.

– Ну, если вы не передумали ехать в Москву, – сказал артиллерийской офицер, – то ступайте теперь: я приму отсюда налево и остановлюсь не прежде, как буду от нее верстах в тридцати.

Покормив лошадей подножным кормом и отдохнув, отряд приготовился к выступлению; а Зарецкой, простясь довольно холодно с бывшими своими товарищами, выехал из леса прямо на большую дорогу, которая шла через село Карачарово. Подъехав к длинной гати, проложенной по низкому месту вплоть до самого селения, Зарецкой увидел, что перед околицей стоит сильный неприятельский пикет. Желая как можно реже встречаться с теперешними своими сослуживцами, он принял налево полем и продолжал объезжать все деревни и селения, наполненные французами. Изредка встречались с ним бродящие по огородам солдаты: одни, как будто бы нехотя, прикладывали руки к своим киверам; другие, взглянув на него весьма равнодушно, продолжали рыться между гряд. С приближением его к Москве число этих бродяг беспрестанно увеличивалось; близ Спасской заставы по всем огородам были рассыпаны солдаты всех наций. Зарецкой приметил, что многие из них таскали за собой обывателей из простого народа, на которых, как на вьючных лошадей, накладывали мешки с картофелем, репою и другими огородными овощами. Подъезжая к заставе, он думал, что его закидают вопросами; но, к счастию, опасения его не оправдались. Часовой, в изорванной шинели, в протоптанных башмаках и высокой медвежьей шапке, не сделал ему на караул, но зато и не обеспокоил его никаким вопросом.

Какое странное и вместе плачевное зрелище представилось Зарецкому, когда он въехал в город! Вместо улиц тянулись бесконечные ряды труб и печей, посреди которых от времени до времени возвышались полуразрушенные кирпичные дома; на каждом шагу встречались с ним толпы оборванных солдат: одни, запачканные сажею, черные, как негры, копались в развалинах домов; другие, опьянев от русского вина, кричали охриплым голосом: "Viva l' Empereur!"[74] – шумели и пели песни на разных европейских языках. Обломки столов и стульев, изорванные картины, разбитые зеркала, фарфор, пустые бутылки, бочки и мертвые лошади покрывали мостовую. Все это вместе представляло такую отвратительную картину беспорядка и разрушения, что Зарецкой едва мог удержаться от восклицания: "Злодеи! что сделали вы с несчастной Москвою!" Будучи воспитан, как и большая часть наших молодых людей, под присмотром французского гувернера, Зарецкой не мог назваться набожным; но, несмотря на это, его русское сердце облилось кровью, когда он увидел, что почти во всех церквах стояли лошади; что стойла их были сколочены из икон, обезображенных, изрубленных и покрытых грязью. Но как описать его негодование, когда, проезжая мимо одной церкви, он прочел на ней надпись: "Конюшня генерала Гильемино". "Нет, господа французы! – вскричал он, позабыв, что окружен со всех сторон неприятелем, – это уже слишком!.. ругаться над тем, что целый народ считает священным!.. Если это, по-вашему, называется отсутствием всех предрассудков и просвещением, так черт его побери и вместе с вами!" Когда он стал приближаться к середине города, то, боясь встретить французского генерала, который мог бы ему сделать какой-нибудь затруднительный вопрос, Зарецкой всякий раз, когда сверкали вдали шитые мундиры и показывались толпы верховых, сворачивал в сторону и скрывался между развалинами. Несколько раз случалось ему, для избежания подобной встречи, въезжать в какую-нибудь залу или прятаться за мраморным камином и потом снова выбираться на улицу сквозь целый ряд комнат без полов и потолков, но сохранивших еще по тестам свою позолоту и живопись. Переехав Яузу, Зарецкой пустился рысью по набережной Москвы-реки, мимо уцелевшего воспитательного дома, и, миновав благополучно Кремль, заметил, что на самой средине Каменного моста толпилось много народа. Когда он подъехал к этой толпе, которая занимала всю ширину моста, то должен был за теснотою приостановить свою лошадь подле двух гвардейских солдат. Они разговаривали о чем-то с большим жаром.

– Как! – вскричал один из них, – обе молодые девушки?..

– Да! – отвечал другой, – они обе в моих глазах бросились с моста прямо в реку.

– Matin! Sont elles farouches ces bourqeoises de Moscou![75].. Броситься в реку оттого, что двое гвардейских солдат предложили им погулять и повеселиться вместе с ними!.. Ну вот, к чему служит парижская вежливость с этими варварами!

– Правда, – сказал первый солдат, – они тащили их насильно.

– Насильно!.. насильно!.. Но если эти дуры не знают общежития!.. Что за народ эти русские!.. Мне кажется, они еще глупее немцев... А как бестолковы!.. С ними говоришь чистым французским языком – ни слова не понимают. Sacristie! Comine ils sontbetes ces barbares![76]

---

[74] Да здравствует император! (фр.).

[75] Вот так штука! Ну и дикарки эти московские горожанки! (фр.).

[76] Черт возьми! Как глупы эти варвары! (фр.).

144

– Здравствуй, Дюран! – сказал кто-то на французском языке позади Зарецкого.

– Ну что, доволен ли ты своей лошадью? – продолжал тот же голос, и так близко, что Зарецкой оглянулся и увидел подле себя кавалерийского офицера, который, отступя шаг назад, вскричал с удивлением:

– Ах, боже мой! я ошибся, извините!.. я принял вас за моего приятеля... но неужели он продал вам свою лошадь?.. Да! Это точно она!.. Позвольте спросить, дорого ли вы за нее заплатили?

– Четыреста франков, – отвечал наудачу Зарецкой.

– Только?.. Он заплатил мне за нее восемьсот, а продал вам за четыреста!.. Странно!.. Вы служите с ним в одном полку?

– Нет! – отвечал отрывисто Зарецкой, стараясь продраться сквозь толпу. Поворачивая во все стороны лошадь, он нечаянно распахнул свою шинель.

– Это странно! – сказал кавалерист, – вы служите не вместе с Дюраном, а на вас, кажется, такой же мундир, как и на нем.

– Мундиры наших полков очень сходны... Но извините!.. Мне некогда... Посторонитесь, господа!

– Что это? – продолжал кавалерист, заслонив дорогу Зарецкому. – Так точно! На вас его сабля!

– Я купил ее вместе с лошадью.

– Эту саблю?.. Позвольте взглянуть на рукоятку... Так и есть, на ней вырезано имя Аделаиды... странно! Он получил ее из рук сестры моей и продал вам вместе с своею лошадью...

– Да, сударь! вместе с лошадью...

– Извините!.. Но это так чудно... так непонятно... Я знаю хорошо Дюрана: он не способен к такому низкому поступку.

– То есть я солгал? – перервал Зарецкой, стараясь казаться обиженным.

– Да, сударь! это неправда!

– Неправда! – повторил Зарецкой ужасным голосом. – Un dementi! a moi[77]...

– Как вас зовут, государь мой?

– Позвольте мне прежде узнать...

– Ваше имя, сударь?

– Но растолкуйте мне прежде...

– Ваше имя и ни слова более!..

– Капитан жандармов Рено; а вы, сударь?..

– Капитан Рено?.. Очень хорошо... Я знаю, где вы живете... Мы сегодня же увидимся... да, сударь! сегодня же!.. Un dementi a moi[78]... – повторил Зарецкой, пришпоривая свою лошадь.

– Господин офицер!.. господин офицер!.. – закричали со всех сторон – Тише! вы нас давите!.. Ай, ай, ай! Misericorde![79].. Держите этого сумасшедшего!..

Но Зарецкой, не слушая ни воплей, ни проклятий, прорвался, как бешеный, сквозь толпу и, выскакав на противуположный берег реки, пустился шибкой рысью вдоль Полянки.

---

[77] Упрекать во лжи! меня... (фр.).

[78] Упрекать во лжи! меня... (фр.).

[79] Помилосердствуйте!.. (фр.).

Зарецкой вздохнул свободно не прежде, как потерял совсем из виду Каменный мост. Не опасаясь уже, что привязчивый жандармский офицер его догонит, он успокоился, поехал шагом, и утешительная мысль, что, может быть, он скоро обнимет Рославлева, заменила в душе его всякое другое чувство. Почти все дома около Серпуховских ворот уцелели от пожара, следовательно он имел полное право надеяться, что отыщет дом купца Сезёмова. Доехав до конца Полянки, он остановился. Несколько сот неприятельских солдат прохаживались по площади. Одни курили трубки, другие продавали всякую всячину. Посреди всех германских наречий раздавались иногда звучные фразы итальянского языка, перерываемые беспрестанно восклицаниями и поговорками, которыми так богат язык французских солдат; но во всей толпе Зарецкой не заметил ни одного обывателя. Он объехал кругом площадь, заглядывал во все окна и наконец решился войти в дом, над дверьми которого висела вывеска с надписью на французском и немецком языках: золотых дел мастер Франц Зингер.

Привязав у крыльца свою лошадь, Зарецкой вошел в небольшую горенку, обитую изорванными обоями. Несколько плохих стульев, разбитое зеркало и гравированный портрет Наполеона в черной рамке составляли всю мебель этой комнаты. Позади прилавка из простого дерева сидела за работою девочка лет двенадцати в опрятном ситцевом платье. Когда она увидела вошедшего Зарецкого, то, вскочив проворно со стула и сделав ему вежливый книксен[80], спросила на дурном французском языке: "Что угодно господину офицеру?" Потом, не дожидаясь его ответа, открыла с стеклянным верхом ящик, в котором лежали дюжины три золотых колец, несколько печатей, цепочек и два или три креста Почетного легиона.

– Где хозяин? – спросил Зарецкой.

– Папенька? Его нет дома.

– Не знаешь ли, миленькая, где здесь дом купца Сезёмова?

– Сезёмова? Не знаю, господин офицер; но если вам угодно немного подождать, папенька скоро придет: он, верно, знает.

Зарецкой кивнул в знак согласия головою, а девочка села на стул и принялась снова вязать свой белый бумажный колпак с синими полосками.

Прошло с четверть часа. Зарецкой начинал уже терять терпение; наконец двери отворились, и толстый немец, с прищуренными глазами, вошел в комнату. Поклонясь вежливо Зарецкому, он повторил также на французском языке вопрос своей дочери:

– Что угодно господину офицеру?

– Не знаете ли, где дом купца Сезёмова?

– Шагов двадцать отсюда, желтый дом с зелеными ставнями. Вы, верно, желаете видеть офицера, который у него квартирует?

– Да. Итак, желтый дом с зелеными ставнями?..

– Позвольте, позвольте!.. Вы его там не найдете: он переменил квартиру.

– Право? – сказал Зарецкой. – Все равно, я его как-нибудь отыщу.

– Позвольте!.. он теперь живет у меня.

– В самом деле?.. Но, кажется, его нет дома?..

---

[80] поклон, сопровождающийся приседанием (нем.).

– Да, он вышел; но не угодно ли в его комнату: господин капитан сейчас будет.

– Нет, я лучше зайду опять.

– Да подождите! он идет за мной.

– Нет, я вспомнил... мне еще нужно... я хотел... прощайте!..

– Постойте, господин офицер! постойте! – вскричал немец, взглянув в окно, – да вот и он!

Прежде чем Зарецкой успел образумиться, жандармской офицер, с которым он поссорился на Каменном мосту, вошел в комнату.

– Вот господин офицер, который отыскивал вашу квартиру, – сказал немец, обращаясь к своему постояльцу. – Он не знал, что вы переехали жить в мой дом.

Счастливая мысль, как молния, блеснула в голове Зарецкого.

– Господин Рено! – сказал он грозным голосом, – я обещался отыскать вас и, кажется, сдержал мое слово. Обида, которую вы мне сделали, требует немедленного удовлетворения: мы должны сейчас стреляться.

Хозяин-немец побледнел, начал пятиться назад и исчез за дверьми другой комнаты; но дочь его осталась на прежнем месте и с детским любопытством устремила свои простодушные голубые глаза на обоих офицеров.

– Прежде чем я буду отвечать вам, – сказал хладнокровно капитан Рено, – позвольте узнать, с кем имею честь говорить?

– Какое вам до этого дело? Вы видите, что я французский офицер.

– Извините! я вижу только, что на вас мундир французского офицера.

– Что вы хотите этим сказать? – вскричал Зарецкой, чувствуя какое-то невольное сжимание сердца.

– А то, сударь, что Москва теперь наполнена русскими шпионами во всех возможных костюмах.

– Как, господин капитан! вы смеете думать?..

– Да, сударь! – продолжал Рено, – французской офицер должен знать службу и не станет вызывать на дуэль капитана жандармов, который обязан предупреждать все подобные случаи.

– Но, сударь...

– Французской офицер не будет скрывать своего имени и давить народ, чтоб избежать затруднительных вопросов, которые вправе ему сделать каждый офицер жандармов.

– Но, сударь...

– Французской офицер не отлучится никогда самопроизвольно от своей команды. Ваш полк стоит далеко от Москвы, следовательно, вы должны иметь письменное позволение. Не угодно ли вам его показать?

– А если я его не имею?..

– В таком случае пожалуйте вашу саблю.

– Прекрасно, сударь!.. Вы обидели меня и употребляете этот низкой способ, чтоб отделаться от поединка. Позвольте ж и мне теперь спросить вас: француз ли вы?

– Вы напрасно расточаете ваше красноречие. Быть может, я несколько погорячился; но извините!.. Все ваши ответы были так странны: лошадь, которую вы купили за половину цены; сабля, которая никак не могла быть вам продана, и даже это смущение, которое я замечаю в глазах ваших, – все заставляет меня пригласить вас вместе со мной к коменданту. Там дело объяснится. Мы узнаем, должен ли я просить у вас извинения или поблагодарить вас за то, что вы доставили мне случай доказать, что я недаром ношу этот мундир. Да не горячитесь: у меня в сенях жандармы. Пожалуйте вашу саблю!

– Так возьмите же ее сами! – вскричал Зарецкой, отступив два шага назад.

Вдруг двери отворились и в комнату вошел прекрасный собою мужчина в кирасирском мундире, с полковничьими эполетами. При первом взгляде на Зарецкого он не мог удержаться от невольного восклицания.

– Ах, это вы, граф!.. – вскричал Зарецкой, узнав тотчас в офицере полковника Сеникура. – Как я рад, что вас вижу! Сделайте милость, уверьте господина Рено, что я точно французской капитан Данвиль.

– Капитан Данвиль!.. – повторил полковник, продолжая смотреть с удивлением на Зарецкого.

– Неужели, граф, вы меня не узнаете?..

– Извините! я вас тотчас узнал...

– И верно, вспомнили, что несколько месяцев назад я имел счастие спасти вас от смерти?

– Как! – вскричал жандармской капитан, – неужели в самом деле?..

– Да, Рено, – перервал полковник, – этот господин говорит правду; но я никак не думал встретить его в Москве и, признаюсь, весьма удивлен...

– Вы еще более удивитесь, полковник, – подхватил Зарецкой, – когда я вам скажу, что не имею на это никакого позволения от моего начальства; но вы, верно, перестанете удивляться, если узнаете причины, побудившие меня к этому поступку.

– Едва ли! – сказал полковник, покачав головою, – это такая неосторожность!.. Но позвольте узнать, что у вас такое с господином Рено?

– Представьте себе, граф! Господин Рено обидел меня ужасным образом, и когда я отыскал его квартиру, застал дома и стал просить удовлетворения...

– Что это все значит? – вскричал полковник, глядя с удивлением на обоих офицеров. – Вы в Москве... отыскивали жандармского капитана... вызываете его на дуэль... Черт возьми, если я тут что-нибудь понимаю!

– Послушайте, граф! – перервал Рено, – можете ли вы меня удостоверить, что этот господин точно капитан французской службы?

– Да разве вы не видите? Впрочем, я готов еще раз повторить, что этот храбрый и благородный офицер вырвал меня из рук неприятельских солдат и что если я могу еще служить императору и бить русских, то, конечно, за это обязан единственно ему.

– О, в таком случае... Господин Данвиль! я признаю себя совершенно виноватым. Но эта проклятая сабля!.. Признаюсь, я и теперь не постигаю, как мог Дюран решиться продать саблю, которую получил из рук своей невесты... Согласитесь, что я скорей должен был предполагать, что он убит... что его лошадь и оружие достались неприятелю... что вы... Но если граф вас знает, то конечно...

– Итак, это кончено, – сказал полковник.

– Я думаю, господин Данвиль, вы теперь довольны? Да вам и некогда ссориться; советую по-дружески сей же час отправиться туда, откуда вы приехали.

– Извините, – сказал Рено, – я исполнил долг честного человека, признавшись в моей вине; теперь позвольте мне выполнить обязанность мою по службе. Господин Данвиль отлучился без позволения от своего полка, и я должен непременно довести это до сведения начальства.

– И, полноте, Рено! – перервал полковник, – что рам за радость, если моего приятеля накажут за этот необдуманный поступок? Конечно, – прибавил он, взглянув значительно на Зарецкого, – поступок более чем неосторожный и даже в некотором смысле непростительный – не спорю! но в котором, без всякого сомнения, нет ничего неприличного и унизительного для офицера: в этом я уверен.

– Так, полковник, так!.. Однако ж вы знаете, что порядок службы требует...

– Знаю, знаю, капитан! но представьте себе, что вы с ним никогда не встречались – вот и все! Пойдемте ко мне, Данвиль.

– Ну, если, граф, вы непременно этого хотите, то, конечно, я должен... я не могу отказать вам. Уезжайте же скорее отсюда, господин Данвиль; советую вам быть вперед осторожнее: император никогда не любил шутить военной дисциплиною, а теперь сделался еще строже. Говорят, он беспрестанно сердится; эти проклятые русские выводят его из терпения. Варвары! и не думают о мире! Как будто бы война должна продолжаться вечно. Прощайте, господа!

– Это ваша лошадь? – спросил полковник, когда они вышли на крыльцо.

– Да, граф.

– Отвяжите ее и сделайте мне честь – пройдите со мною несколько шагов по улице.

Зарецкой, ведя в поводу свою лошадь, отошел вместе с графом Сеникуром шагов сто от дома золотых, дел мастера. Поглядя вокруг себя и видя, что их никто не может подслушать, полковник остановился, кинул проницательный взгляд на Зарецкого и сказал строгим голосом: – Теперь позвольте вас спросить, что значит этот маскарад?

– Я хотел узнать, жив ли мой друг, который, будучи отчаянно болен, не мог выехать из Москвы в то время, как вы в нее входили.

– И у вас не было никаких других намерений?

– Никаких, клянусь вам честию.

– Очень хорошо. Вы храбрый и благородный офицер – я верю вашему честному слову; по знаете ли, что, несмотря на это, вас должно, по всем военным законам, расстрелять как шпиона.

– Знаю.

– И вы решились, чтоб повидаться с вашим другом...

– Да, полковник! для этого только я решился надеть французской мундир и приехать в Москву.

– Признаюсь, я до сих пор думал, что одна любовь оправдывает подобные дурачества... но минуты дороги: малейшая неосторожность может стоить вам жизни. Ступайте скорей вон из Москвы.

– Я еще не виделся с моим другом.

– Отложите это свидание до лучшего времени. Мы не вечно здесь останемся.

– Надеюсь, граф... но если мой друг жив, то я могу спасти его.

– Спасти?

149

– То есть увезти из Москвы.

– Так поэтому он военный?

– Да, граф; но, может быть, ваше правительство об этом не знает?

– Извините! Я знаю теперь, что ваш друг офицер, следовательно, военнопленный и не может выехать из Москвы.

– Как, граф? вы хотите употребить во зло мою откровенность?

– Да, сударь! Я поступил уже против совести и моих правил, спасая от заслуженной казни человека, которого закон осуждает на смерть как шпиона; но я обязан вам жизнию, и хотя это не слишком завидный подарок, – прибавил полковник с грустной улыбкою, – а все я, не менее того, был вашим должником; теперь мы поквитались, и я, конечно, не допущу вас увезти с собою пленного офицера.

– Но знаете ли, полковник, кто этот пленный офицер?

– Какое мне до этого дело!

– Знаете ли, что вы успели уже отнять у него более, чем жизнь?

– Что вы говорите?

– Да, граф! Этот офицер – Рославлев.

– Рославлев? жених...

– Да, бывший жених Полины Лидиной.

– Возможно ли? – вскричал Сеникур, схватив за руку Зарецкого. – Как? это тот несчастный?.. Ах, что вы мне напомнили!.. Ужасная ночь!.. Нет!.. во всю жизнь мою не забуду... без чувств – в крови... у самых церковных дверей... сумасшедшая!.. Боже мой, боже мой!.. – Полковник замолчал. Лицо его было бледно; посиневшие губы дрожали. – Да! – вскричал он наконец, – я точно отнял у него более, чем жизнь, – он любил ее!

– Что ж останется у моего друга, – сказал Зарецкой, – если вы отнимете у него последнее утешение: свободу и возможность умереть за отечество?

– Нет, нет! я не хочу быть дважды его убийцею; он должен быть свободен!.. О, если б я мог хотя этим вознаградить его за зло, которое, клянусь богом, сделал ему невольно! Вы сохранили жизнь мою, вы причиною несчастия вашего друга, вы должны и спасти его. Ступайте к нему; я готов для него сделать все... да, все!.. но, бога ради, не говорите ему... послушайте: он был болен, быть может, он не в силах идти пешком... У самой заставы будет вас дожидаться мой человек с лошадью; скажите ему, что вы капитан Данвиль: он отдаст вам ее... Прощайте! я спешу домой!.. Ступайте к нему... ступайте!..

Полковник пустился почти бегом по площади, а Зарецкой, поглядев вокруг себя и видя, что он стоит в двух шагах от желтого дома с зелеными ставнями, подошел к запертым воротам и постучался. Через минуту мальчик, в изорванном сером кафтане, отворил калитку.

– Это дом купца Сезёмова? – спросил Зарецкой, стараясь выговаривать слова, как иностранец.

– Да, сударь! Да кого вам надобно? Здесь стоят одни солдаты.

– Мне нужно видеть самого хозяина.

– Хозяина? – повторил мальчик, взглянув с робостию на Зарецкого.

– Да у нас, сударь, ничего нет...

– Не бойся, голубчик, я ничем вас не обижу. Подержи мою лошадь.

150

Мальчик, посматривая недоверчиво на офицера, выполнил его приказание.

Зарецкой вошел на двор. Небольшие сени разделяли дом на две половины: в той, которая была на улицу, раздавались громкие голоса. Он растворил дверь и увидел сидящих за столом человек десять гвардейских солдат: они обедали.

– Здравствуйте, товарищи! – сказал Зарецкой.

Солдаты взглянули на него, один отвечал отрывистым голосом:

– Bonjour, monsieur! – но никто и не думал приподняться с своего места.

– Куда пройти к хозяину дома? – спросил Зарецкой.

– Ступайте прямо; он живет там – в угольной комнате, – отвечал один из солдат.

– Hе! la vieille![81].. – продолжал он, застучав кулаком по столу. – Клеба!

– Что, батюшка, изволите? – сказала старуха лет шестидесяти, войдя в комнату.

– Arrives, donc, vieille sorciere[82]... Клеба!

– Нет, батюшка!..

– Нет, батюшка!.. Allons сейшас!.. Клеба, – ou sacristi![83]..

– Не трогайте эту старуху, друзья мои! – сказал Зарецкой. – Вот вам червонец: вы можете на это купить и хлеба и вина.

– Merci, mon officier![84] – сказал один усатый гренадер. – Подождите, друзья! Я сбегаю к нашей маркитанше: у ней все найдешь за деньги.

Зарецкой, сделав рукою знак старухе идти за ним, вышел в другую комнату.

– Послушай, голубушка, – сказал он вполголоса, – ведь хозяин этого дома купец Сезёмов?

– Да батюшка, я его сожительница.

– Тем лучше. У вас есть больной?

– Есть, батюшка; меньшой наш сын.

– Неправда; русской офицер.

– Видит бог, нет!.. – вскричала старуха, побледнев как полотно.

– Тише, тише! не кричи. Его зовут Владимиром Сергеевичем Рославлевым?

– Ах, господи!.. Кто это выболтал?

– Не бойся, я его приятель... и также русской офицер.

– Как, сударь?..

– Тише, бабушка, тише! Проведи меня к нему.

– Ох, батюшка!.. Да правду ли вы изволите говорить?..

– Увидишь сама, как он мне обрадуется. Веди меня к нему скорее.

– Пожалуйте, батюшка!.. Только бог вам судья, если вы меня, старуху, из ума выводите.

Пройдя через две небольшие комнаты, хозяйка отворила потихоньку дверь в светлый и даже с некоторой роскошью убранный покой. На высокой кровати с ситцевым пологом сидел, облокотясь одной рукой на столик, поставленный у самого изголовья, бледный и худой как тень Рославлев. Подле него старик, с седою бородою, читал с большим вниманием толстую книгу в черном кожаном

---

[81] Эй, старуха!.. (фр.).

[82] Подойди сюда, старая ведьма... (фр.).

[83] Ну же!.. черт возьми!.. (фр.).

[84] Спасибо, мой офицер! (фр.).

переплете. В ту самую минуту, как Зарецкой показался в дверях, старик произнес вполголоса: "Житие преподобного отца нашего..."

– Александр!.. – вскричал Рославлев.

– Нет, батюшка! – перервал старик, – не Александра, а Макария Египетского.

– Тише, мой друг! – сказал Зарецкой. – Так точно, это я; но успокойся!

– Ты в плену?..

– Нет, мой друг!

– Но как же ты попал в Москву?.. Что значит этот французской мундир?..

– Я расскажу тебе все, но время дорого. Отвечай скорее: можешь ли ты пройти хотя до заставы пешком?

– Могу.

– Слава богу! ты спасен.

– Как, сударь! – сказал старик, который в продолжение этого разговора смотрел с удивлением на Зарецкого. – Вы русской офицер?.. Вы надеетесь вывести Владимира Сергеевича из Москвы?

– Да, любезный, надеюсь. Но одевайся проворней, Рославлев, в какой-нибудь сюртук или шинель. Чем простее, тем лучше.

– За этим дело не станет, батюшка, – сказала старуха. – Платье найдем. Да изволите видеть, как он слаб! Сердечный! где ему и до заставы дотащиться!

– Не бойтесь, – сказал Рославлев, вставая, – я почти совсем здоров.

– Мавра Андреевна! – перервал старик, – вынь-ка из сундука Ваничкин сюртук: он будет впору его милости. Да где Андрюшина калмыцкая сибирка?

– В подвале, Иван Архипович! Я засунула ее между старых бочек.

– Принеси же ее скорее. Ну что ж, Мавра Андреевна, стоишь? Ступай!

– Да как же это, батюшка, Иван Архипович! – отвечала старуха, перебирая одной рукой концы своей шубейки, – в чем же Андрюша-то сам выйдет на улицу?

– Полно, матушка! не замерзнет и в кафтане.

– Скоро будут заморозы; да и теперь уж по вечерам-то холодновато.

– Я и сам не соглашусь, – перервал Рославлев, – чтобы вы для меня раздевали ваших детей.

– И, Владимир Сергеич! что вы слушаете моей старухи; дело ее бабье: сама не знает, что говорит.

– Я вам заплачу за все чистыми деньгами, – сказал Зарецкой.

– Слышишь, Мавра Андреевна? Эх, матушка!.. Вот до чего ты довела меня на старости!.. Пошла, сударыня, пошла!

Старуха вышла.

– Нет, господа! – продолжал Иван Архипович, – я благодаря бога в деньгах не нуждаюсь; а если бы и это было, так скорей сам в одной рубашке останусь, чем возьму хоть денежку с моего благодетеля. Да и она не знает, что мелет: у Андрюши есть полушубок; да он же теперь, слава богу, здоров; а вы, батюшка, только что оправляться, стали. Извольте-ка одеваться. Вот ваш кошелек и бумажник, – продолжал старик, вынимая их из сундука. – В бумажнике пятьсот ассигнациями, а в кошельке – не помню пятьдесят, не помню шестьдесят рублей серебром и золотом. Потрудитесь перечесть.

– Как вам не стыдно, Иван Архипович?

– Деньги счет любят, батюшка.

– Мы перечтем их после, – сказал Зарецкой, пособляя одеваться Рославлеву. – На вот твою казну... Ну что ж? Положи ее в боковой карман – вот так!.. Ну, Владимир, как ты исхудал, бедняжка!

– Извольте, батюшка! – сказала старуха, входя в комнату, – вот Андрюшина сибирка. Виновата, Иван Архипович! Ведь я совсем забыла: у нас еще запрятаны на чердаке два тулупа да лисья шуба.

– Теперь, – перервал Зарецкой, – надень круглую шляпу или вот этот картуз – если позволите, Иван Архипович?

– Сделайте милость, извольте брать все, что вам угодно.

– Ну, Владимир, прощайся – да в поход!

– А где же мой Егор? – спросил Рославлев.

– Сошел со двора, батюшка! – отвечала старуха.

– Скажите ему, чтоб он пробирался как-нибудь до нашей армии. Ну, прощайте, мои добрые хозяева!

– Позвольте, батюшка! – сказал старик. – Все надо начинать со крестом и молитвою, а кольми паче когда дело идет о животе и смерти. Милости прошу присесть. Садись, Мавра Андреевна.

– Извините! – сказал Зарецкой, – нам должно торопиться!..

– Садись, Александр! – перервал вполголоса Рославлев, – не огорчай моего доброго хозяина.

– Я очень уважаю все наши старинные обычаи, – сказал Зарецкой, садясь с приметным неудовольствием на стул, – но сделайте милость, чтоб это было покороче.

Старик не отвечал ни слова. Все сели по своим местам. Молчание, наблюдаемое в подобных случаях всеми присутствующими, придает что-то торжественное и важное этому древнему обычаю, и доныне свято сохраняемому большею частью русских. Глубокая тишина продолжалась около полуминуты; вдруг раздался шум, и громкие восклицания французских солдат разнеслись по всему дому. "За здоровье императора!.. Да здравствует император!.." – загремели грубые голоса в близком расстоянии. Казалось, солдаты вышли из-за стола и разбрелись по всем комнатам.

Старик, а вслед за ним и все встали с своих мест. Оборотясь к иконам и положа три земные поклона, он произнес тихим голосом:

– Матерь божия! сохрани раба твоего Владимира под святым покровом твоим! Да сопутствует ему ангел господень; да ослепит он очи врагов наших; да соблюдет его здравым, невредимым и сохранит от всякого бедствия! Твое бо есть, господи! еже миловати и спасати нас.

– Аминь! – сказала старуха.

– Vive l'amour et le vin![85].. – заревел отвратительный голос почти у самых дверей комнаты.

– Скорей, мой друг! скорей!.. – сказал Зарецкой. Рославлев молча обнял своих добрых хозяев, которые разливались горькими слезами.

– Владимир Сергеич! – проговорил, всхлипывая, старик. – Я долго называл тебя сыном; позволь мне, батюшка, благословить тебя! – Он перекрестил

---

[85] Да здравствует любовь и вино!.. (фр.).

Рославлева, прижал его к груди своей и сказал: – Ну, Мавра Андреевна! проводи их скорей задним крыльцом. Христос с вами, мои родные! ступайте с богом, ступайте! а я стану молиться.

Старуха вывела наших друзей на улицу, простилась еще раз с Рославлевым и захлопнула за ними калитку.

– Теперь, мой друг, не прогневайся! – сказал Зарецкой, – я сяду на лошадь, а ты ступай подле меня пешком. Это не слишком вежливо, да делать нечего: надобно, чтоб всем казалось, что я куда-нибудь послан, а ты у меня проводником. Постарайтесь только, сударь, дойти как-нибудь до заставы, а там я вам позволю ехать со мною!

– Ехать? Но где же ты возьмешь лошадь? – Это уж не твоя забота. Прошу только со мной не разговаривать, глядеть на меня со страхом и трепетом и не забывать, что я французской офицер, а ты московской мещанин.

Иллюстрация Проехав благополучно поперек площади, покрытой неприятельскими солдатами, Зарецкой принял направо и пустился вдоль средней Донской улицы, на которой почти не было проходящих. Попадавшиеся им изредка французы не обращали на них никакого внимания. Через несколько минут показались в конце улицы стены Донского монастыря, а вдали за ними гористые окрестности живописной Калужской дороги.

– Что, Владимир! – спросил Зарецкой, – ты очень устал? Ну, что ж ты не отвечаешь? Не бойся, здесь никого нет, – продолжал он, оглянувшись назад. – Что это? Куда девался Владимир?.. А! вон где он!.. Как отстал, бедняжка! Не! veux-tu avancer, coquin[86]...– закричал он сердитым голосом, осадя свою лошадь; но Рославлев, казалось, не слышал ничего и стоял на одном месте как вкопанный.

– Что ты, Владимир? – сказал Зарецкой, подъехав к своему приятелю. – Не отставай, братец! Да что ты уставился на этот дом?.. Эге! вижу, брат, вижу, куда ты смотришь! Ты глядишь на эту женщину... вон что стоит у окна, облокотясь на плечо французского полковника?.. О! да она в самом деле хороша! Немножко бледна!.. Впрочем, нам теперь не до красавиц. Полно, братец, ступай!

– Так я не ошибаюсь, – вскричал Рославлев, – это она!

– Тише, мой друг, тише! Так точно! Боже мой! это граф Сеникур!

– Да, это он! Прощай, Александр.

– Что ты, Владимир? Опомнись!

– Злодей! – продолжал Рославлев, устремив пылающий взор на полковника, – я оставил тебя ненаказанным; но ты был в плену, и я не видел Полины в твоих объятиях!.. А теперь... дай мне свою саблю, Александр!.. или нет!.. – прибавил он, схватив один из пистолетов Зарецкого, – это будет вернее... Он заряжен... слава богу!..

Зарецкой соскочил с лошади и схватил за руку Рославлева.

– Пусти меня, пусти!.. – кричал Рославлев, стараясь вырваться.

– Слушай, Владимир! – сказал твердым голосом его приятель, – я здесь под чужим именем, и если буду узнан, то меня сегодня же расстреляют как шпиона.

– Как шпиона!..

– Да. Теперь ступай, если хочешь, к полковнику; я иду вместе с тобою.

---

[86] Эй! поторапливайся, негодяй... (фр.).

Рославлев не отвечал ни слова; казалось, он боролся с самим собою. Вдруг сверкающие глаза его наполнились слезами, он закрыл их рукою, бросил пистолет, и прежде чем Зарецкой успел поднять его и сесть на лошадь, Рославлев был уже у стен Донского монастыря.

– Тише, – кричал Зарецкой, с трудом догоняй своего приятеля, – тише, Владимир! ты этак не дойдешь и до заставы.

– О, не беспокойся! – отвечал Рославлев, остановись на минуту, чтоб перевести дух, – теперь я чувствую в себе довольно силы, чтоб уйти на край света. Вперед, мой друг, вперед!

Через несколько минут они были уже за Калужскою заставою; у самого въезда в слободу стоял человек с верховой лошадью.

– Я капитан Данвиль, – сказал Зарецкой, подъехав к нему. – Отдай лошадь моему проводнику.

Слуга пособил Рославлеву сесть на коня, и наши приятели, выехав на чистое поле, повернули в сторону по первой проселочной дороге, которая, извиваясь между холмов, порытых рощами, терялась вдали среди густого леса.

ГЛАВА VI

Наши путешественники ехали сначала скорой рысью, наблюдая глубокое молчание; но когда на восьмой или девятой версте от города, миновав несколько деревень, они увидели себя посреди леса и уж с полчаса не встречали никого, то Зарецкой начал расспрашивать Рославлева обо всем, что с ним случилось со дня их разлуки.

– Ну, Владимир! – сказал он, дослушав рассказ своего друга, – теперь я понимаю, отчего побледнел Сеникур, когда вспомнил о своем венчанье... Ах, батюшки! да знаешь ли, что из этого можно сделать такую адскую трагедию а la madarne Радклиф[87], что у всех зрителей волосы станут дыбом! Кладбище... полночь... и вдобавок сумасшедшая Федора... какие богатые материалы!.. Ну, свадебка!.. Я не охотник до русских стихов, а поневоле вспомнишь Озерова:

Там был не Гименей – Мегера там была... –

то есть косматая Федора, которая, вероятно, ничем не красивее греческой фурии. Но вот чего я не понимаю, мой друг! Ты поступил как человек благоразумный: не хотел видеть изменницу, ссориться с ее мужем и, имея тысячу способов отмстить твоему беззащитному сопернику, оставил его в покое; это доказывает, что и в первую минуту твой рассудок был сильнее страсти. С тех пор прошло довольно времени; твое грустное положение и болезнь должны были тебя совершенно образумить, и, несмотря на это, ты готов был сейчас сделать величайшее дурачество в твоей жизни – и все для той же Полины! Конечно, что и говорить: она очень недурна собою, сложена прекрасно, и если сверх этого у ней

---

[87] в стиле мадам Радклиф (фр.).

маленькая ножка, то, может быть, и я сошел бы от нее с ума на несколько дней; но беситься целый месяц!..

– Ах, мой друг! – перервал Рославлев, – ты не знаешь, что такое любовь, ты не имеешь понятия об этом блаженстве и мучении нашей жизни! Да, Александр! Я и сам был уверен, что спокойствие возвратилось в мою душу. Несколько раз, испытывая себя, я воображал, что вижу Полину вместе с ее мужем, и мне казалось, что я могу спокойно смотреть на их взаимные ласки и даже радоваться ее счастью. Нет! Я обманывал самого себя. Когда сейчас я взглянул нечаянно на окно этого дома, когда увидел, что женщина, почти лежащая в объятиях французского полковника, походит на Полину, когда я узнал ее... О Александр! я почувствовал тогда... Да сохранит тебя бог от подобного чувства!.. Холодная, ледяная смерть по всем жилам – и весь ад в душе!.. Ах, мой друг! ты не знаешь еще, к каким мучениям способна душа наша, какие неизъяснимые страдания мы можем, и, вероятно, – прибавил тихим голосом Рославлев, – должны переносить, томясь в этой ссылке па этой каторге, которую мы называем жизнию!..

– И с которой, несмотря на это, даже и ты не захочешь расстаться! – перервал с улыбкою Зарецкой. – Полно, братец! Вы все, чувствительные меланхолики, пренеблагодарные люди: вечно жалуетесь на судьбу. Вот хоть ты; я желал бы знать, казалась ли тебе жизнь каторгою, когда ты был уверен, что Полина тебя любит?

– Но я ошибался, мой друг! – Да разве от этого ты менее был счастлив? Вот то-то и есть, господа! Пока все делается по-вашему, так вы еще и туда и сюда; чуть не так, и пошли поклепы на бедную жизнь, как будто бы век не было для вас радостной минуты.

– Но что все прошедшие радости...

– Перед настоящим горем?.. И, mon cher! и то и другое забывается. Конечно, я понимаю, для твоего самолюбия должно быть очень обидно...

– Эх, братец! какое самолюбие...

– Да, любезный, не прогневайся! Самолюбие в этом случае играет пребольшую ролю. Что ни говори, а ведь досадно, как отобьют невесту; да только смешно от этого сходить с ума: посердился, покричал и будет. Вот то-то же, поневоле похвалишь наших неприятелей. Кто лучше их умеет пользоваться жизнию?.. Француз не задохнется от избытка сердечной радости, да зато и не иссохнет от печали. Посмотри, как он весел, как всегда доволен собою, над всем смеется, все его забавляет. Заговорит дело – есть что послушать: все знает; заговорит вздор – также заслушаешься: какая веселость в каждом слове! И как милы эти фразы, в которых нет ни на волос здравого смысла! Конечно, и у них есть исключения, но они так редки... Печальный француз! не правда ли, что это даже странно слышать? А отчего они так счастливы?.. Оттого именно, что душа их не способна к сильным впечатлениям. Они... как бы это сказать по-русски?.. они слегка только прикасаются к жизни. Знаешь ли что, мой друг? Если ты хочешь непременно сравнивать с чем-нибудь жизнь, то сравни ее с морем; но только, бога ради, не с бурным, – это уже слишком старо!

– А с каким же, Александр?

– Да просто с нашим петербургским, когда оно замерзнет. Катайся по нем сколько хочешь, забавляй себя, но не забывай, что под этим блестящим льдом

156

таится смерть и бездонная пучина; не останавливайся на одном месте, не надавливай, а скользи только по гладкой его поверхности.

– То есть не принимай ничего к сердцу, – перервал Рославлев, – не люби никого, не жалей ни о ком; беги от несчастного: он может тебя опечалить; старайся не испортить желудка и как можно реже думай о том, что будет с тобою под старость – то ли ты хотел сказать, Александр?

– О нет, мой друг! я не желаю быть эгоистом.

– И в то же время не хочешь ни о чем горевать? Да разве это возможно?

– Да, конечно... не спорю, тут есть, по-видимому, какое-то противоречие... Однако ж я не менее того уверен, что эта философия...

– Ничем не лучше моей. Что грех таить, Александр! у меня вырвалась глупость, а ты, желая доказать, что я вру, и сам заговорил вздор. По-моему, жизнь должна быть вечной ссылкою, а по-твоему, беспрерывным праздником. Благодаря бога и то и другое для нас невозможно, Александр! Тот, кто вечно крушится, и тот, кто всегда весел, – оба эгоисты.

– Это почему?

– А потому, что человек, неспособный делить ни с кем ни радости, ни горя, – любит одного себя.

– Почему ж одного себя? Можно любить и приятеля – разумеется, до некоторой степени.

– А до какой степени простирается эта любовь к приятелю в человеке, который для того, чтоб с ним повидаться и спасти его...

– И полно, mon cher! что за важность! Ты видишь, я целехонек.

– Вижу, мой друг! Но, признаюсь, удивляюсь и желал бы знать, как ты уцелел?

– Ты еще более удивишься, когда узнаешь, что я, будучи в Москве, вызывал на дуэль капитана французских жандармов.

– Неужели?..

– Представь себе: он вздумал меня расспрашивать; я пустился ему лгать что есть мочи, и этот грубиян осмелился сказать мне в глаза, что я говорю неправду...

– Ах он невежа!..

– Разумеется, я вспыхнул, закидал его французскими фразами...

– И он не догадался, что ты русской?

– А почему бы он догадался?

– Да помилуй! Не может же быть, чтоб ты так хорошо говорил по-французски, как настоящий француз?

– Не может быть? Да знаете ли, сударь, как я был воспитан в доме своей тетушки? Знаете ли, кто с пятилетнего возраста был моим гувернером? Известна ли вам знаменитая фамилия аббата Григри, который плохо знал правописание, но зато говорил самым чистым парижским языком? Знаете ли, что я на десятом году не умел еще писать по-русски? Знаете ли, что весь Петербург дивился моему французскому выговору и все знакомые поздравляли тетушку с племянником, который как две капли воды походил на француза? Как теперь помню, добрая старушка всякой раз крестилась и говорила со слезами: "Слава богу! я знала наперед, что в Сашеньке будет путь!" Чему ж после этого удивляться, что меня приняли за француза?

— Хорошо, мой друг, согласен: по выговору не можно было догадаться, что ты русской; но нельзя же, чтоб не было в твоей манере и ухватках...

— В моей манере? Постой, братец, я сейчас представлю тебе лихого французского кавалериста, который только что вырвался из Пале-Рояля. Посмотрим, заметишь ли во мне хоть что-нибудь русское? Зарецкой развалился небрежно на седле, подбоченился и надел a la tapageur[88] свою французскую фуражку. В продолжение сих приготовлений к роле, которую он готовился играть, из-за куста выглянули две весьма некрасивые рожи: одна с рыжей бородою, а другая, по-видимому, обритая недели две тому назад и обезображенная огромным рубцом. Небольшой черный галстук, единственный остаток от прежнего наряда, доказывал, что это лицо принадлежало какому-нибудь отставному солдату. Наши путешественники, не замечая этой засады, продолжали ехать потихоньку.

— Ну что? – спросил Зарецкой, отпустив несколько парижских фраз, – заметен ли во мне русской, который прикидывается французом? Посмотри на эту небрежную посадку, на этот самодовольный вид – а? что, братец?.. Vive l' Empereur et la joie! Chantons![89] – Зарецкой пришпорил свою лошадь и, заставив ее сделать две или три лансады[90], запел:

> Enlant cheri des dames,
> J'etais en tout pays,
> Tres bien avec les femmes,
> Et mal avec les maris![91]

Вдруг раздался выстрел, и человек десять вооруженных крестьян высыпало на дорогу. Прежде чем Зарецкой успел опомниться и рассмотреть, кто на них нападает, второй выстрел ранил лошадь, на которой ехал Рославлев; она закусила удила и понесла вдоль дороги. Зарецкой пустился вслед за ним; но в несколько минут потерял его совершенно из вида. Ослабевший от болезни Рославлев не мог долго управлять своей лошадью: выскакав на поляну, на которой сходились три дороги, она помчала его по одной из них, ведущей в самую глубину леса. Несколько раз принимался он снова ее удерживать, но все напрасно; наконец, проскакав еще версты две, она повалилась на землю. Рославлев, видя, что лошадь его издыхает, решился идти пешком по дороге, которая по всем приметам должна была скоро вывести его на жилое место.

Едва он успел сделать несколько шагов, как ему послышались в близком расстоянии смешанные голоса; сначала он не мог ничего разобрать и не знал,

---

[88] набекрень (фр.).

[89] Да здравствует император и веселье! Споем! (фр.).

[90] прыжок, скачок от (фр.) lan cade.

[91] Французские куплеты, которые лет двадцать тому назад были в большой моде, по крайней мере у нас в Петербурге. – (Прим. автора).
> Любимец дам-красоток,
> В любом краю я был,
> С мужьями не короток.
> А женам очень мил!
> Пер. Е. Куниной.

должен ли спрятаться или идти навстречу людям, которые, громко разговаривая меж собою, шли по одной с ним дороге. Вдруг ясно выговоренный немецкой швернот[92] раздался от него в двух шагах, и кто-то повелительным голосом закричал: "Allons, sacristie! en avant!"[93] Рославлев кинулся в сторону, но было уже поздно: из-за кустов показалась целая толпа неприятельских мародеров.

– Гальт![94] – закричал высокой баварской кирасир, прицелясь в него своим карабином.

Человек двадцать солдат разных полков и наций окружили Рославлева.

– Господа! чего вы от меня хотите? – сказал Рославлев по-французски, – я бедный прохожий...

– Бедный? – заревел на дурном французском языке баварец, – а вот мы тотчас это увидим.

– Вы все бедны! – запищал итальянской вольтижер[95], схватив за ворот Рославлева. – Знаем мы вас, господа русские – malledeto![96]

– Тише, товарищи! – сказал повелительным голосом французской гренадер, – не обижайте его: он говорит по-французски.

– Так что ж? – возразил другой французской полупьяный солдат в уланском мундире, сверх которого была надета изорванная фризовая шинель. – Может быть, этот негодяй эмигрант.

– В самом деле? – перервал важным голосом гренадер.– Прочь все! Посторонитесь! Я допрошу его.

– Per dio sacrato![97] Что это? – вскричал итальянец, – на этом еретике крест.

– Так он не француз? – сказал с презрением солдат в фризовой шинели.

– Да еще и золотой! – продолжал итальянец, сорвав с шеи Рославлева крест, повешенный на тонком шнурке.

– Оставишь ли ты его в покое? Sacre italien![98] – вскричал гренадер, оттолкнув прочь итальянца.

– Не бойтесь ничего и отвечайте на мои вопросы: кто вы?

– Московский мещанин.

– Вы русской?

– Да!

– Отчего вы говорите по-французски?

– Я учился.

– Хорошо! это доказывает, что вы уважаете нашу великую нацию... Тише, господа! прошу его не трогать! Не можете ли вы нам сказать, есть ли вооруженные люди в ближайшей деревне?

– Не знаю.

– Не знаешь? Доннер-веттер![99] – заревел баварец. – Как тебе не знать? Говори!

---

[92] черт возьми.

[93] Ну же, черт возьми! вперед! (фр.).

[94] Стой! от (нем.) halt.

[95] Егерь, стрелок. – (Прим. автора).

[96] проклятье! (ит.).

[97] Клянусь богом! (ит.).

[98] Чертов итальянец! (ит.).

[99] Гром и молния! (нем.).

– Я шел все лесом и ни в одной деревне не был.

– Он лжет! – закричал итальянец. – Прикладом его, *corpo de dio!*[100] так он заговорит.

– Тише, господа! – перервал гренадер. – Этот варвар уважает нашу нацию, и я никому не дам его обидеть.

– В самом деле? – сказал баварец. – А если я хочу его обижать?

– Не советую.

– Право? Да что ж ты этак поговариваешь?.. Уж не думаешь ли ты, что баварской кирасир не стоит французского гренадера?

– Как? черт возьми! Ты смеешь равняться с французским солдатом?.. Се *miserable allemand!*[101] Да знаешь ли ты?..

– Я знаю, что должен повиноваться моему капитану, но если всякой французской солдат...

– Да знаешь ли ты, животное, что такое французской гренадер? Знаешь ли ты, что между тобой и твоим капитаном более расстояния, чем между мной и баварским королем?

– Что, что?

– Да! такой болван, как ты, никогда не будет капитаном; а каждый французской гренадер может быть вашим государем.

– Хоц таузент![102].. Да это как?

– А вот как: мой родной брат из сержантов в одну кампанию сделался капитаном – правда, он отнял два знамя и три пушки у неприятеля; но разве я не могу взять дюжины знамен и отбить целую батарею: следовательно, буду по крайней мере полковником, а там генералом, а там маршалом, а там – при первом производстве – и в короли; а если на ту пору вакансия случится у вас...

– Правда, правда – *il a raison!*[103] – закричали все французские солдаты.

– Ну, немецкая харя! – продолжал гренадер, – понял ли ты теперь, что значит французской солдат.

Баварец, закиданный словами и совершенно сбитый с толку, не отвечал ни слова.

– Господа! – сказал гренадер, – не надобно терять времени – до Москвы еще далеко; ступайте вперед, а мне нужно кой о чем расспросить по секрету этого русского. *Allons, morbleu avancez donc!*[104]

Вся толпа двинулась вперед по дороге, а гренадер, подойдя к Рославлеву, сказал вполголоса:

– Не бойтесь!.. Француз всегда великодушен... но вы знаете права войны... Есть ли у вас деньги?

– Я охотно отдам все, что у меня есть.

– Не беспокойтесь! – продолжал гренадер, обшаривая кругом Рославлева, – я возьму сам... Книжник!.. ну, так и есть, ассигнации! Терпеть не могу этих клочков

---

[100] клянусь телом господним! (ит.).
[101] Этот презренный немец! (фр.).
[102] Проклятье!.. (нем.).
[103] он прав! (фр.).
[104] Вперед, черт возьми, двигайтесь! (фр.).

бумаги: они имеют только цену у вас, а мы берем здесь все даром... Ага! кошелек!.. серебро... прекрасно!... золото!! C'est charmant! Прощайте!

– Лавалёр!.. Ну что ж ты? – сказал французской улан, идя, навстречу к гренадеру. – Ты один знаешь здешние места – куда нам идти?

– Все прямо.

– Да там две дороги.

– Не, может быть.

– Когда я тебе говорю, что две...

– Да это оттого, что у тебя двоится в глазах.

– Неправда. Вот, например, я вижу, что на этом русском только, одна, а не две шинели, и для того не возьму ее, а поменяюсь. Мой плащ вовсе не греет... Эге! да это, кажется, шуба?.. Скидай ее, товарищ!

Рославлев повиновался; улан сбросил с себя фризовую шинель и надел его сибирку.

– Однако ж русские не вовсе глупы, – сказал он, уходя вместе с гренадером, – и если они сами изобрели эти шубы, то, черт возьми! эта выдумка недурная!

Когда Рославлев потерял из вида всю толпу мародеров и стал надевать оставленную французом шинель, то заметил, что в боковом ее кармане лежало что-то довольно тяжелое; но он не успел удовлетворить своему любопытству и посмотреть, в чем состояла эта неожиданная находка: в близком от него расстоянии раздался дикой крик, вслед за ним загремели частые ружейные выстрелы, и через несколько минут послышался шум от бегущих по дороге людей.

Рославлеву не трудно было отгадать, что французские мародеры повстречались с толпою вооруженных крестьян, и в то самое время, как он колебался, не зная, что ему делать: идти ли вперед или дожидаться, чем кончится эта встреча, – человек пять французских солдат, преследуемых крестьянами, пробежали мимо его и рассыпались по лесу.

– Вот еще один! – вскричал молодой парень, указывая на Рославлева.

– Пришиби его! – заревел высокой мужик с рыжей бородою, и вмиг целая толпа вооруженных косами, ружьями и топорами крестьян окружила Рославлева.

ГЛАВА VII

Поосреди большого села, на обширном лугу, или площади, на которой разгуливали овцы и резвились ребятишки, стояла ветхая деревянная церковь с высокой колокольнею. У дверей ее, на одной из ступеней поросшей травою лестницы, сидел старик лет восьмидесяти, в зеленом сюртуке с красным воротником, обшитым позументом; с полдюжины медалей, различных форм и величины, покрывали грудь его. Он разговаривал с молодым человеком, который стоял перед ним и по наряду своему, казалось, принадлежал к духовному званию.

– Нет, Александр Дмитрич! – говорил старик, покачивая головою, – рано ли, поздно ли, а несдобровать нашему селу; чай, злодеи-то больно на нас зубы грызут.

– Оно и есть за что! – сказал молодой человек, – ведь мы у них как бельмо на глазу. Да бог милостив! Кой-как до сих пор с ними справлялись. Fortes fortuna adjuvat, то есть: смелым бог владеет, Кондратий Пахомыч!

– Конечно, батюшка, за правое дело бог заступа; а все-таки, как проведают в Москве, что в нашем селе легло сот пять, шесть французов, да пришлют сюда полка два...

– Так что ж? Будем драться.

– Вот то-то и горе! Вы станете драться, а я что буду делать? Протягивай шею, как баран.

– Эх, Кондратий Пахомыч! Да на людях и смерть красна!

– Не о смерти речь, батюшка! Когда вы, народ молодой, себя не жалеете, так мне ли, старику, торговаться; да каково подумать, что эти злодеи наругаются над моей седой головою? Пожалуй, на смех живого оставят. Эх, старость, старость! Как бы прежние годы, так я бы трех поджарых французов на один штык посадил. Небось турки их дюжее, да и тех, бывало, как примусь нанизывать, так господи боже мой! считать не поспевают. Вот как мы с батюшкой, графом Суворовым, штурмовали Измаил... Тогда был нашим капитаном его благородие Сергей Дмитрич, царство ему небесное! Отец, а не командир! И что за молодец!.. как теперь гляжу – мигнуть не успели, а уж наш сокол на стене, вся рота за ним – ура!..

– Ты уж мне это рассказывал, Кондратий Пахомович!

– Вот, батюшка, тогда дело другое: и подраться-то было куражнее! Знал, что живой в руки не дамся; а теперь что я?.. малой ребенок одолеет. Пробовал вчера стрелять из ружья – куда-те? Так в руках ходуном и ходит! Метил в забор, а подстрелил батькину корову. Да что отец Егор, вернулся, что ль?

– Нет еще. Я слышал, будто бы его французы в полон захватили.

– Ах они разбойники! Уж и попов стали хватать! А того не подумают, басурманы, что этак наш брат старик и без исповеди умрет.

– Видно, узнали, что он из нашего села. Ведь французы-то называют нас бунтовщиками.

– Бунтовщиками? Ах они проклятые! да как бы они смели это сказать? Разве мы бунтуем против нашего государя? Разве мы их гладим по головке?

– В том-то и дело, что не гладим. Они говорят: Tui, quid nihil refet, ne cures, то есть: не мешайся не в свое дело, а мы толкуем: cuneus cuneum trudit, сиречь – клин клином выбивают.

– Эх, батюшка! да перестанешь ли ты говорить не по-русскому?

– Привык, Пахомыч! У нас на Перерве без латинской пословицы ступить нельзя.

– Да что вы в Перервинском монастыре все латыши, что ль, а не русские? Знаешь ли, как это не по нутру нашим мужичкам? Что, дискать, за притча такая? Кажись, церковник-то, что к нам пристал, детина бравый, а все по-французскому говорит.

– По-французскому! Невежды!..

– Александр Дмитрич! – раздался голос с колокольни, – никак, наши идут.

– Наши ли, Андрюша? – сказал семинарист, подняв кверху голову. – Посмотри-ка хорошенько!

– Точно наши. Вот впереди Ерема косой да солдат Потапыч; они ведут какого-то чужого: никак, француза изловили.

162

– Навряд француза, – сказал, покачав головой, старый унтер-офицер. – Они бы уж его дорогою раз десять уходили; а не захватили ли они, как ономнясь бронницкие молодцы, какого-нибудь изменника или шпиона?

– Что ты, Пахомыч! Боже сохрани! Будет с нас и того, что один русской осрамился и служил нашим злодеям.

– Эх, батюшка! в семье не без урода.

– Вот уж наши ребята из-за рощи показались. Пойдем, Кондратий Пахомыч, в мирскую избу. Если они в самом деле захватили какого-нибудь подозрительного человека, так надобно его порядком допросить, а то, пожалуй, у наших молодцов и правый будет виноват: auri est bonus[105]...

– Да полно тебе язык-то коверкать!.. – перервал с досадою старик. – Что за латыш, в самом деле? Смотри, Александр Дмитрич, несдобровать тебе, если ты заговоришь на мирской сходке этим чухонским наречием.

– Чухонским! – повторил сквозь зубы семинарист. – Чухонским!.. Ignarus barbarus![106]

– Полно бормотать-то: ведь я дело говорю. Пойдем! А ты, Андрюша, – продолжал инвалид, обращаясь к молодому парню, который стоял на, колокольне, – лишь только завидишь супостатов, тотчас и давай знать. Пойдем, Александр Дмитрич!

Мирская изба, построенная на том же лугу, или площади, против самой церкви, отличалась от прочего жилья только тем, что не имела двора и была несколько просторнее других изб. Когда инвалид я семинарист вошли в эту управу сельского благочиния, то нашли уже в ней человек пять стариков и сотника. Сержант и наш ученый латинист, поклонясь присутствующим, заняли передний угол. Через несколько минут вошли в избу отставной солдат с ружьем, а за ним широкоплечий крестьянин с рыжей бородою, вооруженный также ружьем и большим поварским ножом, заткнутым за пояс. В сенях и вокруг избы столпилось человек двести крестьян, по большей части с ружьями, отбитыми у французских солдат.

– Ну что, братцы? – спросил сотник, – захватили ли вы в селе Богородском французов?

– Нет-ста, Никита Пахомыч! – отвечал рыжий мужик. – Ушли, пострелы! А бают, они с утра до самых полуден уж буянили, буянили на барском дворе. Приказчика, в гроб заколотили. Слышь ты, давай им все калачей, а на наш хлеб так и плюют.

– Ах они безбожники! – вскричал сотник, – плевать на дар божий! Эка нехристь проклятая!

– Вишь какие прихотники! – сказал один осанистый крестьянин в синем кафтане, – трескали б, разбойники, то, что дают. Ведь матушка-рожь кормит всех дураков, а пшеничка по выбору.

– Народ-то в Богородском такой несмышленый! – примолвил рыжий мужик – Гонца к нам послали, а сами разбежались по лесу. Им бы принять злодеев-то с

хлебом и с солью, да пивца, да винца, да того, да другого – убаюкали бы их, голубчиков, а мы бы как тут! Нагрянули врасплох да и катай их чем ни попало.

– Как мы шли назад, – сказал отставной солдат, – так наткнулись в лесу на французов, на тех ли самых, на других ли – лукавый их знает!

– Ну что, ребятушки? – вскричал сержант, – расчесали, что ль, их?

– Как пить дали, Кондратий Пахомыч!

– Неужли-то и отпору вам не было?

– Как не быть! Мы, знаешь, сначала из-за кустов как шарахнули! Вот они приостановились, да и ну отстреливаться; а пуще какой-то в мохнатой шапке, командир что ль, их, так и загорланил: алон, камрат! Да другие-то прочие не так, чтоб очень: все какая-то вольница; стрельнули раза три, да и врассыпную. Не знаю, сколько их ушло, а кучка порядочная в лесу осталась.

– Что за притча такая? – сказал сотник, – откуда берутся эти французы? Бьем, бьем – а все их много!

– Видно, сват Пахомыч, – перервал крестьянин в синем кафтане, – они как осенние мухи. Да вот погоди! как придет на них Егорей с гвоздем да Никола с мостом, так все передохнут.

– Мы, Пахомыч, – сказал рыжий мужик, – захватили одного живьем. Кто его знает? баит по-нашему и стоит в том, что он православный. Он наговорил нам с три короба: вишь, ушел из Москвы, и русской-то он офицер, и вовсе не якшается с нашими злодеями, и то и се, и дьявол его знает! Да все лжет, проклятый! не верьте; он притоманный француз.

– А почему ж ты это думаешь? – спросил семинарист. – Ну, если в самом деле говорит правду?

– Правду? Так коего ж черта ему было таскаться вместе с французами!

– Но разве он не мог с ними повстречаться так же, как и вы?

– А зачем же он, – перервал солдат, – вот этак с час назад ехал верхом вместе с французским офицером? Ян лошадь-то его подстрелил.

– Как с французским офицером!

– Да так же!

– Но почему ты знаешь, что этот офицер французской?

– Почему знаю? Вот еще что! Нет, господии церковник! мы получше твоего знаем французские-то мундиры: под Устерлицем я на них насмотрен. Да, и станет ли русской офицер петь французские песни? А он так горло и драл.

– А тот, что мы захватили, ему подтягивал, – примолвил рыжик мужик, – я сам слышал.

– Я хоть и не слыхал, – перервал солдат, – да видел, что они ехали дружно, рядышком, словно братья родные.

– Так что ж и калякать? – вскричал сотник. – Вестимо, он француз: не так ли, православные?

– Так, Никита Пахомыч! Так! – повторили все старики.

– А если француз, – примолвил один лысый старик, – на осину его!

– Как бы не так! – перервал сотник, – еще веревку припасай. В колодезь к товарищам, так и концы в воду.

164

— Ей, не торопись, ребята! – сказал семинарист. – Melior est consulta[107]...

— Что ты, сумасшедший, перестань! – шепнул сержант, дернув за рукав своего соседа.

— Православные? – продолжал он, – послушайтесь меня, старика: чтоб не было оглядок, так не лучше ли его хорошенько допросить?

— Да, скажет он тебе правду, дожидайся! – перервал лысый старик.

— Погодите, братцы! – заговорил крестьянин в синем кафтане, – коли этот полоненник доподлинно не русской, так мы такую найдем улику, что ему и пикнуть неча будет. Не велика фигура, что он баит по-нашему: ведь французы на все смышлены, только бога-то не знают. Помните ли, ребята, ономнясь, как мы их сотни полторы в одно утро уходили, был ли хоть на одном из этих басурманов крест господень?

— Ни на одном не было, Терентий Иваныч! – отвечал сотник, – я сам видел.

— Так и на этом не будет, коли он француз; а если православный, так носит крест – не правда ли?

— Правда, Терентий Иваныч, правда! – повторили все присутствующие. – Так давайте же его сюда. Посмотрим, есть ли у него на шее-то отцовское благословление?

Два крестьянина, вооруженные топорами, ввели Рославлева в избу.

— Ваня! – сказал Терентий одному из них, – расстегни-ка ему ворот у рубахи – вот так!

— Что вы делаете, ребята? – перервал Рославлев. – Я точно русской!

— Ладно, брат! увидим-ста, русской ли ты. Ну что, Ваня, есть ли на нем крест? – спросил сотник.

— Не, Пахомыч! – ни креста, ни образа!

— Видите, православные! – сказал рыжий Ерема.

— Чего же вам еще?

— В колодезь его! – завопили почти все крестьяне.

— Послушайте, братцы! – вскричал Рославлев, – видит бог, на мне был крест, да меня ограбили французы.

— Что с ним растабарывать! – подхватил сотник. – Тащите его! в колодезь!

— Да что вам дался колодезь? – перервал Ерема, – И так все колодцы перепортили. Много ли ему надобно? Эй, Ваня, что ты смотришь басурману-то в зубы? Обухом его!

— И то правда! – закричали другие мужики. – Пришиби его!

Один из крестьян, которые караулили Рославлева, вынул из-за пояса свой топор.

— Постойте, детушки! – перервал сержант. – Эк у вас руки-то расходились! Убить недолго. Ну, если его в самом деле ограбили французы?..

— И он действительно русской офицер? – примолвил семинарист.

— А это что? – вскричал Ерема, вынимая из бокового кармана Рославлевой шинели кошелек с деньгами. – Что, брат? видно, они тебя грабили, да не дограбили? Смотрите, православные! И деньги-то не наши.

---

[107] Лучше посоветоваться... (лат.).

– Эта шинель не моя, – сказал Рославлев. – Один из французов поменялся со мной насильно.

– А деньги-то дал впридачу, что ль? – закричал Ерема. – Ах ты, проклятый басурман! Что мы тебе, олухи достались? Да что с тобой калякать? Ваня! хвати его по маковке!.. Что ж ты?.. Полно, брат, не переминайся! а не то я сам... – примолвил Ерема, вынимая из-за пояса свой широкой нож.

– Погоди, кум, не торопись! – сказал Иван. – Послушай-ка, молодец: ты баишь, что с тебя сняли крест французы. Ну! а какой он был? деревянный или серебряный?

– Нет, золотой! – отвечал Рославлев.

– Ладно. А на каком он висел гайтане – на черном или красном?

– Нет, на зеленом шелковом снурке.

– Что, ребята, ведь он баит правду: вот и крест; я вынул его из кармана у одного убитого француза.

– Да поверьте мне, братцы! – сказал Рославлев, – я вас не обманываю: я точно русской офицер.

– И впрямь, православные! – примолвил Терентий, – уж не русской ли он?

– Точно русской! – подхватил семинарист.

– А если русской, – возразил отставной солдат, – так он изменник!

– Изменник! – повторил в негодованием Рославлев.

– Вестимо, изменник! – закричал Ерема. – Ради чего ты ехал с французским офицером – а?

– Мой товарищ также русской офицер, а нарядился французом для того, чтоб выручить меня из Москвы. – Эк с чем подъехал! На вас пошлюсь, православные: ну станет ли русской офицер петь эти басурманкие песни?

– Вестимо, не станет! – закричали крестьяне.

– Клянусь вам богом, ребята! – продолжал Рославлев, – я и мой товарищ – мы оба русские. Он гусарской ротмистр Зарецкой, а я гвардии поручик Рославлев.

– Рославлев! – повторил с необычайною живостию сержант. – А как звали вашего батюшку?

– Сергеем Дмитричем.

– Не припомните ли, сударь! где он изволил служить капитаном?

– Он служил капитаном при Суворове, в Фанагорийском полку.

– Ну, так и есть! – воскликнул с радостию сержант, вскочив со скамьи. – Ваше благородие! ведь батюшка ваш был моим командиром, и мы вместе с ним штурмовали Измаил.

– Слышите ль, братцы! – сказал семинарист.

– Слышим-ста! – отвечал Ерема, – да нам-то что до этого?

– Как что? – перервал сержант, – да разве сын моего командира может быть изменником? Ну, сточное это дело? Не правда ли, детушки?

Все крестьяне встали с своих мест, поглядывали друг на друга; один почесывал голову, другой пожимался; но никто не отвечал ни слова.

– Что это, братцы? – продолжал сержант, – неужели-то вы и мне, старику, верить не хотите?

– Верить-та мы тебе верим, – отвечал Ерема, – да ведь не все сыновья в отцов родятся, Пахомыч!

166

– Всяко бывает, конечно, – примолвил Терентий, – да ведь недаром же и пословица: недалеко яблочко от яблони падает. Ну, как вы думаете, православные?

– Как ты, Терентий Иваныч? – отвечали сотник и старики. – А по мне, вот как: уж если Кондратий Пахомыч за него порукою, так нам и баить нечего. Поклон его благородию, да милости просим в передний угол! Так ли, православные?

– Ну, коли так, так так! – повторили в один голос крестьяне. – Милости просим, батюшка!

– Ваня! – сказал Терентий, – сбегай ко мне да принеси-ка жбан браги, каравай хлеба и спроси у Андревны пирог с кашею: чай, его милость проголодаться изволил.

– Забеги и к моей старухе, – примолвил сотник, – да возьми у нее штоф Ерофеичу.

– Благодарю вас, добрые люди! – сказал Рославлев, – я хоть и не обедал, а мне что-то есть не хочется.

– Чу!.. – вскричал сотник, – что это?

– Французы! Французы! – загремели сотни голосов на улице. Все бросились опрометью из избы, и в одну минуту густая толпа окружила колокольню.

– Эй, Андрюша! где французы? – спросил сотник.

– Вон там, у дальней засеки, – отвечал мальчик.

– Много ли их?

– Много, Пахомыч! и конных и пеших видимо-невидимо.

– Ну, ребята! – сказал сержант, – смотрите, стоять грудью за нашу матушку святую Русь и веру православную.

– Стоять-то мы рады, – перервал сотник, – да слышишь, Кондратий Пахомыч, – их идет несметная сила?

– Так что ж?

– Не одолеешь, кормилец! много ли нас?

– Да и французов-то, верно, не больше, – сказал Рославлев, – они растянулись по дороге, так издали и кажется, что их много.

– Ох, батюшка! – подхватил Терентий, – хитры они, злодеи! не пошлют мало. Ведь они, басурманы, уж давным-давно до нас добираются.

– Ну, православные! – сказал Пахомыч, – говорите, что делать?

Ни один голос не отозвался на вопрос сотника. Все крестьяне поглядывали молча друг на друга, и на многих лицах ясно изображались недоумение и робость...

– Эх, худо дело! – шепнул сержант. – Ваше благородие! – продолжал он, обращаясь к Рославлеву, – не принять ли вам команды? Вы человек военный, так авось это наших ребят покуражит. Эй, братцы, сюда! слушайте его благородия!

– Как так? Что такое? Да разве он не француз? – заговорили крестьяне.

– Нет, детушки! Его благородие – русской офицер, сын моего бывшего капитана.

– Ой ли? Вот-те раз! Слышите, ребята!.. Вот что!.. – загремели восклицания из удивленной толпы.

– Друзья! – сказал Рославлев, – чего хотите вы? Покориться ли злодеям нашим или биться с ними до последней капли крови?.. Ну, что ж вы молчите?

167

– Да вот что, – сказал один крестьянин, – Андрюха-то говорит, что их больно много.

– Так что ж, ребята? – подхватил семинарист, – хоть покоримся, хоть нет, а все нам от них милости никакой не будет: мало ли мы их передушили!

– Вестимо, – сказал отставной солдат, – мы им пардону не давали, так и они нам не дадут.

– А если б и дали, – возразил Рославлев, – так не грешно ли вам будет выдать руками жен и детей ваших? Эх, братцы! уж если вы начали служить верой и правдой царю православному, так и дослуживайте! Что нам считать, много ли их? Наше дело правое – с нами бог!

– А с ними черт! – заревел Ерема. – Что в самом деле, драться так драться.

– Так за мной, православные! – воскликнул отставной солдат. – Ура! за батюшку царя и святую Русь!

– Ура! – подхватила вся толпа.

– Весь в покойника! – шептал потихоньку сержант, глядя на Рославлева, – как две капли воды!

– Теперь слушайте, ребята! – продолжал Рославлев. – Ты, я вижу, господин церковник, молодец! Возьми-ка с собой человек пятьдесят с ружьями да засядь вон там в кустах, за болотом, около дороги, и лишь только неприятель вас минует...

– Так мы вдогонку и откроем по нем огонь? Понимаю, господин офицер. Это вроде тех засад, о коих говорит Цезарь в комментариях своих de bello Gallco...

– Да полно, Александр Дмитрич! – закричал сержант. – Эк тебе неймется!

– Ты, служивый, и ты, молодец, – продолжал Рославлев, обращаясь к отставному солдату и Ереме, – возьмите с собой человек сто также с ружьями, ступайте к речке, разломайте мост, и когда французы станут переправляться вброд...

– То мы из-за деревьев пустим по них такую дробь, – перервал солдат, – что им и небо с овчинку покажется.

– А мы с тобой, сослуживец моего батюшки, – примолвил Рославлев, взяв за руку сержанта, – с остальными встретим неприятеля у самой деревни, и если я отступлю хоть на шаг, так назови мне по имени прежнего твоего командира, и ты увидишь – сын ли я его! Ну, ребята, с богом! Крестьяне, зарядив свои ружья, отправились в назначенные для них места, и на лугу осталось не более осьмидесяти человек, вооруженных по большей части дубинами, топорами и рогатинами. К ним вскоре присоединилось сотни три женщин с ухватами и вилами. Ребятишки, старики, больные – одним словом, всякой, кто мог только двигаться и подымать руку, вооруженную чем ни попало, вышел на луг.

В глубокой тишине, изредка прерываемой рыданиями и молитвою, стояла вся толпа вокруг церкви.

– Что, Андрюша? – закричал наконец сержант, – близко ли наши злодеи?

– Близехонько, крестной! – отвечал с колокольни мальчик, – на самом выгоне – вон уж поравнялись с нашими, что засели на болоте; да они их не видят... Впереди едут конные... в железных шапках с хвостами... Крестной! крестной! да на них и одежа-та железная... так от солнышка и светит... Эва! сколько их!.. Вот пошли пешие!.. Эге! да народ-то все мелкой, крестной! Наши с ними справятся...

– То-то ребячьи простота! – сказал сержант, покачивая головою. – Эх, дитятко!

168

ведь они не в кулачки пришли драться; с пулей да штыком бороться не станешь; да бог милостив!

– Кондратий Пахомыч! – закричал мальчик, – они подъехали к речке... остановились... вот человек пять выехало вперед... стали в кучку... Эх, какой верзила! Ну, этот всех выше!.. а лошадь-то под ним так и пляшет!.. Видно, это их набольший... Вдруг вдали раздался залп из ружей, и вслед за ним загремели частые выстрелы по сю сторону речки, на берегу которой стояли французы.

– Помоги, господи! – сказал сержант, перекрестясь.

– Крестной! – закричал мальчик, – наша взяла! Длинной-то упал с лошади; вон и другие стали падать... Да что это? Они не бегут!.. Вот и они принялись стрелять... Ну, все застлало дымом: ничего не видно. Минут двадцать продолжалась жаркая перестрелка; потом выстрелы стали реже, раздался конской топот, и мальчик закричал: – – Крестной, крестной! никак, наших гонят назад.

– Вперед, друзья! – воскликнул Рославлев; но в ту же самую минуту показались на улице бегущие без порядка крестьяне, преследуемые французскими латниками.

– За мной, ребята, на паперть! – закричал Рославлев.

Сержант и человек тридцать крестьян, вооруженных ружьями, кинулись вслед за ним, а остальные рассыпались во все стороны. Неприятельская конница выскакала на площадь.

– Ну, братцы! – сказал Рославлев, – если злодеи нас одолеют, то, по крайней мере, не дадимся живые в руки. Стреляйте по конным, да метьте хорошенько!

В полминуты человек десять латников слетело с лошадей.

– Славно, детушки! – вскричал сержант, – знатно! вот так!.. Саржируй! то есть заряжай проворней, ребята. Ай да Герасим!... другова-то еще!.. Смотри, вот этого-то, что юлит впереди!.. Свалил!.. Ну, молодец!.. Эх, брат! в фанагорийцы бы тебя!..

– Старик! – сказал вполголоса Рославлев; – думал ли ты на штурме Измаила, что умрешь подле сына твоего капитана?

– Авось не умрем, – отвечал сержант, – бог милостив, ваше благородие!

– Да, мой друг! Он точно милостив! Страдания наши не будут продолжительны. Смотри!

Старик устремил свой взор в ту сторону, в которую показывал Рославлев: густая колонна неприятельской пехоты приближалась скорым шагом к площади. – Ребята! – вскричал сержант, – стыдно и грешно старому солдату умереть с пустыми руками: дайте и мне ружье!

Вдруг дикой, пронзительный крик пронесся от другого конца селения, и человек двести казаков, наклоня свои дротики, с визгом промчались мимо церкви. В одну минуту латники были смяты, пехота опрокинута, и в то же время русское "ура!" загремело в тылу французов человек триста крестьян из соседних деревень и семинарист с своим отрядом ударили в расстроенного неприятеля. С четверть часа, окруженные со всех сторон, французы упорно защищались; наконец более половины неприятельской пехоты и почти вея конница легли на месте, остальные положили оружие.

В продолжение этого короткого, но жаркого дела Рославлев заметил одного русского офицера, который, по-видимому, командовал всем отрядом; он летал и крутился, как вихрь, впереди своих наездников: лихой горской конь его перепрыгивал через кучи убитых, топтал в ногах французов и с быстротою молнии переносил его с одного места на другое. Когда сраженье кончилось и всех пленных окружили цепью казаков; едва успевающих отгонять крестьян, которые, как дикие звери, рыскали вокруг побежденных, начальник отряда, окруженный офицерами, подъехал к церкви. При первом взгляде на его вздернутый кверху нос, черные густые усы и живые, исполненные ума и веселости глаза Рославлев узнал в нем, несмотря на странный полуказачий и полукрестьянской наряд, старинного своего знакомца, который в мирное время – певец любви, вина и славы – обворожал друзей своей любезностию и добродушием; а в военное, как ангел-истребитель, являлся с своими крылатыми полками, как молния, губил и исчезал среди врагов, изумленных его отвагою; но и посреди беспрерывных тревог войны, подобно древнему скальду, он не оставлял своей златострунной цевницы:

...Славил Марса и Темиру И бранную повесил лиру Меж верной сабли и седла.

– Это ты, – раздался знакомый голос на церковной паперти. – Ты жив, мой друг? Слава богу! – Рославлев обернулся; – перед ним стоял Зарецкой в том же французском мундире, но в русской кавалерийской фуражке и форменной серой шинели.

ГЛАВА VIII

– Нет, братец, решено! ни русские, ни французы, ни люди, ни судьба, ничто не может нас разлучить. – Так говорил Зарецкой, обнимая своего друга.

– Думал ли я, – продолжал он, – что буду сегодня в Москве, переберусь с жандармским офицером, что по милости французского полковника выеду вместе с тобою из Москвы, что нас разлучат русские крестьяне, что они подстрелят твою лошадь и выберут тебя потом в свои главнокомандующие?..

– Прибавь, мой друг! – перервал Рославлев, – что с час тому назад они хотели упрятать своего главнокомандующего в колодезь.

– За что?

– А за то, что приятель, с которым он ехал, поет хорошо французские куплеты.

– Неужели?

– Да, братец; они верить не хотели, что я русской.

– Ах они бородачи! Так поэтому, если б я им попался...

– То, верно, бы тебе пришлось хлебнуть колодезной водицы.

– Вот, черт возьми! а я терпеть не могу и нашей невской. Пойдем-ка, братец, выпьем лучше бутылку вина: у русских партизанов оно всегда водится.

– Ты как попал сюда, Александр? – спросил Рославлев, сходя вместе с ним с паперти. – Нечаянным, но самым натуральным образом! Помнишь, когда ранили твою лошадь и ты помчался

от меня, как бешеный? В полминуты я потерял тебя из вида. Проплутав с полчаса в лесу, я повстречался с летучим отрядом нашего общего знакомого, который, вероятно, не ожидает увидеть тебя в этом наряде; впрочем, и то сказать, мы все трое в маскарадных платьях: хорош и он! Разумеется, передовые казаки сочли меня сначала за французского офицера. Несмотря на все уверения в противном, они обшарили меня кругом и принялись было раздевать; но, к счастию, прежде чем успели кончить мой туалет, подъехал, их отрядный начальник: он узнал меня, велел отдать мне все, что у меня отняли, заменил мою синюю шинель и французскую фуражку вот этими, и хорошо сделал: в этом полурусском наряде я не рискую, чтоб какой-нибудь деревенской витязь застрелил меня из-за куста, как тетерева. Проезжая недалеко от здешнего селения, мы услышали перестрелку; не трудно было догадаться, что это шалят французские фуражиры. Мы пустились во всю рысь и, как видишь, подоспели в самую пору. Жаль мне их, сердечных! Дрались, дрались, а не поживятся ни одним теленком.

– Да неужели это в самом деле фуражиры? Их что-то очень много.

– Целый батальон пехоты и эскадрон конницы.

– Кто ж посылает фуражировать такие сильные отряды?

– Кто? да французы. Ты жил затворником у своего Сезёмова и ничего не знаешь: им скоро придется давать генеральные сражения для того только, чтоб отбить у нас кулей десять муки.

У мирской избы сидел на скамье начальник отряда и некоторые из его офицеров. Кругом толпился народ, а подле самой скамьи стояли сержант и семинарист. Узнав в бледном молодом человеке, который в изорванной фризовой шинели походил более на нищего, чем на русского офицера, старинного своего знакомца, начальник отряда обнял по-дружески Рославлева и, пожимая ему руку, не мог удержаться от невольного восклицания:

– Боже мой! как вы переменились!

– Он очень был болен, – сказал Зарецкой.

– Это заметно. А запретил ли вам лекарь пить вино?

– Моим лекарем была одна молодость, – сказал с улыбкой Рославлев.

– О! так с этим медиком можно ладить! Эй, Жигулин! бутылку вина! Не знаю, хорошо ли: я еще его не пробовал.

– Я вам порукою, что, хорошо, – сказал один смугловатый и толстый офицер в черкесской бурке.

– Его везли в Москву для Раппа; а говорят, этот лихой генерал также терпеть не может дурного вина, как не терпит трусов.

– Да где наш сорвиголова? – спросил начальник отряда. – Старик есаул? Он отправляет пленных в главную квартиру.

– Скажи ему, брат, чтоб он поторапливался: мы здесь слишком близко от неприятеля.

Офицер в бурке встал и пошел к толпе пленных, которых обезоруживали и строили в колонну.

– Ну, православные! – продолжал начальник отряда, обращаясь к крестьянам, – исполать вам! Да вы все чудо-богатыри! Смотрите-ка, сколько передушили этих буянов! Славно, ребята, славно!.. и вперед стойте грудью за веру православную и царя-государя, так и он вас пожалует и господь бог помилует.

– Рады стараться, батюшка! – закричали крестьяне. – Готовы и напредки.

– Да где у вас этот молодец, который с своими ребятами отрезал французов от речки? Кажется, он из церковников? Что он – дьячок, что ль?

– Студент Перервинской семинарии, ваше благородие! – сказал семинарист, сделав шаг вперед.

– А, старый знакомый! – вскричал Зарецкой, – Ну вот, бог привел нам опять встретиться. Помните ли, господин студент, как я догнал вас около Останкина?

– Как не помнить, господин офицер!

– Ну что? помогают ли вам комментарии Кесаря, бить французов?

– Как бы вам сказать, сударь? Странное дело! Кажется, и Кесарь дрался с теми же французами, да теперешние-то вовсе на прежних не походят, и, признаюсь, я весьма начинаю подозревать, что образ войны совершенно переменился.

– Неужели?

– Да, сударь, да! Кесарь говорит одно, а делается совсем другое; разумеется, в таком случае experientia est optima magistra – сиречь: опыт – самый лучший наставник. Конечно, ум хорошо, а два лучше; plus vident oculi...

– Полно, Александр Дмитрич, не срамись! – шепнул сержант, толкнув локтем семинариста.

– Вот и вино! – перервал начальник отряда, откупоривая бутылку, которую вместе с серебряными стаканами подал ему казачий урядник. – Милости просим, господа, по чарке вина, за здоровье воина-семинариста.

– Bene tibi! Доктум семинаристум![108] – закричал Зарецкой, выпивая свой стакан.

– Respondebo tibi propinantil[109]– возразил семинарист, протягивая руку.

– То есть, – подхватил начальник отряда, – и ваша ученость хочет выпить стаканчик? Милости просим! Ну, что? – продолжал он, обращаясь к подходящему офицеру, – наши пленные ушли?

– Отправились, – отвечал офицер. – К ним в проводники вызвался один рыжий мужик, который берется довести их до нашего войска такими тропинками, что они не только с французами, но и с русскими не повстречаются: – Приказал ли ты построже, чтоб их дорогой казаки и крестьяне не обижали?

– Приказывал. Да ведь на них не угодишь. Представьте себе: один из этих французов, кирасирской поручик, так и вопит, что у него отняли – и как вы думайте что? Деньги? – нет! Часы, вещи? – и то нет! Какие-то любовные записочки и волосы! Поверите ли, почти плачет! А кажется, славный офицер и лихо дрался.

– Как! – вскричал начальник отряда, – у этого молодца отняли письма и волосы той, которую он любит? Ах, черт возьми! да от этого и я бы взвыл! Бедняжка! А знаете ли, какой он должен быть славный малый? Он любит и дрался как лев! Знаете ли, товарищи, что если б этот кирасир не был нашим неприятелем, то я поменялся бы с ним крестами? Да, господа, когда в булатной груди молодца бьется сердце, способное любить, то он брат мой! И на что этим пострелам его любовная переписка? Эй, Жигулин! узнай сейчас, кто обобрал пленного кирасирского офицера? Деньги и вещи перед ними; но чтоб все его бумаги были отысканы.

– Не извольте беспокоиться, – сказал семинарист, подавая начальнику отряда

---

[108] Твое здоровье! Ученому семинаристу! (лат.).
[109] Отвечаю тебе тем же! (лат.).

вышитый по канве книжник, – я захватил его из предосторожности – difti-dentia tempestiva[110]...

– Давай его сюда! – перервал начальник отряда.

– Извольте хорошенько рассмотреть, ваше высокоблагородие! Между бумагами могут быть важные документы.

– О, преважные! но только не для нас, – перервал начальник отряда, рассматривая книжник. – Adorable ami... cher Adolphe[111]... А вот и локон волос...

– Какая прелесть! – вскричал Зарецкой, – черные как смоль! – Портрет!.. Да она в самом деле хороша. Бедняжка! ну как же ему не реветь? Жигулин! садись на коня; ты догонишь транспорт и отдашь кирасирскому пленному офицеру этот бумажник; да постой, я напишу к нему записку.

Начальник отряда вынул из кармана клочок бумаги, карандаш и написал следующее: – "Recevez, monsieur, les effets qui vous sont si chers. Puissent ils, en vous rappelant l'objet aime, vous prouver que le courage et le malheur sont respectes en Russie comme ailleurs"[112] Жигулин! отдай ему эту записку да смотри не потеряй бумажника... боже тебя сохрани! Отправляйся! Ну, господа! – продолжал начальник отряда, обращаясь к нашим приятелям, – что намерены вы теперь делать? Я, может быть, подвинусь с моим отрядом к Вязьме и стану кочевать в тылу у французов; а вы, вероятно, желаете пробраться к нашей армии?

– Да, – отвечал Зарецкой, – я давно уже тоскую о моем эскадроне, а по Владимире, верно, вздыхает наш дивизионный генерал.

– Так отправляйтесь вслед за пленными. Потрудитесь, Владимир Сергеевич, выбрать любую лошадь из отбитых у неприятеля, да и с богом! Не надобно терять времени; догоняйте скорее транспорт, над которым, Зарецкой, вы можете принять команду: я пошлю с вами казака.

Наши приятели, распростясь с начальником отряда, отправились в дорогу и, догнав в четверть часа пленных, были свидетелями восторгов кирасирского офицера. Покрывая поцелуями портрет своей любезной, он повторял: "Боже мой, боже мой! кто бы мог подумать, чтоб этот казак, этот варвар имел такую душу!.. О, этот русской достоин быть французом! Il est Francais dans l'ame!"[113]

Остальную часть дня и всю ночь пленные, под прикрытием тридцати казаков и такого же числа вооруженных крестьян, шли почти не отдыхая. Перед рассветом Зарецкой сделал привал и послал в ближайшую деревню за хлебом; в полчаса крестьяне навезли всяких съестных припасов. Покормив и своих и неприятелей, Зарецкой двинулся вперед. Вскоре стали им попадаться наши разъезды, и часу в одиннадцатом утра они подошли наконец к аванпостам русского авангарда.

---

[110] военная предосторожность... (лат.).

[111] обожаемый друг... дорогой Адольф... (фр.).

[112] Примите, милостивый государь, вещи, которые для вас столь дороги; пусть они, напоминая вам о предмете любви вашей, послужат доказательством, что храбрость и несчастье уважаются в России точно так же, как и в других странах (фр.).

[113] Он француз в душе! (фр.).

ГЛАВА IX

Узнав на аванпостах, что полк Зарецкого стоит биваками в первой линии авангарда, наши приятели пустились немедля его отыскивать. Трудно было описать радость и удивление сослуживцев Зарецкого и Рославлева, когда они явились перед ними в своих маскарадных костюмах. Выходцев с того света не закидали бы таким множеством вопросов, как наших друзей, которые были в Москве и видели своими глазами все, что там делается. Офицеры на радостях затеяли пирушку: самовар закипел, пошла попойка, явились песельники и грянули хором авангардную песню, сочиненную одним из наших воинов-поэтов. Постукивая стаканами, офицеры повторяли с восторгом первый куплет ее:

Вспомним, братцы, россов славу
И пойдем врагов разить!
Защитим свою державу:
Лучше смерть – чем в рабстве жить!

Едва оправившийся от болезни, Рославлев не мог подражать своим товарищам, и, в то время как они веселились и опоражнивали стаканы с пуншем, он подсел к двум заслуженным ротмистрам, которые также принимали не слишком деятельное участие в шумной радости других офицеров.

– Ну что вы, господа, поделываете с французами? – спросил Рославлев.

– Да покамест ничего! – отвечал один из них, закручивая свои густые с проседью усы.

– Мы стоим друг против друга, на передовых цепях от скуки перестреливаются; иногда наши казаки выезжают погарцевать в чистом поле, рисуются, тратят даром заряды, поддразнивают французов: вот и все тут.

– А никто так их не дразнит, как наш удалой авангардный начальник! – подхватил другой ротмистр, помоложе первого. – Он каждый день, так – для моциону, прогуливается вдоль неприятельской цепи.

– Да ему там только и весело, где свистят пули, – перервал старый ротмистр. – Всякой раз его встречают и провожают с пальбою; а он все-таки целехонек. Ну, правду он говорит, что его и смерть боится.

– Против нас командует Мюрат, – сказал другой ротмистр, – также молодец! Не знаю, каково он представляет короля у себя во дворце, но в деле, а особливо в кавалерийской атаке, дьявол! – так все и ломит. Нечего сказать, боек и он, а все за нашим графом не угоняется. Я слышал, что на этих днях Мюрату вздумалось под выстрелами русских часовых кушать кофе. На ту пору граф выехал также за нашу цепь; пули посыпались на него со всех сторон, но не помешали ему заметить удальство неаполитанского короля. "Бог мой! – вскричал он, – что это? Уж не хочет ли Мюрат удивить русских?.. Стол и прибор! я здесь обедаю". Не знаю, правда ли, только это очень на него походит.

– А можете ли вы мне сказать, господа, – спросил Рославлев, – где теперь полковник Сурской?

– Здесь, – отвечал старый ротмистр.

174

– Так он уж не служит при главном штабе?

– Я думаю, он скоро нигде служить не будет.

– Как?

– Да, вчера он приехал с приказаниями к нашему авангардному начальнику, обедал у него и потом отправился вместе с ним прогуливаться вдоль нашей цепи; какая-то шальная пуля попала ему в грудь, и если доктора говорят правду, так он не жилец.

– Ах, боже мой! – вскричал Рославлев, – сделайте милость, господа, скажите, где мне его отыскать?

– Он должен быть в обозе, вон за этим лесом, – сказал старый ротмистр.

– Да постойте, – продолжал он, – вас в этом наряде примут за маркитанта: наденьте хоть мою шинель.

Рославлев накинул шинель ротмистра и отправился к тому месту, где был расположен обоз нашего авангарда. Повстречавшийся с ним полковой фельдшер указал ему на низкую избенку, которая, вероятно, уцелела оттого, что стояла в некотором расстоянии от большой дороги. Рославлев подошел к избе в ту самую минуту, как выходил из нее лекарь.

– Что полковник? – спросил он. Лекарь пожал плечами.

– Итак, нет никакой надежды?

– Никакой! Впрочем, он в полной памяти и всех узнает – пожалуйте!..

Рославлев вошел в избу. В переднем углу на лавке лежал раненый. Все признаки близкой смерти изображались на лице умирающего, но кроткой взор его был ясен и покоен.

– Это ты, Рославлев? – сказал он едва слышным голосом. – Как я рад, что могу еще хоть раз поговорить с тобою. Садись!

– Но я думаю, вам запрещено говорить? – сказал Рославлев.

– Да, было запрещено вчера, а сегодня я получил разрешение.

– Поэтому вы чувствуете себя лучше?

– О, гораздо! я через несколько часов умру.

– Нет! – вскричал Рославлев, – не может быть... я не хочу верить...

– Чтоб старый твой приятель мог умереть? – перервал с улыбкою Сурской. – В самом деле, это невероятно!

– Но вы так спокойны?..

– Да о чем же мне беспокоиться? Ты, верно, знаешь, кто сказал: "Придите вси труждающие, и аз успокою вас". А я много трудился, мой друг! Долго был игралищем всех житейских непогод и, видит бог, устал. Всю жизнь боролся с страстями, редко оставался победителем, грешил, гневил бога; но всегда с детской любовию лобызал руку, меня наказующую, – так чего же мне бояться? Я иду к отцу моему!

Сурской замолчал. Несколько минут Рославлев смотрел, не говоря ни слова, на это кроткое, спокойное лицо умирающего христианина.

– Боже мой! – вскричал он наконец, – что сказал бы неверующий, если б он так же, как я, видел последние ваши минуты?

– Он сказал бы, мой друг, – перервал Сурской, – что я в сильном бреду; что легковерное малодушие свойственно детям и умирающим; что уверенность в лучшей жизни есть необходимое следствие недостатка просвещения; что я

175

человек запоздалый, что я нейду вслед за моим веком. О мой друг! гордость и самонадеянность найдут всегда тысячи способов затмить истину. Нет, Рославлев! один бог может смягчить сердце неверующего. Я сам был молод, и часто сомнение, как лютый враг, терзало мою душу; рассудок обдавал ее холодом; я читал, искал везде истины, готов был ехать за нею на край света и нашел ее в самом себе! Да, мой друг! что значат все рассуждения, трактаты, опровержения, доводы, все эти блестки ума, перед простым, безотчетным убеждением того, кто верует? Все, что непонятно для нашего земного рассудка, – так чисто, так ясно для души его! Она видит, осязает, верует, тогда как мы, с бедным умом нашим, бродим в потемках и, желая достигнуть света, час от часу становимся слепее...

Сурской остановился; силы его приметным образом ослабевали.

– Несчастные! – продолжал он после короткого молчания, – если б они знали, чего им стоит их утешенное самолюбие? Кто укрепляет их в бедствии? Кого благодарят они в минуту радости? Бедные, жалкие сироты! они отреклись добровольно от отца своего, заключили жизнь в ее тесные, земные пределы. Ах, их сердца, иссушенные гордостию и неверием, не испытают никогда этой чистой, небесной любви, этого неизъяснимого спокойствия души... ты понимаешь меня, Рославлев!.. Бездушный противник веры, отрицающий все неземное, не может любить; кто любит, тот верует; а ты любил, мой друг!

Сурской остановился; дыхание его сделалось чаще, прерывистее; он взял за руку Рославлева.

– Да, Владимир Сергеевич, – сказал он, – я умираю спокойно; одна только мысль тревожит мою душу...

– И светлый взор умирающего помрачился, а на бледном челе изобразились сердечная грусть и беспокойство.

– Что станется с нашей милой родиной? – продолжал он. – Неужели господь нас не помилует? Неужели попустит он злодеям надругаться над всем, что для нас свято, и сгубит до конца землю русскую? Ах, мой друг! если б непреклонное правосудие было, прибежищем нашим, то я потерял бы всю надежду. Не сами ли мы хотели быть рабами тех, коим поклонялись, как идолам? Насмехаясь над добродушием наших предков – которые при всем невежестве своем были люди, – не добивались ли мы чести называться обезьянами французов? Вот они, наши образцы и наставники! Вот эти французы, у которых мы до сих пор умели перенимать только то, что достойно порицания! Нам ли прибегать к правосудию небесному? Нет! одно милосердие божие может спасти нас. Ах, Рославлев! для него я не умер годом прежде! Я не унес бы с собою в могилу ужасной мысли, что, может быть, русские будут рабами иноземцев, что кровь наших воинов будет литься не за отечество, что они станут служить не русскому царю! О, эта мысль отравляет последние мои минуты! Чувствую, мой друг, что я грешу пред господом: что слишком еще привязан к моему земному отечеству. Желал бы победить это чувство, но оно так сильно, так связано с моею жизнию... а я жив еще! Отечество!.. Россия!.. Пусть судит меня господь! но я чувствую, что даже и там не перестану быть русским.

Двери отворились, и полковой священник вошел в избу.

– Теперь ступай, Владимир Сергеевич! – сказал Сурской, – зайди ко мне опять часа через два; быть может, ты меня не застанешь, но я все-таки не прощаюсь с

176

тобою. Я знаю твою душу, Рославлев: рано или поздно, а мы увидимся. Итак, до свиданья, Мой друг!

Случалось ли вам провожать приятеля, который после долгого отсутствия возвращается наконец на свою родину? Вам грустно с ним расстаться; но если вы точно его любите, то поневоле улыбаетесь сквозь слезы, воображая, как весело будет ему обнять жену и детей, увидеть снова дом отцов своих и отдохнуть в нем от всех трудов утомительной и скучной дороги. Точно то же чувствовал Рославлев, прощаясь с своим другом. Какое-то грустное и вместе приятное чувство, наполняло его душу; слезы градом катились по лицу его, но сердце было совершенно спокойно. Отойдя от избы, он пустился прямо полем к тому месту, где чернелись биваки передовой линии. Когда Рославлев стал подходить к балагану, в котором офицеры праздновали его возвращение, ему попался навстречу Зарецкой.

– Ага, беглец! – закричал он, увидя Рославлева, – разве этак порядочные люди делают? Мы пьем за твое здоровье, а ты дал тягу!

– Ты знаешь, мой друг, я много пить не люблю.

– А я и люблю, да не могу: тотчас голова закружится. Я вышел немного проветриться. Да, кстати! Граф сейчас поехал на передовую цепь; пойдем и мы туда.

– Пожалуй, пойдем.

– Правда, по нас будут стрелять, да, верно, не попадут.

– Не беда, если и попадут, мой друг.

– А! да ты опять захандрил! Пойдем скорей, Владимир: я заметил, что под пулями ты всегда становишься веселее.

Миновав биваки передовой линии, они подошли к нашей цепи. Впереди ее, на одном открытом и несколько возвышенном месте, стоял окруженный офицерами русский генерал небольшого роста, в звездах и в треугольной шляпе с высоким султаном. Казалось, он смотрел с большим вниманием на одного молодцеватого французского кавалериста, который, отделясь от неприятельской цепи, ехал прямо на нашу сторону впереди нескольких всадников, составляющих, по-видимому, его свиту.

– Как я рад, – сказал Рославлев, смотря на русского генерала, – что увижу наконец вблизи нашего Баярда. Представь себе, мне до сих пор не удалось ни разу хорошенько его рассмотреть!

– Да, его надобно видеть во время дела, – перервал Зарецкой, – а если так, то он покажется тебе весьма обыкновенным человеком. Он не красавец, не молодец собою и даже неловок, а взгляни на него, когда он в самом пылу сражения летает соколом вдоль рядов своего бесстрашного авангарда, когда один взгляд его, одно слово воспламеняет души всех солдат. Ученик и сослуживец Суворова, он обладает, подобно ему, счастливым даром увлекать за собою сердца русских воинов: указывает им на батарею – и она взята; дарит их неприятельскими колоннами – и они истреблены. Но что это? никак, парламентер? Видишь этих французов? Они едут прямо на нас. Пойдем поближе.

Рославлев и Зарецкой смешались с толпою офицеров, которые окружали начальника авангарда. Меж тем французы медленно приближались к тому месту, где стоял русский генерал. Впереди ехал видный собою мужчина на сером красивом коне; черные, огненные глаза и густые бакенбарды придавали мужественный вид его прекрасной и открытой физиономии; но в то же время золотые серьги, распущенные по плечам локоны и вообще какая-то не мужская щеголеватость составляла самую чудную противуположность с остальною частию его воинственного наряда, и без того отменно странного. Он был в куртке готического покроя, с стоячим воротником, на котором блистало генеральское шитье; надета немного набок польская шапка, украшенная пуком страусовых перьев; пунцовые гусарские чихчиры и богатый персидский кушак; желтые ботинки посыпанная бриллиантами турецкая сабля; французское седло и вся остальная сбруя азиатская; вместо чепрака тигровая кожа, одним словом: весь наряд его и убор лошади составляли такое странное смешение азиатского с европейским, древнего с новейшим, мужского с женским, что Зарецкой не мог удержаться от невольного восклицания и сказал вслух:

– Кой черт! что это за герольда[114] выслали к нам французы? Уж нет ли у них конных тамбурмажоров?

– Что вы? – шепнул один из адъютантов русского генерала, – это Мюрат.

– Как? Неаполитанский король?

– Да.

– Хорошо же ему так дурачиться; вздумал бы этак пошалить наш брат, простой офицер...

– Так его бы посадили в сумасшедший дом, разумеется! Но тише: он слезает с лошади; вот и граф к нему подошел... Подойдемте и мы поближе. Наш генерал не дипломат и любит вслух разговаривать с неприятелем.

Зарецкой и Рославлев подошли вместе с адъютантом к русскому генералу в то время, как он после некоторых приветствий спрашивал Мюрата о том, что доставило ему честь видеть у себя в гостях его королевское величество?

– Генерал! – сказал Мюрат, – известны ли вам поступки ваших казаков? Они стреляют по фуражирам, которых я посылаю в разные стороны; даже крестьяне ваши при их помощи убивают наших отдельных гусар.

– Я очень рад, – отвечал русской генерал, – что казаки в точности исполняют мои приказания; мне также весьма приятно слышать из уст вашего величества, что крестьяне наши показывают себя достойными имени русских.

– Но это совершенно противно принятым повсюду обыкновениям, и если это продолжится, то я буду вынужден посылать целые колонны для прикрытия моих фуражиров.

– Тем лучше, ваше величество. Офицеры мои жалуются, что уже три недели ничего не делают: они горят желанием брать пушки и знамена.

– Но к чему стараться раздражать друг против друга два народа, достойные во всех отношениях взаимного уважения?

– Я и офицеры мои всегда готовы оказывать вашему величеству всевозможные знаки почтения; но фуражиров ваших всегда будем брать в плен и всегда разбивать колонны, которые вы станете посылать для их прикрытия.

Мюрат нахмурился и, помолчав несколько времени, сказал с досадою:

---

114 вестника (нем.).

– Генерал! неприятеля не бьют словами; взгляните на карту: вы увидите занятые нами у вас провинции и то, куда мы зашли.

– Карл Двенадцатый заходил еще далее, – отвечал спокойно русской генерал, – он был в Полтаве.

– Но мы всегда оставались победителями, – сказал с гордым взглядом Мюрат.

– Всегда? Русские сражались только при Бородине.

– Да, и после этого сражения мы взяли Москву.

– Извините, ваше величество! Москва была оставлена.

– Как бы то ни было, но мы владеем вашей древней столицею.

– Так, ваше величество! и эта мысль мучительна для всякого русского! Это величайшая жертва, принесенная нами для спасения отечества, и мы начинаем уже пользоваться выгодами, происходящими от этого пожертвования.

– Выгодами? Какими?

– Мне известно, что Наполеон посылал генерала Лористона к нашему главнокомандующему для переговоров о мире; я знаю, что ваши войска должны довольствоваться в течение двух и более суток тем, что едва достаточно для прокормления их в одни сутки...

– Эти известия совершенно ложны, – перервал Мюрат.

– Я знаю, – продолжал хладнокровно русской генерал, – что король Неаполитанский приехал ко мне просить пощады своим фуражирам и завести род переговоров, чтоб успокоить хотя несколько своих солдат.

– Извините! – перервал Мюрат, стараясь скрывать свою досаду и смущение, – я посетил вас совершенно случайно: мне хотелось только открыть вам происходящие у вас злоупотребления; неустройство большое несчастие для армии: оно ослабляет ее.

– Но в таком случае, – возразил с улыбкою русской генерал, – вашему величеству надлежало бы поощрять нас к этому. Прекрасное неустройство, которым мы истребляем французских фуражиров!

– Впрочем, генерал! вы ошибаетесь насчет нашего положения. Москва всем достаточно снабжена: мы ожидаем бесчисленных подкреплений, которые к нам, идут.

– Но неужели, ваше величество, думаете, что мы далее от наших подкреплений, чем вы от своих?

Мюрат снова замолчал. Смущение его становилось час от часу заметнее; он перебирал концы своего богатого кушака, поглядывал с рассеянным видом на все стороны и решился наконец объявить, что приехал жаловаться на наших аванпостных начальников.

– Я отдаюсь на ваше правосудие, генерал! – сказал он, – ваши солдаты дважды стреляли по нашим парламентерам.

– Да мы и слышать о них не хотим, – отвечал русской генерал. – Мы желаем сражаться, а не переговоры вести. Итак, примите ваши меры...

– Как, сударь? – вскричал Мюрат, – поэтому и я здесь не в безопасности?

– Ваше величество на многое отважитесь, если в другой раз захотите сюда приехать; но сегодня я буду иметь честь сам проводить вас до ваших аванпостов. Гей, лошадь!

– Признаюсь, я никогда не слыхивал о таком образе войны! – сказал с досадою Мюрат.

– А я думаю, что слышали, – возразил русской генерал, садясь на лошадь.

– Но где же?

– В Испании.

– Ну, – сказал Рославлев, смотря вслед за уезжающим Мюратом, – напрасно же его величество изволил трудиться...

– Знаешь ли, что он мне теперь напомнил? – перервал Зарецкой. – Лафонтень рассказывает об одной бесхвостой лисице...

– А ведь это хорошая примета, – сказал Рославлев, – когда волки становятся лисицами?..

– Так, видно, догадалась, что повали в западню, – примолвил Зарецкой. – Ну что, Владимир, – продолжал он, – не отправиться ли нам пообедать чем бог послал?

– Ступай, мой друг! а я зайду на минуту проведать Сурского.

Рославлев застал еще в живых своего умирающего друга; но он не мог уже говорить. Спокойно, с тихою улыбкою на устах закрыл он навек глаза свой. Последний вздох его был молитвою за милую родину!

ЧАСТЬ ЧЕТВЕРТАЯ

ГЛАВА I

Иллюстрация Мы не можем и не должны описывать всех подробностей Отечественной войны 1812 года. Роман не история. Но порядок нашего повествования требует, чтоб мы, хотя в коротких словах рассказали, что делалось в России до того времени, когда нам можно будет вывести снова на сцену и заставить говорить действующие лица этой повести. Всем известно, как Наполеон оставил Москву; но не все еще уверены, что он поневоле должен был отступить по Смоленской дороге. Что ж могло заставить Наполеона идти назад, через места, совершенно опустошенные войною, и, следовательно, уморить, наверное, голодной смертию свое войско? Что?.. Все, что вам угодно. Наполеон сделал это по упрямству, по незнанию, даже по глупости – только непременно по собственной своей воле: ибо, в противном случае, надобно сознаться, что русские били французов и что под Малым Ярославцем не мы, а они были разбиты; а как согласиться в этом, когда французские бюллетени говорят совершенно противное? Но если мы никогда не били неприятеля, то отчего же погибла вся армия Наполеона? И, боже мой!.. а мороз-то на что? Так говорит сам Наполеон, так говорят почти все французские писатели; а есть люди (мы не скажем, к какой они принадлежат нации), которые полагают, что французские писатели всегда говорят правду – даже и тогда, когда уверяют, что в России нет соловьев; но есть зато фрукт величиною с вишню, который называется арбузом; что русские происходят от татар, а венгерцы от славян; что Кавказские горы отделяют Европейскую Россию от Азиатской; что у нас знатных людей обыкновенно венчают архиереи; что ниема глебониш пописко рюскоф – самая употребительная фраза на чистом русском языке; что название славян происходит от французского слова esclaves[115] и что, наконец, в 1812 году французы били русских, когда шли вперед, били их же, когда бежали назад; били под Москвою, под Тарутиным, под Красным, под Малым Ярославцем, под Полоцком, под Борисовым и даже под Вильною, то есть тогда уже, когда некому нас было бить, если б мы и сами этого хотели. Итак, не вступая по сему предмету ни в какие споры с людьми, которые стоят в том,

> Что всякой логике сильнее
> Француза милого слова! –

мы скажем только, что неприятель оставил Москву 10 октября, прогостив в ней месяц и восемь дней. Наполеон, прощаясь навсегда с древней столицею России, велел подорвать Кремль. Это варварское, достойное средних времен приказание было выполнено. В военном отношении Московской Кремль нельзя назвать не только крепостию, но даже простым укрепленным лагерем; следовательно, разорение его не могло ни в каком случае быть полезным для французов; а разорять что бы то ни было, без всякой пользы и для себя и для других, свойственно только варварам и сумасшедшим. Мы представляем безусловным обожателям Наполеона оправдать чем-нибудь этот вандальской поступок; вероятно, они откроют какие-нибудь гениальные причины, побудившие императора французов к сему безумному и детскому мщению; и трудно ли этим господам доказать такую безделку, когда они математически доказывают, что Наполеон был не только величайшим военным гением, в чем, никто с ними и не спорит, но что он в то же время мог служить образцом всех гражданских и семейственных добродетелей, то есть: что он был добр, справедлив и даже... чувствителен!!!

Сделав несколько неудачных попыток, чтобы прорваться в богатейшие провинции России, расстроенный, сбитый с толку знаменитым фланговым маршем нашего бессмертного князя Смоленского, Наполеон должен был поневоле отступить по той же самой дороге, по которой шел к Москве.

Мы не станем исчислять: всех неизъяснимых бедствий, постигших французов во время сего гибельного отступлений. И какое перо опишет это быстрое и вместе медленное истребление нескольких сот тысяч воинов, привыкших побеждать или умирать с оружием в руках на поле чести, но незнакомых еще с ужасами беспорядочного отступления? Какое описание может дать хотя слабое понятие о целых тысячах людей полузамерзших, не имеющих человеческого образа, готовых пожирать друг друга? Нет! надобно было слышать эти дикие вопли, этот отвратительный, охриплый вой людей, умирающих от голода; надобно было видеть этот безумный, неподвижный взор какого-нибудь старого солдата, который, сидя на груде умерших товарищей, воображал, что он в Париже, и разговаривал вслух с детьми своими. Надобно было все это видеть и привыкнуть

---

[115] рабы.

смотреть на это, чтоб постигнуть наконец, с каким отвращением слушает похвалы доброму сердцу и чувствительности императора французов тот, кто был свидетелем сих ужасных бедствий и знает адское восклицание Наполеона: "солдаты?.. и, полноте! поговоримте-ка лучше о лошадях!" (Так отвечал Наполеон одному из генералов, который стал ему докладывать о бедственном положении его солдат. Может быть, этот анекдот несправедлив; но, прочтя со вниманием всю политическую и военную жизнь Наполеона, как не скажешь si non e vero e ben trovato[116]. – Переправа через Березину довершила гибель неприятеля: сам Наполеон едва успел спастись, но зато последняя надежда французской армии, корпус Нея, был совершенно разбит. После сражения под Борисовым отступление французов превратилось в настоящее бегство. Целые колонны, побросав оружие, спешили спасаться от холодной смерти и казаков куда ни попало. Наши войска почти без всякого сопротивления заняли Вильну, и вскоре потом исполнились слова русского государя: ни одного вооруженного врага не осталось в пределах его царства. Но он не положил меча, а поднял его снова для спасения народов всей Европы. Наполеон, без войска, один, пробираясь беглецом во Францию, все еще был владыкою всей Германии. Наши летучие отряды, преследуя, остатки бегущего неприятеля, перешли за границу. Их присутствие оживотворило все сердца; храбрые пруссаки восстали первые, и когда спустя несколько месяцев надменный завоеватель, с местью в сердце, с угрозой на устах, предводительствуя новым войском, явился опять на берегах Эльбы, то тщетно уже искал рабов, покорных его воле: везде встречали его грудью свободные сыны Германии, их радостные восклицания и наши волжские песни гремели там, где некогда раздавались победные крики его войска и вопли угнетенных народов.

Генерал, при котором служил Рославлев, перейдя за границу, присоединился с своей дивизиею к войскам, назначенным для осады Данцига, а полк Зарецкого остался по-прежнему в авангарде русской большой армии. С большим горем простились наши друзья.

– Послушай, Владимир! – сказал Зарецкой, обнимая в последний раз Рославлева, – говорят, что в Данциге тысяч тридцать гарнизона, а что всего хуже – этим гарнизоном командует молодец Рапп, так вы не скоро добьетесь толку и простоите долго на одном месте. Я буду к тебе писать, а ты не беспокойся. По всему видно, что наша большая армия не будет отдыхать на лаврах, а отправится прямой дорогой... Ах, братец! то-то бы славно, визит за визит! Какое бы письмо я написал тебе из Парижа! Ну прощай, мой друг! да смотри – не хандри; сделайся по-прежнему нашим братом весельчаком, влюбись в какую-нибудь немецкую Шарлотту, так авось русская Полина выдет у тебя из головы.

– Несчастная! – сказал Рославлев, – где она теперь?

– Где? Если осталась в Москве, то, вероятно, жива, если же, на беду, потащилась за своим мужем...

– О, без всякого сомнения! Ты не знаешь, к чему способна эта необыкновенная женщина: она скорей рассталась бы с своим мужем, если б он был счастлив. Всем пожертвовать тому, кого она любит, делить его страдания, умереть вместе с ним мучительной смертию, одним словом: все то, что для другой женщины было бы

---

[116] если неверно, то хорошо придумано (ит.) - (Прим. автора).

высочайшей степенью самоотвержения, – так обыкновенно, так легко для Поливы! Если ей удастся облегчить хотя на минуту мучения своего друга, то она станет благословлять судьбу – благодарить бога за все свои страдания! Ах, мои друг! для чего не суждено ей было принадлежать мне?

– Полно, братец! перестань об этом думать. Конечно, жаль, что этот француз приглянулся ей больше тебя, да ведь этому помочь нельзя, так о чем же хлопотать? Прощай, Рославлев! Жди от меня писем; да, в самом деле, поторопись влюбиться в какую-нибудь немку. Говорят, они все пресантиментальные, и если у тебя не пройдет охота вздыхать, так, по крайней мере, будет кому поплакать вместе с тобою. Ну, до свиданья, Владимир!

Начиная снова нашу повесть, доведенную нами до перехода русских за границу, мы должны предуведомить читателей, что действие происходит уже в ноябре месяце 1813 года, под стенами Данцига, осажденного русским войском, в помощь которому прикомандировано было несколько батальонов прусского ландвера, или ополчения.

ГЛАВА II

Немцы называют Нерунгом узкую полосу земли, которая, идя от самого Данцига, вдается длинным мысом в залив Балтийского моря, известный в Германии под названием Фриш-Гафа. Этот клочок земли, окруженный с трех сторон морем и покрытый зеленеющими садами, посреди которых мелькают красивые деревенские усадьбы, походит с первого взгляда на узорчатую ленту, которая, как будто бы опоясывая весь залив и становясь час от часу бледнее, исчезает наконец из глаз, сливаясь вдали с туманным горизонтом, на краю которого белеются высокие колокольни прусского городка Пилау. Небольшой артиллерийской парк и отряд русского войска, состоящий из одной сильной пехотной роты, расположены были на этом мысе в деревеньке, окруженной со всех сторон садами. Находясь позади всех наших линий и верстах в пяти от траншей, коими обхвачены были все передовые укрепления неприятельские, сей резервный отряд смотрел за тем, чтоб деревенские жители не провозили морем в осажденный город съестных припасов, в которых гарнизон давно уже нуждался.

В просторном доме одного богатого ландсмана[117], посреди светлой комнаты, украшенной необходимыми для каждого зажиточного крестьянина старинными стенными часами, широкою резною кроватью и огромным сундуком из орехового дерева, сидели за налощенным дубовым столом, составляющим также часть наследственной мебели, артиллерийской поручик Ленской, приехавший навестить его уланской ротмистр Сборской и старый наш знакомец, командир пехотной роты капитан Зарядьев. Перед ними в нескольких красивых фаянсовых блюдах поставлен был весьма опрятно и разнообразно приготовленный картофель.

---

[117] зажиточный крестьянин, имеющий собственную землю. – (Прим. автора).

Огромная кружка с пивом и высокие стеклянные стаканы занимали остальную часть стола.

– Не угодно ли покушать? – сказал, улыбаясь, Сборской, подвигая к Ленскому новое блюдо, которое хозяйка дома с вежливою улыбкою поставила на стол.

– Тьфу, пропасть! – вскричал с досадою Ленской. – Вареный картофель, печеный картофель! жареный картофель!.. Да будет ли конец этому проклятому картофелю?

– А тебе бы хотелось так, как у нас в Петербурге, у Жискара, кусок хорошего бивстекса?.. Не правда ли? Котлету с трюфелями? Соте-де-желинот?[118]

– Эх, полно, братец! не дразни. Да неужели и сегодня не приедут с провиантом из Дершау? Вот уж третий день, как мы здесь на пище святого Антония.

– Так что ж? – сказал хладнокровно капитан Зарядьев, который, опорожнив глубокую тарелку с вареным картофелем, закурил спокойно свою корневую трубку. – Оно и кстати: о спажинках на святой Руси и волею постятся.

– О спажинках? Что за спажинки? – спросил Сборской.

Зарядьев перестал курить и, взглянув с удивлением на Сборского, повторил:

– Что за спажинки?.. Неужели ты не знаешь?.. Да бишь виноват!.. совсем забыл: ведь вы, кавалеристы, народ модный, воспитанный, шаркуны! Вот кабы я заговорил с тобой по-французски, такты бы каждое слово понял... У нас на Руси зовут спажинками успенской пост.

– А все это проклятые французы! – перервал Ленской. – В последнюю вылазку кругом нас обобрали, разбойники! По их милости во всей нашей деревне не осталось двух куриц налицо.

– Да! был на их улице праздник, – примолвил Сборской, – побуянили порядком! Зато теперь притихли, голубчики: не смеют носа показать из крепости.

– Не смеют? – а проходит ли хотя одна ночь, чтоб они не тревожили наши аванпосты?

– Да это все проказит... тот... как бишь его? ну вот тот...черт его побери...

– Шамбюр?

– Да, да! Шамбюр. Говорят, что он изо всего гарнизона выбрал себе сотню таких же сорванцов, как он сам, и назвал их la compaqnie infernale...

– Как? – спросил Зарядьев. – La compagnie infernate, то есть: адская рота.

– Ах они самохвалишки! Адская рота. Помнится, они называли гренадерские полки, которыми командовал Удинот, также адскою дивизиею; однако ж под Клястицами, а потом под Полоцком...

– Что? чай, дурно дрались? – спросил насмешливо Сборской. – Дрались-то хорошо, а все-таки Полоцка не отстояли. Что они, запугать, что ль, нас хотят? Адская рота!..

– А нечего сказать, – перервал Сборской, – этот Шамбюр молодец? И черт его знает, как он всегда вывернется? Откуда ни возьмется с своей ротою, накутит, намутит, всех перетревожит, да и был таков!

– А кто такой этот Шамбюр? – спросил Ленской.

– Разумеется – французской офицер.

---

[118] Рагу из рябчиков? (фр.).

– Пехотинец?

– И! что ты? верно, кавалерист.

– А почему не пехотный? – спросил Зарядьев.

– Почему?.. почему?.. Во-первых, потому, что Рославлев, которого посылали из главной квартиры парламентером в Данциг, видел его в гусарском мундире...

– Так поэтому он и кавалерист? – возразил Зарядьев. – Да разве у этих французов есть какая-нибудь форма? Кто как хочет, так и одевайся. Насмотрелся я на эту вольницу: у одного на мундире шесть пуговиц, у другого восемь; у этого портупея по мундиру, у того под камзолом; ну вовсе на военных не походят. Поглядел бы я на их ученье – то-то, чай, умора! А уж как они ретировались из Москвы – господи боже мой!.. Кто в дамском салопе, кто в лисьей шубе, кто в стихаре – ну сущий маскарад!

– Хороши были и мы! – сказал Ленской.

– Конечно, и у нас единообразия не было, а все-таки, бывало, хоть в нагольном тулупе, а шарфом подвяжешься... Чу!.. что это?.. выстрел!

– Это Двинской с своим рундом, – сказал Ленской, взглянув в окно. – Я слышу его голос.

– Как же он смел делать тревогу?.. Разве я не отдал в приказе по роте...

– У них ружья заряжены, так, может быть, кто-нибудь из солдат не остерегся... Ну, так и есть!.. Я слышу, он кричит на унтер-офицера. Через несколько минут Двинской вошел в комнату.

– Господин подпоручик! – сказал Зарядьев, – что значит этот беспорядок?.. Стрелять по пробитии зари!..

– Это случилось нечаянно, Василий Иванович! – отвечал почтительно Двинской. – Унтер-офицер Демин стал спускать курок...

– Вот я его выучу спускать курок... Завтра, как пробьют зорю...

– Василий Иванович! – перервал вполголоса Двинской, – вы, верно, не забыли, что в прошлом месяце, когда неприятель делал вылазку...

– Извольте, сударь молчать! Или вы думаете, что ротный командир хуже вас знает, что Демин унтер-офицер исправный и в деле молодец?.. Но такая непростительная оплошность... Прикажите фельдфебелю нарядить его дежурить по роте без очереди на две недели; а так как вы, господин подпоручик, отвечаете за вашу команду, то если в другой раз случится подобное происшествие...

– Тьфу, дьявольщина! какой ты строгой начальник, Зарядьев! – сказал, улыбаясь, Сборской.

– Прошу не погневаться! Мы не кавалеристы и лучше вашего знаем дисциплину; дружба дружбой, а служба службой... Рекомендую вам вперед быть осторожнее, господин подпоручик! А меж тем садись-ка, брат! Ты, чай, устал и хочешь что-нибудь перекусить.

Ласковые слова капитана в одну минуту развеселили Двинского, который хотя почтительно, но с приметным неудовольствием выслушал строгой выговор своего взыскательного начальника.

– Нет, господа! – сказал он, снимая свою саблю, – позвольте мне вас попотчевать: я захватил целую лодку с провиантом, и если вам угодно разговеться...

– Как не угодно! – вскричал Ленской.

– Однако ж послушай! Уж не одним ли картофелем нагружена твоя лодка?..

– Не бойтесь! Найдется кой-что и на бивстекс.

– Брависсимо!.. Вели же скорей варить и жарить... Эй, хозяйка!.. Мадам!.. Либе фрау![119].. Сборской! скажи ей по-немецки, что мы просим ее заняться стряпнею.

– Господин подпоручик! – сказал Зарядьев, – для чего вы не отрапортовали мне, что взяли лодку с провиантом?

– Да разве ты глух? – вскричал Сборской. – Какого еще надобно тебе рапорта?

– Извольте, сударь, рапортовать по форме, – продолжал Зарядьев, вставая важно с своего места.

– Честь имею донести, – сказал Двинской, спустя руки по швам, – что я, обходя цепь, протянутую по морскому берегу, заметил шагах в пятидесяти от него лодку, которая плыла в Данциг; и когда гребцы, несмотря на оклик часовых, не отвечали и не останавливались, то я велел закричать лодке причаливать к берегу, а чтоб приказание было скорее исполнено, скомандовал моему рунду приложиться.

– Хорошо!

– Гребцы не слушались. Я приказал фланговому солдату выстрелить.

– Хорошо!

– Пулею сшибло одному гребцу шляпу...

– Хорошо! А кто был фланговым?

– Иван Петров.

– Хороший стрелок!

– Лодка остановилась, и когда я закричал, что открою по ним батальный огонь, гребцы принялись за веслы, причалили к берегу...

– Довольно! – вскричал Сборской, – остальное мы знаем.

– Я не слышал и не знаю ничего: извольте продолжать.

– По обыску в лодке нашлись съестные припасы; гребцы объявили, что везли их в Данциг для стола французского коменданта генерала Раппа...

– Ага! – вскричал Ленской, – так его превосходительство будет завтра постничать!..

– Вот вздор! – перервал Сборской, – они еще не всех лошадей переели. Рославлев сказывал, что видел в городе целый взвод конных егерей.

– Господин подпоручик! – сказал Зарядьев, – завтра чем свет извольте отправить гребцов за крепким караулом в главную квартиру, а под захваченный вами неприятельской провиант, потребуйте – также завтра – из ближайшего парка нужное число фор-шпанок[120].

– Зачем? – спросил Сборской.

– Я при рапорте представлю его в главную квартиру.

– С ума ты сошел! – вскричал Ленской, – иль ты думаешь, что в главной квартире нечего есть?

– Это не мое дело.

– Помилуй, братец! Мы умираем здесь с голоду.

– Неправда! у нас есть картофель.

---

[119] Сударыня!.. (нем.).
[120] перекладных (нем.).

– Черт возьми твой картофель и тебя с ним вместе! Послушай, Зарядьев! оставь здесь хоть половину!

– Не могу. Все захваченное у неприятеля должно доставлять при рапорте в главную квартиру.

– Голубчик! душенька!.. пожалуйста! хоть на сегодняшний и завтрашний день.

– Ну, добро, так и быть! ешьте сегодня вдоволь, а завтра... вы слышали мое приказание, господин подпоручик.

– Слышишь, Двинской? – закричал Ленской. – Вели же поскорей отпустить хозяйке все, чего она потребует. Эй, мадам!.. мутерхен[121].. мы хотим эссен![122].. много, очень много – филь! Сборской! скажи ей, чтоб она готовила на десятерых: может быть, кто-нибудь заедет, а не заедет, так мы и завтра доедим остальное.

– Кому теперь заехать? – сказал Зарядьев, посмотрев на свои огромные серебряные часы, – половина десятого, и когда поспеет вам ужин?

– Долго ли приготовить несколько кусков бивстекса: это минутное дело.

– Постойте-ка! – сказал Ленской, – мне кажется, кто-то въехал к нам в ворота. Посмотрите, если к нам не нагрянут гости: чай, теперь на всех аванпостах знают, что мы захватили обед господина Раппа. Ну, не отгадал ли я? Вот уж из главной квартиры стали к нам наезжать.

– Здравствуйте, господа! – сказал Рославлев, войдя в комнату. – Насилу я выбрал время, чтоб с вами повидаться. Ну что, как поживаете?

– Здорово, Владимир! – вскричал Сборской. – Милости просим! Ты ужинаешь с нами?

– И даже ночую.

– Ну, садись и рассказывай, что слышно нового? Что у вас делают? Долго ли нам кочевать вокруг Данцига? Не поговаривают ли о сдаче? Ведь мы здесь настоящие провинциалы: не знаем ничего, что делается в большом свете. Ну, что ж молчишь? Говори, что нового?

– Во-первых, новое то, что вы видите меня живого.

– Как так?

– Да так. Вчера вечером меня послали в траншеи с приказаниями к отрядному начальнику. Исполнив данное мне поручение, я стал в промежутке пушечных выстрелов кой о чем болтать с артиллерийскими офицерами. Меж тем на дворе смерклось; наши выстрелы стали реже; влево на Гагельсберге[123] французы продолжали отстреливаться, а против нас, на Бишефсберге, вдруг все замолкло; мы подошли поближе к турам, выглянули, и я в первый раз увидел вблизи этот грозный Бишефсберг, который, как громовая туча, заслонял от нас город. При каждом взрыве наших бомб и гранат освещались неприятельские батареи; но солдат не было видно; французы сидели спокойно за толстым бруствером и отмалчивались. "Кой черт? – сказал артиллерийской капитан, который стоял возле меня, – что они – заснули, что ль?" Не успел он это выговорить, как вдруг... господи боже мой!.. мне показалось, что весь Бишефсберг вспыхнул; народ

---

[121] матушка!.. (нем.).

[122] есть!.. (нем.).

[123] Гагельсберг и Бишефсберг – две укрепленные горы подле самой крепости города Данцига. – (Прим. автора).

закипел на неприятельских батареях, ядра посыпались, и поднялась такая адская трескотня!.. Ну поверите ль? до сих пор еще гудит в ушах. Одно ядро попало в амбразуру, подле которой я стоял; меня с ног до головы осыпало землею, и пока я отряхался и ощупывал себя, чтоб увериться, на своем ли месте моя голова и руки, справа в траншеях раздался крик: "En avant!" Засверкали огоньки, и две или три пули свистнули у меня под самым носом... "Французы, французы!.." – "Где?" – спросил артиллерийской капитан. "Здесь! В траншеях!.." – "Становись!.. стрелки, вперед!" – закричал отрядный начальник и с простреленной головой повалился на меня; на него упало еще человека два. Тут я ничего невзвидел, а слышал только, что надо мной визжали пули и раздавался крик французского офицера, который ревел как бешеный: "Ferme!.. feu de peloton!"[124] Я стал выдираться из-под убитых, и лишь только высвободил голову, как этот проклятый крикун стал одной ногой мне на грудь и заревел опять: "En arriere! feu de fil! bien, mes enfants!"[125] Задыхаясь от боли и досады, я собирался уже укусить за ногу этого злодея; но он закричал: "Repliez – vous!"[126] – отскочил назад, в один миг исчез вместе с своими солдатами; и я успел только заметить при свете выстрелов, что этот крикун был в богатом гусарском мундире.

– Так это молодец Шамбюр? – перервал Сборской.

– Да, он. Мы узнали от двух захваченных в плен солдат, что они принадлежат к адской роте, которою командует этот сорвиголова.

– Ну, право, я дорого бы заплатил, – вскричал Ленской, – за то, чтоб взглянуть на этого удалого малого!

– А я бы не дал за это ни гроша, – сказал Зарядьев. – Дело другое, если б я мог размозжить ему голову... Неугомонный! буян!.. Ну что прибыли, что он ворвался в траншеи с сотнею солдат?.. Эка потеха!.. терять людей из одного удальства!..

– Он делает свое дело, – возразил Сборской, – Шамбюр как партизан должен нас всячески тревожить.

– Партизан!.. партизан!.. Посмотрел бы я этого партизана перед ротою – чай, не знает, как взвод завести! Терпеть не могу этих удальцов! То ли дело наш брат фрунтовой: без команды вперед не суйся, а стой себе как вкопанный и умирай, не сходя с места. Вот это служба! А то подкрадутся да подползут, как воры... Удалось – хорошо! не удалось – подавай бог ноги!.. Провал бы взял этих партизанов! Мне и кабардинцы на кавказской линии надоели!

– В том-то, брат, и дело! – сказал Сборской. – Надо почаще надоедать неприятелю. Как не дашь ему ни на минуту покоя, так у него и руки опустятся. Вот, например, этот молодец Шамбюр, чай, у всех наших аванпостных как бельмо на глазу.

– Тьфу, пропасть! – вскричал Зарядьев, бросив на пол свою трубку, – наладил одно: молодец да молодец! Давай сюда этого молодца! Милости просим начистоту: так я с одним взводом моей роты расчешу его адскую сотню так, что и праха ее не останется. Что, в самом деле, за отметной соболь? Господи боже мой! Да пусть пожалует к нам сюда, на Нерунг, хоть днем, хоть ночью!

---

[124] Смелей!.. стрелять повзводно! (фр.).

[125] Назад! стрелять цепью! хорошо, ребята! (фр.).

[126] Отступайте! (фр.).

– Сюда? – повторил Рославлев. – Как это можно? Позади всех наших линий, за пять верст от своих аванпастов, – что ты! Разве он сумасшедший!

– Смотри, Зарядьев, – сказал Сборской, мигнув потихоньку другим офицерам, – не накличь беды на свою голову! Теперь ты храбришься, а как вдруг он нагрянет...

– Так что ж? Добро пожаловать! Не испугаемся.

– Ну, не ручайся, брат: неровна минута. Скажи-ка правду: неужели ты во всю свою жизнь никогда и ничего не пугался?

– Никогда.

– Я про себя этого не скажу, – продолжал Сборской. – Я однажды так трухнул, что у меня волосы стали дыбом и язык отнялся.

– В деле? – спросил Зарядьев.

Сборской покраснел, провел рукою по своим черным усам и, помолчав несколько времени, сказал:

– Слушай, Зарядьев: мы приятели, но если ты в другой раз сделаешь мне такой глупой вопрос, то я пущу в тебя вот этой кружкою. Разве русской офицер и кавалерист может струсить в деле?

– Не знаю – кавалерист, а наш брат пехотинец... – Послушайте-ка, господа, – перервал Ленской, стараясь замять разговор, которой мог дурно кончиться, – если говорить правду, так вот нас здесь пятеро: все мы народ обстрелянный, хорошие офицеры, а, верно, каждый из нас хотя один раз в жизни чувствовал, что он робел.

– Признаюсь, – сказал Рославлев, – со мною что-то похожее недавно было.

– И я месяца два тому назад, – прибавил Двинской, – испугался не на шутку.

– Что грех таить, – продолжал Ленской, – и я однажды больно струсил. А ты, Зарядьев?

– Я уж сказал, что никогда и ничего не боялся.

– Право? А не случилось ли тебе ошибаться во фрунте перед твоим бригадным командиром?

– Перед бригадным командиром?.. Да нет, я никогда не ошибался.

– Как вы думаете, господа! – подхватил Рославлев, – мы еще нескоро ляжем спать; пусть каждый из нас расскажет историю своего испуга: это должно быть очень любопытно.

– И вовсе не обыкновенно, – прибавил Сборской. – Верно, не было примера, чтоб четверо храбрых и обстрелянных офицеров, вместо того чтоб говорить о своих подвигах, рассказывали друг другу о том, что они когда-то трусили и боялись чего бы то ни было.

– А чтоб нам веселее было болтать, – продолжал Рославлев, – так велите-ка внести кулечек, который я привез с собою: в нем полдюжины шампанского.

– Ай да приятель! – вскричал Сборской. – Шампанское! Давай его сюда!.. Тьфу, черт возьми!.. Хорошо вам жить в главной квартире: все есть.

Вино принесли, пробки полетели в потолок, шампанское запенилось, и Рославлев, опорожнив одним духом свой стакан, начал:

189

ПАРЛАМЕНТЕР

— Вы слышали, я думаю, господа, что генерал Рапп запретил принимать наших парламентеров. Тому назад недели две посылали для переговоров, в предместье Лангфурт, майора Ольгина; его встретили на неприятельских аванпостах ружейными выстрелами, убили лошадь и сшибли пулею с головы фуражку, Из этого ласкового приема нетрудно было заключить, что господин Рапп не на шутку изволил на нас дуться и что всякой русской парламентер будет угощен не лучше Ольгина. Но так как его превосходительство не в первый уже раз изволил отдавать и отменять подобные приказы, то дня через три после этого велели мне отвезти к нему письмо, в котором наш корпусный командир убеждал его принять обратно в город высланных им жителей. Вы, верно, знаете, что Рапп выгнал из Данцига более четырехсот обывателей, в том числе множество женщин и детей. Дабы предупредить эти эмиграции, которые, уменьшая число жителей крепости, способствовали гарнизону долее в ней держаться, отдан был строгой приказ не пропускать их сквозь нашу передовую цепы и эти несчастные должны были оставаться на нейтральной земле, среди наших и неприятельских аванпостов, под открытым небом, без куска хлеба и, при первом аванпостном деле, между двух перекрестных огней.

В провожании драгунского трубача я выехал за нашу передовую цепь. Надобно вам сказать, что с этой стороны дорога к неприятельским аванпостам идет по узкому и высокому валу; налево подле него течет речка Родауна, а по правую сторону расстилаются низкие и обширные луга Нидерланда, к которому примыкает Ора, городское предместие, занятое французами. Получив приказание отправиться парламентером рано поутру, я не успел напиться чаю и потому в деревне, занимаемой нашей передовой линиею, купил у булошника несколько кренделей, располагаясь позавтракать на открытом воздухе, во время переезда моего от наших аванпостов к неприятельским, Погода была ясная, но сильный ветер дул мне прямо в лицо и доносил до меня стон и рыдания умирающих с голода данцигских изгнанников. Лишь только они завидели приближающегося к ним русского офицера, как весь их стан пришел в движение: одни ползком спешили добраться до вала, по которому я ехал; другие с громким воем бежали ко мне навстречу... Ах, любезные друзья! Есть минуты, в которые наш брат военный проклинает войну! Не ядра неприятельские, не смерть ужасна: об этом солдат не думает; но быть свидетелем опустошения прекрасной и цветущей стороны, смотреть на гибель несчастных семейств, видеть стариков, жен и детей, умирающих с голода, слышать их отчаянный вопль и из сострадания затыкать себе уши!.. Вот что истинно ужасно, товарищи! Вот отчего и у русского солдата подчас заноет и кровью обольется ретивое!

По невольному и совершенно безотчетному движению я придержал мою лошадь. В одну минуту столпилось человек двадцать около того места, где я остановился; мужчины кричали невнятным голосом, женщины стонали; все наперерыв старались всползти на вал: цеплялись друг за друга, хватались за траву, дрались, падали и с каким-то нечеловеческим воем катились вниз, где вновь прибегающие топтали их в ногах и лезли через них, чтоб только дойти до меня. Я поспешил бросить им мои крендели; в одну секунду их разорвали на тысячу кусков, и в то время, как вся толпа, давя друг друга, торопилась хватать их на лету, одна молодая женщина успела взобраться на вал... Нет! во всю жизнь мою я не забуду этого ужасного лица!.. Мертвец с открытыми неподвижными глазами приводит в невольный трепет; но, по крайней мере, на бесчувственном лице его начертано какое-то спокойствие смерти: он не страдает более; а оживленный труп, который упал к ногам моим, дышал, чувствовал и, прижимая к груди своей умирающего с голода ребенка, прошептал охриплым голосом и по-русски: "Кусок хлеба!.. ему!.." Я схватился за карман: в нем не было ни крошки! Не могу описать вам, что происходило в эту минуту в душе моей! До сих пор еще этот ужасный голос, в котором даже было что-то для меня знакомое, раздается в ушах моих. Я помню только, что зажмурил глаза, ударил нагайкою мою лошадь и промчался не оглядываясь с полверсты вперед. "Полегче, ваше благородие! – сказал трубач. – Вон французской пикет!" В самом деле, я был уже почти у въезда в предместие Ора. Шагах в тридцати от меня, перед одним полуобгорелым домом, ходил неприятельской часовой; закутавшись в синюю шинель и спустя вниз ружье, он мерными шагами двигался взад и вперед, как маятник; иногда поглядывал направо и налево, но как будто бы нарочно не смотрел в мою сторону. "Труби!" – закричал я драгуну. Он принялся трубить, но сильный ветер относил назад все звуки, и неприятельской часовой продолжал расхаживать перед домом, не обращая на нас никакого внимания. Я подъехал ближе, остановился; драгун начал опять трубить; звуки трубы сливались по-прежнему с воем ветра; а проклятый француз, как на смех, не подымал головы и, остановись на одном месте, принялся чертить штыком по песку, вероятно, вензель какой-нибудь парижской красавицы.

– Ах он ротозей! – вскричал Зарядьев. – Да я бы этого часового на ногах уморил!.. Сохрани боже! У меня и в мирное время попробуй-ка махальный прозевать генерала, так я...

– Полно, братец! – сказал Сборской, – не мешай ему рассказывать. Ну что ж, Рославлев, ты подъехал к нему под нос?..

– Почти. Шагах в пятнадцати от часового вал оканчивался глубокой канавою, через нее переброшены были две узенькие дощечки. Я взъехал на этот живой мост, который гнулся под моей лошадью, и велел драгуну трубить что есть мочи. Лишь только он затянул первый аккорд, как вдруг часовой встрепенулся, отпрыгнул два шага назад и схватился за ружье. "Parlementaire, camarade! – сказал я громким голосом. – Parlementaire!"[127] Но француз, не говоря ни слова, взвел курок и прицелился в мою лошадь. "Труби, разбойник! – закричал я моему драгуну, – труби!" – и мой драгун затрубил так, что у меня в ушах затрещало; но часовой продолжал целиться, только уже не в лошадь, а прямо мне в грудь. Ах, черт возьми! В пятнадцати шагах и плохой стрелок не даст пуделя; я же на этом проклятом мостике не мог повернуться ни направо, ни налево и стоял неподвижно, как мишень. Меж тем часовой, как будто бы желая вернее отправить меня на тот свет, приподнял немного ружье и уставил дуло прямехонько против моего лба. "Finissez, finissez!.."[128]– закричал я, махая белым платком, – не тут-то

---

[127] Парламентер, товарищ! Парламентер! (фр.).
[128] Прекратите, прекратите!. .(фр.).

было! Как видно, этому бездельнику показалось забавно расстреливать меня понемногу: он повернул ружье и прицелился мне в висок; я осадил лошадь, француз спустил курок – осечка! Все это происходило в течение какой-нибудь полуминуты, и, честию клянусь, не могу сказать, чтоб я был совершенно спокоен, однако ж не чувствовал ничего необыкновенного; но когда этот злодей взвел опять курок и преспокойно приложился мне снова в самую средину лба, то сердце мое сжалось, в глазах потемнело, и я почувствовал что-то такое... как бы вам сказать?.. Да тьфу, пропасть! что тут торговаться: я струсил. К счастию, мой драгун, видя беду неминучую, пустил на своей трубе такую чертовскую трель, что караульный офицер опрометью выскочил из дома, закричал на часового и, дав мне знак рукою съехать с мостика, подошел ко мне. Подлинно – у страха глаза велики: когда неприятельской офицер выбежал из караульни, то показался мне и красавцем и молодцом, а когда подошел ко мне поближе, то я увидел, что он дурен как смертный грех и по росту годился бы в бессменные форейторы. Этот уродец объявил мне на дурном французском языке, что парламентеров не принимают, что велено по них стрелять и что я должен благодарить бога за то, что он не француз, а голландской подданный и всегда любил русских. Распрощавшись с ним, я отправился обратно и, признаюсь, во весь тот день походил на человека, который с похмелья не может ни о чем думать и хотя не пьян, а шатается, как будто бы выпил стаканов пять пуншу.

ГЛАВА III

– История моего испуга, – сказал Сборской, когда Рославлев кончил свой рассказ, – совершенно в другом роде. Тебя этот бездельник расстреливал как дезертёра, приговоренного к смерти по сентенции военного суда, а я имел причину думать, что сам сатана совсем причетом изволил надо мною потешаться.

– Что за вздор? – вскричал Рославлев.

– А вот, если угодно, – продолжал Сборской, – был уже за границею. Не стану вам рассказывать, как я доехал до Вильны: благодаря нашим победам меня по всей дороге принимали ласково, осыпали вежливостями и даже иногда вполголоса бранили вместе со мною Наполеона. На пятый день, под вечер, я спустился, или, лучше сказать, скатился с гор, которые окружают Вильну. Нет! никогда не изгладится из моей памяти ужасная противуположность, поразившая мои взоры, когда я въехал в этот город; противуположность, которая могла только встретиться в эту народную войну, поглотившую целые поколения. За версту от городских ворот, по обеим сторонам дороги, начинались, без всякого прибавления, две толстые стены, сложенные из замерзших трупов. Я не раз видел и привык уже видеть землю, устланную телами убитых на сражении; но эта улица показалась мне столь отвратительною, что я нехотя зажмурил глаза, и лишь только въехал в город, вдруг сцена переменилась: красивая площадь, кипящая народом, русские офицеры, национальная польская гвардия, красавицы, толпы суетливых жидов, шум, крик, песни, веселые лица, одним словом: везде, повсюду жизнь и движение.

Мне случалось веселиться с товарищами на том самом месте, где несколько минут до того мы дрались с неприятелем; но на поле сражения мы видим убитых, умирающих, раненых; а тут смерть сливалась с жизнию без всяких оттенок: шаг вперед – и жизнь во всей красоте своей; шаг назад – и смерть со всеми своими ужасами!

Вильна была наполнена русскими офицерами один лечился от ран, другой от болезни, третий ни от чего не лечился; но так как неприятельская армия существовала в одних только французских бюллетенях и первая кампания казалась совершенно конченою, то русские офицеры не слишком торопились догонять свои полки, из которых многие, перейдя за, границу, формировались и поджидали спокойно свои резервы. Хотя в продолжение всей зимней кампании, бессмертной в летописях нашего отечества, но тяжкой и изнурительной до высочайшей степени, мы страдали менее французов от холода и недостатка и если иногда желудки наши тосковали, то зато на сердце всегда было весело; однако ж, несмотря на это, мы так много натерпелись всякой нужды, что при первом случае отдохнуть и пожить весело у всех русских офицеров закружились головы. Придумывая различные способы, как бы в короткое время убить поболее денег, наша молодежь составила общество и назвала его лейб-шампанским; все члены разъезжали по приятельским балам и редутам[129], посещали ежедневно театр, сыпали деньгами, играли с поляками, любезничали с полячками и, чтоб оправдать свое название, пили шампанское, как воду. Меня хотели было также завербовать в лейб-шампанцы; но я не мог долго оставаться в Вильне: непреодолимая страсть влекла меня за границу...

– Как? – вскричал Ленской, – ты любишь? а я до сих пор не знал этого!

– Да, мой друг! – продолжал Сборской, – любил, люблю и буду любить без памяти мой эскадрон, с которым я тогда почти два месяца был в разлуке. Повеселясь порядком и оставя половину моей казны в Вильне, я на четвертый день отправился далее, на пятый переехал Неман, а на шестой уверился из опыта, что в эту национальную войну Пруссия была нашим вторым отечеством.

– Что правда, то правда! – перервал Рославлев, – добрые и честные пруссаки принимали нас, как родных братьев.

– И побратались с нами после на ратном поле, – сказал Ленской. – Молодцы! лихо дерутся!

– И словно знают фрунтовую службу, – примолвил Зарядьев. – Как я поглядел в Кенигсберге на их развод, так – нечего сказать – засмотрелся! Конечно, наш брат, старый ротный командир, мог бы кой-что заметить в ружейных хватках; но зато как они прошли церемониальным маршем, так – я тебе скажу – чудо!

– Да, Василий Иванович! я думаю, и в этом они нам не уступят. Однако ж прошу не перерывать меня, а не то я никогда не доскажу вам моего приключения a la madame Radcliffe.

Привыкнув видеть одни запачканные жидовские местечки, я не мог довольно налюбоваться в первые два дня моего путешествия по Пруссии на прекрасные деревни, богатые усадьбы помещиков и на красивые города, в которых встречали

---

[129] Публичные балы, на которых каждый может быть за определенную цену, объявленную в особой афишке. – (Прим. автора).

меня с ласкою и гостеприимством, напоминающим русское хлебосольство; словом, все пленяло меня в этой земле устройства, порядка и благочиния. Начальники квартирных комиссий и бургомистры городов, в которых я останавливался, отводили мне всегда спокойные и даже роскошные квартиры; но в семье не без урода, говорит русская пословица. На третий день моего путешествия я опоздал несколько выехать из деревни, в которой господин шульц[130], ревностный патриот и большой политик, вздумал угощать обеденным столом в моем единственном лице все русское войско. Этот деревенский дипломат осыпал меня вопросами, рассказывал о тайных намерениях своего правительства, о поголовном восстании храбрых немцев, о русских казаках, о прусском ландштурме[131] и объявил мне, между прочим, что Пруссия ожидает к себе одного великого гостя. "Вы меня понимаете? – сказал он значительным голосом. – Я пью за здоровье этого спасителя Пруссии и всей Европы – гура!.. И за здоровье отца нашего, Фридриха – гура! А знаете ли вы? – продолжал он, понизив голос, – что при свите сего августейшего посетителя едет инкогнито турецкий султан?.. За здоровье высокой особы, едущей инкогнито... гура!"

Я смеялся, но кричал от всей души с добрым моим хозяином, который почти со слезами простился со мною, когда я под вечер пустился снова в дорогу. Доехав часу в одиннадцатом до небольшого городка, в котором мне должно было ночевать, я отправился к бургомистру. Стукнул, сначала довольно тихо, медной скобою в толстую дубовую дверь: ответа не было; я застучал громче: никто не шевелился в целом доме. Ночь была холодная; я прозяб до костей, устал и хотел спать; следовательно, нимало не удивительно, что позабыл все приличие и начал так постукивать тяжелой скобою, что окна затряслись в доме, и грозное "хоц таузент! вас ист дас?"[132] прогремело наконец за дверьми; они растворились; толстая мадам с заспанными глазами высунула огромную голову в миткалевом чепце и повторила вовсе не ласковым голосом свое: "Вас ист дас?" – "Руссишер капитен!" – закричал я также не слишком вежливо; миткалевой чепец спрятался, двери захлопнулись, и я остался опять на холоду, который час от часу становился чувствительнее. Спустя несколько минут я принялся было снова за скобу; но двери наконец отворились, и та же толстощекая барыня впустила меня в сени, взвела на две лестницы и почти втолкнула в небольшую комнату, освещенную двумя сальными огарками. Перед столом, накрытым зеленым запачканным сукном, сидел прегордый мусью с красным носом; бесконечные, журавлиные его ноги, не умещаясь под столом, тянулись величественно до половины комнаты; белый халат, сшитый балахоном, и превысокой накрахмаленный колпак довершали сходство этого надменного градоначальника с каким-то святочным пугалом. По левую его сторону, в изношенном сюртуке, с видом глубочайшего смирения, сидел человек лет пятидесяти; в зубах держал он перо, а на длинном его носе едва умещались... как бы вам сказать?.. не смею назвать очками эти огромные клещи со стеклами, в которых был ущемлен осанистый нос сего господина. Когда я вошел в комнату, гер бургомистр приподнялся на свои ходули

---

[130] староста. – (Прим. автора).

[131] ополчении (нем.).

[132] проклятье! что это такое? (нем.).

и, показав мне молча порожний стул, принял снова положение, приличное своему высокому сану.

– Что вам угодно? – спросил он важным голосом.

– Квартиру, – отвечал я.

– Кто вы?

– Русской офицер.

– Ваш чин?

– Штабс-ротмистр.

– Гм, гм! Штабс-ротмистр? Не более?.. Писарь, пиши к Готлибу Фрейману.

Писарь снял свои огромные очки, протер их своим носовым платком, но за перо не принимался.

– Что ж ты не пишешь? – спросил бургомистр сердитым голосом.

– Не ошиблись ли вы? – сказал писарь, – к Готлибу Фрейману?

– Да.

– Но если я осмелюсь вам заметить...

– Гальц мауль[133], – закричал бургомистр, – делай, что приказывают.

Писарь замолчал, написал квартирный билет и, проводя меня до самой улицы, растолковал фурману[134], куда ехать. Минуты через три мы остановились у небольшого дома, в котором нижний этаж был освещен довольно ярко, а второй и третий казались вовсе не обитаемыми. "Ого! – подумал я, входя в просторную комнату, – да мой хозяин, как видно, живет весело!" В самом деле, за тремя столами пировало человек двадцать по большой части дурно одетых и полупьяных людей. Хозяин принял меня очень вежливо; но, казалось, смотрел с удивлением на мои эполеты и офицерскую саблю с серебряным темляком.

– Где же моя комната? – спросил я.

– Вот здесь, гер капитан! – отвечал хозяин, показывая на дверь.

– Как! за этой перегородкой?

– Да! за этой перегородкой, гер майор.

– Дайте мне другую комнату.

– Извините; у меня нет другой.

– А долго ли будут здесь пировать ваши гости?

– Может быть, всю ночь.

– Как, черт возьми! – закричал я, – что ж это значит? Где я?

– В кабаке, гер гауптман![135]– отвечал с низким поклоном хозяин. – Не прикажете ли чего покушать?

Вместо ответа я накинул мою шинель, отправился назад к бургомистру и поднял такой ужасный стук, что перебудил всех соседей. Опять за дверьми закричали: "Хоц таузент!" Та же мадам прежним порядком ввела меня к господину бургомистру, который, выслушав мои жалобы, поправил свой колпак и сказал: "Пиши к Адаму Фишеру". Писарь хотел было опять что-то возразить, но упрямый бургомистр закричал громче прежнего: "Гальц мауль!" – и я с новым билетом

---

[133] Заткни глотку (нем.).
[134] вознице (нем.).
[135] господин начальник! (нем.)

пустился отыскивать другую квартиру. На этот раз вояж мой был продолжительнее.

— Кой черт! скоро ли мы доедем? – спросил я наконец моего фурмана.

— Сейчас, господин офицер! – отвечал фурман, рисуя по воздуху вензеля длинным своим бичом.

— Но мы уж, кажется, выехали из города?

Фурман, не отвечая ни слова, взъехал на длинную плотину, остановился и, приподняв свою шляпу, сказал:

— Вот ваша квартиру, господин офицер!

— Где? – спросил я, глядя во все стороны.

— Вот здесь! – продолжал ямщик, указывая бичом на высокую водяную мельницу.

Я соскочил с телеги; напудренный с ног до головы работник принял мой билет, и я вслед за ним вскарабкался по узенькой лестнице в небольшую светелку, устроенную почти над самыми жерновами. Говорят, что приятно дремать под шум водопада: этого я не испытал; но могу вас уверить, что, несмотря на мою усталость, не мог бы никак заснуть в этой каморке, в которой пол ходил ходуном, а стены дрожали и колебались, как будто бы от сильного землетрясения. Признаюсь, я рассердился не на шутку и принялся кричать так громко, что сам хозяин мельницы спустился ко мне из другой светлицы, которая, вероятно, была подалее от жерновов, и, увидя, что постоялец его русской офицер, принялся шуметь громче моего и ругать без милосердия бургомистра.

— Погодите, господин офицер! – вскричал он, отпустив дюжины две швернотов, – погодите! Я сбегаю к бургомистру, я растолкую этому дураку!.. да, дураку! Адам Фишер не заикнется сказать правду... швернот! Я скажу ему, что русской офицер – доннер-веттер! должен иметь лучшую квартиру в городе – сакремент![136].. Небось он не смел сажать французских офицеров на мельницу – хоц таузент! Гей, трость! шляпу!.. Я поговорю с этим бургомистром!.. Я с ним поговорю! Подождите, господин офицер, подождите!.. Крейц-веттер[137] баталион!.. – Вспыльчивый мельник, ухватя свою шляпу и трость с серебряным набалдашником, бросился, как бешеный, вон из комнаты, зацепил за что-то ногою, скатился кубарем с лестницы и через минуту бежал уж по тропинке, крича во все горло:

— Я поговорю с ним – саперлот![138].. Я с ним поговорю!

Через полчаса он возвратился с торжествующим видом, держа в руках новый билет.

— Вот, господин офицер, – сказал он, – извольте! Я говорил вам, что бургомистр от меня не отделается. Мы, пруссаки, должны любить и угощать русских, как родных братьев; Адам Фишер природный пруссак, а не выходец из Баварии – доннер-веттер!

— Куда ж мне теперь ехать? – спросил я.

— В самую средину города, на площадь. Вам отведена квартира в доме

---

[136] проклятье!.. (нем.).

[137] проклятый (нем.) .

[138] черт возьми!.. (нем.).

профессора Гутмана... Правда, ему теперь не до того; но у него есть жена... дети... а к тому же одна ночь... Прощайте, господин офицер! Не судите о нашем городе по бургомистру: в нем нет ни капли прусской крови... Черт его просил у нас поселиться – швернот!.. Жил бы у себя в Баварии – хоц доннер-веттер!

Вот я отправился снова странствовать по городу. У дверей высокого каменного дома встретила меня с фонарем молодая служанка и повела вверх по устланной коврами лестнице. Необыкновенная чистота и приметный во всем порядок мне очень нравились; одно только казалось мне странным: служанка на все мои вопросы отвечала с каким-то смущенным видом, вполголоса и как будто бы к чему-то прислушивалась. Когда мы взошли во второй этаж, выскочила на лестницу высокая и бледная женщина; она отвела к стороне служанку и начала с нею шептаться. Вдруг громкий вопль раздался в соседственном покое; дверь была до половины растворена; я не мог удержаться и заглянул в комнату. Молодая девушка, испуская пронзительные крики, в сильном нервическом припадке каталась по полу; около нее суетились две старухи в черном платье. Я поспешил к ним на помощь и, пособляя положить на диван больную, не заметил сначала, что посреди комнаты в открытом гробе лежит усопший. И сам не знаю, почему мне вздумалось посмотреть на покойника. Он был роста необыкновенного и чрезвычайно худ; но на бледном лице его не заметно было ничего смертного; казалось, он спал крепким сном и готов был ежеминутно пробудиться: это был хозяин дома, умерший поутру, а молодая девушка – дочь его. Пока мы хлопотали около больной, горничная, войдя в комнату, пригласила меня идти за собою и повела опять вверх по лестнице. Насчитав еще ступеней тридцать, я начинал уже опасаться, что после кабака и мельницы попаду на чердак; но в третьем этаже служанка остановилась, отворила дверь и, введя меня в просторный покой, засветила две восковые свечи.

С первого взгляда я удостоверился, что эта комната никогда не служила спальнею. Шкалы с книгами, ландкарты, глобусы, бюсты древних мудрецов, большой письменный стол, заваленный бумагами – все доказывало, что я нахожусь в кабинете ученого человека. Узнав, что я не хочу ужинать, проворная служанка в две минуты приготовила мне на широком диване мягкую постель, а для моего Афоньки постлала матрац – вероятно, для разительной противуположности – между двух шкапов с латинскими и греческими мудрецами. Я разделся; Афонька погасил свечи, повалился на свой матрац и запыхтел, как кузнечный мех. Несмотря на мою усталость, я не мог долго заснуть: мне беспрестанно мерещился покойник; все черты лица его так живо врезались в мою память, что, казалось, я видел его пред собою. Как я ни старался думать о другом, но напрасно: мой хозяин не выходил у меня из головы и мешал мне заснуть. Не видя прока лежать с закрытыми глазами, я принялся от нечего делать рассматривать мою комнату. Ночь была лунная; вполовину освещенные шкапы, на которых стояли вазы, походили на какие-то надгробные памятники: из одного угла смотрел на меня Сократ, из другого выглядывал Цицерон. Казалось, все эти гипсовые головы готовы были заговорить со мною; но пуще всех надоел мне колоссальный бюст Демокрита: вполне освещенный луною, он стоял на высоком белом пьедестале, против самой моей постели, скалил зубы и глядел на меня с такою дьявольскою усмешкой, что я, не видя возможности отделаться иначе от этого нахала, зажмурил опять глаза, повернулся к стене и наконец, хотя с трудом, но заснул. Проклятый Демокрит не хотел и тут со мной расстаться: мне снилось, что он на том же высоком пьедестале стоит по-прежнему против меня, что глаза его вертятся ужасным образом, что он щелкает на меня зубами... Вот, гляжу – он зашевелился... медленно стал ко мне подходить... зашатался... упал мне на грудь... Я вскрикнул, проснулся – и что ж увидел перед собою? Человека... нет! чудовище в белом саване, положа мне на грудь, как свинец, тяжелую руку и нагнувшись надо мною, смотрело мне прямо в лицо. Оно было гигантского роста; глаза его сверкали. Я хотел вскочить с постели; но в эту самую минуту страшилище повернуло головою, и луна осветила лицо его. Волосы мои стали дыбом, я обмер... это был покойник! С полминуты, не имея силы тронуться ни одним членом, смотрел я молча на этого ужасного гостя, в груди моей не было голоса, язык мой онемел. Наконец с величайшим усилием я прокричал кой-как имя моего слуги. Афонька приподнялся, заговорил вздор, почесал в голове и захрапел громче прежнего; а покойник, как будто бы рассердись за мою попытку, заскрипел зубами и, продолжая одной рукой давить мне грудь, схватил другою за горло, стиснул: вся кровь бросилась мне в голову, в глазах потемнело – и я обеспамятел.

Не знаю, долго ли я пролежал без чувств, только когда пришел в себя, то увидел, что мертвец, крепко обхватив меня руками, лежит подле меня лицом к лицу; как лед холодная щека его прикасается к моей щеке; раскрытые глаза его неподвижны... он не дышит. Я рвусь, хочу высвободиться из этих адских объятий – невозможно!.. Меня обнимает бездушный труп, и руки, которыми я обхвачен, замерли, окостенели. Не приведи господи испытать никому того, что было со мною в эту ужасную минуту! Я чувствовал – да, господа! я чувствовал, как кровь застывала понемногу в моих жилах, как холод смерти переливался из бездушного трупа во все оледеневшие мои члены... Я снова лишился чувств. На этот раз беспамятство мое было гораздо продолжительнее: я очнулся уже на другой день поутру. Подле меня сидели доктор и хозяйка дома с своей дочерью. Мне пустили кровь, и когда я несколько пообразумился, вдова с горькими слезами объяснила мне все приключение. Муж ее был болен сильным воспалением в мозгу; поутру, в день моего приезда в их город, с ним сделался летаргический припадок, обманувший даже медика; никто не сомневался в его смерти, но он был еще жив. Ночью, в то время как все его домашние, утомлённые бессонницей, заснули, он встал и, хотя в совершенном беспамятстве, но по какой-то машинальной привычке, отправился прямо в свой кабинет и пришел умереть на моей постели.

– Черт возьми! – вскричал Ленской, – это подлинно эпизод из "Удольфских таинств"!

– И весьма поучительный, – продолжал Сборской. – Этот случай сделал меня снисходительнее к слабостям других. Бывало, я смеялся над трусами и презирал их, а теперь... знаете ли, что я о них думаю? Страх есть дело невольное, и, без сомнения, эти несчастные чувствуют нередко то, что я, за грехи мои, однажды в жизни испытал над самим собою; и если ужасные страдания возбуждают в нас не только жалость, но даже некоторый род почтения к страдальцу, то знайте, господа! что трусы народ препочтенный: никто в целом мире не терпит такой муки и не страдает, как они.

– И я скажу то же самое, – примолвил Зарядьев, закуривая новую трубку табаку. – Мне случалось видеть трусов в деле – господи боже мой! как их коробит, сердечных! Ну, словно душа с телом расстается! На войне наш брат умирает только однажды; а они, бедные, каждый день читают себе отходную. Зато уж в мирное время... тьфу ты, пропасть! храбрятся так, что и боже упаси!

– Ну, Двинской! – сказал Рославлев. – теперь очередь за вами – рассказывайте!

– Мое приключение, – сказал Двинской, – и коротко и обыкновенно: я струсил не смерти; напротив, я испугался того, что мне не удастся умереть.

– Как так? – спросил Сборской. – А вот слушайте!

ГЛАВА IV

АВАНПОСТ

– Месяцев шесть тому назад я был прикомандирован, по недостатку наличных офицеров, к М...му пехотному полку, стоявшему со стороны разлива, которым затоплены все низкие места вокруг Данцига. В то время как мы еще не храбровали, как теперь, Данцигский гарнизон был вдвое сильнее всего нашего блокадного корпуса, который вдобавок был растянут на большом пространстве и, следовательно, при каждой вылазке французов должен был сражаться с неприятелем, в несколько раз его сильнейшим; положение полка, а в особенности роты, к которой я был прикомандирован, было весьма незавидно: мы жили вместе с миллионами лягушек, посреди лабиринта бесчисленных канав, обсаженных единообразными ивами; вся рота помещалась в крестьянской избе, на небольшом острове, окруженном с одной стороны разливом, с другой – почти непроходимой грязью. Для прогулки мы имели одну большую и несколько проселочных дорог, но редко пользовались этим удовольствием по той причине, что, ходя через день в караул, имели случай и без того вязнуть довольно часто по пояс в грязи и почти вплавь переправляться в тех местах, которые были поняты водою. Однажды рано поутру, отправляясь для смены на передовой аванпост, я вздумал понежиться и выпросил у нашего хозяина лошадь. Пока мне оседлывали превысокую клячу, я приказал старшему вести людей, а сам, в полной уверенности, что на борзом моем коне догоню их в несколько минут, остался позавтракать.

– Эх, Двинской, нехорошо! – перервал Зарядьев. – Караульный офицер не должен пяди отставать от своих солдат. Ты поступил совершенно против дисциплины и военного порядка.

– За это-то, видно, грех меня и попутал, – продолжал Двинской. – Я позавтракал, лихо вскочил на моего аргамака, приударил его нагайкою и выехал молодцом на большую дорогу. Сначала все шло довольно хорошо; мой огромный конь, на котором я сидел, как на каланче, сделал даже два или три курбета и обрызгал меня с ног до головы грязью. "Держитесь крепче!" – кричал мне хозяин, провожая меня за вороты. Я взглянул на него с презрением, гордо поправил фуражку, подбоченился и вместо ответа перескочил на моем верблюде с удивительною ловкостию лужу аршина в два шириною; но этим и кончились все блестящие подвиги моего парадера. При первой новой луже он призадумался, а при второй – я должен был минуты две работать нагайкою, чтоб заставить его идти вброд. Наконец кой-как я дотащился до поворота дороги; гляжу вперед – не тут-то было: моя солдаты ушли из виду. Тут вспомнил я, что за несколько дней, именно в этот же час, небольшой отряд французов, вышедший из города для фуражировки, чуть-чуть не вырезал наш аванпост: он спасся только тем, что подоспела смена; то же самое могло случиться и во второй раз. От одной этой мысли волосы стали у меня дыбом; я принялся погонять мою клячу и почти выбился из сил, когда подъехал к другому повороту, где начиналась сносная дорога, проложенная по низенькому валу; в конце его за небольшим леском расположен был наш аванпост. По правую сторону вала тянулись низкие поля, изрытые канавами; а по левую – разлив и бесконечный ряд ветряных мельниц. Я стал смотреть вперед; вижу в стороне казачий ведет, но вдали не блестят штыки моих солдат: все пусто и по всему валу до самой рощи не видно ни души. Вдруг по ветру долетают до меня какие-то глухие звуки... что-то похожее... знакомое. Я боюсь верить... прислушиваюсь... боже мой! меня бросает в холодный пот! Мне кажется... так точно!.. я не ошибаюсь! перестрелка!.. Солдаты мои дерутся, а я – начальник их!.. Вся кровь застыла в моих жилах, страх придает мне необычайные силы, и я начинаю колотить с таким ожесточением мой лошадиный остов, что он после нескольких траверзов пускается рысью. Вот уже я на половине дороги; пальба становится ежеминутно слышнее; я могу считать выстрелы; но это не простая аванпостная перестрелка, а ровный батальный огонь – итак, дело завязалось не на шутку. Боже мой! Боже мой! Отчаяние мое доходит до высочайшей степени! Как дикой зверь впиваюсь я в беззащитную мою клячу; казацкая плеть превращается в руке моей в барабанную палку, удары сыпятся как дождь; мой аргамак чувствует наконец необходимость пуститься в галоп, подымается на задние ноги, хочет сделать скачок, спотыкается, падает – и преспокойно располагается, лежа одним боком на правой моей ноге, отдохнуть от тяжких трудов своих. Я стараюсь высвободить мою ногу – не могу. Кричу, зову на помощь – напрасно: отчаянный вопль мой теряется в воздухе; все тихо кругом, и только впереди раздаются беспрестанные выстрелы... Мне кажется, что они приближаются... Так точно!.. может быть, караульный офицер убит... люди остались без начальника... Вдруг я почувствовал – да, господа! клянусь вам честию – мне показалось, что пахнет порохом. О, так нет сомнения!.. Французы сбили наш аванпост; они близко – мои солдаты бегут!.. Как описать вам, что происходило тогда в душе моей? Я видел, себя обесславленным, погибшим – да: погибшим навеки! Кого мог бы я уверить, что не трусость, а один несчастный случай и неосторожность разлучили меня с моими солдатами в ту самую минуту, когда я должен был драться и умирать вместе с ними? Я видел уже себя отданным под суд, я слышал уже неизбежный приговор судей моих... в ушах моих раздавались ужасные слова: "По сентенции военного суда, подпоручик Двинской, за самовольную отлучку от команды во время сражения с неприятелем..." Милосердый боже!.. А отец мой!.. этот заслуженный, покрытый ранами и крестами дряхлый старик, который, прощаясь со мною, говорил мне: "Ну, друг мой! пришло горе и на святую Русь! Бог с тобой – ступай, умирай за царя и веру православную. Ваня! ты у меня один, как порох в глазе; но так и быть – его святая воля! Если ты умрешь с честию, то я поплачу, а все-таки увижусь с тобою; но если ты... боже тебя сохрани... тогда и там не смей мне на глаза казаться". И что же? Я сын этого почтенного воина, обесславленный, заклейменный вечным позором... Ах! все это представилось так живо моему воображению... голова моя пылала... Если б я мог, по крайней мере, остановить моих солдат, подраться с неприятелем – нет, проклятая лошадь лежала как мертвая! Я не мог ни привстать, ни пошевелиться, и, хотя продолжал кричать, но никто не спешил ко мне на помощь. Отчаяние, страх, беспрерывные усилия довели меня наконец до такого расслабления, что я начинал уже терять чувства, как вдруг вижу – ко мне бегут: это был казак, который услышал наконец мой крик. Он принялся тащить с меня лошадь, а я закричал охриплым голосом:

– Где французы, где?

– Французы? – отвечал спокойно казак, – вон там!

– Где?..

– За нашим аванпостом.

– Как, наши еще отстреливаются?.. Слава богу!

– Нет, ваше благородие! все смирно. Ну, бес тебя дери, вставай! – прибавил он, стащив с меня лошадь.

– Как смирно? – вскричал я, вскочив на ноги, – да разве ты не слышишь?

Казак вздрогнул, повернулся назад и стал прислушиваться.

– Что ты – оглох, что ль?.. Разве не слышишь, перестрелка?

– Никак нет, сударь! ничего не слышно.

– Да что ж это такое?

– Вот это, что стучит-то? Это толчея.

– Как?

– Да, ваше благородие! вот в этой мельнице, подле которой я стою.

Ух! какая свинцовая гора свалилась с моего сердца! Я бросился обнимать казака, перекрестился, захохотал как сумасшедший, потом заплакал как ребенок, отдал казаку последний мой талер и пустился бегом по валу. В несколько минут я добежал до рощи; между деревьев блеснули русские штыки: это были мои солдаты, которые, построясь для смены, ожидали меня у самого аванпоста. Весь тот день я чувствовал себя нездоровым, на другой слег в постелю и схлебнул такую горячку, что чуть-чуть не отправился на тот свет.

– Поделом, брат! – перервал Зарядьев, – вперед наука!

– И могу вас уверить, – продолжал Двинской, – что эта наука пошла мне впрок. Теперь, когда я веду смену, то иду всегда впереди, как на ученье, перед моим взводом.

– Да так и должно: когда офицеры при своих местах, так и солдаты делают свое дело. Ну что? зачем? – спросил Зарядьев, обратясь к вошедшему ефрейтору.

– Я прислан, ваше благородие, с пикета, – ответил ефрейтор.

– Зачем?

– На плесе показались две лодки, ваше благородие!

– Две лодки?.. с народом?

– Не могу знать, ваше благородие! Темновато; а должно быть, народу немало: лодки большие.

– Верно, опять пробираются с провиантом, в город.

201

– Никак нет, ваше благородие! они идут прямо на нас от Гданска.

– Что б это значило? Ступай скажи сейчас караульному офицеру, чтоб у людей все ружья были заряжены!

– Слушаю, ваше благородие!

– Постой! часовым окликать каждые две минуты друг друга.

– Слушаю, ваше благородие!

– И полно, братец! – перервал Сборской, – что тебе за радость по пустякам всех тревожить. Тут и спрашивать нечего: это наши сторожевые баркасы или канонерские лодки.

– А почему ты это знаешь?

– Потому, что они беспрестанно разъезжают по взморью, чтоб не пропускать никого с провиантом; это их дело, а ваше перехватывать только тех, которые пробираются вдоль берега.

– А если это французы? Нет, брат, в военное время дремать ненадобно. Ефрейтор! скажи также дежурному по роте, чтоб люди были на всякой случай в готовности и при первой тревоге выходили бы все на сборное место.

– Слушаю, ваше благородие!

– Ступай!

Ефрейтор сделал налево кругом, притопнул ногою и вышел вон из избы.

– Ну, Зарядьев! – сказал Сборской, захохотав во все горло, – как Рославлев пугнул тебя своим Шамбюром: ты, никак, в самом деле думаешь, что он едет к нам в гости.

– А черт его знает! – отвечал Зарядьев, набивая спокойно свою трубку. – Он ли, не он ли, по мне все равно; главное в том, чтоб нас никто врасплох не застал.

– Добро, добро! Тебя ведь ничем не переуверишь. Ну что ж, Ленской? Теперь твоя очередь каяться. Покорно просим рассказать, где, когда и чего ты изволил струсить.

– Из моей истории, – сказал Ленской, – можно сделать что хочешь: и забавный водевиль, и престрашную мелодраму, только должно признаться, что в обоих случаях роля моя была бы вовсе не завидная; но делать нечего: хоть и стыдно, а пришлось рассказывать. Прошу прислушать..

ГЛАВА V

НОЧЛЕГ В ЛЕСУ

– В сражении под Чашниками я получил сильную контузию ядром и так же, как ты, Сборской, промаялся месяца два в жидовском местечке; но только не дразнил жида, оттого что моим хозяином был польской крестьянин, и не беседовал с французами, потому что квартира моя была в глухом переулке, по которому не проходили ни французы, ни русские. По выздоровлении моем я отправился догонять мою роту и так же, как ты, встречал везде ласковый прием, то есть меня кормили, поили и называли подчас ясновельможным паном. На третий день моего путешествия мне пришлось, под вечер, ехать дремучим сосновым лесом; на дворе было погодно, попархивал мелкой снежок, и холодный ветер продувал насквозь мой плащ, который некогда был подбит ватою, но протерся так на биваках, что во многих местах был ожур[139]. Часа полтора я зябнул молча; наконец вышел из терпения и закричал своему проводнику:

– Да скоро ли мы доедем до ночлега, разбойник!

– А вот как выедем из лесу, пане! – отвечал проводник.

– А скоро ли мы выедем из лесу?

– А вот как переедем длинный мост, пане!

– Да скоро ли мы доедем до моста?

– А вот как подымемся на гору, пане!

– Черт тебя возьми! Да где ж эта гора?

– Не близко, пане! Не то две, не то четыре добрых мили.

Я ужаснулся. И одна добрая миля в Польше стоит наших семи верст, а четыре!..

– Да нет ли где-нибудь поблизости господской мызы? – спросил я.

– Як же, пане! вон в стороне, бачишь, бьялу муравянку?[140]

Я обернулся в ту сторону, на которую проводник указывал своим кнутом, и увидел, что в конце узкой просеки что-то белелось и мелькал огонек.

– Что это? Господской дом? – спросил я.

– Так есть, пане!

– Вези нас туда.

Поляк поворотил в просеку, и чрез несколько минут мы въехали на обширный двор. С полдюжины всякого рода собак подняли ужасный лай, а на крыльцо длинного оштукатуренного флигеля высыпало человек пять или шесть дюжих лакеев. Один из них принял меня под руку из саней и, введя в просторную и весьма чисто убранную столовую, побежал доложить хозяину, что приехал русской офицер. Судя по вежливому приему слуг, я должен был надеяться, что хозяин обойдется со мною очень ласково – и не ошибся. Двери в гостиную растворились; небольшого роста худощавый старичок выбежал ко мне навстречу с распростертыми объятиями. "Милости просим, дорогой гость! – закричал он по-русски, обнимая меня с изъявлениями живейшей радости.

– Милости просим! Для меня всегда, истинный праздник, когда русской офицер заедет в мой дом. Прошу покорно садиться. Да скиньте вашу саблю, отдохните, успокойтесь!" Я стал было извиняться, но ласковый хозяин не дал мне выговорить ни слова, осыпал меня приветствиями и, браня без милосердия французов, твердил беспрестанно: "Защитники, спасители наши! Как нам вас не любить? Если б не вы, мы вовсе бы погибли! Эти злодеи, французы, грабители! Ползлота в кармане не оставили; все обобрали: скот, деньги, вещи; ну верите ль богу! – примолвил он, вынимая из кармана золотую табакерку рублей в шестьсот, – хоть по миру ступай по милости этих варваров: в разор разорили нас бедных!" "Все это хорошо, – думал я, – но нищий, который нюхает табак из золотой табакерки, верно, найдет, чем покормить своего защитника и спасителя". Прошло около часа,

---

[139] точнее: ажур – прозрачный от (фр.) ajour.
[140] видишь, белый каменный дом? (пол.).

хозяин не унимался хвалить русских офицеров, бранить французов и даже несколько раз, в восторге пламенной благодарности, прижимал меня к своему сердцу, но об ужине и речи не было. Наконец, я решился намекнуть, что русской офицер также может и устать и проголодаться. "Так вы хотите ужинать? – вскричал хозяин. – Что же вы не говорите? Помилуйте! вы здесь у себя дома – приказывайте! Для кого другова, а для вас у меня все найдется. Гей, хлопец!" Вошел слуга; хозяин пошептал ему что-то на ухо и принялся снова осыпать меня вежливостями. Прошло еще с полчаса, и, признаюсь, это словесное угощение начало мне становиться в тягость, тем более что в прищуренных и лукавых глазах хозяина заметно было что-то такое, что совершенно противоречило кроткому его голосу и словам, исполненным ласки и чувствительности. Вошел слуга и доложил, что ужин готов. Мы вышли в столовую. Небольшой круглый стол был накрыт Для одного меня; на нем стояла дорогая серебряная миска, два покрытых блюда, также серебряных, два граненых графина с водою, и на фарфоровой прекрасной тарелке лежал маленькой ломтик хлеба, так ровно, так гладко и так красиво отрезанный, что можно было им залюбоваться, если б он не был чернее сапожной ваксы. "Не погневайтесь! – Сказал хозяин, садясь насупротив меня, – я сам никогда не ужинаю, а признаюсь – люблю смотреть, когда у меня кушают другие. Прошу покорно! – продолжал он; подавая мне глубокую тарелу с супом. – Вы человек военный, вам не всегда удастся хорошо поужинать. Милости просим! это немецкой васер-суп"[141].

Я хлебнул одну ложку... Владыко живота моего! Что это!.. Подогретая мутная вода, в которой не варился даже и картофель. "Кушайте, мой дорогой гость! – повторял хозяин, – подкрепляйте ваши силы – на здоровье! Этот суп отменно питателен". Я не знал, что думать; в голосе этого злодея было такое добродушие, в улыбке такая простота; но глаза – о, глаза его блистали и вертелись, как у демона! "Я вижу, – продолжал он, – вы не охотники до горячего, так милости прошу нашего польского ростбифа". Он открыл одно блюдо, придвинул его ко мне, и что ж... в нем бежала фунта в три огромная кость, около которой не было и двух золотников мяса. Я вспыхнул от досады; но, поглядев вокруг себя и видя, что я один-одинехонек посреди десяти рослых слуг, которые как истуканы стояли неподвижно вокруг стола, скрепился и промолчал.

– Что ж вы не кушаете, мой почтеннейший? – сказал хозяин. – А, понимаю! Надобно прежде выпить? Конечно, конечно! Хотелось бы мне попотчевать вас хорошим венгерским, да проклятые французы – черт бы их взял! – все до капельки вытянули; но зато у меня есть домашнее пивцо... Не хочу хвастаться – попробуйте сами. Эй, малой! бутылку мартовского пива! – Принесли закупоренную бутылку; хозяин налил большой серебряной стакан и подал мне. Желая знать, как долго будет продолжаться эта мистификация, я выпил полстакана какой-то микстуры, которая походила на русской, разведенный водою квас. Между тем хозяин, наскобля около кости кусочек мяса с грецкой орех, поставил передо мною. Я так был голоден, что, несмотря на злость мою, проглотил этот прием ростбифа и пропустил вслед за ним кусок черного хлеба в одну секунду. "Теперь, – сказал хозяин, – я попотчую вас рыбою из моих прудов. Французы и тут мне наделали

---

[141] Ироническое выражение, буквально: суп из воды (нем.).

пакостей: всех крупных карасей выловили. Что делать? Чем богаты, тем и рады! прошу покорно!" Он открыл последнее блюдо и с дьявольскою улыбкою пододвинул ко мне... нет, черт возьми! это уже из меры вон! один жареный пескарь!.. Я не вытерпел и выскочил из-за стола. "Что это, мой почтеннейший! вы не хотите кушать? А все, чай, от усталости. Когда подумаешь, что вы, господа военные, для нас, мирных граждан, терпите!.. И холод, и голод, и всякую нужду: подлинно, мы не должны и сами ничего для вас жалеть. Но вижу, вы точно устали и хотите отдохнуть".

– Да, сударь! – сказал я прерывающимся от бешенства голосом, – прошу покорно показать мне мою комнату.

– Я сам буду иметь честь проводить вас. Гей, малой! свети!

Мы прошли длинным коридором на другой конец дома; слуга отпер дверь и ввел нас в нетопленую комнату, которую, как заметно было, превратили на скорую руку из кладовой в спальню.

– Помилуйте! – вскричал я, – да здесь замерзнешь!

– Извините, почтеннейший! – отвечал хозяин. – Не смею положить вас почивать в другой комнате; у меня в доме больные дети – заснуть не дадут; а здесь вам никто не помешает. Холода же вы, господа военные, не боитесь: кто всю зиму провел на биваках, тому эта комната должна показаться теплее бани.

– Но позвольте вам сказать...

– Не хочу мешать вам отдохнуть. Доброго сна, господин офицер! Покойной ночи!

Сказав эти слова, хозяин хлопнул дверью, и я остался один с слугой моим Андреем, у которого постная рожа была еще длиннее моей.

– Что это, сударь? – сказал он, поглядев вокруг себя, – куда это мы попали? Помилуйте! ведь я еще ничего не ел.

– Убирайся к черту! Я сам умираю с голода.

– Как, сударь! так и вас не лучше моего угостили? Меня в кухне все потчевали водою да снесли от вас говяжью кость, на которой и собака ничего бы не отыскала. Это, дискать, твой барин шлет тебе подачку. Разбойники! Эх, сударь, если б мы были здесь с вашей ротою!..

– Если б!.. если б!.. Молчи, дурак! Андрей замолчал, а я стал раздеваться и, поглядывая на приготовленную для меня постель, думал про себя: "Однако ж этот палач хочет, по крайней мере, чтоб я соснул хорошенько. Тонкое, чистое белье, прекрасное одеяло из белого пике; правда, одна маленькая подушка, но с красивыми кисейными оборками. Так и быть!.. Хоть я и голоден, да зато дай славную высыпку!" Я поторопился лечь; со всего размаха бросился на постелю и так закричал, что Андрей присел от страха. Представьте себе под тонкой простыней одни голые доски! Я схватился за бок – слава богу! все ребра целы. Ну, так и быть! Военный человек не привык спать на пуховике: делать нечего – авось как-нибудь засну; к тому ж одна ночь пройдет скоро. Андрей погасил свечу и улегся На высоком окованном сундуке. Не прошло двух минут, как вдруг целое стадо огромных крыс высыпало из всех углов; пошла стукотня, возня, беготня взад и вперед; одна укусила за ногу Андрея, две пробежали по моему лицу.

– Нет! это уже слишком! Андрюшка! – вскричал я, как бешеный, – ступай отыщи моего извозчика, вели закладывать: я еду сейчас из этого омута. –

Помилуйте, сударь! Теперь полночь а мне люди говорили, что здесь в лесу неловко – мародеры... беглые солдаты...

– Вздор! ступай спроси свечу, и чтоб в полчаса нас здесь не было!

В самом деле, чрез полчаса я сидел в санях, двое слуг светили мне на крыльце, а толстой эконом объявил с низким поклоном, будто бы господин его до того огорчился моим внезапным отъездом, что не в сила встать с постели и должен отказать себе в удовольствии проводить меня за ворота своего дома; но надеется, однако ж, что я на возвратном пути... Я не дал договорить этому бездельнику.

– Скажи своему господину, – закричал я, – что если мне случится быть в другой раз его гостем, то это будет не иначе как с целою ротою русских солдат. Пошел! Проводник ударил по лошадям, мы выехали из ворот, и вслед за нами пронесся громкий хохот. "Ах, черт возьми! Негодяй! осмеять таким позорным образом, одурачить русского офицера!" Вся кровь во мне кипела; но свежий ветерок расхолодил в несколько минут этот внутренний жар, и я спросил проводника: нет ли поблизости другой господской мызы? Он отвечал мне, что с полмили от большой дороги живет богатый пан Селява.

– Вези ж меня к этому пану! – сказал я. Поляк повернул в сторону, и мы проселочной дорогой, проложенной сквозь частый лес, который становился все темнее и темнее, выехали через несколько минут на перекресток. Проводник остановил лошадей, призадумался и наконец, пробормотав себе что-то под нос, пустился по узенькой дорожке, которая шла с полверсты влево и потом, поворотя круто в противную сторону, делилась надвое. Поляк остановил опять лошадей, снял шапку, почесал в голове и, оборотясь ко мне, спросил: по какой дороге ему ехать?

– Как по какой? – сказал я, – да разве я знаю?

– И я не знаю, пане!

– Вот-те раз! – вскричал Андрей, – мы заплутались. Экой болван! не знает сам, куда едет.

– Дали бук так! Цо робить, пане?[142]

– Ну, делать нечего! – сказал я, – ступай прямо по дороге, авось куда-нибудь выедем.

Мы снова двинулись вперед, лес становился все гуще, дорожка же, кругом нас выли волки, я дрожал от холода и, признаюсь, жалел от всей души о прежнем ночлеге. Правда, моя спальня была холодновата, но в лесу еще было холоднее и вместо крыс нас могла атаковать целая стая голодных волков, а все оружие мое состояло в одной сабле. Я начинал уже не на шутку беспокоиться, как вдруг мелькнул между деревьями огонек. Слава богу! вот и приют! Поляк обрадовался, замахал кнутом, и мы выехали на обширную луговину, посреди которой стоял низенькой домик, обнесенный высоким частоколом. Ворота были отперты; мы подъехали к крыльцу, и я в провожании моего слуги вошел в переднюю. На простом деревянном столе догорала сальная свечка и слабо освещала стены, увешанные ружьями, пистолетами и ножами. На широкой скамье храпел огромный мужичина в запачканном нагольном тулупе. Свет от пылающего огарка падал прямо ему на лицо. Во всю жизнь мою я не видывал физиономии столь

---

[142] Ей-богу, так! Что делать, барин? (пол.).

отвратительной и безобразной. Представьте себе красную рожу, изрытую глубокими рябинами, рот до ушей, плоской нос, немного уже рта, невыбритую бороду и рыжие усы, которые, несмотря на величину свою, покрывали только до половины глубокой рубец, или, лучше сказать, яму на правой щеке его, против самой челюсти. Все это вместе составляло такой верх безобразия, что даже мой Андрей, толкая его под бок, не мог удержаться от невольного восклицания: "Экой леший... дьявол!.. Ай да красавец!" При третьем толчке красавец потянулся, зевнул и поднялся на ноги. "Слушай-ка, любезный! – сказал Андрей, – мы с барином заплутались; нельзя ли нам здесь переночевать?"

Вместо ответа урод вытаращил на нас свои заспанные глаза и промычал, как годовалый бык.

– Ну, проснись, брат! – продолжал Андрей. – Что ты свои буркалы-то на нас вытаращил? Иль не видишь, что барин мой русской офицер?

Поляк кивнул головою и замычал громче прежнего.

– Да полно мычать-то! Тебя спрашивают толком: можно ли нам здесь переночевать?

Поляк раскрыл свою огромную пасть и, показывая на небольшой остаток языка и на свой рубец, провыл жалобным голосом.

– Разве не видишь, что он нем! – сказал я. – Но если он не может говорить сам, то, кажется, понимает, что говорят с ним другие. Послушай, голубчик, нет ли здесь, кроме тебя, кого-нибудь? Немой кивнул головою и вышел вон. Минуты через три дверь во внутренние комнаты стала понемногу растворяться, и к нам заглянула новая харя, под пару прежней, только без усов и в спальном женском чепце. Я сделал шаг вперед, рожа спряталась, дверь захлопнули, и мы остались опять вдвоем с Андреем. Подождав несколько времени, я решился добиться толку и растворил дверь, которую так невежливо заперли у меня под носом. Слабый свет из передней отразился в одном углу темной комнаты, и я хотя с трудом, но рассмотрел, что он завален рогатинами. Вошел опять немой и, дав нам знак рукою идти за ним, провел через сени в небольшую горенку, в которой стояла кровать и накрытый стол. Наш молчаливый проводник, показав мне на графин с водкою, большое блюдо с холодным жарким, поставил на стол свечу и вышел. "Ого, – подумал я, принимаясь за жаркое, – здесь, видно, лучше прежнего моего хозяина знают русскую пословицу: соловья баснями не кормят".

– Но что за странность? – продолжал я вслух, – куда ни взглянешь, везде оружие. Этот дом настоящий арсенал! Вот и здесь висят пистолеты.

– Только без кремней, – прибавил мой слуга, – а в передней все ружья в исправности. А ножей-то, ножей!.. Ох, сударь!.. мне это что-то подозрительно. Куда это мы с вами запропастились?

– Трус! тебе все мерещатся разбойники. На, ешь да ложись спать; вон, кажется, там и для тебя подкинута постеленка.

– А разве вы не изволите раздеваться?

– Нет! я завернусь в шинель; сосну часика три, а там и в дорогу.

Глаза мои смыкались от усталости; и прежде, чем Андрей окончил свой ужин, я спал уже крепким сном. Не знаю, долго ли он продолжался, только вдруг я почувствовал, что меня будят. Я проснулся – вокруг все темно; подле меня, за дощатой перегородкой, смешанные голоса, и кто-то шепчет: "Тише!.. бога ради, тише! Не говорите ни слова". Это был мой Андрей, который, дрожа всем телом, продолжал мне шептать на ухо: "Ну, сударь, пропали мы!.."

– Что ты говоришь?

– Тише! ради Христа тише!.. Мы у разбойников.

– Как у разбойников?..

– Молчите и слушайте!

Я замолчал и, едва переводя дух, стал внимательно прислушиваться.

– Да, брат, поработали мы сегодня порядком! – говорил кто-то за перегородкой на чистом польском

языке. – Нех его вшисцы дьябли везмо![143].. Как он возился с нами – насилу угомонили!

– Справились бы вы с ним без меня! – перервав охриплый, отвратительный бас. – Да, да, ребята! если б я не подоспел в пору, так вам бы жутко пришло. А что? каково я хватил его рогатиною? Небось – не промахнулся.

– Воля ваша, – заговорил кто-то довольно приятным голосом, – смейтесь надо мной, если хотите, а я, право, досадую, что пошел к вам в товарищи, Эй, господа! поверьте мне, рано ли, поздно ли, а нам беды не миновать и что за радость? прибыли мало...

– Да зато потехи много! – пропищал кто-то тоненьким голоском.

– Хороша потеха! Десятеро на одного. Вспомнить не могу – бедняжка! как он застонал, когда повалился наземь.

– Вот еще какой сердечкин! – перервал охриплый бас с громким хохотом. – Небось ты по головке бы его погладил?

– Да я таки и приласкал его по головке прикладом! – подхватил первый голос. – Экой живущой – провал бы его взял! Две пули навылет, рогатина в боку, а все еще шевелился. Е, пан Будинской! посмотри-ка на себя! у тебя руки и все платье в крови! Поди умойся.

– Постой, дай прежде выпить, – отвечал грубый голос. – Гей, водки!

Можете себе представить, каково мне было слушать этот зверской разговор. После минутного молчания тот же бас заревел:

– Что ж водки-та! Гей, панна Казимира! Панна Казимира! ну, поворачивайся проворней!

– Тише, пан! – заговорил женской голос, – вы этак разбудите проезжих.

Меня обдало с головы до ног холодом. "Ну! – подумал я, – доходит и до нас дело".

– Каких проезжих? – спросил тонкой голос.

– Какой-то русской офицер с слугою. Они заплутались и заехали сюда.

– Добро пожаловать! – сказал вполголоса охриплый бас.

– Да где же они?

– Вот здесь – за стеною.

Тут голоса притихли. Я приложил ухо к перегородке и с трудом вслушался в несколько отрывистых фраз. Казалось, тот же охриплый бас говорил вполголоса:

– Да, да, Казимира, скажи, чтоб фурмана с лошадьми отпустили: наш гость завтра не поедет.

---

[143] Ну его к дъяволу!.. (пол.).

– Слышите ль, сударь? – шепнул Андрей дрожащим голосом.

– Мы угостим его по-своему! – продолжал бас. – Пойдемте отсюда, братцы. Ян! как съедут со двора, ворота запереть и спустить собак.

"Хорошо угощенье!" – подумал я, чувствуя во всем теле что-то похожее на лихорадочный озноб.

– Ну, сударь! – сказал Андрей, когда все утихло за перегородкою.

– Да, мой друг! нет сомненья: мы у разбойников.

– Что нам делать?

– Спасаться, пока еще можно.

– Но как, сударь? Весь дом набит людьми.

– Подождем, пока все улягутся.

– А если ворота будут заперты?

– Мы перелезем через забор. Но молчи! если догадаются, что мы не спим...

– Боже сохрани! тут нам и карачун. Прошло с полчаса; наш проводник съехал со двора, ворота заперли, и, казалось, кругом нас все затихло. Андрей отворил потихоньку дверь, заглянул в сени: в них не было никого. Я надел шинель, подпоясался шарфом и, держа в руках обнаженную саблю, вышел вместе с ним на крыльцо. Начинало уже светать; окинув быстрым взглядом весь двор, я заметил, что в одном углу забора недоставало нескольких частоколин и можно было без труда пролезть в отверстие. Кругом дремучий лес; если успеем до него добраться – мы спасены. Потихоньку, почти ползком, мы прокрались вдоль стены к углу дома. Забор от нас в пяти шагах... еще несколько минут, и мы на свободе!.. Вдруг две огромные меделянские собаки бросаются к нам навстречу... Я был впереди и успел выскочить в отверстие. Но бедный Андрей – ах! я слышал его отчаянный крик, который сливался с лаем собак и громкими голосами людей, выбегающих из дома. Я мог остаться, мог умереть вместе с ним; но спасти его было невозможно. А если мне посчастливится уйти от разбойников, то в первой деревне я найду помощь, ворочусь с вооруженными людьми и, может быть, застану его еще в живых. Вот что думал я, спеша добежать до лесу. Я был уже на половине дороги, как вдруг слышу позади себя близкой лай; оглядываюсь – о ужас!.. За мной гонится одна из собак. Я собираю все мои силы – не бегу, а лечу... страх – да, господа, признаюсь – страх придает мне крылья. Вот уже я в лесу – бегу куда глаза глядят, перепрыгиваю через кусты, колоды, валежник... Проклятая собака, как тень, следует за мною; она уже в двух шагах; я слышу ее удушливое дыхание... Принужденный защищаться, я останавливаюсь и, прислонясь к толстому дереву, начинаю отмахиваться моею саблею. Злобная собака вертится, прыгает вокруг меня. Ужасный рев ее раздается по всему лесу, и пена бьет клубом из ее открытой пасти. Несколько раз я пытался нападать на нее сам, но всякой раз без успеха; казалось, она отгадывала вперед все мои движения: то бросалась в сторону, то отскакивала назад, и все сабельные мои удары падали на безвинные деревья и кусты. Наконец зло взяло и меня... Я бешусь, рублю сплеча во все стороны: кругом меня справа и слева летят щепы, а проклятая собака целехонька и час от часу становится неотвязчивее.

– Постой-ка! – прервал Зарядьев. – Посмотрите, господа! Что это такое – вон там за кустами?

– Где? – спросил Сборской, взглянув в окно.

209

– Ну, вон! против нашей квартиры.

– Я ничего не вижу.

– И я теперь не вижу ничего, а право, мне показалось, что там мелькнуло что-то похожее на штык.

– И полно, братец! Тебе все чудятся штыки, да ружья! Нужно было перервать Ленского в самом интересном месте. И тебе охота его слушать? Рассказывай, братец!

Зарядьев, не отвечая ничего, продолжал смотреть в окно, а Ленской начал снова.

– Более четверти часа продолжался этот неравный бой; я начал уставать, сабля едва держалась в ослабевшей руке моей. Вдруг послышались шаги поспешно идущих людей; собака, почуяв приближающуюся к ней помощь, ощетинилась, заревела, как тигр, и кинулась мне прямо на грудь. Я опустил саблю, но удар пришелся плашмя и не сделал ей никакого вреда; а собака, вцепясь зубами в мою шинель, прижала меня плотно к дереву. Вокруг меня загремели голоса: "Сюда! сюда! он здесь!.. вот он!" – и человек шесть с фонарями выбежали из-за кустов. Сердце у меня замерло, руки опустились, и я должен вам признаться, что в эту решительную минуту страх был единственным моим чувством. Но прошу не очень забавляться на мой счет: погибнуть на поле чести, среди своих товарищей, или умереть безвестной смертию, под ножами подлых убийц... Да, господа, кто не испытал этой чертовской разницы, тот не может и не должен смеяться надо мною.

Разбойники вместо того, чтоб воспользоваться беззащитным моим положением, стащили с меня собаку. Чувство свободы возвратило мне всю мою бодрость.

– Злодеи! – закричали, – чего вы от меня хотите? Все, что я имею, осталось у вас; а если вам нужна жизнь моя...

– Господин офицер! – перервал кто-то знакомым уже для меня хриплым басом, – вы ошибаетесь: мы не разбойники.

– Не разбойники?.. А мой несчастный слуга?..

– Я здесь, сударь! – закричал Андрей, выступи из толпы.

– Да, господин офицер! – продолжал тот же басистый незнакомец, – мы точно не разбойники; а чтоб вернее вам это доказать, честь имею представать вам здешнего капитан-исправника.

"Плохое доказательство!" – подумал бы я в другое время, но в эту минуту мне было не до шуток.

– Позвольте мне рекомендовать себя, – сказал тоненьким голосом сухощавый и длинный мужчина.

– Что ж значит, – спросил я, не выпуская из рук моей сабли, – этот уединенный дом, оружие?..

– Это мой охотничий хутор, – подхватил толстоголосый господин, – а я сам здешний поветовый маршал, помещик Селява; мое село в пяти верстах отсюда...

– Возможно ли?.. Но разговор, который я слышал: убийство... кровь...

– О! в этом уголовном преступлении мы запираться не станем, – запищал исправник, – мы нынче ночью били медведя.

– Медведя?..

– Да, господин офицер! – прибавил пан Селява, – и если вам угодно на него взглянуть... диковинка! Медведище аршин трех, с проседью...

– А для чего вы усслали моего проводника?

– Для того, чтоб иметь удовольствие удержать вас завтра у себя, а послезавтра на своих лошадях доставить на первую станцию.

Не знаю сам, какое чувство было во мне сильнее: радость ли, что я попал к добрым людям вместо разбойников, или стыд, что ошибся таким глупым и смешным образом. Я от всей души согласился на желание пана Селявы; весь этот день пропировал с ним вместе и не забуду никогда его хлебосольства и ласкового обхождения. На другой день...

– Что это? – вскричал Зарядьев. Вдруг раздался выстрел; ружейная пуля, прорезав стекло, ударила в медный подсвечник и сшибла его со стола.

– Что это значит? – спросил Сборской. – Еще!..

– Французы! Французы!.. – закричала хозяйка, вбегая в комнату.

Иллюстрация Офицеры бросились опрометью вон из избы. Хозяйка кинулась вслед за ними, заперла ключом дверь и спряталась в погреб. Все это сделалось в течение какой-нибудь полуминуты и прежде, чем Зарядьев успел выдраться из-под стола, который во время суматохи опрокинулся на его сторону. Меж тем французы зажгли один крестьянский дом, рассыпались по улице, и пальба беспрестанно усиливалась. Зарядьев старался выломать дверь, как полоумный бросался из угла в угол, каждый выстрел попадал ему прямо в сердце. "Боже мой! Боже мой!.. – кричал он, – если б я мог!.." Он схватил стул, вышиб раму и кинулся в окно. Но бедный капитан забыл в суетах о своем майорском чреве: высунувшись до полог-вины в окно, он завяз и, несмотря на все свои усилия, не мог пошевелиться. Пули с визгом летали по улице, свистели над его головою, но ему было не до них; при свете пожара он видел, как неприятельские стрелки, бегали взад и вперед, стреляли по домам, кололи штыками встречающихся им русских солдат, а рота не строилась... "К ружью! выходи! – кричал во все горло Зарядьев, стараясь высунуться как можно более. – Я вас, негодные!.. Завтра же фельдфебеля в солдаты – я дам ему знать!.. Ну, слава богу!.. Залп! другой! Живей, ребята!.. живей! вот так! Стрелки, вперед!.. Катай их, разбойников!"

Но не один Зарядьев кричал как сумасшедший: французский офицер в гусарском мундире, с подвязанной рукой, бегал по улице и командовал во весь голос, как на ученье: "Feu mes enfants – feu! visez bien!.. aux officiers! En avant!.."[144] Несколько минут продолжалась эта ужасная суматоха; наконец большая часть роты выстроилась на сборном месте; Двинской и другое офицеры ударили с нею на французов, и началась упорная перестрелка. Неприятели стали подаваться назад, вдруг сделали залп и бросились в кусты. Двинской скомандовал вперед; но из-за кустов посыпались пули, и он должен был снова приостановиться. Перестрелка стала утихать, наши стрелки побежали в кусты; мимоходом захватили человек пять отсталых неприятелей и, добежав до морского берега, увидели две лодки, которые шли назад, в Данциг, и были уже вне наших выстрелов. Офицеры поспешили возвратиться скорей в деревню, помочь обывателям тушить пожар.

– Ах, черт возьми! – сказал Сборской, подходя к деревне, – какой нечаянный

---

[144] Огонь, ребята, огонь! цельтесь хорошенько!.. по офицерам! Вперед! (фр.).

211

визит, и, верно, это прокозит Шамбюр. Однако ж, господа! куда девался наш капитан?

– Я слышал его голос, – отвечал Двинской, – а самого не видал. – Уж не убит ли он?.. Но что это за крик?

Офицеры и человек десять солдат побежали на голос, и что ж представилось их взорам? Зарядьев, в описанном уже нами положении, бледный как смерть, кричал отчаянным голосом: "Помогите, помогите!.. горю!" Офицеры кинулись в избу, выломили дверь, и густой дым столбом повалил им навстречу. Позади несчастного капитана пылал опрокинутый стол; во время тревоги никто не заметил, что свеча, которую сшибло пулею со стола, не погасла; от нее загорелась скатерть; а как тушить было некому, то вскоре весь стол запылал. Тотчас залили огонь; но гораздо труднее было протащить назад в избу Зарядьева, который напугался до того, что продолжал реветь в истошный голос даже и тогда, когда огонь был потушен. Кой-как толстый капитан выдрался из окна; минуты две смотрел он на всех молча, хватал себя за ноги и ощупывал подошвы, которые почти совсем прогорели.

– Тьфу, батюшки! – сказал он наконец, – ну оказия! ух! опомниться не могу!.. Эй, трубку!

– Что, брат? – сказал Сборской, – не за тобой ли теперь очередь рассказывать историю твоего испуга?

– Чего тут рассказывать; разве вы не видели? Провал бы его взял! Ведь это был разбойник Шамбюр.

– Пленные говорят, что он, – сказал Двинской.

– И, дурачье! не умели его подстрелить – ротозеи!.. Где мой кисет?

– Спасибо Шамбюру, – перервал Сборской, – теперь не станешь перед нами чваниться. Что, чай, скажешь, не струсил?

– Не струсил! – повторил Зарядьев сквозь зубы, набивая свою трубку. – Нет, брат; струсишь поневоле, как примутся тебя жарить маленьким огоньком и начнут с пяток. Что ты, Демин? – продолжал капитан, увидя вошедшего унтер-офицера.

– Дежурный по роте, ваше благородие! Сейчас делали перекличку: убитых поднято пять, да ранено двенадцать рядовых и один унтер-офицер.

– Кто? – спросил Зарядьев. – Я, ваше благородие!

– Во что?

– В правую руку.

– Ах, боже мой, – вскричал Сборской, – у него вся кисть раздроблена, а он даже и не морщится!

– Верно, сгоряча не чувствуешь? – спросил Ленской.

– Никак нет, ваше благородие! больно мозжит.

– Что ж ты нейдешь к лекарю? – закричал Зарядьев. – Пошел скорей, дурак!

– Слушаю, ваше благородие! – Демин сделал налево кругом и вышел вон из избы.

– А где Рославлев? – спросил Сборской.

– Я его не видел, – ответил Ленской.

– И я, – прибавил Двинской.

– Ах, боже мой! – вскричал Сборской, – теперь я вспомнил: мы ушли задними воротами, а он прямо выскочил на улицу.

212

– Уж не убит ли он? – сказал Зарядьев. – Сохрани боже!.. Но, может быть, он тяжело ранен и лежит теперь где-нибудь без всякой помощи. Эй, хозяйка! фонарь! За мной, господа! Бедный Рославлев!

Все офицеры выбежали из избы; к ним присоединилось человек пятьдесят солдат. Место сражения было не слишком обширно, и в несколько минут на улице все уголки были обшарены. В кустах нашли трех убитых неприятелей, но Рославлева нигде не было. Наконец вся толпа вышла на морской берег.

– Вот где они причаливали, – сказал Ленской. – Посмотрите! второпях два весла и багор забыли. А это что белеется подле куста? Зарядьев наклонился и поднял белую фуражку.

– Кавалерийская фуражка! – закричал Сборской. – Она была на Рославлеве, когда мы выбежали из избы; но где же он?

– Если жив, – ответил Двинской, – так недалеко теперь от Данцига. – Он в плену! Бедный Рославлев!

– Эх, жаль!.. – сказал Ленской, – в Данциге умирают с голода, а он, бедняжка, не успел и перекусить с нами! Ну, делать нечего, господа, пойдемте ужинать.

ГЛАВА VI

Данцигские жители, а особливо те, которые не были далее пограничного с ними прусского городка Дершау, говорят всегда с заметною гордостию о своем великолепном городе; есть даже немецкая песня, которая начинается следующими словами: "О Данциг, о Данциг, о чудесно красивый город!"[145] И когда речь дойдет до главной площади, называемой Ланд-Газ, то восторг их превращался в совершенное исступление. По их словам, нет в мире площади прекраснее и величественнее этой, потому что она застроена со всех сторон отличными зданиями, которые хотя и походят на карточные домики, но зато высоки, пестры и отменно фигурны. Конечно, эта обширная площадь не длиннее ста шагов и гораздо уже всякой широкой петербургской или берлинской улицы, но в сравнении с коридорами и ущелинами, которые данцигские жители не стыдятся называть улицами и переулками, она действительно походит на что-то огромное, и если б средину ее не занимал чугунный Нептун на дельфинах, из которых льется по праздникам вода, то этот Ланг-Газ был бы, без сомнения, гораздо просторнее московского Екзерцир-гауза!

Над дверьми одного из угольных домов сей знаменитой площади красивая вывеска с надписью на французском языке извещала всех прохожих, что тут помещается лучшая кондитерская лавка в городе, под названием: "Cafe Francais"[146]. Внутри, за налощенным ореховым прилавком, сидела худощавая мадам в розовой гирлянде и крупном янтарном ожерелье. Она с приметным горем посматривала на пустые шкалы своей лавки, в которых, вероятно также вроде вывески, стояли два

---

[145] "O Danzig, o Danzig, o wunderschone Stadt" – (Прим. автора).
[146] "Французское кафе".

огромные паштета из картузной бумаги. При входе каждого нового посетителя мадам вежливо привставала и спрашивала с нежной улыбкою: "Ке фуле-фу, монсье? – Чего вам угодно, сударь?" Обыкновенно требования ограничивались чашкой кофея или шоколада; но о хлебе, кренделях, сухарях и вообще о том, что может утолять голод, и в помине не было.

В одном углу комнаты, за небольшим столом, пили кофей трое французских офицеров, заедая его порционным хлебом, который принесли с собою. Один из них, с смуглым лицом, без руки, казался очень печальным; другой, краснощекой толстяк, прихлебывал с расстановкою свой кофей, как человек, отдыхающий после сытного обеда; а третий, молодой кавалерист, с веселой и открытой физиономиею, обмакивая свой хлеб в чашку, напевал сквозь зубы какие-то куплеты. Поодаль от них сидел, задумавшись, подле окна молодой человек, закутанный в серую шинель; перед ним стояла недопитая рюмка ликера и лежал ломоть черствого хлеба.

– Перестанешь ли ты хмуриться, Мильсан? – сказал, допив свою чашку, краснощекой толстяк.

– Да чему прикажете мне радоваться? – отвечал безрукой офицер. – Не тому ли, что мне вместо головы оторвало руку?

– Ну, право, ты не француз! – продолжал толстой офицер, – всякая безделка опечалит тебя на несколько месяцев. Конечно, досадно, что отпилили твою левую руку; но зато у тебя осталась правая, а сверх того полторы тысячи франков пенсиона, который тебе следует...

– И за которым мне придется ехать в луну? – перервал Мильсан.

– Нет, не в луну, а в Париж. Император никогда не забывал награждать изувеченных на службе офицеров.

– Император! Да! ему теперь до этого; после проклятого сражения под Лейпцигом...

– Да что ты, Мильсан, веришь русским? – вскричал молодой кавалерист, – ведь теперь за них мороз не станет драться; а бедные немцы так привыкли от нас бегать, что им в голову не придет порядком схватиться – и с кем же?.. с самим императором! Русские нарочно выдумали это известие, чтоб мы скорей сдались, Ils sont malins ces barbares![147] Не правда ли, господин Папилью? – продолжал он, относясь к толстому офицеру. – Вы часто бываете у Раппа и должны знать лучше нашего...

– Да, – отвечал Папилью, – я и сегодня обедал у его превосходительства. Черт возьми, где он достал такого славного повара? Какой бивстекс сделал нам этот бездельник из лошадиного мяса!.. Поверите ли, господин Розенган...

– Не об этом речь, – перервал кавалерист, – что говорит генерал о лейпцигском сражении?

– Он говорит, что это может быть неправда, и велел даже взять под арест флорентийского купца, который дней пять тому назад рассказывал здесь с такими подробностями об этом деле.

– Как! Вот этого чудака, который ходил со мною на Бишефсберг для того только, чтоб посмотреть, как русские действуют против наших батарей?

[147] Они хитры, эти варвары! (фр.).

214

– Да, его.

– Эх, жаль! он презабавный оригинал. Мы, кажется, с Шамбюром не трусы; но недолго пробыли на верхней батарее, которую, можно сказать, осыпало неприятельскими ядрами, а этот чудак расположился на ней, как дома; закурил трубку и пустился в такие разговоры с нашими артиллеристами, что они рты разинули, и что всего забавнее – рассердился страх на русских, и знаете ли за что?.. За то, что они мало делают нам вреда и не стреляют по нашим батареям навесными выстрелами. Шамбюр, у которого голова также немножко наизнанку, без памяти от этого оригинала и старался всячески завербовать его в свою адскую роту; но господин купец отвечал ему преважно: что он мирный гражданин, что это не его дело, что у него в отечестве жена и дети; принялся нам изъяснять, в чем состоят обязанности отца семейства, как он должен беречь себя, дорожить своею жизнию, и кончил тем, что пошел опять на батарею смотреть, как летают русские бомбы.

– А знаете ли, – сказал толстый офицер, – что этот храбрец очень подозрителен? Кроме одного здешнего купца Сандерса, никто его не знает, и генерал Рапп стал было сомневаться, точно ли он итальянской купец; но когда его привели при мне к генералу, то все ответы его были так ясны, так положительны; он стал говорить с одним итальянским офицером таким чистым флорентийским наречием, описал ему с такою подробностию свой дом и родственные свои связи, что добрый Рапп решился было выпустить его из-под ареста; но генерал Дерикур пошептал ему что-то на ухо, и купца отвели опять в тюрьму.

– Жаль, если надобно будет его расстрелять, – сказал кавалерийской офицер.

Вдруг раздался ужасный треск; брошенная из траншей бомба упала на кровлю дома; черепицы, как дождь, посыпались на улицу. Пробив три верхние этажа, бомба упала на потолок той комнаты, где беседовали офицеры. Через несколько секунд раздался оглушающий взрыв, от которого, казалось, весь дом поколебался на своем основании.

– Гер Иезус! – закричала мадам.

– Проклятые русские! – сказал кавалерийской офицер, стряхивая с себя мелкие куски штукатурки, которые падали ему на голову. – Пора унять этих варваров!

– Тише, Розенган! – шепнул Мильсан, – зачем оскорблять этого пленного офицера?

Кавалерист оборотился к окну, подле которого сидел молодой человек в серой шинели; казалось, взрыв бомбы нимало его не потревожил. Задумчивый и неподвижный взор его был устремлен по-прежнему на одну из стен комнаты, но, по-видимому, он вовсе не рассматривал повешенного на ней портрета Фридерика Великого.

– Что вы так задумались? – спросил его кавалерийской офицер. – Не хотите ли, господин Рас... Рос... Рис... pardon!.. никак не могу выговорить вашего имени; не хотите ли выпить с нами чашку кофею?

– Да, да, monsieur Росавлев, – подхватил толстый Папилью, – милости просим к нам поближе.

Рославлев отвечал учтивым поклоном на приглашение офицеров, но остался на прежнем месте.

215

— Мне кажется, он мог бы быть повежливее, – сказал вполголоса и с досадою кавалерист, – когда мы делаем ему честь... l'impertinent![148]

— Фи, Розенган! – перервал безрукой офицер, – как тебе не стыдно! Надобно уважать несчастие во всяком, а особливо в пленном неприятеле. Неужели ты не чувствуешь, как ему тяжело слушать наши разговоры; а особливо, когда ты примешься описывать бессмертные подвиги императорской гвардии? Вчера он побледнел, слушая твой красноречивый рассказ о нашем переходе через Березину. По твоим словам, на каждого французского гренадера было по целому полку русских солдат. Послушай, Розенган! когда дело идет о нашей национальной славе, то ты настоящий гасконец. Конечно, нам весело тебя слушать; а каково ему?

— А, Рено! bonjour, mon ami! – закричал Папилью, идя навстречу к жандармскому офицеру, который вошел в кофейную лавку. – Ну, нет ли чего-нибудь новенького?

— Покамест ничего, – отвечал жандарм, окинув беглым взором всю комнату. – А! он здесь, – продолжал Рено, увидев Рославлева. – Ведь, кажется, этот пленный офицер говорит по-французски?

— Да! – отвечал Папилью, – так что ж?

— А вот что: мне дано не слишком приятное поручение – я должен отвести его в тюрьму.

— В тюрьму? за что?

— По городу распространились очень невыгодные для нас слухи; говорят, что большая армия совершенно истреблена. Это может сделать весьма дурное впечатление на весь гарнизон.

— Да что ж общего между этим ложным известием и этим пленным офицером?

— Его превосходительство генерал Рапп уверен, что эти слухи распространяют пленные офицеры; а как всего вероятнее, что те из них, которые говорят по-французски, имеют к этому более способов...

— А, понимаю! Впрочем, кажется, этого пленного офицера нельзя упрекнуть в многоречии: он почти всегда молчит.

— Быть может, но я должен отвести его в тюрьму. Впрочем, на это есть и другие причины, – прибавил жандарм значительным голосом.

— Право? не можете ли вы мне сказать?

— Вот изволите видеть: это небольшая хитрость, придуманная генералом Дерикуром; и признаюсь – выдумка прекрасная! Она сделала бы честь не только начальнику штаба, но даже и нашему брату жандарму. Вы знаете, что по приказанию Раппа сидит теперь в тюрьме какой-то флорентийский купец; не знаю почему, генерал Дерикур подозревает, что он русской шпион. Чтоб как-нибудь увериться в этом, он придумай запереть вместе с ним этого пленного офицера, а мне приказал подслушивать их разговоры. Если купец действительно русской, то не может быть, чтоб у него не вырвалось в течение нескольких часов слова два или три русских. Желание поговорить на своем природном языке так натурально; а сверх того, ему в голову не придет, что в одном углу тюрьмы сделано отверстие вроде Дионисьева уха и что каждое их слово, даже шепотом сказанное, будет явственно слышно в другой комнате.

---

[148] нахал! (фр.).

– Вот что? Ну, в самом деле прекрасная выдумка! Я всегда замечал в этом Дерикуре необычайные способности; однако ж не говорите ничего нашим молодым людям; рубиться с неприятелем, брать батареи – это их дело; а всякая хитрость, как бы умно она ни была придумана, кажется им недостойною храброго офицера. Чего доброго, пожалуй, они скажут, что за эту прекрасную выдумку надобно произвесть Дерикура в полицейские комиссары.

– Неужели? Знаете ли, что это отзывается каким-то либерализмом, который совершенно противен духу нашего правления, и если император не возьмет самых строгих мер...

– Император! Да известно ли вам, как эти господа о нем поговаривают? Конечно, они и теперь готовы за него и в огонь и в воду; но, признаюсь, я уж давно не замечаю в них этой безусловной покорности, этого всегдашнего удивления к каждому его действию. Представьте себе: они даже осмеливаются иногда осуждать его распоряжения. Вот несколько дней тому назад один из них – я не назову его: я не доносчик – имел дерзость сказать вслух, что император дурно сделал, ввезя в Россию на несколько миллионов фальшивых ассигнаций, и что никакие политические причины не могут оправдать поступка, за который во всех благоустроенных государствах вешают и ссылают на галеры.

– Тише! Бога ради тише! Что вы? Я не слышал, что вы сказали... не хочу знать... не знаю... Боже мой! до чего мы дожили! какой разврат! Ну что после этого может быть священным для нашей безумной молодежи? Но извините: мне надобно исполнить приказание генерала Дерикура. Милостивый государь! – Продолжал жандарм, подойдя к Рославлеву, – на меня возложена весьма неприятная обязанность; но вы сами военный человек и знаете, что долг службы... не угодно ли вам идти со мною?

– Куда, сударь? – спросил спокойно Рославлев, вставая со стула.

– Некоторые ложные слухи, распускаемые по городу врагами французов, вынуждают генерала Раппа прибегнуть к мерам строгости, весьма неприятным для его доброго сердца. Всех пленных офицеров приказано держать под караулом.

– Для чего не в цепях? – прибавил с горькою улыбкою Рославлев, – это еще будет вернее; а то, в самом деле, мы можем перепрыгнуть через городской вал и уйти из крепости.

В ту самую минуту, как Рославлев сбирался идти за жандармом, вбежал в комнату молодой человек лет двадцати двух, в богатом гусарском мундире и большой медвежьей шапке; он был вооружен не саблею, а коротким заткнутым за пояс трехгранным кинжалом; необыкновенная живость изображалась на его миловидном лице; небольшие закрученные кверху усы и эспаниолетка придавали воинственный вид его выразительной, но несколько женообразной физиономии. С первого взгляда можно было заметить, что он действовал одной левой рукою, а правая казалась как будто бы приделанною к плечу и была без всякого движения.

– Здравствуйте, monsieur Волдемар! – сказал он, переступя через порог. – Куда вы?

– Куда вы, верно, со мной не пойдете, Шамбюр! – отвечал Рославлев, приостановясь на минуту. – Меня ведут в тюрьму.

– Как! – вскричал Шамбюр, – в тюрьму? зачем?.. за что?..

– Спросите у этого господина.

217

– Что это значит, Рено? – сказал Шамбюр, остановя жандарма. – Что такое сделал Рославлев?

– Надеюсь, ничего, за что бы он мог отвечать, это одна мера осторожности. Какие-то ложные слухи тревожат гарнизон, а как, вероятно, их распускают по городу пленные офицеры...

– Почему вы это думаете?

– Так думает генерал Рапп; я исполняю только его приказание.

– Неправда, сударь, не его! Генерал Рапп бьет без пощады вооруженных неприятелей, но никогда не станет тиранить беззащитных пленных. Говорите правду, от кого вы получили приказание посадить его в тюрьму.

– Я не обязан вам давать отчета, господин Шамбюр!

– Однако ж дадите! – вскричал гусар, и глаза его засверкали. – Знаете ли вы, господин жандарм, что этот офицер мой пленник? я вырвал его из средины русского войска; он принадлежит мне; он моя собственность, и никто в целом мире не волен располагать им без моего согласия.

– Что вы, Шамбюр! – перервал Папилью, – господин Рославлев военнопленный, и начальство имеет полное право...

– Нет, черт возьми! Нет! – вскричал Шамбюр, топнув ногою, – я не допущу никого обижать моего пленника: он под моей защитой, и если бы сам Рапп захотел притеснять его, то и тогда – cent mille diables![149]– да, и тогда бы я не дал его в обиду!

– Успокойтесь, любезный Шамбюр, – сказал Рославлев, – вы не должны противиться воле вашего начальства.

– Так пусть же оно докажет мне, что вы виноваты. Вы живете со мною, я знаю вас. Вы не станете употреблять этого низкого средства, чтоб беспокоить умы французских солдат; вы офицер, а не шпион, и я решительно хочу знать: в чем вас обвиняют?

– Это может вам объяснить его превосходительство господин Рапп, а не я, – сказал Рено, – а между тем прошу вас не мешать мне исполнять мою обязанность; в противном случае – извините! я вынужден буду позвать жандармов.

– Жандармов! Sacre mille tonnerres![150] Стращать Шамбюра жандармами! – проговорил прерывающимся от бешенства голосом Шамбюр.

– Не дурачься, Шамбюр, – подхватил Розенган, заметя, что вспыльчивый гусар схватился левой рукой за рукоятку своего кинжала. Папилью и Мильсан подошли также к Шамбюру и стали его уговаривать.

– Хорошо, господа, хорошо! – сказал он наконец, – пускай срамят этой несправедливостью имя французских солдат. Бросить в тюрьму по одному подозрению беззащитного пленника, – quelle indignite[151]. Хорошо, возьмите его, а я сейчас поеду к Раппу: он не жандармской офицер и понимает, что такое честь. Прощайте, Рославлев! Мы скоро увидимся. Извините меня! Если б я знал, что с вами будут поступать таким гнусным образом, то велел бы вас приколоть, а не взял бы в плен. До свиданья!

---

[149] сто тысяч чертей! (фр.).
[150] Гром и молния! (фр.).
[151] какая гнусность! (фр.).

218

Рославлев и Рено вышли из кафе и пустились по Ланд-Газу, узкой улице, ведущей в предместье, или, лучше сказать, в ту часть города, которая находится между укрепленным валом и внутреннею стеною Данцига. Они остановились у высокого дома с небольшими окнами. Рено застучал тяжелой скобою; через полминуты дверь заскрипела на своих толстых петлях, и они вошли в темные сени, где тюремный страж; в полувоинственном наряде, отвесив жандарму низкой поклон, повел их вверх по крутой лестнице.

– Чтоб вам не было скучно, – сказал Рено, – я помещу вас вместе с одним итальянским купцом; он человек умный, много путешествовал, и разговор его весьма приятен. К тому ж вам будет полная свобода; в вашей комнате все стены капитальные: вы можете шуметь, петь, кричать, одним словом, делать все, что вам угодно; вы этим никого не обеспокоите, и даже, если б вам вздумалось, – прибавил с улыбкою Рено, – сделать этого купца поверенным каких-нибудь сердечных тайн, то не бойтесь: никто не подслушает имени вашей любезной.

Тюремщик отворил дубовую дверь, окованную железом, и они вошли в просторную комнату с одним окном. В ней стояли две кровати, небольшой стол и несколько стульев. На одном из них сидел человек лет за тридцать, в синем сюртуке. Лицо его было бледно, усталость и совершенное изнурение сил ясно изображались на впалых щеках его; но взор его был спокоен и все черты лица выражали какое-то ледяное равнодушие и даже бесчувственность.

– Вот ваш товарищ, – сказал жандарм Рославлеву, – познакомьтесь!

Рославлев сделал шаг вперед, хотел что-то сказать, но слова замерли на устах его: он узнал в итальянском купце артиллерийского офицера, с которым готов был некогда стреляться в Царскосельском зверинце.

– Я очень рад, что буду иметь такого любезного товарища, – сказал купец, устремив свой неподвижный взор на Рославлева. – Может быть, мы где-нибудь и встречались; но я уверен, что вы меня теперь не узнаете; в тюрьме не хорошеют.

Рославлеву нетрудно было понять настоящий смысл этой фразы; он отвечал вежливо, что, кажется, видел его однажды в французском кафе, и, не продолжая разговора, расположился молча на другом стуле.

Рено, сказав Рославлеву, что он надеется скоро видеть его свободным, вышел из комнаты; дверь захлопнулась, и через несколько секунд глубокая тишина воцарилась кругом заключенных. Рославлев хотел начать разговор с своим товарищем; но он прижал ко рту палец и, помолчав несколько времени, сказал по-французски:

– Если не ошибаюсь, вы офицер прусской службы?

– Извините! – отвечал Рославлев, не понимая причины этой чрезмерной осторожности, – я русской офицер.

– Русской? И недавно в плену?

– Более двух недель.

– Следовательно, известие о лейпцигском сражении пришло после вас, и вы не знаете ничего достоверного?

– Ничего.

– Это жаль. Если действительно сражение проиграно французами, то курс должен упасть; следовательно, дела моих лейпцигских корреспондентов в худом положении. Впрочем, это, может быть, одни пустые слухи. Наполеон не мог

219

сражаться с стихиями; но там, где они не против него, где ничто не мешает движениям войск, может ли победа остаться на стороне его неприятелей? Не подосадуйте на мою откровенность, а мне кажется, что русские напрасно не остались дома; обширные степи и вечные льды – вот что составляет истинную силу России. Ваше дело обороняться, а не нападать. Но извините: мне необходимо кончить небольшой коммерческий расчет, который я делаю здесь на просторе. Надобно быть готовым на всякой случай, и если в самом деле курс на итальянские векселя должен упасть в Лейпциге, то не худо взять заранее свои меры.

Купец вынул из кармана клочок бумаги, карандаш и принялся писать. Рославлев глядел на него с удивлением. Он не мог сомневаться, что видит перед собою старинного своего знакомца, того молчаливого офицера, который дышал ненавистию к французам; но в то же самое время не постигал причины, побуждающей его изъясняться таким странным образом.

– Потрудитесь взглянуть, – сказал этот чудак, подавая Рославлеву клочок бумаги, – я не слишком на себя надеюсь, голова моя что-то очень тяжела; если б вы сделали мне милость и проверили мои итоги?

Рославлев бросил быстрый взгляд на исписанную кругом бумажку и прочел следующее: "Будьте осторожны: нас, верно, подслушивают. Рапп подозревает, что я русской; одно слово на этом языке может погубить меня. Я не боюсь смерти, но желал бы умереть, не доставя ни одной минуты удовольствия французам; а эти негодяи очень обрадуются, когда узнают, кто у них в руках. Во сне я всегда брежу вслух и, разумеется, по-русски. Вот уж три ночи я не сплю; чувствую, что не в силах долее бороться с самим собою; при вас я могу заснуть. Лишь только вы заметите, что я хочу говорить, – зажмите мне рот, будите меня, толкайте, бейте, только бога ради не давайте выговорить ни слова. Вас, верно, прежде моего выпустят из тюрьмы. Ступайте на Театральную площадь; против самого театра, в пятом этаже высокого красного дома, в комнате под номером шестым, живет одна женщина, она была отчаянно больна. Если вы ее застанете в живых, то скажите, что итальянской купец Дольчини просит ее сжечь бумаги, которые он отдал ей под сохранение".

Когда Рославлев перестал читать, товарищ его взял назад бумажку, разорвал на мелкие части и проглотил; потом бросился на постелю и в ту же самую секунду заснул мертвым сном.

Более трех часов сряду сидел Рославлев подле спящего, который несколько раз принимался бредить. Рославлев не будил его, но закрывал рукою рот и мешал явственно выговаривать слова. Вдруг послышались скорые шаги по коридору, который вел к их комнате. Рославлев начал будить своего товарища. После нескольких напрасных попыток ему удалось наконец растолкать его; он вскочил и закричал охриплым голосом по-русски:

– Что; что такое? Французы? Режь их, разбойников! – Глаза его блистали, волосы стояли дыбом, и выражение лица его было так ужасно, что Рославлев невольно содрогнулся.

– Опомнитесь! что вы? – сказал он, – сюда идут!

– Сюда? Кто?.. Ах, да!.. – прошептал купец, проведя рукою по глазам.

– Нет, господин офицер! нет! – заговорил он вдруг громким голосом и по-французски, – я никогда не соглашусь с вами: война не всегда вредит коммерции;

220

напротив, она дает ей нередко новую жизнь. Посмотрите, как англичане хлопочут о том, чтоб европейские государи ссорились меж собою! В одном месте жгут и разоряют фабрики, в другом они процветают. Товары становятся дороже, капиталы переходят из рук в руки; одним словом, я не сомневаюсь, что вечный мир в Европе был бы столь же пагубен для коммерции, как и всегдашняя тишина на море, несмотря на то, что сильный ветер производит бури и топит корабли.

В продолжение этих слов лицо ложного купца приняло свой обыкновенный холодный вид, глаза не выражали никакого внутреннего волнения; казалось, он продолжал спокойно давно начатый разговор; и когда двери комнаты отворились, он даже не повернул головы, чтоб взглянуть на входящего Шамбюра вместе с капитаном Рено.

– Вы свободны! – вскричал Шамбюр, подбежав к Рославлеву, – я доказал Раппу, что он не имеет никакого права поступать таким обидным образом с человеком, за честь которого я ручаюсь моей собственной честию.

– Благодарю вас, – сказал Рославлев, – впрочем, вы можете быть совершенно спокойны, Шамбюр! Я не обещаюсь вам не радоваться, если узнаю что-нибудь о победах нашего войска; но вот вам честное мое слово: не стану никому пересказывать того, что услышу от других.

– Более этого я от вас и требовать не могу, – сказал Шамбюр.

– А! господин Дольчини! – продолжил он, обращаясь к товарищу Рославлева, – и вы здесь?

– Да, сударь! Обо мне, кажется, всё еще думают; что я русской... Русской! Боже мой! да меня от одного этого имени мороз подирает по коже! Господин Дерикур хитер на выдумки; я боюсь, чтоб ему не вздумалось для испытания, точно ли я русской или итальянец, посадить меня на ледник. Вперед вам говорю, что я в четверть часа замерзну.

– Ага, господин Дольчини! – вскричал с громким хохотом Шамбюр, – так есть же что-нибудь в природе, чего вы боитесь?

– Хорошо, что вы не делали русскую кампанию, – подхватил Рено. – Представьте себе, что когда у нас от жестокого мороза текли слезы, то они замерзали на щеках, а глаза слипались от холода!

– Santa Maria![152] Что вы говорите? Знаете ли, что наш Данте в своей "Divina comedia"[153], описывая разнородные мучения ада, в числе самых ужаснейших полагает именно то, о котором вы говорите. И в этой земле живут люди!

– И даже очень любезные, – перервал Шамбюр, подавая левую руку Рославлеву. – Пойдемте, Волдемар; вы уж и так слишком долго здесь сидели.

– Прощайте, господин офицер! – сказал Дольчини Рославлеву, – не забудьте вашего обещания. Если когда-нибудь вам случится быть в Лейпциге, то вы можете обо мне справиться на площади против театра, в высоком красном доме, у живущего под номером шестым. До свиданья!

Шамбюр и Рославлев вышли из тюрьмы.

– Знаете ли, – сказал французской партизан, – какой необыкновенный человек был вашим товарищем? Не понимаю, как мог этот Дольчини изменить до такой

---

[152] Святая Мария! (ит.).
[153] "Божественной комедии" (ит.).

221

степени своему назначению? Во всю жизнь мою я не видывал человека бесстрашнее этого купца. Поверите ли, что я, Шамбюр, основатель и начальник адской роты, должен уступить ему первенство, если не в храбрости, то, по крайней мере, в хладнокровии. Он точно с таким же равнодушием смотрит на бомбу, которая крутится у ног его, с каким мы глядим на волчок, спущенный рукою слабого ребенка. А если б вы знали, какой он оригинал? Я предлагал ему место старшего сержанта в моей роте в ту самую минуту, как он стоял добровольно под градом неприятельских ядер; он решительно отказался, и именно потому, что он отец семейства и должен беречь жизнь свою. Avouez que c'est delicieux![154] Но вот ваша квартира. Я думаю, вы сегодня не расположены прогуливаться. Ступайте домой; а мне надобно взглянуть на мою роту. Может быть, сегодня ночью я побываю вместе с нею за городом.

– От всей души желаю, – сказал Рославлев, принимаясь за дверную скобу, – чтоб вы...

– Чтоб я наконец сломил себе шею? – перервал с улыбкою Шамбюр.

– Нет, чтоб вас оставили погостить подолее в нашем лагере.

– Покорно благодарю! Я люблю сам угощать; и если завтра поутру вы не будете пить у меня кофей, то можете быть уверены, что я остался на вечное житье в ваших траншеях.

ГЛАВА VII

На другой день, часу в девятом утра, Шамбюр, допивая свою чашку кофею, сказал с принуждённою улыбкою Рославлеву:

– Ну, вот видите! желание ваше не сбылось: я не остался гостить в русском лагере.

– Но, кажется, не привели и гостей с собою, – отвечал Рославлев. – Если правда, что мне говорили, то ваша рота...

– Да! ее надобно укомплектовать, – перервал Шамбюр, и что-то похожее на грусть изобразилось на лице его.

– Черт возьми! – продолжал он, – как эти русские стали осторожны! Из ста пятидесяти человек только тридцать воротились со мною; но зато все эти тридцать солдат – герои... да, герои! Бедный Леклер!.. Вы знали этого героя, этого Баярда моей роты? Его убили подле меня! Видите ли эти пятна на груди моей? Это его кровь! Но вы расплатитесь со мною, господа русские! Его похороны будут дорого вам стоить!.. Клянусь этим кинжалом, что целая сотня русских...

– Не угодно ли вам начать с меня? – перервал, улыбаясь, Рославлев. Шамбюр засмеялся.

– Нет! – сказал он, – я никогда не нарушал прав гостеприимства; но не советую и вам встретиться со мною в русских траншеях. Я вас люблю, а непременно

---

[154] Согласитесь, это прелестно! (фр.).

зарежу, если вы вздумаете со мною церемониться и не постараетесь меня предупредить. Ну, что вы намерены теперь делать?

– Я пойду гулять.

– А я отправлюсь к Раппу. Мне сказывали, что у него сегодня военный совет; и хотя я не приглашен, но это все равно: где толкуют о военных действиях, там Шамбюр лишним быть не может. Прощайте!

Шамбюр и Рославлев вышли из дома в одно время; первый пустился скорым шагом к квартире генерала Раппа, а последний отправился на Театральную площадь. Рославлев тотчас узнал красный дом, о котором говорил ему накануне Дольчини. Взойдя в пятый этаж, который у нас в России назвали бы просто чердаком, он увидел на низенькой двери прибитую дощечку с номером шестым. Дверь была только притворена. Рославлев должен был согнуться, чтоб взойти в небольшую переднюю комнату, которая в то же время служила кухнею; подле очага, на котором курился догорающий торф, сидела старуха лет пятидесяти, довольно опрятно одетая, но худая и бледная как тень.

– Что угодно господину? – спросила она, увидя входящего Рославлева.

– Я прислан от господина Дольчини, – ответил Рославлев.

– От господина Дольчини! – повторила радостным голосом старуха, вскочив со стула. – Итак, господь бог несовсем еще нас покинул!.. Сударыня, сударыня!.. – продолжала она, оборотясь к перегородке, которая отделяла другую комнату от кухни. – Слава богу! Господин Дольчини прислал к вам своего приятеля. Войдите, сударь, к ней. Она очень слаба; но ваше посещение, верно, ее обрадует.

Рославлеву нередко случалось видеть все, что нищета заключает в себе ужасного: он не раз посещал убогую хижину бедного; но никогда грудь его не волновалась таким горестным чувством, душа не тосковала так, как в ту минуту, когда, подходя к дверям другой комнаты, он услышал болезненный вздох, который, казалось, проник до глубины его сердца. В небольшой горенке, слабо освещенной одним слуховым окном, на постели с изорванным пологом лежала, оборотясь к стене, больная женщина; не переменяя положения, она сказала тихим, но довольно твердым голосом:

– Скажите, что сделалось с Дольчини? Скоро ли я его увижу?

Иллюстрация Лихорадочная дрожь пробежала по всем членам Рославлева; он хотел что-то сказать, но онемевший язык его не повиновался. Этот голос!.. эти знакомые звуки!.. Нет, нет! он не желал, не смел верить...

– Бога ради, скажите скорее, – продолжала больная, повернясь лицом к Рославлеву, – скоро ли я его увижу?

– Полина!.. – вскричал Рославлев. Больная содрогнулась; приподнялась до половины и, устремив свой полумертвый взгляд на Рославлева, повторила:

– Полина!.. Кто вы?.. Я почти ничего не вижу... Полина!.. Так называл меня лишь он... но его нет уже на свете... Ах!.. так называл меня еще... Боже мой, боже мой! О, господь правосуден! Я должна была его видеть, должна слышать его проклятия в последние мои минуты.. это он!

– Полина! – вскричал Рославлев, схватив за руку больную, – так это я – друг твой! Но бога ради, успокойся! Несчастная! я оплакивал тебя как умершую; но никогда – нет, никогда не проклинал моей Полины! И если бы твое земное счастие зависело от меня, то, клянусь тебе богом, мой друг, ты была бы счастлива

223

везде... да, везде – даже в самой Франции, – прибавил тихим голосом Рославлев, и слезы его закапали на руку Полины, которую он прижимал к груди своей.

Больная молча смотрела на Рославлева; взоры ее понемногу оживлялись; вдруг они заблистали, легкой румянец пробежал по бледным щекам ее; она схватила руку Рославлева и покрыла ее поцелуями.

– Итак, я могу умереть спокойно! – проговорила она, рыдая, – ты простил меня! Но ты должен проклинать... Ах, не проклинай и его, мой друг!.. его уж нет на свете...

– Несчастная!

– Но я скоро с ним увижусь – да, мой друг! – продолжала больная, понизив голос, – вот уж третью ночь, каждый раз, когда на городской башне пробьет полночь, он является вот здесь – у моего изголовья – и зовет меня к себе.

– Это один бред, Полина! Ты больна; твое расстроенное воображение...

– Нет, нет! Это уж не в первый раз, мой друг! Он точно так же приходил и за моим сыном: они оба ждут меня.

– За твоим сыном?

– Да! у меня был сын. Ах, как я его любила, мой друг! Я называла его Волдемаром.

– И твой муж...

– Тс! тише! Бога ради, не называй его моим мужем: над тобой станут все смеяться. Что ты на меня так смотришь? Ты думаешь, что я брежу?.. О нет, мой друг! Послушай: я чувствую в себе довольно силы, чтоб рассказать тебе все.

– Нет, Полина! зачем вспоминать прошедшее. Бог милостив; здоровье твое поправится, ты возвратишься в отечество...

– В отечество? Но разве у меня есть отечество?.. Разве несчастная Полина не отказалась навсегда от своей родины?.. Разве найдется во всей России уголок, где б дали приют русской, вдове пленного француза?.. Отечество!.. О, если бы прошедшее было в нашей воле, я не стала бы тогда заботиться о моем спасении! С какою б радостью я обрекла себя на смерть, чтоб только умереть в моем отечестве. Безумная! я думала, что могу сказать ему: твой бог будет моим богом, твоя земля – моей землею. О нет, мой друг! кто покидает навсегда свою родину, тот рано или поздно, а умрет по ней с тоски... Но пока я еще могу – я должна тебе рассказать все.

– Зачем, Полина?..

– Ах, не мешай мне; это облегчит мою душу. Я хочу, чтоб ты знал, как я была наказана за мое вероломство. Ты читал письмо мое; ты знаешь, как он встретился опять со мною. Рука его была свободна, сердце принадлежало мне; ты сам прислал его в наш дом. Все это казалось мне волею самих небес; я думала, что не изменяю тебе, но покоряюсь только какому-то предопределению, от которого ничто не могло спасти меня, или, лучше сказать, я ничего не думала. Моя свадьба, первый шаг от алтаря, свадебный подарок, который ожидал меня у самого церковного порога... Ах, Рославлев! я едва не потеряла рассудок; но ты уехал; меня уверили, что горесть твоя уменьшилась, и я стала спокойнее. Скоро французы заняли нашу деревню. Муж мой сделался свободным, и мы отправились в Москву. Первый месяц прошел довольно спокойно. Сеникур любил меня. Ужасные бедствия моих сограждан, пожар Москвы, беспрестанные слухи о покорении всей России – все

224

это казалось мне каким-то смутным, невнятным сновидением! Я жила только для него, видела одного его, и, точно так же, как человек в сильной горячке воображает себя здоровым, думала, что я счастлива. К концу месяца нрав моего мужа приметно изменился: он стал задумчив, беспокоен, иногда поглядывал на меня с состраданием, и когда я спрашивала о причине его грусти, он отвечал всякой раз: "Дела наши идут дурно". Поверишь ли, мой друг! до какой степени рассудок мой был ослеплен? Я не понимала даже настоящего смысла этих слов: мне казалось, что он говорит о России. Одним утром он вбежал ко мне бледный, с отчаянием на лице. "Полина! – вскричал он, – наши дела идут час от часу хуже: Мюрат разбит!" – "Так что ж?" – спросила я, не понимая совершенно, какое участие я должна была принимать в судьбе Мюрата. Лицо Сеникура сделалось бледнее; помолчав несколько минут, он продолжал прерывающимся голосом: "Да, сударыня! мы погибли: русские торжествуют; но, извините! я имел глупость забыть на минуту, что вы русская". Вдруг как будто завеса спала с глаз моих. "Мы погибли! Русские торжествуют!" Эти слова раздавались беспрестанно в ушах моих. Праведный боже! Итак, с избавлением моего отечества неразлучна гибель того, кто был для меня всем на свете! Итак, в молитвах моих я должна была говорить перед господом: "Боже! спаси моего супруга и погуби Россию!"

Спустя несколько дней, в продолжение которых Сеникур почти не говорил со мною, он сказал мне одним утром: "Полина! через час меня уже в Москве не будет: отступление нашего войска не обещает ничего хорошего; я не хочу подвергать тебя опасности: ты можешь возвратиться к твоей матери, можешь даже навсегда остаться в России; ты свободна". Я не дала договорить ему. "Адольф! – вскричала я, – мое отечество там, где ты; я забыла его для тебя и должна терпеть все!.. Страдать, умереть вместе с тобою – вот одно, что может оправдать меня в собственных глазах моих". Адольф обнял меня с прежней нежностию, и я отправилась вслед за французским войском. Не стану рассказывать тебе, что я должна была переносить. Ах, мой друг! я не призывала смерти для того только, что не могла уже умереть одна. Голод, кучи мертвых тел, казаки – все это перемешалось в моей голове... Я помню только, что при переправе через какую-то реку моя карета и множество других остановились на одном берегу, а на другом дрались; вдруг позади нас началась стрельба, поднялся ужасный крик и вой; что-то поминутно свистело в воздухе; стекла моей кареты разлетелись вдребезги, и лошади попадали. Не знаю, долго ли это продолжалось; одно только я не забыла: я помню, что гусарской офицер, приятель Адольфа, выхватил меня из кареты, посадил перед собою на лошадь и вместе со мною кинулся в реку. Мне помнится также, что вода была очень холодна, что мы долго плыли, что огромные льдины беспрестанно отталкивали нас назад; наконец мы выбрались на другой берег и через несколько минут догнали французскую гвардию. Потом, кажется, меня везли в санях, а там вдруг я очутилась в каком-то нерусском городе; из него мы проехали в другой, там в третий и наконец остановились в этом. Во все это время я была очень больна. Обо мне заботился все тот же гусарской офицер; но Адольфа я не видела. Долго скрывали от меня истину; наконец, когда и последний защитник мой занемог сильной горячкою и почувствовал приближение смерти, то объявил мне, Что мужа моего нет уже на свете. Но к чему высчитывать тебе все мои несчастия? Я родила сына. Приятель моего Адольфа умер, и мы вместе с бедным сиротою остались одни в целом мире. Пока у меня были деньги, я жила весьма уединенно, почти никуда не выходила и ни с кем не была знакомя; но когда русские стали осаждать город, когда хлеб сделался вдесятеро дороже и все деньги мои вышли, я решилась прибегнуть к великодушию единоземцев покойного моего мужа. Мне не отказывали в помощи; но я замечала, что жены французских чиновников и даже обывателей обходились со мною весьма холодно; а мужья их – с какою-то обидною ласкою, от которой я нередко плакала. Одним утром, когда у меня не оставалось уже хлеба, я вошла в дом, занимаемый французским генералом. Слуга пошел доложить обо мне его жене, и я через растворенную дверь могла ясно слышать разговор ее с другой дамою, которая была у нее в гостях. "Вдова полковника Сеникура! – вскричала хозяйка, выслушав слова слуги. – Какой вздор! Представьте себе, моя милая! – продолжала она, – это какая-то русская, которую граф Сеникур увез из Москвы. Она, конечно, жалка; но, признаюсь, я не могу видеть хладнокровно, с какою дерзостию каждая нищая старается нас обманывать. Весь город знает, что эта русская была просто любовницею Сеникура, и, несмотря на то, она смеет называть себя его женою! Comme ces creatures sont impudentes!"[155]. Боже мой!.. Я изменила тебе, оставила семью, отечество, пожертвовала всем, чтобы быть его женою, и меня называют его любовницею!.. О мой друг! у меня не было пристанища, мне нечем было накормить моего сына; но за минуту до этого я могла назваться счастливою!.. Без памяти, прижимая к груди плачущего ребенка, я выбежала на улицу. У ног моих текла река; но я не могла умереть: сын мой был еще жив! Не зная сама, что делаю, я вмешалась в толпу бедных жителей, которых французы выгоняли из Данцига. Когда я вышла из города, сердце мое несколько облегчилось. Нас выпроводили за французские аванпосты и сказали, что никого не пропустят назад в город. Вдали стояли русские часовые и разъезжали казаки. Вся толпа кинулась вперед; но к нам подскакал казак и объявил, что нас не велено пропускать на русскую сторону. Кругом меня поднялись громкие вопли и рыдания; я одна не плакала. Я видела русских и не жила уже с французами; но когда прошел весь день и вся ночь в тщетном ожидании, что нам позволят идти далее, когда сын мой ослабел до того, что перестал даже плакать, когда я напрасно прикладывала его к иссохшей груди моей, то чувство матери подавило все прочие; дитя мое умирало с голода, и я не могла помочь ему!..

Полина перестала говорить; щеки ее пылали; заметно было, что сильная горячка начинала свирепствовать в груди ее...

– Да, да!.. это точно было наяву, – продолжала она с ужасною улыбкою, – точно!.. Мое дитя при мне, на моих коленях умирало с голода! Кажется... да, вдруг закричали: "Русской офицер!" "Русской! – подумала я, – о! верно, он накормит моего сына", – и бросилась вместе с другими к валу, по которому он ехал. Не понимаю сама, как могла я пробиться сквозь толпу, влезть на вал и упасть к ногам офицера, который, не слушая моих воплей, поскакал далее...

– Возможно ли? – вскричал с ужасом Рославлев, – это была ты, Полина? и я не узнал тебя!..

Больная остановилась, устремив дикой взор на Рославлева; она повторила:

– Я не узнала тебя!.. Так это был ты, мой друг? Как я рада!.. Теперь ты не

---

[155] Как бесстыдны эти твари! (фр.).

можешь ни в чем упрекать меня... Неправда ли, мы поравнялись с тобою?.. Ты также, покрытый кровью, лежал у ног моих – помнишь, когда я шла от венца с моим мужем?..

– Бога ради, Полина! – перервал Рославлев, – не говори об этом.

– Да, да! Ты прав, мой друг! Голова моя начинает кружиться... а я не все еще тебе рассказала... Кажется... точно!.. Я помню, что очутилась опять подле французских солдат; не знаю, как это сделалось... помню только, что я просилась опять в город, что меня не пускали, что кто-то сказал подле меня, что я русская, что Дольчини был тут же вместе с французскими офицерами; он уговорил их пропустить меня; привел сюда, и если я еще не умерла с голода, то за это обязана ему... да, мой друг! я просила милостину для моего сына, а он умер... Дольчини сказал мне однажды... Но что это?.. тс! тише, мой друг, тише!.. Так точно – гром!

– Это не гром, Полина, – перервал Рославлев, – а сильная пушечная пальба...

– Нет, нет!.. это гром, – повторила с беспокойством больная. – Чувствуешь ли, как дрожит весь пол?..

Это всегда бывает за несколько минут перед его приходом... Ах, как время идет скоро! Вот уж и полночь!.. первый удар колокола!.. Ступай, мой друг, ступай!..

– Успокойся, Полина! ты ошибаешься...

– О, бога ради! оставь меня... еще... еще!.. Беги, мой друг, беги!.. Нет! я не могу, я не хочу вас видеть вместе. Это было бы ужасно... да, ужасно!.. Ступай, Рославлев, ступай!.. Прошу тебя, заклинаю!.. Полина хотела приподняться, но силы ей изменили, и она почти без чувств опустилась на свое изголовье. Рославлев вышел из ее комнаты и послал к ней старуху, сказав, что через несколько часов зайдет опять навестить больную. Сердце его было так растерзано, он так был расстроен этой неожиданной встречею, что когда вышел на улицу, то не заметил сначала необыкновенного движения в народе. В русских траншеях открыли новую батарею в самом близком расстоянии от города: двадцатичетырех фунтовые ядра с ужасным визгом прыгали по кровлям домов; камни, доски, черепицы сыпались, как град, на улицу; и все проходящие спешили укрыться по домам. Не заботясь нимало о своей безопасности, Рославлев шел подле самых стен домов – вдруг один каменный отломок, оторванный ядром, ударил его в голову; кровь брызнула из нее ручьем, он зашатался и упал без памяти на мостовую.

ГЛАВА VIII

Более двух недель Рославлев был на краю могилы; несколько раз он приходил в себя и видел, как сквозь сон, то приятеля своего Шамбюра, то какого-то незнакомого человека, который перевязывал ему голову. Раза два ему казалось, что подле его постели сидит Дольчини; но все это представлялось ему в таком смешанном и неясном виде, что когда воспаление в мозгу, от которого он едва не умер, совершенно миновалось, то все прошедшее представилось ему каким-то длинным и беспорядочным сном. В ту самую минуту, как Рославлев старался

227

припомнить, когда он лег спать, и изъяснить себе, отчего он спал так долго; вошел в комнату Шамбюр.

– Ах! как я рад, что вас вижу! – сказал Рославлев. – Растолкуйте мне, что со мной делается? Мне кажется, я спал несколько суток сряду.

– Так вы наконец проснулись? – перервал Шамбюр, садясь подле постели Рославлева. – Слава богу! Поглядите-ка на меня. Ну вот и глаза ваши совсем не те, и цвет лица гораздо лучше.

– Но отчего я так долго спал?

– Да, чуть было вы не заснули таким крепким сном, что не проснулись бы и тогда, если б мы взорвали на воздух весь Данциг. Вспомните хорошенько – недели две тому назад...

– Две недели... постойте!..

– То есть на другой день, как вас выпустили из тюрьмы...

– Из тюрьмы... помню! точно; я был в тюрьме...

– Вы пошли прогуляться по городу – это было поутру; а около обеда вас нашли недалеко от Театральной площади, с проломленной головой и без памяти. Кажется, за это вы должны благодарить ваших соотечественников: они в этот день засыпали нас ядрами. И за что они рассердились на кровли бедных домов? Поверите ль, около театра не осталось почти ни одного чердака, который не был бы совсем исковеркан.

– Подле театра! – повторил Рославлев. – Постойте!.. Боже мой1.. мне помнится... так точно, против самого театра, красный дом..

– Красный дом? выше всех других?

– Да, да!

– Третьего дня, – продолжал спокойно Шамбюр, – досталось и ему от русских: на него упала бомба; впрочем, бед немного наделала – я сам ходил смотреть. Во всем доме никто не ранен, и только убило одну больную женщину, которая и без того должна была скоро умереть.

– Больную женщину!..

– Да, мне сказывали, что она называла себя вдовою какого-то французского полковника; да это неправда... но что с вами делается?

– Несчастная Полина! – вскричал Рославлев.

– Так вы были с ней знакомы? Ах! как досадно, что я не знал этого! Впрочем, много грустить нечего; я уж вам сказал, что она и без этого была при смерти; минутой прежде, минутой после...

– Да, Шамбюр, вы правы: кто знал эту несчастную, тот должен не горевать, а радоваться; но, несмотря на это, если б я мог воскресить ее...

– Да ведь это невозможно, так о чем же и хлопотать? К тому ж; если в самом деле она была вдовою фанцузского полковника, то не могла не желать такого завидного конца – etre coiffe d'une bombe[156] или умереть глупым образом на своей постели – какая разница! Я помню, мне сказал однажды Дольчини... А кстати! Знаете ли, как одурачил нас всех этот господин флорентийской купец?..

– А что такое?..

– Да только: он вовсе не купец, не итальянец, а русской партизан.

---

[156] погибнуть от бомбы (фр.).

– Что вы говорите!.. Итак, все открылось, и он?..

– Расстрелян, думаете вы? Вот то-то и беда, что нет. Вскоре после вас и его выпустили из тюрьмы, и в несколько дней этот Дольчини так поладил с генералом Дерикуром, что он поручил ему доставить Наполеону преважные депеши. Рено, который также с ним очень подружился, взялся выпроводить его за наши аванпосты. Когда они подошли к Лангфуртскому предместью, то господин Дольчини, в виду ваших казаков, распрощавшись очень вежливо с Рено, сказал ему: "Поблагодарите генерала Раппа за его ласку и доверенность; да не забудьте ему сказать, что я не итальянский купец Дольчини, а русской партизан..." Тут назвал он себя по имени, которое я никак не могу выговорить, хотя и тысячу раз его слышал. Бедный Рено простоял полчаса разиня рот на одном месте, и когда, возвратясь в Данциг, доложил об этом Раппу, то едва унес ноги: генерал взбесился; с Дерикуром чуть не сделалось удара, а толстый Папилью, вспомня, что он несколько раз дружески разговаривал с этим Дольчини, до того перепугался, что слег в постелю. Дом, в котором жил ci-devant[157] итальянской купец, обшарили сверху донизу, пересмотрели все щелки, забрали все бумаги, и если б он накануне не отдал мне письма на ваше имя, то вряд ли бы оно дошло когда-нибудь по адресу,

– Как! У вас есть ко мне письмо?

– Да, есть. И хотя по-настоящему мне как партизану должно перехватывать всякую неприятельскую переписку, – примолвил с улыбкою Шамбюр, – но я обещался доставить это письмо, я Шамбюр во всю жизнь не изменял своему слову. Вот оно: читайте на просторе. Мне надобно теперь отправиться к генералу Раппу: у него, кажется, будут толковать о сдаче Данцига; но мы еще увидим, кто кого перекричит. Прощайте!

Рославлев не отвечал ни слова; все внимание его было устремлено на адрес письма, написанный рукою, которая некогда была ему так знакома и мила. Он распечатал пакет; первый предмет, поразивший его взоры, был локон светло-русых волос. Рославлев прижал его к губам своим. "Бедная Полина! – сказал он, всхлипывая, – вот все, что от тебя осталось!"

Когда душа его несколько поуспокоилась, он начал читать следующее: "Друг мой! Дольчини сказал мне, что ты болен и не можешь меня видеть. Итак, я умру, не простясь с тобою! Я не думаю дожить до будущего утра. Выслушай последнее мое желание. Сестра моя тебя любит – да, мой друг! Оленька любит тебя так же пламенно, как я люблю его... Ах! для чего не она была твоей невестою? Тогда я была бы одна несчастлива! Друг мой! она достойна быть твоей женою – твоей женою! О, эта мысль так утешительна! Когда-нибудь и ты переселишься в тот мир, в котором мы отдохнем от наших земных бедствий! Тогда и я могла бы видеть его и тебя вместе – любить в одно время; ты был бы моим братом, Волдемар!.. Еще одна просьба: в этом письме ты получишь мои волосы. Прошу тебя, мой друг! зарой их под самой той черемухой, где некогда твоя доброта и великодушие едва не изгладили его из моего сердца. Может быть, ты назовешь меня мечтательницей, сумасшедшей – о мой друг! если б ты знал, как горько умирать на чужой стороне! Пусть хоть что-нибудь мое истлеет в земле русской. Прощай, Волдемар! Я боюсь,

---

[157] здесь: мнимый (фр.).

что проживу долее, чем думаю; русские ядра летают беспрестанно мимо, и ни одно из них не прекратит моих страданий! Ах! я почла бы это не местию, но знаком примирения, и умерла бы с радостию. Прощай, мой друг!.."

Рославлев едва мог дочитать письмо: все прошедшее оживилось в его памяти. "Бедная Полина! несчастная Полина!.. – повторил он, рыдая. – О! как сердце твое умело любить! Да, я свято исполню твои последние желания – я буду твоим братом... Но если Оленька принадлежит уже другому? Если Полина принимала любимые мечты свои за истину? Если сестра ее чувствует ко мне одну только дружбу..." Тут вспомнил Рославлев невольное восклицание, которое вырвалось из уст Оленьки, когда ему удалось спасти ее от смерти. Да!.. в этом порыве благодарности было что-то более простой, обыкновенной дружбы... но кто желал с таким нетерпением, чтоб он женился на Полине? Кто употреблял все способы, чтоб склонить ее к этому браку?.. Рославлев терялся в своих догадках? он не знал, к чему способно сердце женщины, истинно доброй и чувствительной. Каких жертв не принесет она, чтобы видеть счастливым того, кого любит? Может быть, мы умеем сильнее чувствовать, но мы слишком много рассуждаем, слишком положительны, везде ищем здравого смысла и можем быть подчас больны чужим здоровьем[158]; но очень редко бываем счастливы благополучием других. Любить всю жизнь, без всякой надежды; наслаждаться не своим счастием, но счастием того, кого выбрало наше сердце; любить с таким самоотвержением – о, это умеют одни только женщины!.. и если эта бескорыстная, неземная любовь бывает иногда недоступна, то, по крайней мере, она всегда понятна для души каждой женщины. Рославлев несколько раз перечитывал письмо; каждое слово, начертанное рукою умирающей Полины, возбуждало в душе его тысячу противуположных чувств. Он попеременно то решался выполнить ее волю, то вечно не принадлежать никому. Иногда образ кроткой, доброй Оленьки являлся ему в самом пленительном виде; но в то же время покрытое смертною бледностию лицо Полины представлялось его расстроенному воображению, и мысль о будущем счастии вливалась беспрестанно с воспоминанием, раздирающий его душу. Приход Шамбюра перервал его размышления; он вбежал в комнату, как бешеный, и сказал прерывающимся голосом:

– Прощайте, Рославлев! – я сейчас иду вон из города.

– С вашей ротою? – спросил Рославлев.

– Нет, один.)

– Одни? Что ж вы хотите делать?

– Дезертировать.

– Дезертировать! – повторил с удивлением Рославлев.

– Да! mille tonnerres! Я не хочу ни минуты остаться с этими трусами, с этими подлецами, с этими... Представьте себе! Я сейчас из военного совета: весь гарнизон сдается военнопленным.

– В самом деле! – вскричал с радостию Рославлев.

– Да, сударь, да! И как вы думаете, отчего? – оттого, что у нас осталось на один только день провианта – les miserables! Но разве у нас нет оружия? Разве восемнадцать тысяч французов не могут очистить себе везде дорогу и пробиться,

---

[158] Выражение одного русского поэта. – (Прим. автора).

если надобно, до самого центра земли?.. Мнения моего никто не спрашивал; но когда я услышал, что генерал Рапп соглашается подписать эту постыдную капитуляцию, то встал с своего места. Мерзавец Дерикур хотел было помешать мне говорить... но, черт возьми! Я закричал так, что он поневоле прикусил язык. "Господа! – сказал я, – если мы точно французы, то вот что должны сделать: отвергнуть с презрением обидное предложение неприятеля, Подорвать все данцигские укрепления, свернуть войско в одну густую колонну, ударить в неприятеля, смять его, идти на Гамбург и соединиться с маршалом Даву". – "Но, – возразил Дерикур, – осаждающие вдвое нас сильнее". – "Что нужды! – отвечал я, – они не французы!" – "Мы окружены врагами, – прибавил Рапп, – вся Пруссия восстала против Наполеона". – "Какое дело! – закричал я, – мы пойдем вперед; при виде победоносных орлов наших все побегут; мы раздавим русской осадный корпус, сожжем Берлин, истребим прусскую армию..." – "Он сумасшедший!" – закричали все генералы. "Молчите или ступайте вон!" – заревел Рапп. "О! если так, черт возьми! – отвечал я весьма спокойно, – я пойду – да! cent mille diables! я пойду; но только не домой, а в неприятельской лагерь. Пусть, кто хочет, сдается военнопленным, пусть проходит парадом мимо этих скифских орд и кладет оружие к ногам тех самых солдат, которых я заставлял трепетать с одной моей ротою! Что ж касается до меня, то объявляю здесь при всех, что не служу более и сей же час перехожу к неприятелю". – "Убирайтесь хоть к черту! Только ступайте вон", – сказал Рапп. Я посмотрел на него с сожалением, бросил презрительный взгляд на толпу трусов, его окружающих, и побежал проститься с вами. Впрочем, надеюсь, мы скоро увидимся: если капитуляция подписана, то вы свободны и найдете меня в своем лагере. Прощайте!

В самом деле, когда через несколько дней Рославлев выехал из города, то повстречался с Шамбюром на наших аванпостах; они обнялись как старинные приятели. Дежурным по аванпостам был Зарядьев. Он очень обрадовался, увидя Рославлева.

– Ну, братец! – сказал он, – мы было отчаялись тебя и видеть! Как ты похудел!.. Да полно, отцепись от этого француза! Поди-ка сюда!..

– Что, Зарядьев? – перервал Рославлев с улыбкою, – видно, ты еще не забыл, как он пугнул тебя на Нерунге?

– Пугнул!.. Эка фигура! – подкрался втихомолку; а как моя рота выстроилась да пошла катать, так и давай бог ноги! Что за офицер? дрянь! Прежде был разбойником, а теперь беглый.

– Ну что, как вы с ним ладите?

– С ним? Да не приведи господи! Этот Шамбюр надоел нам всем как горькая редька – этакой безрукой черт! покою нет! Лепечет, шумит, кричит с утра до вечера. До него дошел слух, что в Данциге все его пожитки продали с публичного торга – да и как иначе? Ведь он дезертёр. Что ж ты думаешь? Рвется теперь опять в Данциг – пусти его, да и только! Хочет там всех приколотить до смерти! Эх! не умеют с ним справиться! Дали бы мне его недельки на две, так я бы его вышколил! У меня б он не сошел с палочного караула; а чуть забурлил, так на хлеб, на воду. Небось стал бы шелковой!

Через неделю Рославлев совсем выздоровел, и когда наступил день сдачи крепости, то он отправился вместе со всем штабом вслед за главнокомандующим к

Оливским воротам, которыми должны были выходить из Данцига военнопленные французы. Шестнадцать тысяч наших и прусских войск были поставлены в две линии, вдоль по гласису Гагельсбергских укреплений. Сперва явился, в зеленой бархатной шубе, надетой сверх богатого мундира, генерал Рапп; на лице его изображалась глубокая горесть. Этот храбрый воин Наполеона, один из героев Аустерлицкого сражения, в первый раз еще преклонял отягченную лаврами главу свою перед мечом победителя. Вскоре показались французские колонны; наблюдая глубокое молчание, они проходили дивизиями посреди наших линий. Рославлев не мог без сердечного соболезнования глядеть на этих бесстрашных воинов, когда при звуке полковой музыки, пройдя церемониальным маршем мимо наших войск, они снимали с себя всё оружие и с поникшими глазами продолжали идти далее. Многие из французских офицеров плакали; другие, стараясь показывать совершенное равнодушие, курили трубки, идя перед своими взводами. Это последнее обстоятельство не укрылось от зорких глаз капитана Зарядьева. Когда кончилось сие торжественное шествие, напоминающее блестящие похороны знаменитого военачальника, которому у самой могилы отдают в последний раз все военные почести, наш строгой ротной командир подошел к Рославлеву и спросил его: как ему кажется, хорошо ли прошли церемониальным маршем французы?

– Я, право, этого не заметил, – отвечал Рославлев.

– Так я тебе скажу: они понятия не имеют о фрунтовой службе. Все взводы заваливали, замыкающие шли по флангам, а что всего хуже – заметил ли ты двух взводных начальников, которые во фрунте курили трубки? Ну, братец! Я думал всегда, что они вольница, – да уж это из рук вон!..

– Эх, Зарядьев! до того ли им, чтоб думать о порядке? Посмотрел бы я на тебя, если бы ты должен был проходить мимо неприятеля церемониальным маршем для того, чтоб положить оружие?

– Оно конечно, братец, кто и говорит – обидно! Статься может, что и я не повел бы в ногу мою роту, а все-таки не стал бы курить трубки во фрунте – воля твоя, любезный... Как хочешь, а нехорошо: дурной пример для солдат.

Мы не станем описывать торжественного входа наших войск в Данциг[159]; не будем также говорить о следствиях этой колоссальной войны всей Европы с французами. Кому неизвестны даже все мелкие происшествия этой чудной эпохи, ознаменованной падением величайшего военного гения нашего времени?

Мы предуведомим только читателей, что различные обстоятельства не допустили Рославлева увидеться с приятелем его Зарецким. Во вторую французскую кампанию полк, в котором служил этот последний, попал в число войск, которые должны были остаться до известного времени во Франции. В течение этого времени остальная часть армии возвратилась в Россию, и Рославлев вышел опять в отставку.

Несколько лет уже продолжался общий мир во всей Европе; торговля процветала, все народы казались спокойными, и Россия, забывая понемногу прошедшие бедствия, начинала уже пользоваться плодами своих побед и неимоверных пожертвований; мы отдохнули, и русские полуфранцузы появились

---

[159] Он описан весьма подробно в книге под названием: "Записки касательно похода С.-П.бургского ополчения". – (Прим. автора).

снова в обществах, снова начали бредить Парижем и добиваться почетного названия – обезьян вертлявого народа, который продолжал кричать по-прежнему, что мы варвары, а французы первая нация в свете; вероятно, потому, что русские сами сожгли Москву, а Париж остался целым. В тысяче политических книжонок наперерыв доказывали, что мы никогда не были победителями, что за нас дрался холод, что французы нас всегда били, и благодаря нашему смирению и русскому обычаю – верить всему печатному, а особливо на французском языке – эти письменные ополчение против нашей военной славы начинали уже понемножку находить отголоски в гостиных комнатах большого света. Мы стали несколько постарее, поумнее; но все еще не смели ходить без помочей, которых концы держали в своих руках господа французы. Кажется, теперь благодаря бога мы вступили уже в юношеский возраст и начинаем чувствовать, что можем прожить и без этих наставников, которые не хотели даже никогда ни приласкать, ни похвалить своих покорных учеников, а всегда забавлялись на их счет, несмотря на то, что улучшение наших фабрик, быстрые успехи народной промышленности, незаметные только для тех, которые не хотят их видеть, все доказывает, что мы ученики довольно понятные. Теперь мы привыкаем любить свое, не стыдимся уже говорить по-русски, и мне даже не раз удавалось слышать (куда, подумаешь, времена переходчивы!) в самых блестящих дамских обществах целые фразы на русском языке без всякой примеси французского.

В 1818 году, ровно через шесть лет после нашествия французов, в один прекрасный майский вечер, в густой липовой роще, под тению ветвистой черёмухи, отдыхал после продолжительной прогулки с гостями: своими помещик села Утешина. За большим чайным столом сидела хозяйка, молодая, прекрасная женщина. В исполненных неизъяснимой любви голубых глазах ее, устремленных на двух прелестных малюток, которые играли на ковре, разостланном у ее ног, можно было ясно прочесть все счастие доброй матери и нежной супруги. Муж ее, молодой человек лет тридцати, разговаривал с стариком, который, опираясь на трость с прекурьезным сердоликовым набалдашником, смотрел также не спуская глаз на детей. Их слушал, по-видимому, с большим вниманием, пожилой человек в сером ополченном кафтане с золотыми погончиками; немного поодаль, развалясь на широкой дерновой скамье, курил из огромной пенковой трубки мужчина лет за сорок, высокой и дородной, в полевом кафтане и зеленом кожаном картузе. Подле самого стола, прислонясь спиною к дереву, стоял в форменном сюртуке кавалерийской штаб-офицер с веселым румяным лицом и видный собою; он перелистывал небольшую книжку и беспрестанно улыбался.

– Как хочешь, племянник, – сказал старик, приставив к дереву свою трость и вынимая из кармана резную табакерку из слоновой кости, – я не согласен с тобою: мне кажется, не сын походит на тебя, а дочь; а сын весь в матушку. Не правда ли, Оленька?

– Нет, дядюшка, – отвечала молодая женщина, – они оба походят на Волдемара.

– Так, так, сударыня! – продолжал старик, улыбаясь. – Как бишь у вас эта песня-то поется: Во всем я вижу образ твой?.. Да что это за новая игрушка у твоего Николеньки? Ба! ружье с штыком!

– Это подарок нашего доброго городничего.

– Зарядьева? Ну что, Ильменев, ты вчера был в городе – здоров ли он?

– Слава богу, батюшка Николай Степанович! – отвечал господин в ополченном кафтане, – здоров, да только в больших горях. Ему прислали из губернии, вдобавок к его инвалидной команде, таких уродов, что он не знает, что с ними и делать. Уж ставил, ставил их по ранжиру – никак не уладит! У этого левое плечо выше правого, у того одна нога короче другой, кривобокие да горбатые – ну срам взглянуть! Вчера, сердечный! пробился с ними все утро, да так и бросил.

– Полно читать, Зарецкой, – сказал хозяин, обращаясь к кавалеристу, который продолжал перелистывать книгу, – в первый день после шестилетней разлуки нам, кажется, есть о чем поговорить.

– Сейчас, mon cher, сейчас! Ты не можешь себе представить, какие забавные вещи я нашел в этой книжке. – Да что это такое? – "Guide des voyageurs", тысяча восемьсот семнадцатого года.

– А! книга для путешественников. Я вынул ее сегодня из шкала, чтобы посмотреть, сколько считается жителей в Лондоне. Да что ж ты нашел забавного в этой статистике?

– Кто ж виноват, если ты не читал в ней ни особенных замечаний, ни наставлений, например, как обращаться с русскими дамами... А! вот несколько слов о Москве... Ого!.. вот что! Ну, видно, мои друзья французы не отстанут никогда от старой привычки мешаться в чужие дела. Послушай: Enfin Moscou renait de sa cendre, grace aux Français qui president a sa reconstruction[160].

– А по-нашему-то, сударь, что это значит, осмелюсь спросить? – сказал гость в полевом кафтане, приостановясь курить свою трубку. – Это значит, сударь, что по милости французов и под их надзором Москва начинает отстраиваться.

– Что, что, батюшка? по милости французов!.. Как так? и это тут написано? Ну, исполать этим французам!.. Ах они хвастунишки, черт их возьми! Да вот хоть мой дом на Пресне – что я, на их деньги, что ль, его выстроил?

– Может статься, – сказал хозяин, – сочинитель разумел под этим французских архитекторов?

– Французских? Да есть ли хоть один французский архитектор в Москве? Помилуйте, батюшка Владимир Сергеевич! мало ли у нас своих, доморощенных архитекторов? Что вы, сударь?

– Конечно, Буркин прав, – перервал старик, – да и на что нам иноземных архитекторов? Посмотрите на мой дом! Что, дурно, что ль, выстроен? А строил-то его не француз, не немец, а просто я, русской дворянин – Николай Степанович Ижорской. Покойница сестра, вот ее матушка – не тем будь помянута, – бредила французами. Ну что ж? И отдала строить свой московской дом какому-то приезжему мусью, а он как понаделал ей во всем доме каминов, так она в первую зиму чуть-чуть, бедняжка, совсем не замерзла.

– Действительно так, – примолвил Ильменев, – мало ли у нас своих архитекторов: и губернских, и уездных, и всяких других. Вот кабы, сударь, у нас развели также своих мусьюв да мадамов, а то ищешь, ищешь по всей Москве – цену

---

[160] Наконец Москва возрождается из пепла благодаря французам, которые руководят ее восстановлением (фр.).

ломят необъятную; а что будешь делать? Народ привозный, а ведь известное дело: и товар заморской дороже нашего.

– По милости французов... – повторял Буркин, вытряхая свою трубку. – Видишь, какие благодетели! Да врут они! Мы без них жгли Москву, так без них и выстроим.

– А что, Владимир? – спросил Зарецкой. – Москва в самом деле поправляется?

– Да, мой друг; но на каждом шагу заметны еще следы ужасного опустошения.

– Вспомнить не могу, – перервал Зарецкой, – в каком жалком виде была наша древняя столица, когда мы – помнишь, Рославлев, я – одетый французским офицером, а ты – московским мещанином – пробирались к Калужской заставе? помнишь ли, как ты, взглянув на окно одного дома?.. Виноват, мой друг! Я не должен бы был вспоминать тебе об этом... Но уж если я проболтался, так скажи мне, что сделалось с этой несчастной?.. Где она теперь?

– Где она? – повторил Рославлев, взглянув печально на белый мраморный памятник, почти закрытый ветвями развесистой черемухи. На глазах Оленьки навернулись слезы, а старик Ижорской, опустив задумчиво голову, принялся чертить по песку своей тростью.

– Где она? – продолжал Рославлев. – Ах, Александр! Участь ее была почти предсказана. Шесть лет тому назад, в этот же самый час, в ту минуту, когда она на самом этом месте сказала мне: "Мы будем счастливы, да, друг мой, совершенно счастливы!" – сумасшедшая Федора...

Охриплый дикой смех перервал слова Рославлева. Густые ветви черемухи раздвинулись, из-за мраморной урны выглянуло худое, отвратительное лицо Федоры, и громкой хохот ее раздался по всему лесу.

www.ingramcontent.com/pod-product-compliance
Lightning Source LLC
Chambersburg PA
CBHW020639260626
47157CB00008B/2822